和解論

遠藤　歩

九州大学出版会

目次

凡　例

一　漢字は新字体とした。また、変体仮名は普通仮名に改めた。ヿ、𬼂、𪜈などはコト、トキ、トモなどと改めた。

二　フランスおよびドイツの法律家名は原語で表記した。ただし、直接日本に関わりのある人物はカタカナで表記した。

三　本文中のラテン語はイタリックで表記した。

四　一八〇四年フランス民法典のテクスト（仏民原始規定）は、Code civil des Français. Édition originale et seule officielle, Paris 1804 によった。

五　旧民法を含めた、いわゆる旧法令のテクストは、原則として我妻栄編集代表『旧法令集』（有斐閣、昭和四三年）によった。

六　翻訳文または引用文中の角括弧は、筆者の補足を示す。

七　巻末の主要参考文献一覧に挙げた文献については、二回目以降の引用に限り、書誌情報を省略し、欧文文献は角括弧内の表記、和文文献は著者名および書名または論文名で示した。

和解論

第一章　序　論

第一節　本書の目的

一　紛争は、社会の病理現象である。だが、決して例外現象ではなく、人が集まれば必ず紛争は生ずる。それゆえ、法学は古くより、紛争を解決するためにさまざまな方法を考案してきた。その主要なものが、訴訟と和解である。両者を理念的に対比すれば、次のようにいうことができよう。

まず、訴訟は、権威を有する第三者（裁判官）が、法的規範に基づき、当事者の主張の当否を判断するための手続である。訴訟には、どちらの主張が法的に正当であるかを明確にするという利点がある。だが、その反面、主張の巧拙や証明の成否など、さまざまな要因により、勝敗が不明確である。そして、負けた場合にはすべてを失うという危険が存する。また、訴訟は時間と労力を費やす。さらに、訴訟の後にも、当事者間には感情的な凝りが残る場合も多い。

これに対して、和解は、紛争に起因する煩いや不安を除去して、平穏、平和を取り戻すことを目的とした合意である。確かに、和解においては、自己の主張の正当さを証明して、これを全面的に貫徹することはできない。だが、和解を行えば、確実に何かを得ることができる。また、和解の内容も、当事者が自由に取り決めることができる。さらに、和解のために費やす時間や労力は、通常は、訴訟よりも僅かである。のみならず、和解後には、当事者間の友好的な関係の維持も期待できる。

従って、和解は、自己の法的主張の正当性を堅持することに意味を見いだすのであれば格別、さもなければ、訴訟よりも望ましい紛争解決方法だといえよう。

二　こうした和解の有利性に鑑みれば、現代の日本において、和解に関する研究に一定の蓄積がみられるのは至極当然のことである。特に民事訴訟法学においては、訴訟上の和解につき、これまで数多の議論が積み重ねられてきた。また、ＡＤＲ（裁判外紛争解決手続）との関係で和解が論じられることも、近年ますます増えてきている。社会の多様化、複雑化に応じて、訴訟以外のさまざまな紛争解決方法が提示、考究されているのである。

しかしながら、これらの紛争解決方法の基礎となる民法上の和解については、意外に研究が少ない。たとえば、和解の定義につき、互譲が要素であるかすら明らかではない。また、和解と錯誤など特定のテーマに関する議論は存するが、和解の能力と権限、目的物、解釈原則などに関しては、議論に大きな欠落がある。さらに、確定効といった重要な概念についても定義は定まらず、和解の効力に関する民第六九六条の解釈も帰一するところを知らない。

このように、民法上の和解に関する研究は未だ十分ではなく、また、そのことが、今般の債権法改正において、和解に関する改正が見送られた大きな原因ともなったように見受けられる。

そうだとすれば、和解の定義、性質、能力と権限、目的物、効力、解釈、無効取消といった、和解に関するさまざまな議論（以下、和解論という）を民法の領域で掘り下げて行っておくことは、現在、極めて重要な作業であるといえよう。

三　こうした問題意識から、本書は左の四つの課題の検討を通じて、我が国における和解論の生成と展開を明らかにし、もって従来の研究の不備を補い、これを多少なりとも進展させようとするものである。

なお、本書の研究対象は基本的には民法上の和解であるが、議論の性質上必要があるときは、他の分野にも踏み込んでいる。

第二節　本書の課題

一

本書の第一の課題は、我が国の和解論の基礎となった、一九世紀フランスの和解論の全体像を示すことである。

日本民法典は、和解に関する規定を二箇条有している。定義規定たる第六九五条と、効力に関する第六九六条である。この二箇条は、本論でも詳しくみるように、梅謙次郎の和解論を土台として形成されたものである。梅の和解論が一九世紀フランス法学の産物である以上、右の両条も、一九世紀フランスの和解論を基礎とするものだといえよう。

他方、フランス民法典は、制定当時、和解に関する規定を一五箇条有していた（仏民原始規定第二〇四四条乃至第二〇五八条）。だが、これらの規定は、旧民法に継受される際に五箇条に減少し（旧民財取第一一〇条乃至第一一四条）、さらに、その半分以上が削除されて日本民法典が制定された。その結果、日本民法典には、フランス民法典の有していた和解の能力、権限、目的物、解釈などに関する規定が欠けており、それゆえに、我が国の現在の学説は、これらに関する議論の手掛かりを失ったと考えられる。

そうだとすれば、我が国の和解論の基礎を明らかにし、失われた議論の手掛かりを探るためには、一九世紀フランスの和解論を全体として考察する必要がある。だが、そのような研究はこれまでほとんどなされたことがなかったため[1]、これを最初の課題としたい。

二（一）　第二の課題は、梅謙次郎（万延元（一八六〇）年—明治四三（一九一〇）年）[2]の和解論（博士論文）の研究である。

周知のように、梅は、明治一九（一八八六）年からフランスのリヨン大学に留学し、明治二二年に博士論文として仏文の和解論を発表した。[3]これはリヨン市よりヴェルメーユ賞牌を贈られた最優秀論文であった。[4]

この仏文和解論は、ローマ法の部、フランス古法の部、現行法（一九世紀フランス法）の部という三部に分かれており、それぞれの部において、和解の定義、証拠、能力と権限、目的物、効力、無効と取消などのテーマが論じられている。フランス古法の部は小部だが（総頁数二三）、ローマ法と現行法の部は大部である（総頁数はそれぞれ二七〇と三五二）。

詳細は本論に譲るが、我が国の和解論は、この仏文和解論を土台として形成されたものである。つまり、一九世紀フランスの和解論という基礎の上に、仏文和解論という土台が形成されて、我が国の和解論が生成し、かつ展開したのである。それゆえ、仏文和解論についても、これを全体として考察する必要がある。[5]本書の二番目の課題である。

（二）　なお梅は、ローマ法とフランス古法の部の考察を、多くの場合には、一九世紀フランス法の部の考察に直接には関連づけていない。かつてそうだったとしても、今はこうあるべきというのが、梅の基本的な叙述スタイルである。それゆえ、我が国における和解論の生成と展開を明らかにするという本書の目的からは、一九世紀フランス法の部が自ずから中心的な検討対象となる。

しかし、だからといって、ローマ法とフランス古法の部を完全に検討対象から外すこともまた妥当ではない。梅がこれらの部における考察に依拠して、一九世紀フランス法を論ずることも、時としてあるからである。

それゆえ、仏文和解論の検討に際しては、一九世紀フランス法の部を中心としながら、ローマ法とフランス古法の部は、一九世紀フランス法の理解にとって必要なときに、その都度個別的にこれを紹介することとしたい。

三　第三の課題は、旧民法から明治民法に至る、和解関連規定の成立史を明らかにすることである。

（一）　旧民法の和解に関する規定は、財産取得編第一一〇条乃至第一一四条であり、明治二三年四月に公布されている（法律第二八号）。梅の仏文和解論が刊行される前年の明治二一（一八八八）年に公表された、ボアソナード（Gustave Émile Boissonade, 1825–1910）草案第七五七条乃至第七六二条に由来するものである。(6)

（二）　だが梅は、旧民法の諸規定を、明治二三年八月の帰朝後に徹底的に批判した。すなわち、同年九月から翌二四年三月にかけて、第二期大阪攻法会雑誌で「日本民法和解論（講義録）」を連載し、(7)恐らく二四年中にこれを書物にまとめて、『日本民法和解論　完』(8)として公刊している。この和文和解論は、仏文和解論を要約しながら、旧民法の条文を随所に引用して、これを厳しく論難するものであった。

（三）　さらに梅は、明治二六年に開始した法典調査会による民法典編纂事業において、和解の箇所の起草担当者であった。(9)このとき梅が、仏文和解論および和文和解論に依拠して草案を作成したことは、想像に難くない。

（四）　このように、旧民法の規定の意味とこれに対する梅の批判、および、法典調査会における梅の起草作業を検討して、和解関連規定の成立史を明らかにすることは、我が国における和解論の生成過程の解明に直接繋がる作業である。それゆえ、これを三番目の課題としたい。

四　最後に、第四の課題は、民法典制定から現在に至るまでの和解論の展開過程を明らかにし、私見の観点から和解論の現状を批判的に検討することである。

（一）　明治民法の和解に関する二規定（第六九五条、第六九六条）は、平成一六年の現代語化（同年法律第一四七号）の際に体裁を改められたものの、内容的には、現在に至るまで何らの修正も加えられていない。それゆえ、和解の定義および効力に関する議論は、主として判例、学説の手に委ねられてきたといえよう。

もっとも、戦後の民法改正、今般の債権法改正等々、この間の様々な法改正は、和解論全体に直接、間接に影響を及ぼすものであった。

従って、まずは、明治期以降の判例、学説、立法を通じて、我が国の和解論がどのように展開し、その現状がいかなるものであるかを、客観的に認識する作業を行いたい。

(二)(1) 次いで、こうして認識された和解論の現状を私見の観点から批判的に検討する。第一から第三の課題の検討を通じて得た知見を踏まえると、現在の和解論には、欠けている点や誤解のある箇所が少なからず存在している。それらを指摘して修正することは、民法上の和解に関する理論の深化のために必要不可欠な作業だと思われるからである。

(2) もっとも、一九世紀フランスの学説や、梅の見解などを、現代日本法の解釈の参照に供することに対しては、異論があるかもしれない。

確かに、一九世紀のフランスや日本と、現在の日本とでは、紛争の背後にある社会関係が異なる場合も多いだろう。また、訴訟を含めた各種の紛争解決方法のなかで、和解が占める位置も、同一とはいえないであろう。

だが、民法上の和解の本質は、合意による紛争の解決である。この命題は時と場所を越えて妥当する。そして、合意は、高い普遍性を備えた行為である。それゆえ、紛争解決方法の歴史や社会史との関係で和解を考察するならばともかく、和解それ自体を理論的に検討する場合には、紛争の背後にある社会関係等の異同は、必ずしも常に注意深く考究されるべき事柄ではない。

それゆえ、和解論の現状を批判的に検討する際に、一九世紀フランスや梅の仏文および和文和解論、さらには、旧民法から明治民法に至る和解関連規定の成立史の検討を通じて得られた知見を、あくまでも主観的な価値判断として適宜参照するという立論も、一つの解釈論として成り立つものといえよう。

(三) これらの作業を通じて、我が国の和解論の現状を把握し、欠けているところがあればこれを補い、誤解があればそれを正してゆきたい。

注　第二節

（1）僅かに、江藤价泰「フランス民法典における和解概念の成立」同『フランス民事訴訟法研究――当事者主義的民事訴訟法の一断面』（日本評論社、昭和六三年）一五七頁［初出、昭和四二年］、垣内秀介「裁判官による和解勧試の法的規律（三）」法協一二二巻七号（平成一七年）一一三七頁を挙げうるくらいである。

（2）梅謙次郎の人物研究は、質、量ともに豊富である。代表的なものとして、東川徳治『博士梅謙次郎』（有斐閣、大正六年）、向井健「梅謙次郎」潮見俊隆、利谷信義編『日本の法学者』（日本評論社、昭和五〇年）七三頁、岡孝「梅謙次郎と現代」法セミ四三五号（平成三年）七四頁、同「明治民法と梅謙次郎――帰国一〇〇年を機にその業績を振り返る」法学志林八八巻四号（平成三年）三頁、野島幹郎「ボアソナードと梅謙次郎博士」法セミ四三五号（平成三年）七八頁、同「梅謙次郎博士・顕彰の辞（一）～（五・完）」ひろば四四巻一号七〇頁、二号六六頁、三号六七頁、四号六一頁、五号五六頁（平成三年）、森田宏樹「梅謙次郎」法教一八五号（平成八年）四八頁、七戸克彦「現行民法典を創った人びと（三）　起草委員――穂積陳重・富井政章・梅謙次郎」法セ六五五号（平成二一年）六六頁、ベアトリス・ジャリュゾ、小塚荘一郎（訳）「世紀末の卓抜した日本人留学生――一八八〇年代のリヨン大学法学部における梅謙次郎」東洋文化研究一五号（平成二五年）一四九頁、岡孝「民法典論争と梅謙次郎」松山大学法学部松大ＧＰ推進委員会編『シンポジウム『民法典論争資料集』（復刻増補版）の現代的意義』（松山大学、平成二六年）五〇頁、江戸恵子「加藤恒忠と梅謙次郎――司法省法学校の周辺から」松山大学法学部松大ＧＰ推進委員会編『シンポジウム『民法典論争資料集』（復刻増補版）の現代的意義』（松山大学、平成二六年）一五六頁、古屋壮一「松山大学法学部松大ＧＰ資料（三）――加藤拓川翁宛の梅謙次郎博士の写真名刺」松山大学論集二六巻四号（平成二六年）二三〇頁、青木俊介「梅謙次郎の清国訪問について」法学志林一一二巻三号（平成二七年）一頁などがある。

また、法律時報七〇巻七号（平成一〇年）の特集「民法一〇〇年と梅謙次郎」に寄せられた左の緒論考は、梅の人物や法学を様々な角度から浮かび上がらせるものとなっている。金山直樹「装置としての法典と法学――梅謙次郎という神話」法時七〇巻七号六頁、七戸克彦「外国法学説の影響」同一三頁、片山直也「『最近判例批評』を読む」同二三頁、吉井啓子「旧民法講義三部作を読む」同二九頁、中村哲也「民法第二編親族案」同三三頁、高田晴仁「商法学者・梅謙次郎――日本商法学の出発点」同三八頁、野島幹郎「生い立ちと松江」同四二頁、大久保泰甫「岐路となった若き日の二つのでき事――司法省法学校首席卒業とフランス留学決定」同四五頁、岡孝「民法起草とドイツ民法第二草案の影響」同五三頁。

さらに、法政大学ボアソナード・梅謙次郎没後一〇〇年企画・出版実行委員会編『ボアソナード・梅謙次郎 没後一〇〇周年記念冊子 上巻、下巻』（法政大学、平成二七年）は、平成二二年から二四年にかけて三回にわたり開催されたシンポジウムの報告記録と資料集であり、梅に関する重要な報告を数多く含んでいる。

なお、韓国における立法作業については、鄭鐘休「梅謙次郎と韓国近代立法事業」法時七〇巻七号（平成一〇年）五七頁、李英美『韓国司法制度と梅謙次郎』（法政大学出版局、平成一七年）などの研究がある。

最後に、梅の法思想に関する貴重な研究として、星野英一「日本民法学の出発点――民法典の起草者たち」同『民法論集　第五巻』（有斐閣、昭和六一年）一四五頁［初出、昭和五三年］、瀬川信久「梅・富井の民法解釈方法論と法思想」北大法学論集四一巻五・六号（平成三年）二四三九頁、中村哲「梅謙次郎の法思想」法学志林八九巻二号（平成四年）一頁、吉田克己「二人の自然法学者――ボワソナードと梅謙次郎」法時七一巻三号（平成一一年）七四頁などを挙げることができる。

（3）K. Oumé, *De la Transaction*, thèse pour le doctorat (Faculté de Droit de Lyon), Paris 1889. 以下、Oumé, *Transaction* として引用する。また、仏文和解論と呼ぶこともある。

なお、岡孝、江戸恵子「梅謙次郎著書及び論文目録――その書誌学的研究」法学志林八二巻三・四号（昭和六〇年）一四九頁注二は、仏文和解論には二種類の刊本があるという。学位請求論文と、学位取得後にリヨン市から市費で出版された物である。本書が用いたのは、学位請求論文の復刻版（信山社出版、平成一四年）である。もっとも、オリジナルの巻末に付されている正誤表（Errata）が（フランスや我が国の国立国会図書館が公開する電子版参照、http://catalogue.bnf.fr/ark:/12148/cb31045322p; http://dl.ndl.go.jp/info:ndljp/pid/8690315?_lang=jp）、復刻版には欠けている。

（4）岡孝「梅謙次郎――和仏法律学校の支柱」法政大学大学史資料委員会編『法律学の夜明けと法政大学』（法政大学、平成四年）三一九頁には、リヨン市が梅にヴェルメーユ賞牌を贈ったことを報せる新聞記事（一八八九年一一月五日付）の写真が掲載されている。

（5）なお、仏文和解論を扱った研究はいくつか存在する。田村耀郎「梅謙次郎博士と和解論」法セミ四三五号（平成三年）七六頁、同「和解の「確定効」――梅「和解論」の今日における意義」島大法学三五巻四号（平成四年）三五頁、同「フランス留学の成果――「和解論」とその意義」法律時報七〇巻七号（平成一〇年）五一頁、西原慎治「和解と射倖契約論――梅謙次郎博士の所説を起点として」久留米大学法学六八号（平成二五年）一頁などである。

だが、これらの研究は、確定効や射倖契約といった特定のテーマを論ずるものであり、仏文和解論の全体像の解明を目的としたものではない。

（6）G. É. Boissonade, *Projet de Code civil pour l'Empire du Japon, accompagné d'un commentaire*, t. 3, Tokio 1888, pp. 453-455.

（7）大中有信「梅法学の基点」新青通信七号（平成一三年）三頁（梅謙次郎『日本民法和解論　完』（新青出版、平成一三年）栞）は、資料上の制約から一定の留保を付しつつも、（直ぐ後の本文で述べる）『日本民法和解論　完』という書物の巻末正誤表によれば、本連載の掲載号は、第二期大阪攻法会雑誌の第八号から第二一号であること、また、第八号は九月刊行であり、同誌は月二回のペースで公刊されていたことから、連載時期は明治二三年九月から二四年三月までであると推測している。本文の記述もこの推測に依拠している。

（8）梅謙次郎『日本民法和解論　完』（攻法会、［復刻版、新青出版、平成一三年］）。

同書に関する研究として、大中有信「梅法学の基点」一頁以下の他、田村耀郎「梅謙次郎『日本民法和解論　完』」加藤雅信ほか編『民法学説百年史』（三省堂、平成一一年）五一七頁、高橋裕「明治中期の法律雑誌と大阪攻法会――梅謙次郎「日本民法和解論」に導かれて」法と政治六二巻一号Ⅱ（平成二三年）七八四頁などがある。

なお、同書には奥付がなく、その発行年は不明である。だが、一般には、明治二五年発行といわれている（向井健「梅謙次郎」七八頁、岡孝、江戸恵子「梅謙次郎著書及び論文目録」一五四頁など。もっとも、大中有信「梅法学の基点」三頁以下は、明治二四年から二五年の間という）。

しかし、その内容をみると、たとえば、明治二三年一〇月に公布された旧々刑事訴訟法ではなく、明治一三年の治罪法に検討を加えた、雑誌連載時のものと思われる記述がそのまま残されていることに目が付く（同書六七頁）。そして、この六七頁の記述は、巻末正誤表によれば、第二期大阪攻法会雑誌の第一〇号または第一一号に掲載されたものと推測されるから、掲載時は明治二三年一〇月と考えられる。つまり、旧々刑事訴訟法の公布と同月である。もちろん、梅が原稿を執筆したのはそれより以前であるから、雑誌掲載時に治罪法の検討を行っていても不思議ではない。

だが、もし本書の刊行が明治二五年だったのであれば、梅は、治罪法を論じた箇所を、旧々刑事訴訟法の検討に書き改めていたのではないか。また、そもそも、法律が慌ただしく制定されている時期に、立法論的主張をふんだんに行う論考を、雑誌連載が終了してから、あえて一定期間を置いて出版する必要があるとも思えない。そうだとすれば、同書は、雑誌連載終了後すみやかに、つまり明治二四年中に発行された可能性が高いといえよう。

ちなみに、高橋裕「明治中期の法律雑誌と大阪攻法会」七五六頁注五六は、同書は明治二四年「春ないし初夏の時点で雑誌連載が完結し、かつそれが購読者などによって――雑誌に附された表紙・目次・正誤表などとともに――合本された形で伝わってきたものであって、単行書として後に別個に公刊されたものではない」、という。確かに、別個に公刊されたか否かは再考を要する問題であるが、いずれにしても、この見解も、本書の成立を明治二四年とみるものであろう。

（9）福島正夫編『明治民法の制定と穂積文書――「法典調査会　穂積陳重博士関係文書」の解説・目録および資料』（有斐閣、昭和三一年）五三頁以下［同編『穂積陳重立法関係文書の研究』（信山社、平成元年）所収］は、穂積陳重、富井政章、梅謙次郎の原案起草分担表を掲載している。

また、「梅博士遺事録 第二三回」新聞八八七号（大正二年）二二頁（筆者不詳。有地亨「明治民法起草の方針などに関する若干の資料とその検討」法政研究三七巻一・二号（昭和四六年）九七頁は、高木益太郎と推測）も、分担表を掲載している。ただし、更改や売買の項目が欠けているなど、この表には若干の不備が認められる。しかし、福島正夫編『明治民法の制定と穂積文書』五五頁では、消費貸借と使用貸借の担当者が梅なのか富井なのかが明らかではないが、「梅博士遺事録」では富井とされており、この点では一義的に明確である。

そして、右の二つの分担表を総合すれば、梅の起草部分は、「私権ノ享有、能力、住所、失踪、無効及ヒ取消、期間、時効、所有権ノ限界、地上権、永小作権、地役権、抵当権、保証債務、債権ノ譲渡、更改、売買、交換、賃貸借、終身定期金、和解、婚姻ノ成立、婚姻ノ効力、夫婦財産制、親権、後見、親族会」と推測される。

以下、本書（主として第三章）では、特に断らない限り、梅の担当箇所を右の通りと考え、また、穂積および富井の担当箇所を福島正夫編『明治民法の制定と穂積文書』五三頁以下の表で判断することにする。

第三節　本書の構成

一　本論

本書は、これら四つの課題を検討するために、本論を二つの章に分けている。

まず、第二章では、一九世紀フランスの和解論と梅の仏文和解論の全体像を提示し、かつ、フランスの学説のなかで梅の学説が占めていた位置と特色を明らかにする。我が国の和解論の基礎と土台を検討する部分であり、第一と第二の課題を扱うものである。

次に、第三章では、まず旧民法から明治民法にかけての和解関連規定の成立史を検討する。そして、明治期以降、我が国の和解論が判例、学説、立法を通じてどのように展開したのかを明らかにし、私見の観点から和解論の現状を批判的に検討する。つまり、和解論の生成と展開を扱う部分であり、第三と第四の課題に対応するものである。

二　結論

さらに、第四章では、結論として、これまでの議論を総括し、九つの命題を提示している。また、本論のさまざまな箇所で論じられた、裁判所の許可を要する和解につき、若干の整理と検討を行い、本書の結びとする。

第二章　一九世紀フランスの和解論と梅の仏文和解論

――その全体像の解明に向けて

本章は、和解の定義、和解の性質、和解の方式と証拠、和解の能力と権限、和解の目的物、違約金条項、和解の効力、和解の第三者に対する効力、和解に包含される事項、和解の無効と取消の順に、フランス民法典の条文を出発点として、一九世紀フランスの和解論と梅の仏文和解論を対比させつつ論ずるものである。

この作業を通じて、一九世紀フランスの和解論と梅の仏文和解論の全体像、そして、梅がフランスの和解論にどのように立ち向かったのかを明らかにしたい。

第一節　和解の定義

フランス民法の和解（transaction）の定義は、次の通りである。

仏民原始規定第二〇四四条一項

和解は、当事者が、既に生じた争い（contestation）を終了させ、または、将来生ずべき争いを予防する契約

である。(1)

フランス民法の和解の箇所の起草担当者は、破毀裁判所（Tribunal de Cassation）の検事、Bigot de Préameneu（1747-1825）である。彼は、Robert-Joseph Pothier（1699-1772）が和解に関する著作を遺さなかったため、Jean Domat（1625-1696）の著作(2)、および、破毀裁判所が Domat に依拠して作成した草案(3)に基づき、和解の草案を起草した(4)。

フランス民法の和解の定義も、Domat に由来する(5)。Domat は、和解を定義して次のようにいう。

和解は、二人または複数人が、訴訟（procès）を防ぎまたは終了させるため、彼等の取り決めた方法で話合いにより紛争を解決する合意であり、各当事者が、敗訴の危険を伴う勝訴の期待よりも優先させたところのものである(6)。

つまり、フランス民法の定義は、Domat の定義を簡潔にしたものである。しかし、和解をこのように定義することにつき、全く異論がないわけではない。特に、一九世紀フランスの学説は、民法の定義との関係で、争いの前提概念たる疑わしい権利（droit douteux）、および、互譲（concessions réciproques）という二つの要素（essence）につき議論を行っている。

そこで左では、まずこれら二点に関する議論を紹介し、最後に、梅の定義につき検討を行うこととしたい。

一　疑わしい権利（droit douteux）

まず、和解のためには、条文の定義上、争い（contestation）が生じていること、または、将来生じうることが必要である。そして争いは、権利に疑義の存することから生まれるため、争いがあるというためには、その前提として、疑わしい権利（droit douteux）が存在しなければならない[7]。

それでは、疑わしい権利は、どのような場合にその存在が認められるか。この点については、左のような学説の対立がある[8]。

（一）　客観説

まず、客観説は、訴訟の恐れに合理性（crainte raisonnable d'un procès）がある場合にのみ、疑わしい権利が存在するという。つまり、権利が客観的にみて全く疑いのない場合や、一方の主張が明らかに成り立たない場合には、権利に疑わしさは存しないというのである[9]。

（二）　主観説

これに対して、通説的見解たる主観説は、少なくとも当事者の一方の主観において、その権利に疑わしさが存すれば、疑わしい権利の存在は認められるという[10]。なぜならば、主観的な疑いが存する限り、争いの余地も存するからである[11]。

（三）　梅の見解

さて、こうした学説の対立は、単なる主観的な見解の相違を理由とする紛争であっても、和解による解決に値するか、という点に存するといえる。

この問題につき、梅は、ある者にとって疑わしいことが、他の者にとっては明らかだというのは、争いごとの常であると述べて、主観説を支持している[12]。つまり、梅の見解は、主観説の採用を通じて、和解により解決されるべき争いの範囲を広げるもの、すなわち、和解の有用性を広く認めようとするものだったといえるのである。

二　互譲（concessions réciproques）

（一）　次に、フランス民法の定義には、相互の譲歩、すなわち互譲という文言が欠けている。これは、Domatの次の記述に由来するといわれている。[13]

すなわち、和解が訴訟を終結または予防する方法は、紛争の性質に応じて多種多様である。たとえば、ある権利を主張する者が、和解によって訴えを取り下げたり、その一部を受領したり、あるいは全部を受領することがある。また、金銭の支払いを請求された者が、それを支払うことも、債務を負担することも、全部または一部の免除を受けることもある、[14]と。

つまり、当事者の一方が他方の主張を全面的に認めることも、和解による訴訟終了の一つの態様だというのである。[15]

（二）　そして、一九世紀初期の学説のなかには、こうしたDomatの見解に従い、和解が成立するためには、互譲は必ずしも必要ではないと述べるものもあった。[16]

（三）　だが、その後の学説は、ほとんど一致して互譲は和解の要素であると説いている。

たとえば、Durantonは次のようにいう。[17]訴訟は、原告が請求を放棄しても終了するが、それは訴権の取下げ（désistement d'action）であって、和解ではない。また、被告が原告の請求を認めることによっても訴訟は終了するが、それは請求の認諾（acquiescement à la demande）である。

そして、後見人は、不動産に関する請求につき、親族会の許可があれば、未成年者のために請求の認諾をなすことができるが（仏民原始規定第四六四条）、和解を行うためには、親族会の許可の他に、三人の法律家の意見に基づくこと、および、裁判所の認可を受けることが必要である（仏民原始規定第四六七条、第四節二（一）（1）参照）、と。

つまり、互譲は、訴訟を終了させるその他の行為から和解を区別するための基準であり、これによって、仏民原始規定第四六七条のような、和解に特有の規定が適用されるか否かが明らかになるというのである。

そして、その他の諸学説も、広く紛争解決を目的とした種々の行為、すなわち、訴権の取下げ、請求の認諾、債務の免除（remise de la dette）、無効行為の追認（confirmation）などから和解を区別するために、互譲は和解の要素であると述べている[18]。

(四)　梅もまた、これらの学説に連なりつつ、次のようにいう[19]。

すなわち、まず、①訴権の取下げや債務の免除は、後見人が決して行うことのできない行為だが、和解は、仏民原始規定第四六七条の要件の下に、後見人もこれを行うことができる。また、②後見人の行う行為が請求の認諾であれば同第四六四条が、和解であれば同第四六七条が適用される。さらに、③後見人が無効行為の追認をなしうるかは、彼が当該行為をなすために必要とされる要件に従い決せられるから、和解よりも容易になしうる場合もあれば、全く禁じられる場合もある、と。

つまり、主として後見人が行為する場合を念頭に置きつつ[20]、その行為が和解であるか否かにより適用条文が大きく異なるため、互譲を和解の要素として、その他の行為から和解を区別する必要があるというのである。

三　梅の定義

(一)　最後に、梅の定義を見てみよう。

和解は、当事者が互譲により争いを解決する契約である[21]。

右に述べたことから明らかなように、この定義は、フランス民法の定義に「互譲」という要素を加えるとともに、当事者が権利関係を主観的に疑っていさえすれば、和解により解決されるべき「争い」が存するという理解を前提としたものである。

(二) さらに梅は、フランス民法の定義から、「将来生ずべき争いを予防する」という文言を外している。梅によれば、フランス民法がここで念頭に置いているのは、争いが既に生じており、訴訟(procès)を予防するために和解を行うという場合である。つまり、contestation という語を、「訴訟」という狭義に理解している。ところで、争いの全くないところで争いを予防する契約は、和解ではない。それゆえ、contestation という語を「争い」という広義に用いれば、これを予防するという文言は不要になるというのである[22]。

(三) なお、ローマ法では、争いがある場合の他に、疑わしい物(*res dubia*)がある場合にも、和解を行うことができた[23]。つまり、条件付権利や将来の権利といった不確実な権利がある場合に、これを現在の確実な権利にかえることも和解だったのである[24]。

だが梅は、そうした合意は更改または特殊の契約であって和解ではなく、それゆえ、この点については、争いがなければ和解の成立を認めないフランス民法の立場が妥当であるという[25]。

(四) このように、梅は、フランス民法の定義を基礎としつつ、これに補充と削除を行い、「争い」という幅の広い概念を用いて、全体として簡潔な定義を作成したということができるのである。

注 第一節

(1) Art. 2044, al. 1, Code civil de 1804:
La transaction est un contrat par lequel les parties terminent une contestation née, ou préviennent une contestation à naître.

(2) J. Domat, *Les Loix civiles dans leur ordre naturel*, 2e éd., t. 1, Paris 1697, liv. I, tit. XIII, *Des Transactions*, pp. 433–440.

(3) P.-A. Fenet, *Recueil complet des travaux préparatoires du Code civil*, t. 2, Paris 1836, pp. 743–747.

（4）P. Pont, *Commentaire-traité des petits contrats*, 2e éd., t. 2, Paris 1878, n°s 454 et 455; F. Laurent, *Principes de droit civil*, 4e éd., t. 28, Bruxelles et Paris 1887, n° 323; Oumé, *Transaction*, Introduction, pp. VIII et IX.
なお、カンバセレス草案、ジャクミノ草案、統領政府任命の委員会による第一草案が、和解に関する規定を有していなかったこと、各地の裁判所が第一草案に対して和解関係の規定の補充を求めたり、独自の草案を作成したため、Bigot de Préameneu が急遽草案を準備したことにつき、江藤价泰「フランス民法典における和解概念の成立」一五九頁以下、垣内秀介「裁判官による和解勧試の法的規律（三）」一一四六頁注一三参照。

（5）C. Accarias, *Étude sur la transaction en droit romain et en droit français*, Paris 1863, n° 75; Oumé, *Transaction*, n° 278.

（6）Domat, liv. I, tit. XIII, sect. I, art. I:
La transaction est une convention entre deux ou plusieurs personnes, qui pour prévenir ou terminer un procès, règlent leur différent de gré à gré, de la manière dont ils conviennent; et que chacun d'eux préfère à l'espérance de gagner, jointe au péril de perdre.

（7）Laurent, t. 28, n° 324.
なお、垣内秀介「裁判官による和解勧試の法的規律（三）」一一五五頁は、「争い」と「疑わしい権利」を別個独立のものと観念し、和解のためにはその双方が必要であるという。だが、疑わしい権利が争いの存否を判断するための前提概念であることは、Laurent の他、A. Duranton, *Cours de droit français suivant le Code civil*, 4e éd., t. 18, Paris 1844, n° 395; C. Aubry et C.-F. Rau, *Cours de droit civil français d'après la méthode de Zachariae*, 4e éd., t. 4, Paris 1871, §418; Pont, II, n° 471 などの記述からも明らかである。また、このように解することによって、疑わしい権利をめぐる議論が、どのような場合に争いが存するのかという一貫した問題意識に支えられていたことを理解しうるようになると思われる。

（8）客観説と主観説の対立については、垣内秀介「裁判官による和解勧試の法的規律（三）」一一五七頁以下も参照。

（9）Aubry et Rau, t. 4, §418; Pont, II, n° 570.

（10）J.-B.-F. Marbeau, *Traité des transactions, d'après les principes du Code civil*, Paris 1832, n° 11; Duranton, t. 18, n° 395; R.-T. Troplong, *Le droit civil expliqué suivant l'ordre des articles du code*, t. 17: *Du Cautionnement et des Transactions*, Paris 1846, n° 6; Accarias, *Transaction*, n° 74; Laurent, t. 28, n° 325; G. Baudry-Lacantinerie, *Précis de droit civil: contenant dans une première partie l'exposé des principes, et dans une deuxième les questions de détail et les controverses*, t. 3, Paris 1884, n° 969.

（11）Laurent, t. 28, n° 325.

（12）Oumé, *Transaction*, n° 282.

（13）Duranton, t. 18, n° 392; Oumé, *Transaction*, n°s 277 et 278.

（14） Domat, liv. I, tit. XIII, sect. I, art. II.

（15） なお、江藤价泰「フランス民法典における和解概念の成立」一七〇頁以下は、こうしたDomatの見解に依拠して互譲概念を置かなかった民法典の規定の背後には、私人による自主的紛争解決としての和解の機能を重視する思想があったという。

（16） Marbeau, *Transactions*, n° 13; C.-É. Delvincourt, *Cours de Code civil*, 5e éd., t. 3, Dijon et Paris 1834, *Notes et Explications*, pp. 246 et 247.

（17） Duranton, t. 18, n° 391.

（18） Troplong, t. 17, *Transactions*, n° 19; Accarias, *Transaction*, n° 75; Aubry et Rau, t. 4, §418, 3°; Pont, II, n° 472; Laurent, t. 28, n° 323; Baudry-Lacantinerie, t. 3, n° 969.

（19） Oumé, *Transaction*, n° 276.

（20） 梅は、その他、たとえば税法の領域においても、ある行為が和解であるか否かを区別する実益があるという（Oumé, *Transaction*, n° 276. 第七節二（二）参照）。

（21） Oumé, *Transaction*, n° 274:

C'est un contrat par lequel les parties tranchent une contestation moyennant des sacrifices réciproques.

（22） Oumé, *Transaction*, n° 275.

（23） D. 2, 15, 1:

Qui transigit, quasi de re dubia et lite incerta neque finita transigit. qui vero paciscitur, donationis causa rem certam et indubitatam liberalitate remittit.

学説彙纂第二巻第一五章第一法文

和解する者とは、疑わしい物（*res dubia*）や、不確定で未だ終結していない訴訟（*lis*）につき、和解を行う者のことである。これに対して、無方式の合意（*pactum*）を行う者とは、贈与を原因として、確定かつ疑いのない物を気前のよさから放棄する者のことである。

（24） Oumé, *Transaction*, n°s 3, 5 et suiv.

（25） Oumé, *Transaction*, n° 281. つまり、若干紛らわしいが、梅の理解によれば、疑わしい物（*res dubia*）とは、「権利関係の不確実さ（incertitude. ドイツ民法にいうUngewissheit, 第三章第一節二（二）参照）」のことであり、「争い」の前提概念たる、疑わしい権利（droit douteux）とは区別される。

第二節　和解の性質

一九世紀フランスにおいては、一般に、和解の性質として次の三つが挙げられている。諸成契約、有償契約、双務契約である。また、実定契約か射倖契約かが争われることもある。左に、和解の性質に関する議論を簡潔にまとめておきたい。

一　諸成契約

和解は諸成契約である。それゆえ、仏民第二〇四四条二項が和解に書面を要求するのは、あくまでも証拠方法としてであると解されている（第三節一参照）。

二　有償契約

(一)　有償性

また、当事者の互譲を要件とする以上、和解が有償契約であるのは当然だと考えられている[1]。

(二)　実定契約（contrat commutatif）か射倖契約（contrat aléatoire）か

(1)　ただし、有償契約のサブカテゴリーとして、実定契約か射倖契約かという区別が存するため（仏民原始規定第一一〇四条[2]）、和解がそのいずれであるかについては争いがある。なお、古法時代には、射倖契約は、実定契約とは異なり、莫大損害（lésion）による取消しを受け付けなかったため、両者の区別には重要な意義があった[3]。

さて、この問題につき、まず、Marbeauは、和解は実定契約と射倖契約の性質を兼ね備えているという。契約当事者は、お互いに出捐に相当する利益を受けているが、しかし、この対価関係は、訴訟の勝敗という不確実な基礎の上に立っているからである(4)。

他方、Troplongは、和解は常に実定的な契約であるという。確かに、両当事者の譲歩は必ずしも金銭的に釣合いのとれたものではないが、しかし、一方の譲歩が他方の譲歩によって償われ、これによって紛争の解決という利益がもたらされるからである(5)。

これらに対し、AccariasやPontは、各々の譲歩の価値が契約時に確定していれば実定的、そうでなければ射倖的という。たとえば、AがBに対して不動産の返還請求権を放棄する代わりに、BがAに一万フランを支払うという和解は実定的である。他方、右の例で、BがAに対して、Aの生存中は毎年五〇〇フランの年金を支払うことを約した場合には、射倖的とされる(6)。

(2) さて、梅は、右の三つの見解をすべて批判して次のようにいう。

まず、Marbeauに対しては、実定契約と射倖契約は対立概念であり、利得や損失の偶然性が存すれば射倖契約であり、その偶然性が存しなければ実定契約である。そのいずれかでしかありえない以上、ある契約が実定契約でも射倖契約でもあるというのは、全く理に合わないという(7)。

次に、Troplongに対しては、訴訟を行った場合の勝敗が分からない以上、和解においては、利得や損失の偶然性が常に存在する。それゆえ、和解は実定契約ではないという(8)。

従って、たとえ譲歩の価値が契約時に確定していたとしても、和解を実定契約ということはできないと述べて、AccariasやPontを批判する(9)。

かくして、梅は、和解は常に射倖契約だというのである(10)。

もっとも、和解が莫大損害により取り消すことができないのは(仏民原始規定第二〇五二条二項)、それが射倖契約だからといえるならばともかく、[11] フランス民法は、およそ合意は特別の規定なき限り莫大損害による取消しを受け付けないとしたから（仏民第一一一八条、第一〇節二参照）、和解が実定契約か射倖契約かという議論にはもはや実益がないとも述べている。[12]

三　双務契約

(一)　和解は、一般に、双務契約であると解されている。[13] 和解は当事者双方の譲歩を要するところ、各々の譲歩は、与え、為し、または為さないという債務を負担することによって行われるからである。[14]

(二)　もっとも、債権者が債権の一部を放棄して、債務者が残部の支払いを約束する場合には、債権者は何らの債務も負担しておらず、それゆえ和解は双務契約ではないという異説もある。[15] だが、Accarias は、このような場合においても、債権者は残部を超えて請求しないという債務（不作為債務）を負担するから、和解が双務契約であることに変わりはないという。[16] 梅もまた Accarias を支持する。[17]

(三)　そして、和解が双務契約とされる結果、私署証書の作成枚数に関する規定（仏民原始規定第一三二五条）や、債務不履行による解除の規定（仏民原始規定第一一八四条）[18] が、和解にも適用されることになる。[19]

(四)　もっとも、和解が双務契約であるとしても、債務不履行による解除は許されないという見解も存する。

(1)　たとえば、Accarias は、仏民原始規定第一一八四条は、当事者の意思を推測した規定であるところ、和解当事者の意思は、紛争を終結させる所にあるのだから、債務不履行による解除を認めることは、同条の精神に反する。

また、もし解除を認めれば、その結論は不当なものとなる。つまり、解除後の訴訟で権利主張者が勝訴したときは、和解によって得られたはずのもの以上の利益を受けることになる。逆に、敗訴すれば、和解によって得られたはずのものすら得られないという損失を被る。とりわけ、後者の場合、債務者は、和解で約した債務を履行しないことにより利益を受けている。このように、解除を認めた場合の結論は、いずれにしても不公平なものとなる。これらのことから、和解の解除は許されないというのである。[20]

(2) さらに、Laurent も、仏民原始規定第二〇五二条一項が、和解は終審における既判事項の権威を有すると規定しているのは、和解に判決と同様の法的安定性を付与する趣旨である(第七節一参照)。そして、当事者の一方が判決を履行しないときに、紛争を蒸し返すことができないのと同様に、和解が履行されなかった場合にも、これを解除して紛争を蒸し返すことはできないという。[21]

(3) だが梅は、両者の見解を批判して次のように述べている。

まず、Accarias の見解に対しては、当事者が紛争を終結させる合意をしたのは、和解により約された債務が履行されるという条件の下であり、もしその債務が履行されないことを知っていれば、当事者は和解を行わなかったと考えられる。つまり、債務不履行の場合には、和解を解除して元の状態に戻すことが当事者の意思に即するというべきであり、それゆえ、解除を認めることは、むしろ第一一八四条の規定に合致する。[22]

また、契約の解除により、解除者が当初の契約から得られたはずのもの以上の利益を受けることは、たとえば、売主が売買を解除した後に、より高値で買い受ける買主を見つけたときにも生ずることであり、何ら怪しむに足りない。逆に、解除後に権利主張者が敗訴した場合には、彼は解除に基づく損害賠償を別途請求することができ(第一一八四条二項)、その額は少なくとも和解によって約されたものの額というべきだから、Accarias のいうような不当な損害を被ることはない。[23]

次に、Laurent の見解に対しては、もし彼のように解するとすれば、和解の効力を争う方法は、既判力を有する判決に対してと同様に、破毀申立てによるべきことになろうが、そのような解決が妥当ではないことは明らかだと述べている。[24]

かくして、梅は、債務不履行により和解を解除することは当然に認められるべきだというのである。

注　第二節

（1）Troplong, t. 17, *Transactions*, n°s 14 et 19; Accarias, *Transaction*, n° 82; Pont, II, n° 462; Baudry-Lacantinerie, t. 3, n° 970; Oumé, *Transaction*, n° 297.

（2）実定契約、射倖契約の概念については、西原慎治「射倖契約における損益の不確実性」同『射倖契約の法理——リスク移転型契約に関する実証的研究』（新青出版、平成二三年）二二頁以下［初出、平成一三年］参照。

（3）Laurent, t. 15, n° 438.

（4）Marbeau, *Transactions*, n° 9.

（5）Troplong, t. 17, *Transactions*, n°s 17 et 20.

（6）Accarias, *Transaction*, n° 82; Pont, II, n° 462.

（7）Oumé, *Transaction*, n° 298.

（8）Oumé, *Transaction*, n° 298, note 1.

（9）Oumé, *Transaction*, n° 298.

（10）Oumé, *Transaction*, n° 298.

（11）Cf. Delvincourt, t. 3, p. 136.

（12）Oumé, *Transaction*, n° 298.

（13）Marbeau, *Transactions*, n° 6; Troplong, t. 17, *Transactions*, n° 16; Accarias, *Transaction*, n° 80; Pont, II, n° 460; Laurent, t. 28, n° 328; Baudry-Lacantinerie, t. 3, n° 970; Oumé, *Transaction*, n° 290.

（14）Baudry-Lacantinerie, t. 3, n° 970.

（15）É. Philippe, *Des Transactions et du droit d'enregistrement dans ses rapports avec les transactions*, thèse pour le doctorat (Faculté de Droit de Paris), Paris 1853, n° 9.

（16）Accarias, *Transaction*, n° 80.

（17）Oumé, *Transaction*, n° 290.

（18）同条一項によれば、債務不履行による解除は、双務契約の存在を前提とする。
Art. 1184, al. 1, Code civil de 1804:
La condition résolutoire est toujours sous-entendue dans les contrats synallagmatiques, pour le cas où l'une des deux parties ne

satisfera point à son engagement.
双務契約においては、当事者の一方がその義務を履行しないときのために、解除条件が常に了解されているものとする。

(19) Pont, II, n° 461; Baudry-Lacantinerie, t. 3, n° 970; Oumé, *Transaction*, n° 291.
(20) Accarias, *Transaction*, n° 81.
(21) Laurent, t. 28, n° 429.
(22) Oumé, *Transaction*, n° 293.
(23) Oumé, *Transaction*, n° 294.
(24) Oumé, *Transaction*, n° 296.

第三節　和解の方式と証拠

一　和解の方式

仏民第二〇四四条二項は、次のような規定である。

仏民第二〇四四条二項
　この契約は、書面によって作成されねばならない(1)。

条文の文言を卒然と読めば、和解は要式契約であるようにみえる。だが、本条の立法過程をみると、Albisson 議員が護民院に対して、次のように報告していたことがわかる。すなわち、和解は紛争を終結させるために存在するところ、もし証言による証拠（preuve testimoniale）を認めると、証言の証拠力をめぐって新たな紛争が生じてしまう。書面は、これを避けるために要求されたのである(2)、と。

このAlbisson報告、そして意思主義を根拠として、一般に、和解は諾成契約だと解されている。(3)

二　和解の証拠

(一)　さて、和解が諾成契約だとすれば、本条は、証拠方法を書面に制限した規定と解されることになる。つまり、一般原則によれば、一五〇フラン以下（当時）の事項は書面によらずに証明できるところ（仏民原始規定第一三四一条）、仏民第二〇四四条二項は、あらゆる和解につき、証拠として書面を要求した規定だというのである。(4)

(二)　それでは、和解の証拠方法をこのように制限することは妥当か。

(1)　まず、一方で、先のAlbisson報告に依拠しつつ、和解の特殊性から証拠方法の制限を是認する見解がある。(5) たとえ少額の事項であっても、和解はしばしば複雑な内容を有し、多くの条項を包含するから、書面以外に、たとえば証言による証拠を認めると、今度は、証人の記憶をめぐって紛争が生じうる。つまり、紛争の終結を目的とした和解が、新たな紛争の火種となってしまうというのである。

(2)　しかし、他方で、和解にのみ証拠方法を厳格にすることには、理論的な正当性が欠けるという見解もある。(6) 和解も一つの契約であることには変わりがなく、証拠方法につき他の契約と特に区別する理由が見当たらないというのである。

(3)　梅も、一五〇フラン以下の事項に書面を要求することは煩雑であり、それは和解においても変わらない。それゆえ、和解の証拠についても一般原則は維持されるべきだと述べて、仏民第二〇四四条二項に否定的な態度を示している。(7)

(三)　さて、こうした基本的な立場の相違を踏まえたうえで、左では、仏民原始規定第一三一六条以下で挙げられる証拠方法のうち、書面以外のもの、すなわち、証言による証拠、推定、自白、宣誓が和解において認められるかを検討してゆきたい。

三　証言による証拠（preuve testimoniale）

既に述べたように、仏民第二〇四四条二項は、たとえ一五〇フラン以下の事項を目的としていても、和解の証拠は書面に限るという。だが、この規律は一切の例外を受け付けないものか。別言すれば、例外的に証言を証拠としうる場合は存するのか。商事に関する和解、そして書証の端緒が存する場合において、議論がある。

(一)　商事に関する和解の場合

仏商原始規定第一〇九条七号は、「売買は、裁判所が証言による証拠を認めねばならないと信ずるときは、その証拠によって証明される」[8]という。つまり、民法の原則に反し、一五〇フランを超える事項についても、証言が証拠として認められうる。商取引の反復性、迅速性が、しばしば、書面の作成を困難とするからである[9]。そして、この理由から、本条は、売買のみならず、あらゆる商行為（acte de commerce）に適用されると解されている[10]。

それでは、商人同士が、商事に関して（en matière de commerce）和解を結んだときは、証言は証拠として認められるか。学説は対立する。

(1)　まず、Accarias などの否定説は、和解が商事に関して結ばれたとしても、和解を結ぶ行為それ自体は、紛争の予防、終結を目的としており、投機（spéculation）の要素が欠ける。それゆえ、和解は商行為ではなく、証言は証拠にならないという[11]。

(2)　これに対して、Massé の肯定説は、和解の目的が商事に関する利害関係の調整である以上、それは商行為であり、証言も証拠たりうるという[12]。つまり、和解が営業のために行われたという理解を前提に、附属性の理論（théorie de l'accessoire）――我が国の附属的商行為概念に対応する――を用いて、その商行為性を肯定するのである[13]。

(3) さて、梅は、基本的には肯定説が妥当であるとしながらも[14]、これをさらに一歩進めている。すなわち、まず、当事者双方が商人であり、両者が商人たる資格で和解を結んだときは、この和解が商行為であることに疑いはない。次に、当事者双方が商人で、一方のみが商人たる資格で和解を結んだときは、少なくともその者にとっては、和解が商行為であると認められる。そうだとすれば、最後に、当事者の一方のみが商人であるときでも、彼が商人たる資格で行為したのであれば、彼にとっては、和解は商行為だというべきである。

それゆえ、最後のケースでは、商人が和解の条項を履行しなければ、相手方たる私人は、証言を証拠として和解の存在を証明することができる[15]、というのである。

(4) こうした梅の見解は、商事に関する和解が商人間で結ばれた場合に、附属性の理論を用いてその商行為性を肯定するのみならず、当事者の一方が商人にすぎない場合においても、混合的行為(actes mixtes)、すなわち一方的商行為概念を用いて、商人たる資格で行為した者に対する関係では、和解を商行為と認めるものである。Massé の肯定説は、附属性の理論を用いたのみで、混合的行為概念の適用までは認めていなかった。それゆえ、梅が証言を証拠として認める範囲は、肯定説よりもさらに広くなっているということができよう。

(二) 書証の端緒(commencement de preuve par écrit)が存する場合

一般に、書証の端緒とは、ある文書であり、それが主張の相手方に由来し、かつ、主張された事実を真実と思わせるもののことをいう[16]。信書や方式を欠く公署証書の類いである[17]。そして、書証の端緒が存する場合には、一五〇フランを超える事項についても、例外的に、証言が証拠として認められる(仏民原始規定第一三四七条一項)。書証の端緒により、証言の証拠力の不十分さが補われるからである。

それでは、和解においても、書証の端緒が存在すれば、証言は証拠と認められるか。

(1) まず、通説は、書証の端緒がある場合にも、証言を証拠として認めない[18]。その理由は、前述した Albisson

護民院議員の報告趣旨（本節一）、つまり、もし証言を証拠として認めれば、証言の信頼性をめぐって新たな争いが生じてしまうという点に求められる。つまり、複雑な内容を有する和解は、人間の記憶によって証明することに本質的に適しておらず、この理は、たとえ書証の端緒が存在しても変わらない、というのである。

（2）これに対して、Merlin は、Albisson 報告は一議員の報告にすぎず、これを立法者意思と同旨することはできない。実際、Bigot de Préameneu の起草趣旨説明にも、和解は本質的に証言による証明には適さないなどという発言はみられない。また、仏民第二〇四四条二項の「書面によって作成されねばならない」という文言からも、Albisson 報告のような趣旨を読み取ることはできない。つまり、古法時代の判例学説が、書証の端緒の存在する場合には、証言を和解の証拠として認めてきたところ、立法者がこれを変更したという積極的な証拠はみられない[19]、というのである。

（3）こうした対立が存するなかで、一八六四年一一月二八日の破毀院判決[20]が表れた。

被相続人の死後、女中と相続人達との間で、女中の給金額をめぐる争いが生じた。両者は私署証書で和解を結んだが、相続人側は、和解は双務契約であるのに、私署証書が一通しか作成されていないなどといって、和解した給金額の支払いを拒絶。そこで、女中が給金の支払いを訴求した事案である。

破毀院は次のように述べた。すなわち、双務契約に関する私署証書は、利害関係を異にする当事者の人数分作成されねばならないが（仏民原始規定第一三二五条）、一通しか作成されなかった場合でも、これを書証の端緒として扱うことは可能である。

そして、仏民第二〇四四条二項は、一五〇〇フラン以下の事項についても書面を要求するという点で、仏民原始規定第一三四一条の例外をなすにすぎず、その他の点については、一般原則に従うものである。仏民原始規定一三四七条は、その一般的な文言からしてすべての契約に適用されるのであり、和解を特に除外する明文の規定なき限り、書証の端緒が存在すれば、和解においても証言を証拠となしうる、と。

（4）つまり、一八六四年の破毀院判決は、仏民第二〇四四条二項が、数額の点に関してのみ、仏民原始規定第一三四一条の例外を規定したとの理解から、同第一三四七条の適用は妨げられないとの結論を導いたものである。そして、一九世紀後半には、Pont や Baudry-Lacantinerie が本判決の支持を表明している[21]。梅も、一八六四年判決の論理を敷衍しつつ、書証の端緒が存する場合には、証言を証拠と認める説に左袒する[22]。もっとも、破毀院は、本判決の後も同旨の判断を繰り返しており[23]、実務における扱いは、梅の支持する見解で既に固まっていたようである。

四　推定（présomption）

推定には、法律上の推定（présomption légal）と事実上の推定（présomption de fait）があるところ、和解が法律によって推定されることはない。

他方、事実上の推定は、証言による証拠が認められるときに限り許されるから（仏民原始規定第一三五三条）、和解が事実上の推定により証明されうるかは、証言による証拠をどの範囲で許容するかによって自ずから定まる[24]。

五　自白（aveu）

和解は、自白によって証明することができると解されている[25]。仏民第二〇四四条二項が和解に書面を要求したのは、和解の存否をめぐる争いを防止する趣旨と解されるところ、自白があれば、かような争いは存在しないからである[26]。梅もこの理を疑わない[27]。

六　宣誓（serment）

仏民原始規定第一三五七条は、裁判上の宣誓（serment judiciaire）[28]を決訟的宣誓（serment décisoire）と補充的宣誓

(serment supplétoire) に分ける。

（一）　まず、決訟的宣誓（仏民原始規定第一三五八条以下）とは、訴訟の勝敗に影響する事実につき、当事者の一方が他方に対して、もし後者が宣誓をなせば、前者は自らの請求または抗弁を放棄するという条件で、宣誓を求めるものである。この決訟的宣誓は、どのような種類の争いにおいても認められ（仏民原始規定第一三五八条）、また、請求や抗弁につき、書証の端緒すら存在しない場合にも許される（仏民原始規定第一三六〇条）。

宣誓を求められた当事者は、宣誓の履行、拒絶、反対要求（relation de serment）という三つの手段をとりうる。宣誓が履行されると、宣誓された事実が真実とみなされるとともに、宣誓に付された条件が成就して、訴訟が終結に向かう。他方、宣誓が拒絶されると、宣誓を求めた当事者の主張する事実が自白されたものとみなされる。いずれの場合にも、反証を許さない推定（*praesumptio juris et de jure*）が働く。なお、宣誓の反対要求は、先に宣誓を求めた当事者をして、当該事実につき、同様の条件を付して、宣誓の履行または拒絶のいずれかを行わせるものである。(29)

（二）　次に、補充的宣誓（仏民原始規定第一三六六条以下）は、ある事実（訴訟の勝敗に影響するか否かは問わない）(30)の存否につき、裁判官が、職権で、当事者の一方に対して宣誓を要求する制度である。この補充的宣誓は、請求または抗弁が完全には証明されていないが、しかし、証拠を全面的には欠いていない場合に認められる（仏民原始規定第一三六七条）(31)。つまり、不完全な証拠を補完する制度である。ここから、一般には、証言による証拠や推定がそもそも許容されていない場合には、補充的宣誓による証拠の補完も認められないと解されている。(32)

この補充的宣誓においては、要求を受けた当事者が宣誓を拒絶しても自白とはみなされず、また、宣誓を行ってもその内容は当然には真実とみなされない。宣誓の法的評価は裁判官の裁量に委ねられる。補充的宣誓は、訴訟を決するものではなく、裁判官による証拠調べの一つに過ぎない。(33)

（三）　それでは、これらの宣誓を和解の証拠にすることは可能であろうか。

まず、補充的宣誓について、Accarias は、証言が証拠とならない以上、補充的宣誓も証拠たりえないという。(34)これに対して、Pont は、書証の端緒が存在する場合には、証言による証拠が例外的に認められるという立場から（本節三（二）（4）参照）、この場合に限り、補充的宣誓も許されるという。(35)

梅の見解は必ずしも明らかではないが、証言による証拠が例外的に許容される場合を認めていることから、Pont を支持するものと思われる。(36)

(四)（1）次に、決訟的宣誓による場合はどうか。この点につき、Troplong は、和解の証拠が書面に限定された趣旨を重んじて、和解の存否が新たな争いを生じさせることは許されないため、決訟的宣誓という、それ自体が証拠についての争いであるところの制度を用いることはできないという。また、書面が作成されていない和解は、当事者の意思に真剣さが欠けるともいう。僅かに、当事者が自白した場合に限り、書面による証拠が不要になるのみというのである。(37)

（2）だが、大多数の学説は、自白が和解の証拠となり、決訟的宣誓の基礎には自白があること、(38)あるいは、決訟的宣誓はいかなる種類の争いにおいても認められること（仏民原始規定第一三五八条(39)）を理由として、決訟的宣誓を証拠として認める。また、自白を証拠と認めながら、決訟的宣誓を認めないのは矛盾だとして、Troplong を批判する者もある。(40)

（3）梅もまた、第一三五八条を根拠として、決訟的宣誓を和解の証拠として認めるべきという。(41)

七　小括

以上みてきたように、梅は、証言による証拠が例外的に認められる場合を広く許容するとともに、自白を認め、さらに、決訟的宣誓のみならず、おそらく補充的宣誓をも和解の証拠として認めている。また、そもそも、和解の証拠につき、一般原則と異なる定めを置くことに否定的である。それゆえ、梅の見解は、仏民第二〇四四条二項の存在意義を無にするに等しいものである。それでは、こうした解釈の背景にある思想はどのようなものか。

元来、一定額を超える事項の証明に書面を要求すること、特に、証言による証拠を排斥するという規律は、一五六六年二月のムーラン王令第五四条および一六六七年の民事訴訟王令第二〇章第二条によって形成されたものである。(42) 偽証の増加が背景にあったといわれ、(43) 古法時代、これらの規定は強行法規と解されていた。(44) 仏民原始規定第一三四一条は、右の二王令を引き継いだものである。一九世紀の通説も、虚偽の証言が正義を曲げることを防ぐという公益目的から、同条を強行法規だと解していた。(45) だが、契約の自由を理由として、第一三四一条の規律に反する合意を有効とする学説も存在し、(46) また、実務でも同条を任意法規とする下級審判決が散見された。(47)

このようななかで、梅が書面による証拠以外の証拠を広く認めたことは、証拠方法を制限する諸規定の適用範囲を限定することにより、解釈を通じて、証拠方法を可能な限り当事者の自由に委ねようとする試みだったといえる。つまり、彼の解釈は、仏民原始規定第一三四一条および仏民第二〇四四条二項の任意法規化の流れに棹さすものであり、また同時に、思想的には、証拠契約の自由、そして、その前提をなす私的自治の尊重という観念に裏付けられていたものだということができるのである。

注　第三節

（1）Art. 2044, al. 2, Code civil.
Ce contrat doit être rédigé par écrit.

（2）Fenet, t. 15, p. 115; J.-G. Locré, *La législation civile, commerciale et criminelle de la France, ou commentaire et complément des Codes français*, t. 15, Paris 1828, pp. 431 et 432.

（3）Duranton, t. 18, n° 406; Troplong, t. 17, *Transactions*, n°s 27 et 28; Accarias, *Transaction*, n° 78; Aubry et Rau, t. 4, § 420, 2°; Pont, II, n° 499; Laurent, t. 28, n° 367; Baudry-Lacantinerie, t. 3, n° 976; Oumé, *Transaction*, n° 299.

（4）Troplong, t. 17, *Transactions*, n° 27. なお、書面は私署証書でも公署証書でも構わないが、和解は双務契約であるから、私署証書による場合は、少なくとも二通作成されねばならない（Troplong, t. 17, *Transactions*, n°s 32 et 33, 仏民原始規定第一三二五条）。

（5）Troplong, t. 17, *Transactions*, n° 28; Laurent, t. 28, n°s 367 et 374; Baudry-Lacantinerie, t. 3, n° 976.

（6）Pont, II, n° 501.

（7）Oumé, *Transaction*, n° 300.

（8）Art. 109, 7°, Code de commerce de 1807:

　Les achats et vents se constatent, Par la preuve testimoniale, dans le cas où le tribunal croira devoir l'admettre.

（9）Baudry-Lacantinerie, t. 2, n° 1217.

（10）Aubry et Rau, t. 8, § 763 *bis*, note 1; É. Colmet de Santerre, *Cours analytique de Code civil par A.-M. Demante, continué depuis l'article 980 par E. Colmet de Santerre*, t. 5, Paris 1865, n° 315 *bis* XXIV; Baudry-Lacantinerie, t. 2, n° 1217.

（11）Accarias, *Transaction*, n° 84; Aubry et Rau, t. 4, § 420, 2°; Pont, II, n° 500; Laurent, t. 28, n° 375.

（12）G. Massé, *Le droit commercial dans ses rapports avec le droit des gens et le droit civil*, t. 6, Paris 1847, n° 332（ただし、第三版（3e éd., t. 4, Paris 1874, n° 2695）では、Pont（初版）による否定説にも理解を示している）; G. Massé et C.-H. Vergé, *Le droit civil français par K. S. Zachariae; traduit de l'allemand sur la 5e édition, annoté et rétabli suivant l'ordre du Code Napoléon*, t. 5, Paris 1860, § 767, note 6.

（13）Cf. Oumé, *Transaction*, n° 307, note 4.

（14）Oumé, *Transaction*, n° 307.

（15）Oumé, *Transaction*, n° 308.

（16）Aubry et Rau, t. 8, § 764; Laurent, t. 19, n°s 486 et suiv.; Baudry-Lacantinerie, t. 2, n° 1218.

（17）たとえば、貸金返還請求訴訟では、被告が原告に宛てた融資依頼の手紙など。

（18）Marbeau, *Transactions*, n° 203; Troplong, t. 17, *Transactions*, n°s 30 et 31; D. Dalloz et A. Dalloz, *Répertoire méthodique et alphabétique de législation, de doctrine et de jurisprudence*, nouv. éd., t. 42, 1re partie, Paris 1861, s.v. *Transaction*, n° 32; Accarias, *Transaction*, n° 84; Aubry et Rau, t. 4, § 420, note 8; Laurent, t. 28, n° 376.

（19）P.-A. Merlin, *Recueil alphabétique des questions de droit*, 4e éd., t. 16, Bruxelles 1830, s.v. *Transaction*, § 8, n° 3.

（20）Civ., 28 nov. 1864, D. 1865, 1, 105.

（21）Pont, II, n° 502; Baudry-Lacantinerie, t. 3, n° 977.

（22） Oumé, *Transaction*, n° 303.
（23） Civ., 24 déc. 1877, D. 1878, 1, 160; Civ., 8 janv. 1879, D. 1879, 1, 128; Req., 19 oct. 1885, D. 1886, 1, 416.
（24） Accarias, *Transaction*, n° 84; Pont, II, n° 504; Oumé, *Transaction*, n° 309.
（25） Pont, II, n° 505; Baudry-Lacantinerie, t. 3, n° 976.
（26） Pont, II, n° 505.
（27） Oumé, *Transaction*, n° 310.
（28） 裁判外の宣誓（serment extrajudiciaire）については民法上規定がなく、和解の証明との関係でも特に議論はみられない。
（29） Laurent, t. 20, n°s 230 et suiv.; Baudry-Lacantinerie, t. 2, n°s 1250 et suiv.
（30） Aubry et Rau, t. 8, § 767, 3°; Laurent, t. 20, n° 291.
（31） なお、物の返還請求訴訟において、請求を認容すべきだが、現物返還が不可能であり、かつ、目的物の価格も不明なときに、原告をしてその物の価格を宣誓させるというタイプの補充的宣誓もある（仏民原始規定第一三六九条）。
（32） Accarias, *Transaction*, n° 85; C. Demolombe, *Cours de code Napoléon*, t. 30, Paris 1879, n° 697; Pont, II, n° 508.
（33） Laurent, t. 20, n°s 279 et suiv.; Baudry-Lacantinerie, t. 2, n°s 1266 et suiv.
（34） Accarias, *Transaction*, n° 85.
（35） Pont, II, n° 508.
（36） Cf. Oumé, *Transaction*, n° 312.
（37） Troplong, t. 17, *Transactions*, n° 29.
（38） Massé et Vergé sur *Zachariae*, t. 5, § 767, note 6; Aubry et Rau, t. 4, § 420, note 7; Pont, II, n° 507.
（39） Marbeau, *Transactions*, n° 216; Duranton, t. 18, n° 406; Dalloz, *Répertoire*, t. 42, 1re partie, s.v. *Transaction*, n° 36; Accarias, *Transaction*, n° 85; Laurent, t. 28, n° 379.
（40） Laurent, t. 28, n° 379.
（41） Oumé, *Transaction*, n° 313.
（42） Aubry et Rau, t. 8, § 761; Laurent, t. 19, n° 394.
なお、ムーラン王令（Ordonnance sur la réforme de la justice, in: *Recueil général des anciennes lois françaises, depuis l'an 420 jusqu'à la Révolution de 1789*, t. 14, 1re partie, Paris 1829, pp. 189–212）については、池田恒男「フランス抵当権改革前史――共通慣習法における土地の交換価値把握の過程と形態について（一）」社会科学研究三〇巻五号（昭和五四年）五二頁以下参照。

また、一六六七年の民事訴訟王令（Ordonnance civile touchant la réformation de la justice, in: *Recueil général des anciennes lois françaises*, t. 18, pp. 103-180）には、塙浩「ルイ一四世民事訴訟王令（一六六七年四月）」同『フランス民事訴訟法史（塙浩著作集 六）』（信山社、平成四年）六六七頁［初出、昭和四九年］の邦訳がある。

（43）N. Danty, *Traité de la preuve par témoins en matière civile, contenant le commentaire de Me Jean Boiceau sur l'article 54 de l'ordonnance de Moulins*, Paris 1697, p. 2.

（44）L. Vrevin, cité par Danty, op. cit., p. 48, n° 8; cf. Dalloz, *Répertoire*, t. 33, s.v. *Obligations*, n° 4614; Laurent, t. 19, n° 397.

（45）Aubry et Rau, t. 8, § 761; Laurent, t. 19, n° 397; Baudry-Lacantinerie, t. 2, n° 1200.

（46）Duranton, t. 13, n° 308; Dalloz, *Répertoire*, t. 33, s.v. *Obligations*, n° 4615; Colmet de Santerre, t. 5, n° 325 *bis* II.

（47）Bourges, 16 déc. 1826, in: Dalloz, *Répertoire*, t. 33, s.v. *Obligations*, n° 4615, note 2; Rennes, 25 févr. 1841, in: Dalloz, *Répertoire*, t. 33, s.v. *Obligations*, n° 4615, note 1.

第四節　和解の能力と権限

本節では、和解の能力と権限について検討する。

まず、和解能力とは、当事者として和解を行うために必要な能力のことであり、具体的には、処分能力のことである。

和解能力が制限される場合としては、あらゆる者との関係で、すべての権利関係につき制限される場合（一般的な理由に基づく制限）と、特定人間において、一定の権利関係についてのみ制限される場合（特別な理由に基づく制限）とがある(1)。一般的な理由に基づく制限としては、未成年者、禁治産者、心神耗弱者および浪費者、妻を挙げることができ、また、特別な理由に基づく制限の例としては、元未成年者と後見人間の後見の計算に関する和解や、夫婦間の和解の禁止がある。

なお、破産者の和解能力の制限は、どちらにも属さない特殊なケースとされる(2)。

次に、和解権限とは、他人のために和解を行う権限のことであり、後見人、父、夫、破産管財人、不在者の財産につき仮の占有を付与された者、限定承認相続人、受任者、組合の業務執行者や清算人などについて問題とされる。なお、市町村や公施設と政府の関係は、被後見人と後見人の関係に準じて扱われるため、便宜上ここで論じられる。

さて、和解の能力または権限を欠く者によって行われた和解は、原則として無効(nullité)であるが、この無効は、通常は、相対無効(nullité relative)と考えられている。和解能力や権限の制限は、無能力者や本人といった、一方当事者の保護を目的とするものだからである。

しかし、例外的に、公序を理由とする場合には絶対無効(nullité absolue)を生ぜしめる(法定禁治産。なお、市町村や公施設については争いあり)。

また、限定承認相続人が和解をなした場合には、和解は有効であるが、財産目録の利益の放棄が問題となる(3)。

以下では、和解能力に関する基本的な要件をみた後に、一般的な理由に基づく和解能力の制限、特別な理由に基づく和解能力の制限、破産者の和解能力、和解権限の順に検討してゆきたい。

一　和解能力(capacité de transiger)

(一)　和解能力に関しては、次のような規定がある。

仏民第二〇四五条一項

和解を行うためには、和解に含まれる物を処分する能力を有しなければならない(4)。

つまり、和解を行うためには、両当事者が争いの対象としている物、すなわち係争物につき、処分能力（capacité de disposer）を有しなければならないというのである[5]。

（二）それでは、本条の趣旨はどのようなものか。Accarias は、これを説明して次のようにいう[6]。すなわち、たとえば、AとBがある土地の所有権を争い、BがAに自己の土地を供与する代わりに、Aは係争地に関する権利主張を放棄するという和解が成立したとしよう。

このとき、まずBは、和解のために供与される土地の処分能力を有しなければならないが、このことは一般原則からして当然である。

また、Aは、係争物たる土地につき、その権利主張を放棄、つまり処分しているから、Aにつき、係争物の処分能力が必要とされることにも疑いはない。

だが、係争物を保持しているBについては、係争物の処分能力は必要ないようにもみえる。しかし、もしBが正当な所有者だったとすれば、係争物を保持するために、何らの出捐も行う必要はなかった。それにもかかわらず、Bが出捐をなしたのは、係争物に関する自己の権利を一旦放棄して、それをAから買い戻したことを意味する。このことに鑑みて、仏民第二〇四五条一項は、Bにも係争物の処分能力を要求したのである、と。

なお、Accarias は、これに続けて、係争物が債権であり、債務者が一定額の支払いを約束する代わりに、債権者が残部を放棄するという和解が成立した場合には、債権者に債権の処分能力が必要とされることは当然だが、債務者にはいかなる意味においても処分の要素が存在しないから、債務負担能力（capacité de s'obliger）があれば足りると述べている[7]。

さて、このような Accarias の見解によれば、仏民第二〇四五条一項は、係争物が債権ではない場合に、その係争物を保持する当事者にも、係争物の処分能力を要求した点において、意味のある規定だということになろう。

（三）梅もまた Accarias の見解を支持しつつ、係争物が債権ではない場合に、係争物を保持する側にも処分能力を要求することは、一般原則からは当然には導かれないと述べて、この点につき仏民第二〇四五条一項の存在意義を認めている。[8]

なお、梅も、和解のために供与される物については、一般原則に従い判断され、それゆえ、債務の負担を約したのであれば債務負担能力で足りるが、物の供与を約したのであれば、処分能力まで必要になると説いている。[9]

(四) それでは、仏民第二〇四五条一項にいう処分能力とは、有償処分を行う能力のことか、あるいは、無償処分を行う能力であるか。

通説は、和解は相互に譲歩を行うものであるから、有償契約である。それゆえ、無償処分をなしうる能力までは必要とされず、有償処分をなしうる能力で足りると解している。[10]

これに対して、Mourlon は、後見人は未成年者の動産を有償で処分できるが（仏民原始規定第四五七条）、親族会の許可等を得なければ和解をなしえないこと（仏民原始規定第四六七条）を理由に、和解のためには無償処分の能力まで必要だという。[11]

だが、Mourlon の見解は、能力（capacité）と権限（pouvoir）を混同するものだという批判を受けており、[12] 支持者を見いだしていないようである。

二　一般的な理由に基づく和解能力の制限

(一)　未成年者

(1)　未解放の未成年者（mineur non émancipé）

未解放の未成年者は、後見人の許可（autorisation du tuteur）を得ても、自ら行為することはできない。[13]

未成年者自身のなした行為は、単純損害（simple lésion, 仏民原始規定第一三〇五条）または手続的要件の不備（nullité de forme, 仏民原始規定第一三一一条）を理由として、取り消すことができる。[14] そして、未成年者が和解を行うことは、手続的要件（左の仏民原始規定第四六七条の三要件）の不備に該当するため[15]、無効を主張するために、損害の証明を要しない。

従って、未解放の未成年者のためには、後見人が代わって和解を行う必要があるところ、後見人の和解権限については、次のような規定がある。

仏民原始規定第二〇四五条二項

後見人は、「未成年、後見および解放について」という章の第四六七条に従わなければ、未成年者または禁治産者のために和解を行うことができない。また、後見人は、同章の第四七二条に従わなければ、成年者となった未成年者との間で、後見の計算につき和解を行うことができない[16]。

仏民原始規定第四六七条

後見人は、親族会の許可を得た後、民事裁判所駐在の政府委員の指名する三人の法律家の意見に基づくのでなければ、未成年者の名で和解を行うことができない。

和解は、政府委員の意見を聴いた後、民事裁判所が認可を与えた場合にのみ有効となる[17]。

すなわち、後見人が未成年者のために和解を行うには、①親族会の許可（autorisation du conseil de famille）を得ること、②三人の法律家の意見（avis de trois jurisconsultes）に基づくこと、③裁判所の認可（homologation du tribunal）を受けること、という三つの手続的要件を満たす必要があるのである。

本来、後見人は、親族会の許可と裁判所の認可があれば、未成年者の不動産すら処分できるところ（仏民原始規定第四五七条、第四五八条参照）、和解の場合には、売買などの取引とは異なり、勝訴の可能性等、法的知識がなければ有利不利の判断が難しいため、三人の法律家の意見に基づくことが、特に要件として付加されたのである。[18]梅も、こうした未成年者保護規定の重要性はこれを肯定する。[19]だが、親族会の許可と裁判所の認可を要件とすれば、未成年者の利益保護にとっては充分であるから、三人の法律家の意見を徴するという手続は、煩雑にすぎるとも述べている。[20]

(2) 解放された未成年者(mineur émancipé)

① 解放された未成年者は、純粋な管理行為(pure administration)であれば、これを単独で行うことができる。たとえば、期間が九年を超えない賃貸借の締結や、収益(revenu)の受領などである(仏民原始規定第四八一条)。これに対して、元本(capital mobilier)の受領については、保佐人(curateur)の同意を得て行為する必要がある(仏民原始規定第四八二条)。また、不動産を売却、譲渡するためには、未解放の未成年者のために後見人が行為する場合と同じ要件が課される(仏民原始規定第四八四条一項)。

それゆえ、解放された未成年者が、元本や不動産といった、単独で処分しえない物につき和解を行うためには、第四六七条の三要件を満たす必要があると解されている(ただし、行為者は解放された未成年者である)。[21]

② それでは、収益に関して和解を行うための要件はいかなるものか。

通説は、解放された未成年者は、収益については、保佐人の同意も第四六七条の要件も満たすことなく、和解を行うことができると解する。[22]第四八一条を根拠とする。

他方、反対説は、和解は処分行為であって、管理行為ではないから、解放された未成年者といえども、第四六七条の要件を満たさなければ、収益についても和解を行うことはできないという。[23]第四八四条一項がその根拠である。

この問題につき、梅は、解放された未成年者が収益を単独で受領できる以上、彼には管理行為の一環として処分を行う能力が認められるとして、通説に賛成している。[24]また、処分能力があれば和解をなしうるのが原則であるから（仏民第二〇四五条一項）、要件を加重する第四八四条の規定は例外規定であり、その適用は、解放された未成年者が処分能力を有しない目的物に限定しなければならないともいう。[25]さらに、解放された未成年者は、あくまでも財産の主体であり、他人の財産を管理する後見人とは自ずから異なるとも述べている。[26]

こうした梅の見解は、解放された未成年者が一定の範囲で処分能力を有することを前提としつつ、処分能力を有する者に和解を禁止することは、可能な限り制限しなければならないという考えを基礎とするものである。ここには、財産主体の私的自治を広く尊重しようとする思想を見て取ることができよう。

(3) 営業を許された未成年者 (mineur commerçant)

営業を許された未成年者は、その営業に関する行為については、成年者とみなされる（仏民原始規定第四八七条）。不動産を抵当に入れて借財を行うことも可能であり（仏商原始規定第六条一項）、こうした営業に関する行為につき、自由に和解を行うことができる。[27]

だが、不動産の譲渡だけは、営業に関する行為であっても、仏民原始規定第四六七条の三要件を満たさない限り、許されない（仏商原始規定第六条二項）。従って、親族会の許可、三人の法律家の意見、裁判所の認可を得なければ、和解によって不動産を譲渡することはできない。[28]

なお、営業を許されるためには、予め解放されていることが前提となるから（仏商原始規定第二条）、営業に関する行為以外の行為に関しては、解放された未成年者と同一の規律に服する。[29]

(二) 禁治産者 (interdit)

禁治産は、知的能力の低下または変調を理由として、判決により宣告される場合（判決による禁治産（仏民原始規定第四八九条〕）と、有期の自由刑に伴い生ずる場合（法定禁治産（一八一〇年仏刑第二九条））とに分けられる。

（1） 判決による禁治産（interdiction judiciaire）

判決による禁治産の場合、禁治産者自身のなした行為は、すべて無効とされる（仏民原始規定第五〇二条）。だが、この無効は、無能力者を保護するためのものであるから、相対無効と解されている。

そして、未解放の未成年者の後見に関する規則は、禁治産者の後見人にも適用されるため（仏民原始規定第五〇九条）、和解は、仏民原始規定第四六七条の要件を満たして、後見人がこれを行わなければならない。また、禁治産宣告が取り消された場合にも、元禁治産者は、仏民原始規定第四七二条の要件を満たさなければ、後見の計算について、後見人と和解を行うことができない（本節三（一）参照[30]）。

（2） 法定禁治産（interdiction légale）

一八一〇年仏刑第二九条は、次のような規定（ただし、一八三二年四月二八日の法律[31]による改正規定）である。

一八一〇年仏刑第二九条

有期の強制労働、禁錮または懲役の判決を受けたすべての者は、さらに、その刑期中、法定禁治産の状態に置かれるものとする。その財産を運用管理するために、禁治産者に対する後見人および後見監督人の選任につき定められた規則に従い、彼につき、後見人および後見監督人が選任される[32]。

法定禁治産は、判決による禁治産とは異なり、禁治産者の保護を目的としたものではない。むしろ、自由刑と財産管理権は両立しがたいこと、および、有罪判決を受けた者に財産管理権を承認することが、刑の効果を弱め、場合によっては逃走を可能とすることを理由とする。(33) つまり、法定禁治産は抑圧を目的とした付加刑であり、公序に属する。(34)

それゆえ、法定禁治産者の行った行為は、相対無効ではなく、絶対無効と解されている。(35) 梅も、公序に反する行為を厳しく制限するという立場から、絶対無効の考え方を支持する。(36)

なお、後見人の権限は、判決による禁治産の場合と異なるところはなく、後見人は、仏民原始規定第四六七条の要件を満たして、法定禁治産者のために和解を行うことができる。(37)

(三) 心神耗弱者 (faible d'esprit) および浪費者 (prodigue)

心神耗弱者や浪費者は、保佐人 (conseil judiciaire) の同意を得なければ、和解を行うことができない (仏民原始規定第四九九条、第五一三条)。(38)(39)

それでは、保佐人の同意を得ずに処分できる物 (例、収益) については、単独で和解を行いうるか。通説は、第四九九条および第五一三条が、目的物による区別を行わず、和解一般を禁止していることから、保佐人の同意を得ずに行われた和解は無効であると解している。(40)

これに対して、梅は、処分能力を有する者は和解を行えることが原則であり (仏民第二〇四五条一項)、これに反する明確な規定のない限り (第四九九条および第五一三条は不明確な例外規定として制限的に解釈されるべきである)、和解能力は制限されるべきではない。それゆえ、保佐人の同意を得ずに処分できる物については、心神耗弱者や浪費者は単独で和解を行えるとして、通説に反対する。(41) ここでも、解放された未成年者の場合と同様に (右(一)(2)②)、財産主体の私的自治を尊重する考え方が、梅の見解の基礎にあるといえよう。

(四) 妻 (femme mariée)

一九世紀フランスの夫婦財産制には、法定財産制たる動産後得財産共通制 (communauté des meubles et acquêts, 仏民原始規定第一四〇〇条以下)、約定財産制のモデルとして、後得財産共通制[42] (communauté réduite aux acquêts, 仏民原始規定第一四九八条以下) や別産制 (régime de séparation de biens, 仏民原始規定第一五三六条以下) などがあり、さらに、第二法定財産制ともいうべき嫁資制 (régime dotal, 仏民原始規定第一五四〇条以下) も存在した[43]。

しかし、同時に、フランス民法は、妻の能力に関して次の規定を置いていた。

仏民原始規定第二一七条

妻は、共通制に服さないときや、別産制に服するときであっても、夫の協力を得て行為するか、書面による夫の同意がなければ、有償無償を問わず、贈与、譲渡、抵当権設定、取得行為を行うことができない[44]。

つまり、妻は、どのような財産制に服するときでも、原則として、自己の財産を処分できなかったのである。それゆえ、夫の許可がなければ、自らの財産につき、和解を行うこともできないと解されていた[45]。

だが、これにはいくつかの例外が認められる。

(1) 別産制 (régime de séparation de biens)

まず、別産制が選択されたとき、妻は、固有財産についての管理権を有し (仏民原始規定第一四四九条一項)、かつ、自己の動産については、夫の許可がなくてもこれを処分することができる (同条二項)。それゆえ、妻は、自らの動産については、単独で和解を行うことができると解されている[46]。

ただし、この点について反対する説もある。すなわち、別産制の下でも、妻には管理行為として許される範囲内で処分能力が認められているにすぎず、和解は管理行為ではないから、不動産のみならず、動産についても、妻は単独では和解をなしえない（夫の同意を要する）[47]、というのである。

この問題につき、梅は、管理行為としてであれ、動産の処分が許されているからには、和解能力も認められるべき（つまり、和解が管理行為か否かではなく、その物につき処分能力を有するか否かが問題である）として、反対説を批判している[48]。財産主体たる妻の処分能力を尊重する趣旨からであろう。

（2）嫁資制（régime dotal）

次に、嫁資制が選択されたときは、嫁資（biens dotaux）の管理権は夫のみに帰属するが（仏民原始規定第一五四九条）、嫁資外財産（biens paraphernaux）の管理および収益は妻に委ねられる（同第一五七六条一項）。それゆえ、妻は、嫁資外財産の管理、収益に関しては、夫の許可を得ずに和解を行うことができる[49]。

他方で、妻は、嫁資外財産それ自体を単独で処分することはできないから（同第一五七六条二項）、夫の許可を得なければ、その処分を目的とした和解をなすことはできない[50]。

なお、嫁資については、目的物の処分可能性にも問題があるため、通例、和解の目的物の箇所で論じられる（後述第五節四）。

（3）公の商人たる妻（femme marchande publique）

最後に、妻が公の商人（marchande publique）、つまり夫と別個の経営主体たるときは、自己の営業につき、債務を負担する能力を有する（仏民原始規定第二二〇条、仏商原始規定第五条）。また、商取引は本質的に処分を行うことにあるから、一般に、商人は処分能力を有する。それゆえ、妻が公の商人であるときは、営業に関する行為につき、単独で和解を行うことができる[51]。

また、営業に関係すれば、たとえ不動産であっても、それが嫁資不動産でない限り（仏民原始規定第一五五四条、第五節四参照）、公の商人たる妻は、夫の許可を得ることなく、和解によってこれを処分できると解されている（仏商原始規定第七条）[52]。

三　特別な理由に基づく和解能力の制限

(一)　元未成年者と後見人間の後見の計算に関する和解

仏民原始規定第二〇四五条二項は、成年者となった未成年者（mineur devenu majeur）、つまり元未成年者と後見人が、後見の計算に関して和解を行うためには、同第四七二条の規定に従わなければならないと規定していた（本節二（一）（1）参照）。

そして、第四七二条の規定する要件とは、①後見人が詳細な計算書を提示すること、②その計算を正当化する証拠書類が添付されていること、③元未成年者がこれらの書類の受領証を発行すること、④受領証に付された日付から一〇日が経過すること、の四つである。

その趣旨は、自己の財産を速やかに手中に収めたいという焦りや、計算の内訳を知らないことから、成年になったばかりの者が、後見人との間で、不利な和解を軽率に結ぶことを防止することにある[53]。

こうした規律は、一般原則に対する例外であるが、梅もその必要性を肯定している[54]。

なお、第四七二条の要件を満たさずに行われた和解は、相対無効と解されている[55]。

また、後見の計算以外の事項については、同条は適用されず、元未成年者と後見人の間の和解は有効である[56]。

(二)　夫婦間における和解

(1)

夫婦間における和解を禁止する明文の規定は存在しない。だが、和解と同じ有償処分たる売買は、仏民原始規定第一五九五条[57]により、原則として禁止されている。また、本節一で述べたように、仏民第二〇四五条一項は、和解に処分能力を要求している。そこで、多くの学者は、この二つの条文を関連づけて、夫婦間においては、和解もまた禁止されると説いている[58]。

そして、禁止に反して行われた和解は、夫婦のいずれの側からもこれを取り消しうると解されている[59]。なお、取消権の行使期間については必ずしも明確ではないが、売買については婚姻解消時から一〇年と解する見解が一般的であり（仏民原始規定第一三〇四条、第二二五三条参照[60]）、それゆえ、和解についても同様に解されることになろう。

(2) さて、ここでの問題は、夫婦間で売買が許容される三つの例外事例（第一五九五条一号乃至三号）に関しては、和解もまた許されるべきか、というものである。もっとも、これらの例外は、正確には、売買というよりも、むしろ、夫婦間に一定の債務が存在し、その弁済として財産が移転される場合、つまり代物弁済の事例である[61]。

しかし、いずれにしても、ほとんどすべての学説は、例外的に許容される行為に関しては、和解も有効に行いうると述べている[62]。

(3) だが、梅はこれに反対する。そもそも、夫婦間で売買が禁止されたのは、仮装の売買で夫婦間贈与の禁止（仏民原始規定第一〇九六条一項）が回避されないようにするため、および、夫婦の一方の債権者からの差押えを免れる目的で、売買が行われることを防止するためであった。そして、一定の代物弁済が例外的に許容されたのは、こうした詐欺的な売買の恐れがないからであった。ところが、和解は、その性質上、極めて容易に詐欺的に用いうる行為である。それゆえ、特定の類型の代物弁済に関するものか否かにかかわらず、一律に和解を禁止しなければ、夫婦間で和解が詐欺的に用いられることを防止することができないというのである[63]。

こうした梅の見解は、彼の独自説ともいうべきものであるが、それゆえにこそ、その特色を汲み取ることができるものとなっている。つまり、ここで強調されているのは、和解が詐欺的に仮装されることを防止するという目的であり、和解と遺産分割の箇所でも、和解の仮装を予防するための解釈論が提示されている（後述第一〇節二）。これらに鑑みれば、梅の和解論の一つの特色として、和解が仮装されることへの強い警戒心を挙げることが許されよう。

なお、梅は、立法論としては、一八六五年イタリア民法第一三六条のように、裁判所の許可を得て夫婦間の和解を可能とすることが望ましいという[64]。

四　破産者の和解能力

最後に、一般的な理由に基づくとも、特別な理由に基づくともいえない、和解能力の特殊な制限たる、破産者の和解能力を考察しよう。

(一)　すなわち、破産者は、破産宣告により財産管理権を奪われるから（仏商第四四三条、一八三八年五月二八日の法律[65]による改正規定）、その日以降、自己の財産を処分しえない。それゆえ、破産宣告の後に行った和解は無効とされる[66]。

だが、こうした処分能力の制限は、債権者団体（masse des créanciers）との関係において、債権者団体の利益を保護するためにのみ生ずる。従って、無効を主張しうるのは債権者団体であり、破産者本人や、破産者の契約の相手方ではない[67]。

(二)　ところで、破産は商人に対してのみ宣告しうるから（商人破産主義）、非商人には、右の規律は妥当しない。非商人は、支払不能の状態（déconfiture）に陥りうるが、これによって処分能力が制限されることはない。それゆえ、商人であるか否かを問わず、未だ支払不能の状態でしかない者は、原則として、和解能力を有する[68]。

だが、これには三つの例外がある。左に列挙して結びとしたい。①債務者が支払停止（cessation des paiements）の後に行った和解は、その相手方が支払停止の事実を知っていたならば、債権者団体がこれを取り消しうる（仏商第四四七条、一八三八年改正規定）。②支払停止前一〇日以内に行われた和解が、仏商第四四六条（一八三八年改正規定）に規定する行為（動産や不動産を無償で譲渡する行為、期限前の弁済、既存債務への新たな担保物権の設定等）を隠蔽するものであるときは、債権者団体との関係で無効とされる。③支払停止前の和解であっても、それが債権者を詐害し、詐害行為取消権の要件を満たすときは、債権者がこれを取り消しうる（仏民第一一六七条）[69]。

注　第四節一～四

（1）Accarias, *Transaction*, n° 102.

（2）Accarias, *Transaction*, n° 102.
ちなみに、梅は、破産による無能力は、債権者団体（masse des créanciers）と破産者との関係においてのみ生ずるから、「特別な理由に基づく制限」であるという（Oumé, *Transaction*, n°s 418 et 429）。だが、債権者団体は、破産による無能力を、破産者の契約の相手方全員に対して主張しうるから、「一般的な理由に基づく制限」とみることもできる。Accarias は、おそらくそれゆえに、破産者の無能力をどちらの類型にも属さないと判断したのであろう。

（3）Dalloz, *Répertoire*, t. 41, s.v. *Succession*, n° 948; Aubry et Rau, t. 6, § 618, 3°; Pont, II, n° 565; Baudry-Lacantinerie, t. 2, n° 196.

（4）Art. 2045, al. 1, Code civil:
Pour transiger, il faut avoir la capacité de disposer des objets compris dans la transaction.

（5）Accarias, *Transaction*, n° 101, 3°; Baudry-Lacantinerie, t. 3, n° 974.

（6）Accarias, n° 101, 3°.

（7）Accarias, *Transaction*, n° 101, 3°.

（8）Oumé, *Transaction*, n° 373, note 1, et n° 377.

（9）Oumé, *Transaction*, n° 377.

（10）Accarias, *Transaction*, n° 101, 2°; Pont, II, n° 510; Laurent, t. 28, n° 335; Oumé, *Transaction*, n° 375.

（11）F. Mourlon, *Répétitions écrites sur le Code civil contenant l'exposé des principes généraux, leurs motifs et la solution des questions théoriques*, 11e éd., t. 3, Paris 1883, n° 1175.

（12）Accarias, *Transaction*, n° 101, 2°; Pont, II, n° 510.

（13） Laurent, t. 28, n° 338.

（14） Laurent, t. 16, n°s 45 et suiv.

（15） Laurent, t. 28, n° 338.

（16） Art. 2045, al. 2, Code civil de 1804:

Le tuteur ne peut transiger pour le mineur ou l'interdit que conformément à l'article 467 au titre *de la Minorité, de la Tutelle et de l'Émancipation*; et il ne peut transiger avec le mineur devenu majeur, sur le compte de tutelle, que conformément à l'article 472 au même titre.

（17） Art. 467, Code civil de 1804:

Le tuteur ne pourra transiger au nom du mineur, qu'après y avoir été autorisé par le conseil de famille, et de l'avis de trois jurisconsultes désignés par le commissaire du Gouvernement près le tribunal civil.

La transaction ne sera valable qu'autant qu'elle aura été homologuée par le tribunal civil, après avoir entendu le commissaire du Gouvernement.

（18） Accarias, *Transaction*, n° 104; Laurent, t. 5, n° 96; Oumé, *Transaction*, n° 383.

（19） Oumé, *Transaction*, n° 382, note 1.

（20） Oumé, *Transaction*, n° 382, note 2.
こうした見地から、梅は、三人の法律家の意見を和解の要件から外した一八六五年のイタリア民法（第二九六条二項、第三〇一条二項）を賢明だという。

（21） Duranton, t. 18, n° 409; Troplong, t. 17, *Transactions*, n°s 46 et 47; Aubry et Rau, t. 4, §420, 1°; Oumé, *Transaction*, n° 401.
もっとも、元本については、第四八二条を根拠に、保佐人の同意があれば和解をなしうるという説もある（Marbeau, *Transactions*, n° 67）。

（22） Duranton, t. 18, n° 409; Troplong, t. 17, *Transactions*, n° 45; Dalloz, *Répertoire*, t. 42, 1re partie, s.v. *Transaction*, n° 44; Aubry et Rau, t. 4, §420, 1°; Baudry-Lacantinerie, t. 3, n° 974.

（23） Accarias, *Transaction*, n° 107; Pont, II, n° 520; Laurent, t. 5, n°s 235 et 236; t. 28, n° 338. なお、第四六七条の要件を満たせば、保佐人の同意は不要と解されている（Pont, II, n° 520）。

（24） Oumé, *Transaction*, n° 403.

（25） Oumé, *Transaction*, n° 402.

（26）Oumé, *Transaction*, n° 403.

（27）Marbeau, *Transactions*, n° 69; Troplong, t. 17, *Transactions*, n° 48; Oumé, *Transaction*, n° 404.

（28）Marbeau, *Transactions*, n° 69; Troplong, t. 17, *Transactions*, n° 48; Pont, II, n° 521; Oumé, *Transaction*, n° 404.

（29）Marbeau, *Transactions*, n° 68; Oumé, *Transaction*, n° 404.

（30）Troplong, t. 17, *Transactions*, n° 49; Pont, II, nos 524 et 525; Laurent, t. 28, n° 339; Oumé, *Transaction*, n° 405.

（31）Loi du 28 avril 1832 contenant des modifications au Code pénal et au Code d'instruction criminelle, 9, Bull. 78, n° 178.

（32）Art. 29, Code pénal de 1810 (*L. 28 avril 1832*):

Quiconque aura été condamné à la peine des travaux forcés à temps, de la détention ou de la réclusion, sera de plus, pendant la durée de sa peine, en état d'interdiction légale; il lui sera nommé un tuteur et un subrogé-tuteur, pour gérer et administrer ses biens, dans les formes prescrites pour les nominations des tuteurs et subrogés-tuteurs aux interdits.

（33）J.-L.-E. Ortolan, *Éléments de droit pénal*, 4e éd., t. 2, Paris 1875, n° 1555; Mourlon, *Répétitions écrites*, t. 1, n° 195.

（34）Mourlon, *Répétitions écrites*, t. 1, nos 197 et 199.

（35）C.-B.-M. Toullier, *Le droit civil français, suivant l'ordre du Code*, 4e éd., t. 6, Paris 1824, n° 111; Marbeau, *Transactions*, n° 80; Aubry et Rau, t. 1, § 85, 1°; Pont, II, n° 544; Baudry-Lacantinerie, t. 1, n° 196; Mourlon, *Répétitions écrites*, t. 1, n° 198. 反対、A. M. Demante, *Cours analytique de Code civil*, t. 1, Paris 1849, n° 72 *bis* II（法定禁治産者のみが無効を主張しうる）。

（36）Oumé, *Transaction*, n° 411.

（37）Accarias, *Transaction*, n° 110; Oumé, *Transaction*, n° 411.

（38）Art. 499, Code civil de 1804:

En rejetant la demande en interdiction, le tribunal pourra néanmoins, si les circonstances l'exigent, ordonner que le défendeur ne pourra désormais plaider, transiger, emprunter, recevoir un capital mobilier, ni en donner décharge, aliéner, ni grever ses biens d'hypothèques, sans l'assistance d'un conseil qui lui sera nommé par le même jugement.

裁判所は、禁治産宣告を求める訴えを排斥するに際して、事情により、その判決において選任された保佐人の助力なしには、被告が、訴訟、和解、借財、元本の受領やその受領証の交付、譲渡、自己の財産への抵当権設定を行いえない旨を命ずることができる。

Art. 513, Code civil de 1804:

Il peut être défendu aux prodigues de plaider, de transiger, d'emprunter, de recevoir un capital mobilier et d'en donner décharge, d'aliéner, ni de grever leurs biens d'hypothèques, sans l'assistance d'un conseil qui leur est nommé par le tribunal.

浪費者に対しては、裁判所の選任する保佐人の助力なき限り、訴訟、和解、借財、元本の受領やその受領証の交付、譲渡、自己の財産への抵当権設定を禁ずることができる。

(39) Marbeau, *Transactions*, n°s 81 et suiv.; Troplong, t. 17, *Transactions*, n° 50; Accarias, *Transaction*, n° 109; Aubry et Rau, t. 1, § 140; Pont, II, n° 526; Laurent, t. 5, n° 363; Baudry-Lacantinerie, t. 1, n° 998; t. 3, n° 974.

(40) Accarias, *Transaction*, n° 109; Aubry et Rau, t. 1, § 140; Laurent, t. 5, n° 363; Baudry-Lacantinerie, t. 1, n° 998; t. 3, n° 974.

(41) Oumé, *Transaction*, n° 414.

(42) 後得財産共通制は、動産後得財産共通制とは異なり、夫婦の一方が婚姻前から有していた動産を、夫婦の共通財産とはしない。

(43) 稲本洋之助『フランスの家族法』（東京大学出版会、昭和六〇年）一六三頁以下参照。

(44) Art. 217, Code civil de 1804:

La femme, même non commune ou séparée de biens, ne peut donner, aliéner, hypothéquer, acquérir, à titre gratuit ou onéreux, sans le concours du mari dans l'acte, ou son consentement par écrit.

(45) Duranton, t. 18, n° 408; Troplong, t. 17, *Transactions*, n° 51; Pont, II, n° 513; Laurent, t. 28, n° 337.

(46) Marbeau, *Transactions*, n° 94; Duranton, t. 18, n° 409; Troplong, t. 17, *Transactions*, n° 51; Aubry et Rau, t. 5, § 516, 5°; Laurent, t. 22, n° 306; t. 28, n° 337.

(47) Accarias, *Transaction*, n° 111; Pont, II, n° 515.

(48) Oumé, *Transaction*, n° 416.

(49) Marbeau, *Transactions*, n° 95; Oumé, *Transaction*, n° 415.

(50) Cf. R.-T. Troplong, *Le droit civil expliqué*, 3e éd., t. 4: *Du Contrat de Mariage et des droits respectifs des époux*, t. 4, Paris 1857, n° 3692.

(51) Marbeau, *Transactions*, n° 97; Pont, II, n° 514; Laurent, t. 28, n° 337.

(52) Marbeau, *Transactions*, n° 97; Pont, II, n° 514; Oumé, *Transaction*, n° 415. 反対、Accarias, *Transaction*, n° 111（不動産に関する和解は営業に関する行為とはいえない）。

(53) Troplong, t. 17, *Transactions*, n° 43.

(54) Oumé, *Transaction*, n° 419.

（55）Aubry et Rau, t. 1, § 121; Pont, II, n° 523; Laurent, t. 5, n° 162; Oumé, *Transaction*, n° 425.

（56）Troplong, t. 17, *Transactions*, n° 44; Aubry et Rau, t. 1, § 121; Pont, II, n° 522; Laurent, t. 5, n° 155; Oumé, *Transaction*, n° 421. もっとも、何をもって「後見の計算に関する事項」と解するかについては、論者によって広狭の差がある（cf. Oumé, *Transaction*, n° 422）。

（57）Art. 1595, Code civil de 1804:

Le contrat de vente ne peur avoir lieu entre époux que dans les trois cas suivans:

1.° Celui où l'un des deux époux cède des biens à l'autre, séparé judiciairement d'avec lui, en paiement de ses droits;

2.° Celui où la cession que le mari fait à sa femme, même non séparée, a une cause légitime, telle que le remploi de ses immeubles aliénés, ou de deniers à elle appartenant, si ces immeubles ou deniers ne tombent pas en communauté;

3.° Celui où la femme cède des biens à son mari en paiement d'une somme qu'elle lui aurait promise en dot, et lorsqu'il y a exclusion de communauté;

Sauf, dans ces trois cas, les droits des héritiers des parties contractantes, s'il y a avantage indirect.

売買契約は、次の三つの場合でなければ、夫婦間において行うことができない。

一　夫婦の一方が、自己と裁判上財産を分離された他方に対して、その義務の履行として財産を譲渡する場合。

二　夫の妻に対する譲渡が、財産が分離されていなくても、正当な原因を有するとき。たとえば、妻の不動産または金銭が共通財産に属さないときに、当該不動産の処分または金銭による買換え（remploi）として、譲渡が行われたような場合。

三　妻が、嫁資として約束した金銭の弁済として夫に財産を譲渡した場合で、共通財産が排除されているとき。

ただし、これら三つの場合においても、間接的な利益が存する場合には、契約当事者の相続人の権利は妨げられない。

（58）Marbeau, *Transactions*, n° 101; Troplong, t. 17, *Transactions*, n° 53; Dalloz, *Répertoire*, t. 42, 1re partie, s.v. *Transaction*, n° 49; Accarias, *Transaction*, n° 115; Pont, II, n° 527.

（59）Accarias, *Transaction*, n° 115; Pont, II, n° 527; Oumé, *Transaction*, n° 428.

なお、Marbeau, *Transactions*, n° 103 は、禁止違反の効果は絶対無効であり、夫婦の一方の債権者も無効を主張しうるという。

（60）V.-N. Marcadé, *Cours élémentaire de droit civil français*, 5e éd., t. 6, Paris 1852, pp. 187 et 188; Dalloz, *Répertoire*, t. 43, s.v. Vente, n° 441.

（61）Laurent, t. 24, nos 33 et suiv.

(62) Marbeau, *Transactions*, n° 102; Troplong, t. 17, *Transactions*, n° 53; Dalloz, *Répertoire*, t. 42, 1re partie, s.v. *Transaction*, n° 49; Accarias, *Transaction*, n° 115; Pont, II, n° 527.

(63) Oumé, *Transaction*, nos 426 et 427.

(64) Oumé, *Transaction*, n° 428.

(65) Loi du 28 mai 1838 sur les Faillites et Banqueroutes, 9, Bull. 575, n° 7417.
一八〇七年の商法典制定から、一八三八年の法改正に至るまでの破産関連規定の変遷につき、稲垣美穂子「対抗要件否認規定における有害性について（二）」北大法学論集六七巻二号（平成二八年）三九一頁参照。

(66) Marbeau, *Transactions*, nos 107 et 108; Troplong, t. 17, *Transactions*, n° 56; Pont, II, n° 540; Laurent, t. 28, n° 342.

(67) Marbeau, *Transactions*, n° 108; Accarias, *Transaction*, n° 120; Oumé, *Transaction*, n° 429.

(68) Pont, II, n° 543; Laurent, t. 28, n° 343.

(69) Accarias, *Transaction*, n° 120; Oumé, *Transaction*, n° 429.

五　和解権限（pouvoir de transiger）

（一）　後見人（tuteur）

既に述べたように、後見人が、未解放の未成年者または禁治産者のために和解を行うには、仏民原始規定第四六七条の定める要件、すなわち親族会の許可、三人の法律家の意見、裁判所の認可という三つの要件を満たす必要がある（本節二（一）（1））。

これらの要件を満たして行われた和解は、たとえ未成年者に損害が生じても取り消すことはできない。逆に、三要件を満たさず行われた和解は、未成年者に全く損害が生じていなくても、未成年者の側からこれを取り消すことができる（手続的要件の不備[1]）。

(二)　父 (père)

（1）　父は、婚姻中においては、未成年者の財産管理人（administrateur）とされる（仏民原始規定第三八九条一項）[2]。

民法は、後見人の財産管理権につき詳細な規定を設けたが（仏民原始規定第四五〇条以下）、父の財産管理権の内容については規定が存しない。父母の一方が死亡した場合には、生存した方は単独の親権者とはならず、後見人となり厳格な規律に服せしめられるため（仏民原始規定第三九〇条）、父の財産管理権の内容については、父母を信頼して規定を設けなかったものと思われる。

だが、それゆえ、父と後見人の財産管理権の異同が問題となり、和解に関しては、第四六七条を父にも適用すべきかが争われることになった。

（2）　この点については、主として次の三つの見解が存する。第一に、父と後見人の財産管理権は異なること、そして、未成年者が不法行為の被害者となったようなときには、父に自由な和解権限を認めることが未成年者と父の双方の利益に適うことから、第四六七条の三要件を全く課さないという下級審判決がある[3]。

第二に、婚姻の継続中は、父を親族会の監督下に置く必要はないという考えから、第四六七条の要件のうち、親族会の許可を外し、また、三人の法律家の意見は親族会の許可を補完するものにすぎないから、これも外して、裁判所の許可（親族会の許可を承認するものではないため、認可ではなく許可）さえあれば、父は和解を行うことができるという見解がある[4]。セーヌ裁判所（tribunal de la seine）の実務もこの見解に従う[5]。

さらに、第三として、父と後見人の財産管理権は等しいという考えから、父にも第四六七条の三要件を課す学説および下級審判決が存する[6]。

（3）　このような対立の存するなか、梅は、右の三つの見解をすべて批判していう[7]。

まず、第三の見解については、第三八九条の起草過程において、父の財産管理権は後見人のそれとは異なる旨が明確に述べられていたのであるから、[8] この見解は起草者の考えに反するという。

次に、第一の見解に対しては、管理人に処分権を認めることは背理であり、また、もし処分権を認めるならば、管理人は管理の対象たる財産をすべて処分できることになってしまうという。

最後に、裁判所の許可があれば足りるという第二の見解に対しては、立法論としては最も妥当であり、かつ、一八六五年イタリア民法第二二四条（第三章第四節五（三）（1）参照）が採用するところのものであるが、明文の規定を欠く以上、解釈論としては恣意的であり、採用しえないという。

そのうえで、梅は、父に和解権限を認める規定が欠けることは、法律の欠缺ではあるが、解釈者は法律の欠缺を補充する者ではないから、解釈論としては、和解が処分行為である以上、管理人にその権限を認めることはできないという。[9] 父の和解権限の否定である。

(4) さて、梅と同旨の見解を主張する学者は Baudry-Lacantinerie[10] の他に見当たらず、梅説は少数説にとどまる。だが、梅の主張の背後には、財産主体の自治の尊重という思想があるのではないか。つまり、明文の規定なき限り、財産管理人には容易に処分権を認めず、これにより、権利主体の財産権を保障しようという思想が存するように思われる。

(三) 保佐人 (curateur; conseil judiciaire)

解放された未成年者の保佐人（curateur）や、心神耗弱者または浪費者の保佐人（conseil judiciaire）は、原則として、本人を扶助（assistance）する権能しか有しないから、財産管理権を持たず、それゆえ和解権限も有しない。[11]

(四) 夫 (mari)

夫は、妻の財産につき和解権限を有するか。法定財産制たる動産後得財産共通制がとられた場合を前提に論じよう。

まず、Pontは、①動産に関するすべての権利、②不動産に関する管理行為、③占有に関するすべての争いにつき、夫は和解権限を有するという。[12] 夫には、妻のすべての財産につき管理権が与えられ、また、動産や占有に関する訴権を行使する権限が認められているからである（仏民原始規定第一四二八条）[13]。

これに対して、Laurentは、夫はあくまでも財産管理人にすぎないから、和解権限を有するものではないという。[14] そのうえで、Pontを批判して、①夫が妻の動産を処分しうる旨の明文規定がないこと、②不動産の管理行為については和解をなしうるが、それは処分を含まない限度においてのみであること（管理行為としての処分という論理は認めない）、③夫に占有訴権が認められたのは、妻の財産を保持するためであるから、ここから財産を処分する和解権限を導くことはできないことを挙げている。[15]

梅もLaurentに同調していう。確かに夫婦の共通財産（biens de la communauté）についてであれば、夫はその管理処分権に基づき（仏民原始規定第一四二一条、第一四二二条）、和解権限を有する。だが、妻の財産に関しては、夫は管理権しか有しないのであるから、和解権限を有することは決してない[16]、と。また、Pontを批判して、解放された未成年者や別産制に服する妻といった、財産主体たる者の和解能力を制限しながら（本節二（一）（2）②、（四）（1）におけるPontの見解参照）、他者の財産の管理人に和解権限を広く認めることは、主客転倒であると述べている。[17] つまり、ここにおいても、他者の財産管理権の制限を通じた、財産主体の私的自治の尊重という梅の思想を見て取ることができるのである。

（五）　破産管財人（syndic de faillite）

一八〇七年の商法典は、破産管財人（syndic de faillite）に和解権限を認める規定を有していなかった。それゆえ、破産管財人は、あくまでも管理人にすぎないから、和解権限を有しないと解さざるを得なかった。[18] だが、破産にまつわる紛争に関して、和解を行うことが債権者団体の利益に適することもあるため、一八三八年五月二八日の法律（本節四（二）参照）は、商法を改正して、破産管財人に、一定の条件の下で和解を行う権限を付与した[19]。すなわち、破産管財人は、次の二つまたは三つの要件を満たせば、破産者の名で和解を行うことができるようになったのである。

①破産主任官（juge-commissaire）[20]の許可。②破産者の適式な呼出し。さらに、③和解の目的物の価格が、不明または三〇〇フランを超えるときは、それが動産ならば商事裁判所の認可（homologation du tribunal de commerce）、不動産ならば民事裁判所の認可（homologation du tribunal civil, 仏商第四八七条一項、二項、一八三八年改正規定）。いずれも、不公正な和解から、債権者団体（masse des créanciers）と破産者の利益を守るための要件である[21]。なお、破産者は裁判所の認可（右③）の際にも呼び出され、認可に対して異議を述べることができる。そして、和解の目的物が不動産の場合には、破産者の異議があれば、それだけで和解は不可能とされる（仏商第四八七条三項、一八三八年改正規定）。だが、強制和議（concordat）の見込みがなくなり、清算団体（union）が形成された後は、破産者の異議にもかかわらず、裁判所は、和解に認可を与えることができる（仏商第五二九条一項、第五三五条、一八三八年改正規定[22]）。

このような規律は、破産管財人による和解につき、一定の場合には破産主任官の許可と裁判所の認可を要求するといった、複合的な構造を有するものである。また、和解の許否を判断するに際しては、債権者の利益のみならず、破産者の意見を聴くことにより、破産者の利益（特に不動産の維持）をも十分に考慮しており、この点にもその特色が認められるといえよう。

(六) 不在者の財産につき仮の占有を付与された者

不在者（absent）とは、従来の住所または居所を去り、一定期間音信が途絶えているため、その生死が不明である者のことをいう。[23] 生死不明が要件の一つである。単に住所または居所を離れているだけの者（non présent）とは区別される。

（1） 不在者に関しては、次の三つの段階が区別される。[24] まず、第一段階は、不在の推定（présomption d'absence）がなされる期間であり、不在となってから不在宣告がなされるまでの間に該当する。裁判所は、利害関係人の請求により財産管理に必要な処置を命ずることができるが（仏民原始規定第一一二条）、その処置は、不在の推定を受けた者の財産の保存を目的とする。この期間中は、死亡よりも生存の可能性が高いと考えられるためである。それゆえ、財産管理人に和解権限は認められないと解されている。[25]

次に、不在の期間が四年間継続したときは、利害関係人は、裁判所に不在宣告（déclaration d'absence）を請求することができる（仏民原始規定第一一五条）。そして、裁判所は、証拠調べを命ずる裁判から一年が経過したときは、不在宣告を行うことができ（仏民原始規定第一一九条）、この宣告によって第二段階が開始する。また、不在宣告は、不在者の推定相続人に、不在者の財産に関する仮の占有を付与（envoi en possession provisoire）することができる（仏民原始規定第一二〇条）。もっとも、この第二段階においては、死亡と生存の可能性が同程度と考えられるため、左に論じるように、仮の占有者に処分権限を認めうるかについては争いがある。

最後に、仮の占有が付与されてから三〇年が経過したときは、利害関係人は、不在者の財産に関する確定的な占有の付与（envoi en possession définitif）を請求できる（仏民原始規定第一二九条）。裁判所による確定的な占有の付与により、第三段階が開始する。この期間においては、不在者は死亡している可能性が高いと考えられ、確定的な占有を付与された者は、第三者との関係では、不在者の財産の所有者として扱われる。[26] それゆえ和解を行うことも可能である。[27]

（2） さて、ここでの問題は、第二段階の仮の占有者が和解権限を有するか、というものである。

通説は、仮の占有者は、目的物の寄託（dépôt）を受けた財産管理人にすぎないから（仏民原始規定第一二五条）、処分権限を有せず、それゆえ和解を行うことはできないという[28]。

他方、反対説は、仮の占有者は不動産を譲渡することができないという規定（仏民原始規定第一二八条）の反対解釈から、動産に関する処分権を肯定し、仮の占有者は、動産に関しては和解を行うことができるという[29]。

この問題につき、梅は、受寄者または財産管理人たる仮の占有者に、動産の処分を許す明文規定がないことを理由に、通説に賛成している[30]。

（3）なお、通説反対説を問わず、仮の占有者も、裁判所の許可があれば、不在者の財産につき和解を行えるという見解が多い[31]。また、Mourlon は、和解には直接言及しないものの、裁判所の許可があれば不動産の譲渡や抵当権の設定を行えると述べ、その理由として、次の点を挙げている。すなわち、不在の推定がなされる期間（第一段階）においてすら、裁判所は、管理人に必要な処置（mesures nécessaires）として処分行為を命じうるのだから（仏民原始規定第一一二条[32]）、仮の占有者（第二段階）に対しても、処分行為を命ずることができるのは当然である[33]、と。

こうした見解に対して、梅は、まず、第一一二条は必要な措置ではなく、必要なときに措置を命じうるといっているのみであり、措置の内容はあくまでも管理行為である。次に、仮に百歩譲って必要な措置を命じうるとしても、紛争の解決にとって和解は有益だが、決して必要ではない。最後に、明文の規定なくして裁判所の許可という手続を認めることはできない、と述べて反対している[34]。不在者本人の私的自治の尊重、および、立法と解釈の峻別という考え方に基づくものであろう。

（七）限定承認相続人（héritier bénéficiaire）

（1）限定承認相続人は、相続財産の所有者ではあるが、同時に、相続債権者や受遺者のために、相続財産を管理、清算する義務を負う者である。この意味で、限定承認相続人は相続財産の管理人であり、その管理権は、相続財産の管理清算に必要な範囲に限定される。もし、管理権限外の行為を行った場合には、彼は自由な所有者として振る舞ったのであり、その行為は有効とされるものの、財産目録の利益（bénéfice d'inventaire）は、これを放棄（renonciation）したものと扱われる[35]。

また、相続財産の管理清算に必要な行為であっても、一定のものについては、その方式が定められている。たとえば、動産の売却は公署官（officier public）の主宰により、また、不動産の売却は裁判所の許可を得て、それぞれ競売（enchère）によりこれを行わなければならない（仏民原始規定第八〇五条、第八〇六条、一八〇六年仏民訴第九八九条、第九八七条、および、第九八八条により準用される第九七二条および第九五八条）。適正価格での売却と売買代金の公正な分配を実現する趣旨と考えられる[36]。こうした方式を守らずに売却を行った場合にも、財産目録の利益は放棄されたものと扱われる（一八〇六年仏民訴第九八八条、第九八九条参照[37]）。

（２）①　さて、和解に関しては、まず、裁判所の許可を得ずに行った場合には、和解が処分行為である以上、管理権限外の行為を行ったものとして、財産目録の利益は放棄されたものと解されている[38]。

②　それでは、限定承認相続人は、裁判所の許可を得て和解を行うことができるか。明文の規定が欠けるため、見解が分かれる。

まず、否定説は、和解には売買のような規定が存しないこと[39]、そして、和解は相続財産の換価を目的とした行為ではないことを理由に[40]、和解は裁判所の許可の対象とはならないという。

これに対して、肯定説は、和解が相続債権者や受遺者の利益となる場合もあるから、裁判所は、限定承認者に和解を許可しうるという[41]。

こうした争いにつき、梅は、明文の規定なくして裁判所に和解を許可する権限を認めることはできないと述べて、否定説を支持している[42]。立法と解釈を峻別する思想からであろう。

（八）市町村（commune）、公施設（établissement public）

（１）仏民原始規定第二〇四五条三項は、市町村や公施設が行う和解につき、次のように定めている。

仏民原始規定第二〇四五条三項

市町村や公施設は、政府の明示の許可を得なければ、和解を行うことができない[43]。

ここにいう公施設の例としては、慈善事務所（bureau de bienfaisance）、救済院（hospice）、教会財産管理委員会（fabrique）などが挙げられる[44]。

（２）さて、この規定は、公法上の団体の利益を保護するため、政府の許可（autorisation）を和解の要件としたもの、つまり、政府を公法上の団体の後見人たらしめようという趣旨に基づくものである。

（３）もっとも、特別法により、政府の許可に代えて、県知事（préfet）の承認（approbation）などで足りるとされる場合も多い[45]。

たとえば、一八五二年三月二五日のデクレ第一条、別表Ａ第四三号は、慈善事務所の和解につき、県知事の承認で足りる旨を規定する[46]。

また、一八八四年四月五日の法律第六八条四号、第六九条は、市町村長（maire）は、市町村会（conseil municipal）の議決（délibération）に従い和解を行うことができる。ただし、市町村会の議決は、県知事の承認が得られた場合にのみ執行力（exécutoire）を有する、と規定する[47]。

さらに、救済院についても、市町村会に関する規律が準用されるため、一八八四年法以降の承認権者は県知事である[48]。

最後に、県（département）についても、従前は県会（conseil général）の議決と国王のオルドナンスによる許可が必要とされていたが(49)、右に述べた一八五二年三月二五日のデクレ第一条、別表A第六号は、県知事の和解に政府の許可を要しない（県知事自身の承認で足りる）ものとした(50)。これにより、県知事は、県会の議決を得れば、県に関する和解を行うことができるようになった。

これらの特別法は、大局的にみれば、一九世紀後半以降における地方分権化（décentralisation）の流れのなかに位置づけられるものといえよう(51)。

（4）さて、学説上争われているのは、政府や県知事といった上級機関の許可または承認を欠いた和解が、いかなる効力を有するかという問題である。

一方で、政府の許可等の要件は、代表者の無知や買収により、団体の利益が害されることを防ぐためにあるから(52)、無効主張をなしうるのは団体の側のみである（相対無効）という見解がある(53)。破毀院もまたこの立場である(54)。

これに対して、梅は、法律が行政機関を設立してその権限を定めている以上、権限外の行為は存在しないものと扱われる。また、政府の許可等の要件には、団体の利益を守ることのみならず、政府や県知事といった上位の権威を確実なものにするという趣旨も含まれているから、違反の効果は絶対無効であるという(55)。つまり、明言こそしないものの、梅は、政府の許可等の要件は、公法上の団体の組織、権限、秩序にかかわるものであり、それゆえ公序に属すると考えていたように思われる。

（九）受任者（mandataire）

（1）受任者の権限に関しては、フランス民法に次の諸規定がある。

仏民第一九八七条

委任は、一個または数個の事務のみを目的とするときは特別（spécial）であり、委任者のすべての事務を目的とするときは一般（général）である[56]。

仏民第一九八八条

委任が一般的な文言による（conçu en termes généraux）ときは、管理行為のみを包含する。

譲渡、抵当権設定、所有権に関するその他の行為については、委任はこれを明示して（exprès）行わなければならない[57]。

仏民第一九八九条

受任者は、委任状に記載された事項を越えて、何事もなすことを得ない。和解を行う権限は、仲裁契約を締結する権限を含まない[58]。

(2) さて、仏民第一九八七条が一般委任（mandat général）と特別委任（mandat spécial）の区別を行うのに対し、第一九八八条は、一般的な文言による委任（mandat conçu en termes généraux）と明示的な委任（mandat exprès）を区別する。この二つの対立軸の関係については様々な見解が存するが、通例、一般委任と特別委任は目的たる事務の範囲に関し、一般的な文言による委任と明示的な委任は、受任者の権限の範囲に関するものと理解されている[59]。両者は異なる対立軸であり、特定の事務に関して一般的な文言で委任することも可能であるし（例、この家に関する一切の行為）、逆に、すべての事務に関して明示的な委任を行うこともありうる（例、すべての財産につき管理行為のみを行う）[60]。

(3) そして、受任者が和解権限を有するか否かは、権限の範囲にかかわるため、第一九八八条の問題としてとらえられる。同条は、委任者の推定的意思を根拠として、(61)一般的な文言による委任の場合には、受任者の権限を管理行為に限定している。それゆえ、一般的な文言による受任者は、和解権限を有しないと解されている。(62)

他方、和解に関して明示的な委任がある場合には、受任者は和解権限を有する。だが、和解と明示する必要があるため、たとえ訴訟を委任しても、そこから和解権限を導くことはできない。(63)もっとも、これこれの事務に関してというように、和解の対象を具体的に特定することは必ずしも必要ではなく、事務を特定せずに和解権限を付与することも可能である。(64)

(4)　最後に、第一九八九条は、和解の委任を受けた者は、仲裁契約締結権限を有しないという。和解と仲裁は、同じく紛争の解決を目的とするが、委任者は、和解の委任により、あくまでも受任者に紛争の解決を委ねたのであって、受任者の選任する第三者にこれを委ねたものではないからである。(65)なお、和解と仲裁のこうした相違から、仲裁契約締結の委任を受けた者は、和解権限を有しないと解されている。(66)

（一〇）　組合の業務執行者（gérant d'une société）および清算人（liquidateur）

（1）　業務執行者

①　まず、組合の業務執行者の権限が、組合契約または業務執行を委任する契約により定められているときは、和解権限の有無も、その定めに従い決せられるべきことは当然である。(67)

②　他方、業務執行者の権限が定められていないときは、彼は組合財産および組合の事務の管理人として扱われ、組合の目的にとって必要な管理行為および処分行為を行いうる。(68)それでは、和解に関してはどう解すべきか。見解が分かれている。

まず、Troplong は、業務執行者が処分権を有する物や事項については、和解権限も認められるという。(69)処分権は和解権限を伴うという考え方である。

他方、Accariasは、一般的な文言による委任の規定（仏民第一九八八条、右（九）（1））を根拠に、業務執行者が処分権を有する物についても、和解権限は認められないという。[70] また、Laurentは、和解を行うことは組合の目的にとって必要な行為ではないとの理由から、Accariasと同旨を述べている。[71] 梅も、仏民第一九八八条に基づき、権限の定めなき業務執行者の和解権限を否定する。[72]

（2） 清算人

① 清算人は、解散した組合の積極財産を消極財産から選り分けること、つまり組合財産の整理を目的とした受任者である。[73] もっとも、清算人が、残余財産に関する各組合員の持分の指定まで行えるかについては争いが存する。Troplongがこれを肯定するのに対し、[74] Pontは、商事組合についてであるが、持分の指定までは行えないという。[75] しかし、いずれにしても、清算人の任務は財産の整理であり、残余財産の分配には及ばない。[76] つまり、残余財産の分配は、相続財産の分割に関する規定に従い、組合員間で行われるべきものとされているのである（仏民原始規定第一八七二条による第八一五条以下の準用）。

② それでは、清算人は組合財産に関する和解権限を有するか。

一方で、清算人の権限は組合財産の整理に限られることから、明示的な委任なき限り、組合のために和解を行うことはできないという否定説がある。[77]

他方で、商事組合についてであるが、和解や仲裁合意を行う権限は、清算人の任務のなかに含まれるという肯定説もみられる。[78] 和解や仲裁合意は清算を目的とした行為であるし、もし清算人に和解等の権限を認めなければ、清算手続が著しく困難になるからである。ただし、Pardessusは、清算人が不注意により、または相手方と通謀して不利な和解を結び、組合財産に損害を被らせたときは、組合員に対する損害賠償責任を負担するとの留保を付して

いる。(79)

このような議論が存するなか、梅は、否定説を支持する。一定の処分権限を有するにもかかわらず、業務執行者に和解権限を認めなかった以上、財産の整理を目的とした清算人にも、これを否定することは当然だとの趣旨からである。(80)

注　第四節五

（1）Accarias, *Transaction*, n° 106; Aubry et Rau, t. 4, § 334, 2°; Pont, II, nos 558 et 559; Laurent, t. 16, nos 36 et 50; t. 28, n° 348; Baudry-Lacantinerie, t. 2, nos 1106 et 1110; Oumé, *Transaction*, n° 397.

（2）Art. 389, al. 1, Code civil de 1804:

Le père est, durant le mariage, administrateur des biens personnels de ses enfans mineurs.

父は、婚姻中、未成年の子の固有財産の管理人とする。

（3）Montpellier, 30 mars 1859, S. 1859, 2, 508; Amiens, 1er mars 1883, D. 1884, 2, 150.

（4）Marcadé, t. 2, pp. 155 et 156 (Appencie à l'art. 383) ; Dalloz, *Répertoire*, t. 38, s.v. *Puissance paternelle et usufruit légal*, n° 82; t. 42, 1re partie, s.v. *Transaction*, n° 46; Pont, II, n° 560; Laurent, t. 4, nos 313 et 314.

（5）J.-L.-H. Bertin, *Chambre du conseil en matières civile et disciplinaire. Jurisprudence de la Cour et du Tribunal de Paris*, 2e éd., t. 1, Paris 1856, n° 613.

（6）Demolombe, t. 6, n° 446; Aubry et Rau, t. 1, § 123; Marseille, 12 déc. 1864, D. 1867, 5, 347.

（7）Oumé, *Transaction*, n° 400.

（8）Fenet, t. 10, pp. 608 et 609; Locré, t. 7, p. 215.

（9）Oumé, *Transaction*, n° 399.

（10）Baudry-Lacantinerie, t. 1, n° 832.

（11）Cf. Aubry et Rau, t. 1, § 131, 2° et § 139.

（12）Pont, II, n° 546.

（13）ただし、別産制においては、妻が動産の処分権や不動産の管理権を有するから（仏民原始規定第一四四九条）、Pontも、夫の和解権限を否定する（Pont, II, n° 547)。もっとも、Pont は、この場合にも、妻が和解を行うには夫の同意を要するというが、この点については梅に批判されている（本節二（四）（1））。

（14） Laurent, t. 28, n° 349.

（15） Laurent, t. 28, n° 349.

（16） Oumé, *Transaction*, n° 417.

（17） Oumé, *Transaction*, n° 417, note 1.

（18） Oumé, *Transaction*, n° 430.

（19） Pont, II, n° 563. なお、和解の対象は、破産者の動産、不動産、債権のみならず、破産者の債務をも含む（Req., 26 avril 1864, D. 1864, 1, 308 は、破産管財人が、一部の破産債権者との間で行った和解を有効としている)。

（20） 破産主任官とは、商事裁判所の名で、破産手続の促進および監督の任にあたる受命裁判官をいう（仏商第四五一条および第四五二条一項、一八三八年改正規定。Cf. C. Lyon-Caen et L. Renault, *Précis de droit commercial*, t. 2, fasc. 2, Paris 1885, nos 2805 et suiv.）。

（21） Accarias, *Transaction*, n° 120.

（22） Accarias, *Transaction*, n° 120; Pont, II, n° 563; Oumé, *Transaction*, n° 430.

（23） Aubry et Rau, t. 1, § 147.

（24） Aubry et Rau, t. 1, § 148, 3°; Laurent, t. 2, n° 119; Baudry-Lacantinerie, t. 1, n° 315.

（25） Pont, II, n° 561; Oumé, *Transaction*, n° 437.

（26） Laurent, t. 2, nos 227 et 228; Baudry-Lacantinerie, t. 1, n° 315, 3°.

（27） Laurent, t. 28, n° 346.

（28） Accarias, *Transaction*, n° 123; Pont, II, n° 561; Laurent, t. 2, n° 181; t. 28, n° 346; Baudry-Lacantinerie, t. 1, n° 347; t. 3, n° 972.

（29） Dalloz, *Répertoire*, t. 2, s.v. *Absence*, nos 350 et 351; t. 42, 1re partie, s.v. *Transaction*, n° 55; Aubry et Rau, t. 1, § 153, 1°.

（30） Oumé, *Transaction*, n° 438.

（31） Dalloz, *Répertoire*, t. 2, s.v. *Absence*, n° 351; Aubry et Rau, t. 1, § 153, 1°; Laurent, t. 2, n° 181; Baudry-Lacantinerie, t. 1, n° 347.

（32） Art. 112, Code civil de 1804:

S'il y a nécessité de pourvoir à l'administration de tout ou partie des biens laissés par une personne présumée absente, et qui n'a point de procureur fondé, il y sera statué par le tribunal de première instance, sur la demande des parties intéressées.

　不在の推定を受けた者が残した財産の全部または一部につき管理の必要が認められ、かつ、委任による代理人が存しない場合には、利害関係人の請求に基づき、第一審裁判所がこれにつき決定を下す。

（33）Mourlon, *Répétitions écrites*, t. 1, nº 422.

（34）Oumé, *Transaction*, nº 439.

（35）Aubry et Rau, t. 6, §618, 3º; Laurent, t. 9, nº 401; Baudry-Lacantinerie, t. 2, nº 193. なお、財産目録の利益の放棄（renonciation au bénéfice d'inventaire）については、相続財産を隠匿した場合などに科される財産目録の利益の喪失（déchéance du bénéfice d'inventaire, 仏民原始規定第八〇一条）とは異なり、民法に明文の規定は存しない。

（36）Cf. R. J. Pothier, *Traité des successions*, chap. III, sect. III, art. II, §V, in: *Oeuvres complètes de Pothier*, nouv. éd., par Saint-Albin Berville, t. 21, Paris 1821, pp. 272 et suiv.

（37）Laurent, t. 9, nºs 392 et suiv.

（38）Dalloz, *Répertoire*, t. 41, s.v. *Succession*, nº 947; Aubry et Rau, t. 6, §618, 3º（ただし、相続債権者や受遺者の同意があれば別という）; Pont, II, nº 565; Laurent, t. 9, nº 403 *ter*.; Baudry-Lacantinerie, t. 2, nº 196; Oumé, *Transaction*, nº 437.

（39）Laurent, t. 10, nº 143; Baudry-Lacantinerie, t. 2, nº 196.

（40）Aubry et Rau, t. 6, §618, texte 3º et note 27.

（41）Demante, t. 3, nº 126 *bis* I et II; Demolombe, t. 15, nºs 264 et 265.

（42）Oumé, *Transaction*, nº 437.

（43）Art. 2045, al. 3, Code civil de 1804:

　Les communes et établissemens publics ne peuvent transiger qu'avec l'autorisation expresse du Gouvernement.

（44）Dalloz, *Répertoire*, t. 42, 1re partie, s.v. *Transaction*, nº 66; Accarias, *Transaction*, nº 113; Oumé, *Transaction*, nºs 447 et suiv. なお、公施設をめぐる現在の法状況については、P・ウェール、D・プイヨー著、兼子仁、滝沢正訳『フランス行政法――判例行政法のモデル』（三省堂、平成一九年）三三頁以下参照。

（45）ただし、教会財産管理委員会については、政府の許可を廃する特別法は制定されていない（Oumé, *Transaction*, nº 449）。

（46）Art. 1, tabl. A, nº 43, Décret du 25 mars 1852 sur la décentralisation administrative, 10, Bull. 508, nº 3855. Cf. Oumé, *Transaction*, nº 448.

（47）Art. 68, 4º, et art. 69, Loi du 5 avril 1884 sur l'organisation municipale, 12, Bull. 835, nº 14221. Cf. Oumé, *Transaction*, nº 445.

（48）Loi du 7 août 1851 sur les hospices et hôpitaux, 10, Bull. 431, nº 3139, art. 9, 5º combiné avec l'art. 10 de la même loi et avec les art.

68 et 69 de la loi du 5 avril 1884.

(49) Art. 4, 6°, et art. 38, Loi du 10 mai 1838 sur les attributions des conseils généraux et des conseils d'arrondissement, 9, Bull. 570, n° 7378.

(50) Art. 1, tabl. A, n° 6, Décret du 25 mars 1852 sur la décentralisation administrative, 10, Bull. 508, n° 3855. Cf. Accarias, *Transaction*, n° 112 b; Oumé, *Transaction*, n° 446.

(51) Cf. J.-M. Ohnet, *Histoire de la décentralisation française*, Paris 1996, pp. 68 et suiv.

(52) Duranton, t. 18, n° 411.

(53) Dalloz, *Répertoire*, t. 10, s.v. *Commune*, n°s 2374 et 2487; Accarias, *Transaction*, n° 114.

(54) Civ., 3 mai 1841, D. 1841, 1, 225.

(55) Oumé, *Transaction*, n° 450.

(56) Art. 1987, Code civil:

Il est ou spécial et pour une affaire ou certaines affaires seulement, ou général et pour toutes les affaires du mandant.

(57) Art. 1988, Code civil:

Le mandat conçu en termes généraux n'embrasse que les actes d'administration.

S'il s'agit d'aliéner ou hypothéquer, ou de quelque autre acte de propriété, le mandat doit être exprès.

(58) Art. 1989, Code civil:

Le mandataire ne peut rien faire au-delà de ce qui est porté dans son mandat: le pouvoir de transiger ne renferme pas celui de compromettre.

(59) Aubry et Rau, t. 4, § 412; Laurent, t. 27, n° 410.

(60) Cf. Aubry et Rau, t. 4, § 412, note 2.

(61) Laurent, t. 27, n° 410.

(62) Dalloz, *Répertoire*, t. 42, 1re partie, s.v. *Transaction*, n° 57; Pont, I, n° 916; II, n° 566; Laurent, t. 27, n° 429; Oumé, *Transaction*, n° 453.

(63) Oumé, *Transaction*, n° 453.

(64) Aubry et Rau, t. 4, § 412; Pont, I, n° 900.

(65) Fenet, t. 14, pp. 593 et 594; Locré, t. 15, pp. 246 et 247; Duranton, t. 18, n° 231; Pont, I, n° 955; Laurent, t. 27, n° 432.

(66) Accarias, *Transaction*, n° 122; Oumé, *Transaction*, n° 453.
(67) P. Pont, *Commentaire-traité des sociétés civiles et commerciales*, t. 1, 2e éd., Paris 1884, n° 513.
(68) Pont, *Sociétés*, t. 1, nos 514 et suiv.
(69) R.-T. Troplong, *Le droit civil expliqué suivant l'ordre des articles du code*, t. 13: *Du Contrat de Société civil et commerciale*, t. 2, Paris 1843, n° 690. En ce sens: Dalloz, *Répertoire*, t. 42, 1re partie, s.v. *Transaction*, n° 58; t. 40, s.v. *Société*, n° 484.
(70) Accarias, *Transaction*, n° 122.
(71) Laurent, t. 26, n° 310.
(72) Oumé, *Transaction*, n° 454.
(73) Troplong, t. 13, *Contrat de Société*, n° 1009.
(74) Troplong, t. 13, *Contrat de Société*, n° 1020.
(75) Pont, *Sociétés*, t. 2, n° 1948.
(76) Pont, *Sociétés*, t. 2, n° 1948.
(77) Troplong, t. 13, *Contrat de Société*, n° 1023; Accarias, *Transaction*, n° 122.
(78) J.-M. Pardessus, *Cours de droit commercial*, 3e éd., t. 4, Paris 1825, n° 1075; Pont, *Sociétés*, t. 2, n° 1959; Lyon-Caen et Renault, *Précis*, t. 1, n° 569; C. Lyon-Caen et L. Renault, *Traité de droit commercial*, 2e éd., t. 2, Paris 1892, n° 392.
(79) Pardessus, t. 4, n° 1075.
(80) Oumé, *Transaction*, n° 454.

第五節　和解の目的物

和解は物（chose）を処分する行為であるから、和解の目的物は処分可能性を有しなければならない。そして、物は、所有者によって自由に処分されうるのが原則である。

だが、目的物の処分が例外的に許されない場合もある。たとえば、人の身分や法律に基づく扶養請求権は、公序に基づきその処分が禁止される。また、嫁資不動産は、法律の規定によりその処分が不可能とされている（仏民原始規定第一五五四条）。

それゆえ、こうした目的物に関する和解は、原則として無効である。だが、例外に対する例外として、これらに関する和解も有効とされる場合はあるのだろうか。さらに、そもそも処分可能性が争われている物については、どのように考えるべきか。

このような観点から、一九世紀フランスの和解論は、主として、犯罪および不法行為、賭博債務、人の身分、嫁資、扶養請求権につき議論を行っている。以下、順に検討しよう。

一　犯罪および不法行為

犯罪および不法行為に関して、フランス民法は、次のような規定を置いている。

仏民第二〇四六条

犯罪や不法行為（délit）[1]から生ずる民事上の利益については、和解を行うことができる。

和解は、検察官の追行を妨げない[2]。

つまり、犯罪から生じた損害の賠償を求める私訴権（action civile）や、不法行為に基づく損害賠償請求権は、私的利益に関するから、これにつき被害者と加害者は自由に和解を行いうる。しかし、他方で、犯罪は社会全体に対する侵害でもあり、公訴権（action publique）は社会に帰属するから[3]、被害者がこれにつき和解を行うことはできない[4]、というのである。

また検察官も、公訴権の帰属主体たる社会からその行使を委託された者にすぎないから、和解によって公訴権を消滅させる権限は有しないとされる[5]。

ところで、私訴権や不法行為に基づく損害賠償請求権については和解が可能であり、公訴権については不可能という考え方は、公訴権と私訴権を互いに独立した存在として観念すること、すなわち、「公訴権独立の原則」を前提としている[6]。一八〇八年の治罪法典（Code d'instruction criminelle）第四条が、「私訴権の放棄は、公訴権の行使を停止することも延期することもできない[7]」、というのも、この公訴権独立の原則を表明するものである[8]。

さて、それでは、私訴権や不法行為に基づく損害賠償請求権については和解が可能であり、公訴権については不可能という考え方は、全く例外を受け付けないものか。具体的には、（一）私訴権や不法行為に関する和解が制限される場合、（二）私訴権に関する和解が公訴権に影響を与える場合、（三）公訴権に関する和解が許される場合、という形で問題となる。

（一）私訴権や不法行為に関する和解が制限される場合――高利契約、文書偽造の付帯的申立て

（1）高利契約

①　高利（usure）の契約は、それが犯罪を構成するか否かにかかわらず[9]、不法行為として、そこから生じた損害の賠償を求める権利を生ぜしめる[10]。制限超過利息の返還請求権がこの例である。

ところで、一般に、不法行為から既に生じた損害賠償請求権は、私的利益を目的とするから、和解の目的物となりうる（仏民第二〇四六条一項）。それゆえ、制限超過利息の返還請求権に関する和解も有効である[11]。だが、和解の目的物が高利契約であり、和解の結果、高利契約の効力が将来に向かって維持されるときは、和解は無効とされねばならない[12]。和解が不法行為の実現に助力してはならないからである。

②　それでは、どのような場合に、高利契約の効力が将来に向かって維持されたといえるのだろうか。

ここで学説が主として念頭に置いているのは、一八三六年一一月一六日の破毀院判決である[13]。事案は複雑だが、

和解に関する部分は次の通りである。

すなわち、貸主と借主は、高利契約と質権設定を隠すために、買戻特約付の売買を行った。だが、その後、買戻期間が徒過したため、借主は、本件契約は売買ではなく、高利契約と質権設定契約であると争った。そこで、当事者は和解をして、本件契約が買戻特約付売買であることを確認するとともに、買戻期間を延長する合意を行った。

しかし、破毀院によれば、右の和解は無効である。なぜならば、買戻代金の形で高利契約の効力が将来に向かって維持されているからである。それゆえ、延長された買戻期間が再び徒過したとしても、借主は目的物の所有権を失わない、と。
③ さらに、梅は、独自の設例を用いてこの理を説明している。
すなわち、AがBに一〇〇〇フランを年利一五%の約定で貸し付け、Bは、一五〇フランを五年間支払った。だが、Bは、利息を五〇〇フラン超過して支払ったことを理由に[14]、その元本への充当を主張した。これに対して、Aは、残存元本たる五〇〇フランを即座に、一括払いすることを求めた。そこで、AとBは、期限を猶予する代わりに、残債務額を七〇〇フランとする和解を結んだ。

さて、梅は、この和解を無効だという。なぜならば、この和解は高利契約の効力を部分的に維持するものだからである[15]。つまり、梅によれば、和解によって高利契約の効力が七〇〇フランの限度で将来に向かって維持されるため、そのような和解は無効だというのである。
④ 右に述べたことを要約すれば、高利契約に関する和解が有効となるのは、和解が高利契約の効力を将来に向かって完全に消滅させた場合、別言すれば、債務者が高利契約の効力から将来に向かって完全に解放された場合だということになろう。

(2)　文書偽造の付帯的申立て（faux incident）

一八〇六年のフランス民事訴訟法は、文書偽造の申立てに関する和解につき、次のような規定を置いている。

一八〇六年仏民訴第二四九条
　文書偽造の付帯的申立てに関する和解は、検察官に伝達された後、裁判所の認可を受けなければ、これを履行することができない。検察官は、この点につき、相当と認める意見を陳述することができる(16)。

すなわち、文書の偽造は、民事訴訟における付帯的な申立てとして主張されうるのみならず、文書偽造罪をも構成するところ（一八一〇年仏刑第一四五条以下）、民事で和解が成立して問題の文書が裁判所から取り戻されると、検察官による公訴の提起（文書偽造の本案の申立て（faux principal））が妨げられる。それゆえ、民事訴訟で文書偽造に関して和解を行う際には、検察官の意見を聴いたうえ、裁判所の認可を要することにしたのである(17)。

　このような本条の趣旨、そして、「履行することができない」という文言に鑑みれば、民事においては、文書偽造に関する和解は有効であり（仏民第二〇四六条一項）、単にその履行が、裁判所の認可を受けるまで延期されるにすぎないと解されている(18)。

　もっとも、Accarias は、さらに一歩進んで、履行が延期されるのは文書の破棄や訂正等の行為に限られ、和解に基づく訴権の行使や抗弁の提出は、裁判所の認可前であっても可能であると説く(19)。

　これに対して、梅は、確かに文書が裁判所書記課に預けられた後は、和解に基づく金銭の支払請求などを許しても、実際上の弊害はないかもしれない。だが、書記課に預けられる前に金銭を受領すれば、文書の所持者は文書を破棄する恐れがある。それゆえ、裁判所の認可前は、書記課に預けられる前か後かを問わず、和解の履行はこれを一切禁ずべきであり、また、このように解することが、仏民訴第二四九条の文言にも適うという(20)。和解が違法な行為の実現に助力してはならないという思想の徹底であろう。

(二) 私訴権に関する和解が公訴権に影響を与える場合――親告罪

(1) 次に、私訴権に関する和解は、公訴権に何らの影響も与えないか。先に述べた公訴権独立の原則から、まず、私訴権に関する和解は、原則として公訴権の行使を停止しない(治罪法典第四条)。また、私訴権に関する和解が犯罪についての自白を意味したり、有責性(culpabilité)の証拠となることもない。実際、加害者とされた者は、損害賠償の訴えを提起されること自体を不利益と感じて、これを避けるために和解を行うことがあるからである。[21]

(2) それでは、親告罪の場合にも、私訴権に関する和解は公訴権に影響を与えないか。通説は、この問題につき、次のようにいう。

① すなわち、親告罪の場合には、公訴権は被害者の告訴に従属するから、被害者と加害者が私訴権に関して和解すれば、原則として告訴権は消滅し、それゆえ公訴の提起も不可能となる。

だが、告訴を受けて一旦公訴が提起されれば、公訴権は独立性を獲得するから、その後に私訴権について和解が成立しても、公訴権の行使は停止されない(治罪法典第四条)。[22]

しかし、右の例外に対する例外として、妻が姦通した場合には、夫は妻を取り戻すことに同意して、妻に刑が科されることを阻止しうるから(一八一〇年仏刑第三三七条)、[23]つまり、判決の執行すら阻止できるのだから、公訴が提起された後においても、妻と和解して告訴を取り下げ、公訴を停止することができる、[24]と。

② こうした通説に対して、梅は次のようにいう。確かに、通説が認める例外および例外の例外については賛成である。しかし、私訴権に関する和解によって公訴の提起が許されなくなるという原則については、親告罪の場合であっても、これを認めることができない。

もちろん、法律が公訴権を被害者の告訴に従属させている以上、被害者が加害者を宥恕するなどして告訴権を放棄し、公訴の提起を妨げることは可能である。だが、告訴権は公序に属する権利であるから、これを金銭的利益を獲得するための手段として用いること、つまり和解によって処分することは、決して許されることではない。それゆえ、私訴権に関する和解により告訴権を消滅させ、公訴の提起を不可能とすることは、妻の姦通などの例外を除き、許されない、と。(25)

(三) 公訴権に関する和解が許される場合——行政庁の公訴権

最後に、公訴権に関する和解が許される場合を論じよう。既にみたように、公訴権についての和解は、原則として不可能とされる。だが、行政庁に公訴権が委託される場合があり、そこでは原則に対する例外が認められている。すなわち、間接税庁（administration des contributions indirectes）、関税庁（administration des douanes）、郵政庁（administration des postes）、水利森林行政庁（administration des eaux et forêts）は、所轄の犯罪に対して公訴を提起する権限を有するが、この公訴権については、個々の法令により、和解を行うことが許されているのである。(26)

元来、行政庁は、犯罪が行われた場合に、そこから生じた損害の賠償を求めて私訴権を行使する者であった。それゆえ、行政庁に公訴権が付与された後も、この公訴権は、実質的には、民事上の損害を賠償するものと考えられた。刑罰の種類として、罰金（amende）が多いのもこのためである。こうした沿革から、行政庁の提起する公訴権には、和解が認められたといわれている。(27) また、多くの学説も、行政庁の和解権限に異を唱えていない。(28)

だが、梅はこれに反対する。まず、行政庁が身体刑を科しうる場合もあるのであり、このようなときには、損害の賠償という観点から和解を正当化することはできない。また、罰金が科される場合にも、その額が上限と下限により固定されている以上は、民事上の損害賠償とは異なる。

そして、社会秩序に反する行為があったときに、和解を認めるよりも、時として厳しく罰する方が、違反の抑止にとっては効果的である。右の例外規定は、関係当事者を安易な和解に導きかねない以上、適切なものとはいえない[29]、というのである。

つまり、梅によれば、刑罰の持つ抑止力が和解によって奪われることは、許されることではないのである。これも、広く公序にかかわるからであろう。

二　賭博債務

次に、博戯および賭事（jeu et pari）から生じた債務（以下、賭博債務）に関する和解の有効性について検討しよう。

(一)　仏民第一九六五条は、「法律は、博戯に基づく債務や賭事の支払いにつき、いかなる訴権も付与しない[30]」と規定する。賭場開帳は処罰されるが（一八一〇年仏刑第四一〇条）、賭博行為それ自体は、原則として犯罪ではない[31]。だが、賭博は倫理的に好ましくなく、また、社会的にも有用な行為ではないことから、同条により、賭博に起因する民事上の訴権が拒絶されているのである[32]。

このような賭博債務の性質につき、民事債務（obligation civile）[33]、自然債務（obligation naturelle）[34]、不法な原因を有する債務（仏民原始規定第一一三三条）[35]などという見解が主張されているが、訴権を拒絶する第一九六五条と、任意に支払った物を取り戻せないという第一九六七条との関係を無理なく説明できることから、自然債務説が通説となっている。

(二)　さて、民事債務説または自然債務説を前提とすれば、賭博債務に関する和解は、一見すると、有効であるとの結論が導かれそうである[36]。だが、第一九六五条を規定する際、立法者は、賭博を原因とする訴権を一切拒絶する意思を有していたことから[37]、賭博債務は、その性質をどう理解するかにかかわらず、更改や和解（特に、債務額についての和解）によって訴求可能な債務に転換しえないと解されている[38]。

(三)　それゆえ、和解との関係で問題となるのは、ある債務が賭博債務か否かが争われ、その債務は賭博債務ではないという和解が結ばれたところ、後日、賭博債務であることが明らかとなった場合の処理である。

この点につき正面から論じた判例や学説は少ないが(39)、梅は、和解は有効であると解している(40)。その理由は述べられていないが、賭博債務がそもそも不法な原因を有する債務、つまり公序または善良の風俗に反するもの（仏民原始規定第一一三三条）であるかが明らかではないことに加え、和解の対象となった債務が賭博債務なのかも不明である以上、和解の対象の公序に属することが、二重の意味で不明確だからだと思われる。

三　人の身分（état des personnes）

（一）　続いて、人の身分が和解の対象となるかを検討しよう。ここで人の身分とは、国籍、嫡出性、親子関係、婚姻関係、親権などを指す(41)。とりわけ、自然子（enfant naturel）たる身分について議論があり、その他の身分についても、原則として同一の論理が妥当する。そこで、以下では、自然子たる身分と和解の効力が争われた、一八三八年六月一二日の破毀院判決を中心に考察を進めたい(42)。事案は次の通りである。

（二）　被相続人たるA女が、Bを包括受遺者に指定して死亡したところ、Aの自然子であると主張するXが、Bに対して遺産の分割を請求した。そこで、BとXは、「BはXに一万フランを与える。Xは、自然子たる資格を求める主張、および、その資格に基づき相続に関して主張しうる一切の権利を放棄する」、という内容の和解を結んだ。

しかし、その後Bが死亡して、YがBの相続人となったとき、XはYに対して、改めてAの遺産を請求した。先のBX間の和解は、自然子という人の身分を目的物とするから無効だというのである。

エクス裁判所は、自然子たる資格は、家族における実質的な身分を構成しないとの理由で、BX間の和解を有効とした(43)。

これに対して、破毀院は、自然親子関係も、親と子の自然的かつ私法的な関係であるから、人の身分を構成する。そして、人の身分は、意思によって破壊することも、取引の対象にもならないから、自然子たる資格を求める主張を放棄する旨の和解は無効であると判断した(44)。

なお、破毀院は、相続に関する部分の和解の有効性については判断を留保していたが、差戻しを受けたグルノーブル裁判所は、本件和解は身分と相続権を一体として扱い、一万フランと評価したのであるから、身分に関する部分が無効であれば、相続に関する部分も無効であるとして、BX間の和解は、その全部が無効であると判断した(45)。そして、第二次破毀院判決も差戻審の判断を是認し、Xの請求は、最終的に認容されることとなった(46)。

さて、本判決との関係でまず確認すべきは、もし自然子たる身分が和解の内容とはなっておらず、(自然子であることを前提として)相続権についてのみ和解が結ばれた場合、あるいは、自然子たる身分と相続権についての和解が、それぞれ別個独立の和解と観念される場合には(47)、相続権に関する和解は有効だということである。相続権は、たとえ身分から生ずるものだとしても、財産的利益を目的とする権利であるから、和解の目的物となりうる。そして、後者の場合には、たとえ身分に関する和解が無効だとしても、相続権に関する和解はその影響を受けないからである(48)。

(三) それでは、学説は、身分に関する和解をどのように考えているか。

まず一方で、和解が身分を有利にするときは有効であり、不利にするときは無効とする説が存する。Troplongの見解である(49)。これを右の破毀院判決の事案にあてはめれば、本件では自然子たる身分を失わせるものであるから、和解は無効と判断される(50)。

他方で、多数説は、身分に関する和解はおよそ不可能だという(51)。身分は公序にかかわる事項であり、私人の合意によっては処分できないからである。

(四) このような対立のなかで、梅は、Troplongの区別の恣意性を批判すると同時に、身分を金銭と交換することに強い異論を唱えて、多数説を支持している(52)。ここでも梅は、公序にかかわる事項を目的物とする和解は無効という立場を純粋に貫いているのである。

四　嫁資（biens dotaux）

第四に、嫁資は和解の目的物たりうるかを検討しよう。

まず、前提として、夫婦財産制につき嫁資制が選択された場合には、嫁資に属する不動産は、夫も、妻も、さらには夫婦共同でも、原則として処分しえない物となる（仏民原始規定第一五五四条）[53]。つまり、嫁資不動産は処分可能性を有しない。ただし、この処分不可能性は公序ではなく、妻の私的利益を保護するためのものと解されている[54]。

それゆえ、和解との関係では、（一）嫁資動産に関する和解、（二）嫁資不動産を保持するための和解、（三）裁判所の許可を得た和解、の有効性がそれぞれ問題とされることになる。

（一）　嫁資動産に関する和解

まず、嫁資動産の処分可能性については、確立した判例法理がある。すなわち、妻にとっては、嫁資不動産と同様に、嫁資動産もまた処分可能性を有しない。だが、夫は嫁資につき管理権を有し、また、元本の返済を受ける権利を有することから（仏民原始規定第一五四九条）、夫にとっては、嫁資動産は処分可能性を有する[55]、と。それゆえ、こうした判例法理を支持する学説は、夫のみが嫁資動産に関して和解をなしうると解している[56]。

だが、このような判例の立場に反対する学説も多い[57]。曰く、第一五五四条は不動産の処分を禁止するのみで、動産の処分可能性を否定していない。およそ財産は処分可能性を有することが原則であり、明文の規定なき限り、裁判所がその例外を設けることはできない。また、夫は嫁資の管理人にすぎず、処分権を有しない。それゆえ、夫ではなく所有者たる妻が、夫の許可を得て（仏民原始規定第二一七条、第四節二（四）参照）、嫁資動産に関する処分および和解をなしうるというのである。[58]

梅もまた後者の学説に賛成する。[59] 解放された未成年者や別産制に服する妻の和解能力に関する議論でもみられたように（第四節二（一）（2）、（四）（1））、財産主体の処分能力の尊重という観点からであろう。

（二） 嫁資不動産を保持するための和解

次に、嫁資不動産を保持するための和解は有効か。和解否定説は、嫁資不動産が処分可能性を欠き、和解も処分である以上、たとえそれを保持するためであっても、嫁資不動産は和解の目的物たりえないという。[60]

これに対して、和解肯定説は、嫁資不動産の処分可能性が否定されたのは、嫁資不動産を維持するためであるから、嫁資不動産について紛争が生じたときには、夫の許可を得た妻は、嫁資外財産（biens paraphernaux）を譲渡して和解を結び、嫁資不動産を保持することが可能であると説く。[61]

梅も、和解肯定説を支持する。妻は、夫の許可を得れば嫁資外財産を処分できるのであるから、嫁資外財産を用いて和解を行うことを禁止する理由はないという。[62]

（三） 裁判所の許可を得た和解

最後に、裁判所の許可を得れば、嫁資不動産を処分する和解も有効と解しうるか。

先に述べたように、仏民原始規定第四六七条によれば、親族会の許可、三人の法律家の意見、裁判所の認可があれば、後見人は、未成年者のために和解をなしえた（第四節二（一）（1））。嫁資不動産に関する和解には、こうした規定が欠ける。しかし、それにもかかわらず、第四六七条と類似の要件を課すことにより、嫁資不動産を処分する和解を有効と解しうるか。

Rodière は、親族会の許可に代えて妻の同意（consentement）があれば、裁判所は、夫が三人の法律家の意見に基づき嫁資不動産を和解により処分することを許可しうるという。[63] 後見人が未成年者のために和解を結ぶ場合と、利益状況が類似するからである。[64]

だが、明文の規定が欠ける以上、裁判所は、嫁資不動産に関する和解を許可する権限を有しないという見解も有力である。[65]

梅も、法律に規定のない手続を解釈で新たに導入することは、解釈の領分を越えると述べて、Rodière に反対する。[66] こうした解釈の背後には、立法と解釈を峻別し、解釈者に可能な事項を限定する考え方が見て取れよう。

五　扶養請求権 (aliments)

最後に、扶養請求権が和解の対象となりうるかを検討したい。

(一)　まず、代表的な学説である Troplong の見解をみてみよう。

(1)　Troplong は、履行期の到来した（過去の）扶養請求権と、未だ到来していない（将来の）扶養請求権とを区別する。そして、過去の扶養請求権に関しては、扶養権利者が、現在に至るまで扶養請求権なくして生存してきた以上、今や通常の権利と同様に処分しうるというべきであり、それゆえ和解も有効だという。[67]

(2)　これに対して、将来の扶養請求権については、それが法律上のものか、契約や遺贈によるものかで、さらなる区別を行う。

①　まず、法律上の扶養請求権については、この請求権が本来血縁関係の属性であり、かつ、血縁関係は処分しえないことから、これに関する和解も無効であるという。ただし、扶養権利者が和解の無効を主張しうるためには、彼が要扶養状態にあることを要する。[68]

②　他方、契約や遺贈による扶養請求権については、和解は有効であるという。確かに、贈与や遺贈による扶養請求権については、一八〇六年の仏民訴第一〇〇四条が仲裁契約を禁止し、また、同第五八一条が差押えを禁止し

ている。だが、和解と仲裁契約は異なるし、また、差押えの禁止は、権利者の意思に反する処分を禁じているだけで、権利者が自らの意思によって処分することを妨げるものではない。それゆえ、契約や遺贈による扶養請求権に関する和解は、いずれも有効だというのである。[69]

(二) さて、こうしたTroplong説に対しては、過去の扶養請求権に関する部分については特に異論はみられないが、将来の扶養請求権については、主として次の二点につき議論がなされている。

(1) まず、法律上の扶養請求権については、その和解の無効を主張するために、扶養権利者が要扶養状態にあることを要するか。

Troplongやそれを支持する学説が要扶養状態を要求したのは、扶養請求権の存在理由が、貧困を防ぐことにあるからであった。[70] これは、権利の趣旨や目的との関連で、和解の有効無効を個別に判断する考え方だといえる。

これに対して、トゥールーズ裁判所判決は、要扶養状態の有無を問題とせず、和解を端的に無効と判示している。[71]

梅もまた、要扶養状態の有無は問題にならないという。なぜならば、法律上の扶養請求権は、法が一定の親族間に相互扶助の権利と義務を定めたものであり、公序に属する。そして、公序に反する和解は無効であり、また、要扶養状態になければ、そもそも扶養請求権は発生しないというべきだからである。[72]

以上から明らかなように、両説の対立はあくまでも理論上のものであり、実際の結論には大きな差異は認められないようである。

(2) ① 次に、契約や遺贈による扶養請求権についての和解は有効か。Troplong等の通説[73]は、既に述べたように、仲裁と和解の違い、差押禁止と処分禁止の相違を理由として、和解の可能性を肯定する。破毀院もまたこの立場である。[74]

② 他方で、Aubry et Rau等の反対説は、確かに一般論としては、差押禁止と処分禁止は異なる事項である。しか

し、少なくとも贈与または遺贈といった無償行為による扶養請求権については、差押えが禁止された理由が差押債務者の保護にあるから、和解による処分も禁止しなければ、扶養権利者を保護する目的が十分に達せられないという。[75]

③　この問題につき、梅は、差押禁止と処分禁止の相違、さらには和解と仲裁契約の相違を挙げて、通説を支持する。[76] Aubry et Rau 等の反対説に対しては、差押禁止の趣旨が差押債務者保護にあるにもかかわらず、差押禁止財産の処分が認められる例は存在するとして（一八〇六年仏民訴第五九二条）、これを退けている。[77]

こうした梅の見解の前提には、契約や遺贈による扶養請求権は、あくまでも当事者の意思によって発生したものであり、公序とはかかわりがないという認識がある。[78] つまり、公序に属さない事項については、和解の自由が可能な限り尊重されるべきという観念が、梅の解釈を背後から支えているのである。

六　小括

さて、これまで和解の目的物に関する議論をみてきたが、梅の見解は次のようにまとめることができるだろう。まず一方で、公序に関する事項については、和解を厳しく制限する。親告罪、行政庁の公訴権、人の身分、法律上の扶養請求権に関する議論のなかで、こうした思想がみられる。また、文書偽造の申立てに関する和解につき、厳格な態度で臨んだのも、それが広く公序にかかわる問題だったからだといえよう。

しかし他方において、公序に属さないと判断された領域では、一転して、和解の自由および私的自治を最大限尊重する。契約や遺贈による扶養請求権との関連でみられた思想であり、また、嫁資動産に関する和解や、嫁資不動産を保持するための和解につき、その有効性を承認したことも、こうした文脈で理解しうる。

それゆえ、梅にとっては、公序に属する領域を厳密に確定することが極めて重要なことになる。賭博債務か否かを争う和解の有効性が承認されたのは、和解の対象となった債務の公序に属することが（二重の意味で）確定していなかったからであり、それゆえにこそ、契約の自由が尊重されたのだと思われる。

注　第五節

（1）ここにいう délit は、犯罪と不法行為の双方を含む最広義に理解されるべきといわれている。Cf. Pont, II, n° 583.

（2）Art. 2046, Code civil:

On peut transiger sur l'intérêt civil qui résulte d'un délit.

La transaction n'empêche pas la poursuite du ministère public.

（3）F. Hélie, *Traité de l'instruction criminelle, ou Théorie du Code d'instruction criminelle*, 2e éd., t. 1, Paris 1866, n° 472; Ortolan, t. 2, n°s 1672 et 1673; R. Garraud, *Précis de droit criminel*, 4e éd., Paris 1892, n° 341.

（4）Troplong, t. 17, *Transactions*, n° 57; Pont, II, n° 582; Laurent, t. 28, n° 354; Baudry-Lacantinerie, t. 3, n° 975; Req., 14 nov. 1883, D. 1884, 1, 201.

（5）Hélie, t. 1, n° 473; Ortolan, t. 2, n° 1673; Garraud, n° 341; Troplong, t. 17, *Transactions*, n° 57; Pont, II, n° 582; Baudry-Lacantinerie, t. 3, n° 975.

なお、検察官が公訴権の行使につき犯人と和解した場合には、首かせの刑（carcan）に処せられる（一八一〇年仏刑第一七七条）。

（6）公訴権独立の原則は、歴史的には自明のものではなく、ルイ一四世の一六七〇年刑事王令（Ordonnance criminelle de 1670, in: *Recueil général des anciennes lois françaises*, t. 18, pp. 371-423）に端を発し、Daniel Jousse（1704-1781）に彫琢されて（D. Jousse, *Traité de la justice criminelle de France*, 4 vol., Paris 1771）、一九世紀フランスの民刑事法学に導入されたものである（cf. J. Leroy, *La place de la victime dans l'ordonnance criminelle de 1670 selon Daniel Jousse*, in: C. Leveleux-Teixeira, *Daniel Jousse. Un juriste au temps des Lumières (1704-1781)*, Limoges 2007, p. 133）。

（7）Art. 4, Code d'instruction criminelle de 1808:

La renonciation à l'action civile ne peut arrêter ni suspendre l'exercice de l'action publique.

（8）Hélie, t. 2, n°s 601 et suiv.; E. Trébutien, *Cours élementaire de droit criminel*, t. 2, Paris 1854, p.44.

（9）高利契約は、常習的に（habituellement）行われた場合にのみ、犯罪となる（Art. 4, Loi du 3 sept. 1807 sur le taux de l'intérêt de l'argent, 4, Bull. 158, n° 2740; Art. 2, Loi du 19 déc. 1850 relative au délit d'usure, 10, Bull. 336, n° 2604; Crim., 22 nov. 1811, S. 1812, 1, 88; Dalloz, *Répertoire*, t. 36, s.v. *Prêt à intétêts et à usure*, n°s 201, 267 et suiv.）。

（10）Art. 1, Loi du 19 déc. 1850 relative au délit d'usure, 10, Bull. 336, n° 2604.

（11） Civ., 21 nov. 1832, S. 1833, 1, 95; Civ., 9 févr. 1836, S. 1836, 1, 88; Accarias, *Transaction*, n° 90, note 1; Aubry et Rau, t. 4, §420, 4°; Pont, II, n° 589.

（12） Troplong, t. 17, *Transactions*, n° 60; Aubry et Rau, t. 4, §420, note 12; Pont, II, n° 589.

（13） Req., 16 nov. 1836, S. 1836, 1, 960.

（14） 法定利息を年五％で計算すると、超過払いは、一五〇×五－五〇×五＝五〇〇となる。

（15） Oumé, *Transaction*, n° 328.

（16） Art. 249, Code de procédure civile de 1806:

Aucune transaction sur la poursuite du faux incident ne pourra être exécutée, si elle n'a été homologuée en justice, après avoir été communiquée au ministère public, lequel pourra faire, à ce sujet, telles réquisitions qu'il jugera à propos.

（17） E. Garsonnet, *Précis de procédure civile*, Paris 1885, n°s 409 et 410.

（18） Accarias, *Transaction*, n° 90; A. Sourdat, *Traité général de la responsabilité ou de l'action en dommages-intérêts en dehors des contrats*, 3e éd., t. 1, Paris 1876, n° 139; Garsonnet, *Précis*, n° 410; Oumé, *Transaction*, n° 329.

（19） Accarias, *Transaction*, n° 90.

（20） Oumé, *Transaction*, n° 330.

（21） Fenet, t. 15, pp. 105 et 106; Locré, t. 15, p. 419; Pont, II, n° 584.

（22） Accarias, *Transaction*, n° 90; Pont, II, n° 585; Hélie, t. 2, n° 758.

（23） Art. 337, Code pénal de 1810:

La femme convaincue d'adultère subira la peine de l'emprisonnement pendant trois mois au moins et deux ans au plus. Le mari restera le maître d'arrêter l'effet de cette condamnation, en consentant à reprendre sa femme.

妻が姦通したときは、三月以上二年以下の拘禁に処する。

夫は、妻を取り戻すことに同意して、この判決の効力を停止することができる。

（24） Hélie, t. 2, n° 761.

（25） Oumé, *Transaction*, n° 336.

（26） それぞれの根拠法令は次の通り。

間接税庁につき、Art. 23, Arrêté du 5 germinal an XII concernant l'organisation de la régie des droits réunis, 4, Bull. 11, n° 114; Art. 10, Ordonnance du roi du 3 janv. 1821 portant réglement pour la régie des contributions indirectes, 7, Bull. 430, n° 10065.

関税庁につき、Art. 1 et 2, Arrêté du 14 fructidor an X qui autorise l'administration des douanes à faire des transactions sur les contraventions, in: J.-B. Duvergier, *Collection complète des lois, décrets, ordonnances, règlemens et avis du Conseil d'État*, 2e éd., t. 13, Paris 1836, pp. 284 et 285; Art. 23 et 24, Décret impérial du 18 oct. 1810 portant création de tribunaux chargés de la répression de la fraude et contrebande en matière de douanes, et contenant diverses dispositions relatives aux saisies et à l'emploi des marchandises de contrabande, 4, Bull. 321, n° 6040; Art. 9 ?, Ordonnance du roi du 27 nov. 1816 (*Bulletin des lois de la République française* には掲載されていないが、次の判決文中に言及あり、Crim., 30 juin 1820, in: L. M. Villeneuve et A.-A. Carette, *Recueil général des lois et des arrêts*, 1re série, 1791–1830, t. 6, Paris 1842, p. 265); Art. 10, Ordonnance du roi du 30 janv. 1822 concernant la réorganisation de l'administration des douanes, 7, Bull. 505, n° 12166.

郵政庁につき、Art. 1, Ordonnance du roi du 19 févr. 1843 qui autorise l'administration des postes à transiger dans toutes les affaires contentieuses qui concernent son service, 9, Bull. 986, n° 10558; Art. 9, Loi du 4 juin 1859 sur le transport, par la poste, des valeurs déclaréés, 11, Bull. 707, n° 6686.

水利森林行政庁につき、Art. 159, Code de forestier de 1827（もっとも、同法制定時には、和解権限は明記されていなかった。一八五九年六月一八日の法律（Loi du 18 juin 1859 qui modifie diverses dispositions du Code forestier, 11, Bull. 741, n° 7086）が、第一五九条を改正して和解権限を明記）。

(27) Cf. Hélie, t. 1, n° 503; Crim., 9 juin 1866, D. 1866, 1, 462, note 4.

(28) Accarias, *Transaction*, n° 90; Pont, II, n° 587; Hélie, t. 2, n° 747; Garraud, n° 343.

(29) Oumé, *Transaction*, n° 339.

(30) Art. 1965, Code civil:

La loi n'accorde aucune action pour une dette du jeu ou pour le paiement d'un pari.

(31) 公債の値上がりまたは値下がりについてなされた賭事は、例外的に犯罪とされていたが（一八一〇年仏刑第四二一条、第四二二条）、これらの規定も、一八八五年三月二八日の法律（Loi du 28 mars 1885 sur les marchés à terme, 12, Bull. 912, n° 15251）によって削除された。

(32) Aubry et Rau, t. 4, §386; Pont, I, n° 606.

(33) Pont, I, n° 603.

(34) Aubry et Rau, t. 4, §386; Laurent, t. 27, n° 201; Colmet de Santerre, t. 8, n° 178 *bis* I; Baudry-Lacantinerie, t. 3, n° 868.

(35) Duranton, t. 10, n° 370, Mourlon, *Répétitions écrites*, t. 3, n° 1079 *ter*.

（36）Cf. Oumé, *Transaction*, n° 346.

（37）Fenet, t. 14, pp. 538 et suiv., 549 et suiv., 558 et suiv.; Locré, t. 15, pp. 171 et suiv., 185 et suiv., 198 et suiv.

（38）Aubry et Rau, t. 4, §386, note 9; Pont, I, n° 645; Laurent, t. 27, n° 217; Mourlon, *Répétitions écrites*, t. 3, n° 1078 *ter*.; Colmet de Santerre, t. 8, n° 178 *bis* I; Req., 17 janv. 1882, D. 1882, 1, 333.

（39）Rouen, 14 juill. 1854, D. 1856, 2, 16は、傍論だが、こうした和解を有効とみているようである。

（40）Oumé, *Transaction*, n° 347.

（41）Dalloz, *Répertoire*, t. 42, 1re partie, s.v. *Transaction*, n° 71.

（42）Civ., 12 juin 1838, S. 1838, 1, 695.

（43）Aix, 16 juin 1836, S. 1837, 2, 25.

（44）Civ., 12 juin 1838, S. 1838, 1, 695. なお、Civ., 27 févr. 1839, D. 1839, 1, 200は、公序に反するからという。

（45）Grenoble, 18 janv. 1839, in: Dalloz, *Répertoire*, t. 35, s.v. *Paternité et Filiation*, n° 633, note 2.

（46）Req., 22 avril 1840, in: Dalloz, *Répertoire, eodem*.

（47）もちろん、いかなる場合に別個独立の和解を認めうるかは、あくまでも意思解釈の問題である。二個の和解契約が別々に結ばれた場合には、別個独立性の肯定に傾くであろう。他方、一個の和解契約において、身分と相続の対価が個別に定められたにすぎないときは、相続権が身分から生ずる権利であることを重視して、別個独立性を否定する者が多い（Troplong, t. 17, *Transactions*, n° 68; Accarias, *Transaction*, n° 93; Aubry et Rau, t. 4, §420, 4°; Pont, II, n° 593）。

（48）Troplong, t. 17, *Transactions*, n°s 64 et 68; Dalloz, *Répertoire*, t. 42, 1re partie, s.v. *Transaction*, n° 75; Accarias, *Transaction*, n° 93; Aubry et Rau, t. 4, §420, 4°; Pont, II, n° 593; Laurent, t. 28, n°s 356 et 357.

（49）Troplong, t. 17, *Transactions*, n°s 63 et suiv.

（50）Troplong, t. 17, *Transactions*, n°s 67 et 68.

（51）Duranton, t. 18, n° 399; Accarias, *Transaction*, n° 94; Pont, II, n°s 597 et suiv.; Laurent, t. 28, n° 356; Mourlon, *Répétitions écrites*, t. 3, n° 1172; Colmet de Santerre, t. 8, n° 280 *bis* III; Baudry-Lacantinerie, t. 3, n° 975.

（52）Oumé, *Transaction*, n° 355.

（53）Art. 1554, Code civil de 1804:

Les immeubles constitués en dot ne peuvent être aliénés ou hypothéqués pendant le mariage, ni par le mari, ni par la femme, ni par les deux conjointement; sauf les exceptions qui suivent.

嫁資に属する不動産は、婚姻の継続中、夫も、妻も、夫婦共同にても、これを譲渡し、あるいは抵当に入れることができない。ただし、以下の場合は例外とする。

(54) Aubry et Rau, t. 5, §537, 2°; Laurent, t. 23, n° 494.

(55) Civ., 12 août 1846, D. 1846, 1, 296; Ch. réun., 14 nov. 1846, D. 1847, 1, 27.

(56) Pont, II, n°s 548 et 603.

(57) Duranton, t. 15, n°s 542 et suiv.; P. Odier, *Traité du contrat de mariage, ou du Régime des biens entre époux*, t. 3, Paris 1847, n° 1239; Troplong, t. 4, *Contrat de Mariage*, n°s 3225 et suiv.; Laurent, t. 23, n°s 540 et suiv.; Baudry-Lacantinerie, t. 3, n° 409.

(58) Laurent, t. 23, n° 542; t. 28, n° 363.

(59) Oumé, *Transaction*, n°s 363 et 417.

(60) H. Tessier, *Traité de la dot, suivant le régime dotal établi par le Code civil, et conférence, sur cette matière, du nouveau droit avec l'ancien*, t. 1, Paris et Bordeaux 1835, p. 367, note 566; Accarias, *Transaction*, n° 96.

(61) Duranton, t. 18, n° 407; Troplong, t. 17, *Transactions*, n° 52; Dalloz, *Répertoire*, t. 14, s.v. *Contrat de Mariage*, n° 3484; Aubry et Rau, t. 4, §420, note 2; A. Rodière et P. Pont, *Traité du contrat de mariage et des droits respectifs des époux relativement à leurs biens*, 2e éd., t. 3, Paris 1869, n° 1856.

なお、夫も、嫁資不動産を保持するための和解を、嫁資管理行為として行うことが可能とされる（Troplong, t. 4, *Contrat de Mariage*, n° 3127）。

(62) Oumé, *Transaction*, n° 364.

(63) Rodière et Pont, t. 3, n° 1856.

(64) 同旨、E.-N. Pigeau, *Traité de la Procédure civile*, 6e éd., t. 1, Bruxelles 1840, n° 6; Dalloz, *Répertoire*, t. 14, s.v. *Contrat de Mariage*, n° 3486.

(65) Tessier, t. 1, p. 367, note 566; Pont, II, n° 604.

(66) Oumé, *Transaction*, n° 367.

(67) Troplong, t. 17, *Transactions*, n° 93.

(68) Troplong, t. 17, *Transactions*, n°s 95 et 96.

(69) Troplong, t. 17, *Transactions*, n° 97.

(70) Troplong, t. 17, *Transactions*, n°s 95 et 96; Pont, II, n° 612.

（71）Toulouse, 9 janv. 1816, in: Dalloz, *Répertoire*, t. 42, 1re partie, s.v. *Transaction*, n° 81, note 1.
（72）Oumé, *Transaction*, n° 369.
（73）Troplong, t. 17, *Transactions*, n° 97; Accarias, *Transaction*, n° 99; Laurent, t. 28, n° 366; Colmet de Santerre, t. 8, n° 280 *bis* VIII.
（74）Civ., 31 mai 1826, D. 1826, 1, 292.
（75）Aubry et Rau, t. 4, § 359, note 18; Pont, II, n° 613. これらの論者は、一八〇六年仏民訴第五八一条および第一〇〇四条が、贈与または遺贈による扶養請求権にかかわることから、無償行為による扶養請求権に限定して議論を展開している。それゆえ、有償行為による扶養請求権については、これらの論者によっても和解は有効と解されることになろう（cf. Oumé, *Transaction*, n° 371）。
（76）Oumé, *Transaction*, n° 371.
（77）Oumé, *Transaction*, n° 371.
（78）Oumé, *Transaction*, nos 369 et suiv.

第六節　違約金条項

一　違約金条項に関しては、次のような規定が存する。

仏民原始規定第二〇四七条
　和解には、その履行を怠る者に対して、違約金条項を付することができる。[1]

和解は、当事者間の紛争の解決を目的とした契約である。だが、和解後に、和解内容に不満を有する当事者が、和解で約束した債務を履行しなければ、紛争は蒸し返されざるを得ない。そこで、第二〇四七条は、和解の当事者に違約金条項（clause pénale）を付することを認め、もって紛争の蒸返しを予防する手立てを与えようとしたのである。[2]

もっとも、民法は、合意に関する一般原則として、違約金に関する諸規定を置いている（仏民原始規定第一二二六条以下）。それゆえ、和解において、わざわざ第二〇四七条のような規定を設ける必要があるのかという点については、疑問の余地がある。

こうした疑問に関連するものとして、特に、和解で約束された債務（主たる債務）が履行されなかった場合に、債権者は、主たる債務と違約金の双方の履行を請求しうるかという問題がある。もちろん、双方を併せて請求しうるとの合意があればそれに従うが[3]、そのような合意が欠けるときはどう解すべきか。

この点に関する合意の一般原則は次の通りである。

仏民原始規定第一二二九条

違約金条項は、主たる債務の不履行により債権者が被る損害を塡補するものである。

債権者は、主たる債務と違約金を併せて請求することができない。ただし、違約金が単に遅滞について定められたものであるときは、この限りにあらず[4]。

つまり、違約金は、別段の合意なき限り、主たる債務の不履行により生じた損害を塡補するものと考えられる。それゆえ、主たる債務と違約金の双方を請求することは、同一のものを二重に得ようとすることであり許されないというのである[5]。

二　それでは、こうした原則は、和解にも妥当するか。

（一）　まず、少数説は、債権者は一般原則とは異なり、主たる債務と違約金の双方を請求できるという[6]。和解における違約金は、主たる債務ではなく、和解によって得ようとした平穏が害されたことの代償とみるべきことを理由とする。

（二）　これに対して、通説は、第一二二九条二項に従い、債権者は原則として主たる債務と違約金のどちらか一方しか請求できないという。[7] 第二〇四七条が、和解における違約金条項の効力については、合意に関する一般原則に委ねる趣旨で起草されたことを理由とする。[8] それゆえ、通説のなかには、第二〇四七条は無益な規定であると明言する者もみられる。[9]

（三）（１）　さて、梅は、まず、これが意思解釈の問題であることを確認すべきであるという。すなわち、たとえば、時価一〇万フランの不動産をめぐる争いにつき、XがYに五万フランを与える代わりに、Yは自己の権利主張を放棄する。もし、Yが再び権利を主張したときは、受領した五万円を返還したうえ、さらに、違約金として一〇万フランを与える、という内容の和解が成立したとしよう。

このとき、一〇万フランという違約金を定めた趣旨は、Yが再び権利を主張したときは、Xは違約金を請求するか、和解をもって対抗するかのいずれかを選択すべきというものであろう。

これに対して、もし違約金の額が一万フランであったならば、Xは、主たる債務（Yによる権利主張の放棄）と違約金の双方の履行を求めることができるというべきである。[10]

（２）　次いで、もし当事者の意思が明らかでないときは、通説と同様に、第一二二九条二項を適用すべきだという。[11] 同条は、この点に関する解釈原則だからである。

（３）　このように、梅は、まず当事者の意思解釈、次いで第一二二九条という一般原則を用いてこの問題を解決するため、第二〇四七条に関しては、これを無益な規定と断じている。[12]

注　第六節

（1）　Art. 2047, Code civil de 1804:
On peut ajouter à une transaction la stipulation d'une peine contre celui qui manquera de l'exécuter.

(2) Troplong, t. 17, *Transactions*, n° 103; Laurent, t. 28, n° 380.
(3) Pont, II, n° 618; Laurent, t. 28, n° 381.
(4) Art. 1229, Code civil de 1804:
La clause pénale est la compensation des dommages et intérêts que le créancier souffre de l'inexécution de l'obligation principale.
Il ne peut demander en même temps le principal et la peine, à moins qu'elle n'ait été stipulée pour le simple retard.
(5) Laurent, t. 17, n° 458; Baudry-Lacantinerie, t. 2, n° 963.
(6) Toullier, t. 6, n° 830; Marbeau, *Transactions*, n° 180; Accarias, *Transaction*, n°s 138 et 139.
(7) Duranton, t. 11, n° 345; Aubry et Rau, t. 4, § 421, texte n° 2; Pont, II, n° 617; Laurent, t. 28, n° 381.
(8) Fenet, t. 15, pp. 116 et 117; Locré, t. 15, p. 433.
(9) Pont, II, n° 616; Laurent, t. 28, n° 380.
(10) Oumé, *Transaction*, n° 457.
(11) Oumé, *Transaction*, n° 457.
(12) Oumé, *Transaction*, n° 456.

第七節　和解の効力

一　終審における既判事項の権威 (autorité de la chose jugée en dernier ressort)

フランス民法は、和解の効力につき、次の規定を置いている。

仏民原始規定第二〇五二条一項
和解は、当事者間において、終審における既判事項の権威を有する。[1]

ここでは、和解の効力が既判力を有する判決の効力に準えられているが、それはいかなる意味においてか。さまざまな考え方があるが、ここでは代表的な三つの見解とそれに対する梅の反論を検討したい。

（一）（1）まず第一は、起草者 Bigot de Préameneu の見解である[2]。仏民原始規定第二〇五二条二項が、和解は法律の錯誤（erreur de droit）や莫大損害（lésion）によっても取り消されないというところ[3]、同条一項は、この結論を導くための論理的前提だというのである。つまり、和解は、判決と同様に紛争の解決を目的とするが、和解の取消しを安易に認めると、和解が新たな紛争の火種になってしまう。それゆえ、和解には不可取消性（irrévocabilité）という性質が認められるべきであり、ローマ法文 C. 2, 4, 20[4] が和解に既判事項の権威を認めたのも、このような趣旨からである[5]、と。

（2）こうした Bigot de Préameneu の見解に対して、梅は、和解に法的安定性を付与すべきことは当然であるが、それを判決と和解の類似性から導くことはできないという。

すなわち、まず、C. 2, 4, 20 は、判決と和解の類似性を述べてはいるものの、それはあくまでも傍論であり、この法文の趣旨は、判決が夜半前に下されることはないからといって、その時刻に結ばれた和解も無効だということはできない、というものであるから、この法文を根拠に、判決と和解の効力が同一であるということはできない[6]。

そして、和解が法律の錯誤や莫大損害によって取り消しえないという結論は正当だとしても（第一〇節二、四参照）、既判力を有する判決が法を誤解していたときは、破毀申立てにより取り消されうるし、また、和解が莫大損害により取り消されないのは、特別規定がない限り莫大損害による取消しは不可能であるという一般原則（仏民原始規定第一一一八条）に基づくから、判決と和解の類似性を理由として、和解のこうした不可取消性を導くことは適切ではないというのである[7]。

（二）次に、第二の見解は、第二〇五二条一項の「当事者間において（entre les parties）」という文言に着目して、和解は紛争の蒸返しに対して抗弁を生ぜしめるが、この抗弁を提出しうるのは当事者間においてのみだと考えるものである。[8] つまり、既判力を有する判決は、当事者間においてのみ既判力の抗弁を生じさせるが、和解もこれと同様に、当事者間における相対的な抗弁を生じさせるにとどまるというのである。

このような見解に対して、梅は、相対効は合意の効力の一般原則であるから、この原則を和解に適用するために、わざわざ判決の効力と比較する必要はないと述べている。[9]

(三) 最後に、第三として、和解は判決と同じく、権利の存否を確認するものであって、権利の移転をもたらすものではないという見解がある。[10] 直ぐ後にみるように（本節二）、和解の効力が確認的か移転的かは激しく争われているところ、この第三の見解は、判決が原則として権利の存否を確認するものであることから、第二〇五二条一項を援用して、和解の効力も確認的だというのである。

これに対して、梅は、和解の効力が確認的か移転的かという議論は第二〇五二条一項と関係がないという。[11] 同条項は、その論拠の説得力はともかく、あくまでも和解の法的安定性に関するものだからである。また、梅は、和解の効力が確認的か移転的かは一概には決しえないという立場であるから（本節二（二）（5））、結論としても第三説には与しない。

(四) このように、梅は、第二〇五二条一項から何らかの解釈論上の結論を導く見解をすべて否定する。そのうえで、判決と和解の相違を強調して次のようにいう。すなわち、①判決はその一部が無効とされうるが、和解は全部無効が原則である（和解の不可分性（仏民原始規定第二〇五五条、第一〇節一参照））、②判決は執行力を有するが、口頭または私署証書による和解は執行力を有しない、③判決は裁判上の抵当を生ぜしめるが（仏民原始規定第二一二三条）、裁判外の和解にはそのような効力がないというのである。[12]

かくして、梅は、第二〇五二条一項は全く役に立たない規定だと結論づけている。[13]

二　和解の効力は確認的（déclararif）か、移転的（translatif）か[14]

次に、古くから論じられてきたものに、和解は当事者の権利を確認するものか、あるいは、移転するものかという問題がある。左では、問題の所在を明らかにするために、まず、古法時代の考察から始めたい。

なお、ここで念頭に置かれているのは係争物であって、和解のために供与された物ではない。後者については、和解によって権利移転が生ずることは、当然だと考えられている[15]。

また、係争物についても、当事者の意思が明確であれば、その意思に従う。なぜならば、ここで問われているのは、和解という合意の効力だからである。それゆえ、明らかにすべきなのは、当事者の意思が明確ではないときにどのように解すべきかという、意思解釈の基準である[16]。

（一）　古法時代

（1）　さて、古法時代、不動産所有権の移転には、さまざまな権利と義務が結びついていた。たとえば、賃租地が売却された場合、領主は、領主的諸税（droits seigneuriaux）の一つである、賃租地売却税（lods et ventes）を徴収できた。また、親族固有不動産が売却された場合には、買主は、売主の親族による親族取戻権（retrait lignager）に服した。

さらに、不動産の相続に際しては、それが親族固有不動産であるか、個人取得不動産であるかにより、財産を承継すべき者の範囲が異なっていた[17]。

それゆえ、土地所有権に関する争いが和解により解決されたとき、和解によって土地所有権が移転したのか、あるいは確認されたのかが大きな問題となった。というのも、もし土地所有権が移転したのであれば、和解は賃租地売却税の課税対象となり、また、所有者となった者は親族取戻権の行使に服することになる。さらに、被相続人が生前に第三者と和解を行っていた場合には、相続財産は個人取得不動産となるからである。

これに対して、和解が土地所有権を確認するものであるときは、すべて反対の結論となる。(18)

(2) この問題につき、梅は、古法学説における諸見解、すなわち、和解の効力は常に移転的であるとする見解(19)、占有の移転を伴うときには移転的であるとする見解(20)、常に確認的であるとする通説的見解(21)を紹介したうえで、これらすべての見解を批判していう。(22)

まず、常に移転的とみる見解に対しては、自己が所有者であることを確実に証明できるのに、訴訟の煩いを避けるために和解をすることもある。また、占有の移転を基準とする見解に対しては、占有の移転と本権の移転は別の事柄である。最後に、常に確認的とする見解に対しては、和解によって相手方に主張を撤回させた後、相手方が真の所有者であることの確実な証拠が見つかることもある(23)、というのである。

こうした批判からも明らかなように、梅の見解は、和解の効力が移転的か確認的かは一義的に決することはできず、本権の所在を基準として判断されるというものである。すなわち、和解の後、係争物を得た者がその物の所有者だったことが明らかとなれば確認的であり、相手方が所有者だったことが明らかとなれば移転的だというのである(24)。それゆえ、梅自身は明言しないが、本権の所在が依然として不明であるときは、和解の効力が移転的か確認的かも未定だということになろう。こうした梅の見解は、彼の独自説ともいうべきものである。

この梅の見解を賃租地売却税の扱いにあてはめてみると、賃租地売却税は、土地所有権の移転を要件とするから、土地所有権の移転が証明されない限り、つまり、梅によれば、係争物を得た者の相手方が本権を有していたことの証明がない限り、徴収できないことになる。だが、実際には、右の証明は必ずしも容易ではないから（だからこそ紛争が生じて和解が行われた）、梅の見解は、事実上は、和解の効力を確認的であるとする説に近いことになろう。

だが、梅は同時に、自説と確認的効力説に差がないわけではないことも強調する。たとえば、賃租地売却税を免れるために和解の偽装がなされたような場合には、確認的効力説によれば、和解の偽装を証明できなければ課税できない。

これに対して、梅説によれば、たとえ和解の偽装を証明しえなくとも（この証明は、税を徴収しようとする第三者（領主）にとって、しばしば非常に困難である）、土地の所有者と認められなかった者が、かつて所有者だったことを証明しさえすれば（少なくとも偽装の証明よりは容易である）、課税ができることになるのである。[25]

（二）一九世紀フランス法

さて、こうした古法時代の議論を受けて、一九世紀の学説も、確認的効力説と移転的効力説に分かれている。また、新たな学説として権利主張放棄説が提唱され、さらに、判例は、民法上の効力と税法上の効力を区別する見解を採用している。

ちなみに、一九世紀フランスにおいても、こうした議論の実益は失われていなかった。もちろん、賃租地売却税や親族取戻権といった古法時代の制度は既に消滅していた。だが、和解が不動産短期取得時効の正権原となるか、[26]不動産登記の原因となるか、[27]そして、和解に課される登録税は定額税か比例税か[28]という点を判断するためには、依然として和解の効力を明らかにする必要があったのである。[29]

左に、各説の論拠と梅の反論を紹介しよう。

（1）確認的効力説

まず、確認的効力説は、古法時代の通説的見解の流れを汲み、一九世紀においても通説と目される見解である。[30]

一八世紀末に、登録税に関する共和暦七年霜月二二日（一七九八年一二月一二日）の法律[31]が制定され、同法が不動産の和解に定額税（droit fixe）を課していること（同法第六八条一項四五号）を主要な論拠とする。つまり、一七九八年法は、所有権の移転を伴わない行為には定額税、移転を伴う行為には比例税（droit proportionnel）を課すという基本的な考え方に立脚するところ（同法第三条、第四条）、和解に定額税を課すというのは、その民法上の効力が確認的であることを前提としているというのである。

だが、梅によれば、こうした論拠は十分な説得力を有さない。民法上の効力と課税の方式は、必ずしも常に一致するわけではないからである。たとえば、換価処分（licitation）は、民法上の効力が確認的であるにもかかわらず（仏民第八八三条）、一七九八年法では比例税が課されている（同法第六九条五項六号、七項四号）。このことからも、民法上の効力と課税方式の不一致は明らかである。梅によれば、和解に定額税が課されたのは、むしろ、所有権の移転の有無という実体関係の判断の煩雑さを避け、紛争の蒸返しを避けるための便法である。それゆえ、和解に定額税を課す一七九八年法を根拠に、和解の民法上の効力を確認的であるということはできないのである。[32]

なお、確認的効力説のもう一つの論拠として、終審における既判事項の権威（仏民原始規定第二〇五二条一項）を挙げることができるが、これについては右に述べたところを参照されたい（本節一（二））。

(2) 移転的効力説

次に、移転的効力説は、合理的意思解釈を根拠とする見解である。[33] つまり、和解により係争物を取得しなかった側の当事者は、彼も当初は権利を主張していたのであるから、係争物の占有を放棄する行為のなかには、自己の権利を放棄して、これを相手方に移転する意思が存するはずだというのである。

この説に対して、梅は、当事者の意思が明確ではない以上、合理的意思解釈よりも、むしろ実体権の所在を基準として判断すべきという。つまり、和解により係争物を得た側が、かつて所有者であったことが明らかとなった場合には、相手方は移転する権利を有していなかったのだから、合理的意思解釈を行っても、和解に移転的効力を認めることはできないというのである。[34]

（3）　権利主張放棄説

さらに、Mourlon は、権利主張放棄説という新たな見解を主張している[35]。これによれば、和解は、係争物を取得しなかった側の当事者が、自己の従前の権利主張を、相手方当事者との関係において放棄する行為とされる。つまり、係争物を取得しなかった者は、自己の権利を相手方に譲り渡したわけでも、相手方の権利を確認したわけでもなく、ただ相手方との関係で、自身の権利主張を放棄して、自己の不確実な権利を不確実なまま消滅させただけと考えるのである。

この見解に対して、梅は、和解後に新たな権利主張をなす第三者が現れた場合の不都合さを指摘する。たとえば、土地を占有するAが、土地の権利を主張するBに対して金銭を支払い和解した後、新たに第三者Cが現れて、Aに対して権利を主張したとしよう。ここで、Cの権原がBに対する関係では劣後するが、Aに対する関係では優位に立つものであったとき、権利主張放棄説によれば、CがAから土地を取得した後、BはCから土地を取得できることになる。なぜならば、BはAに対する関係で自己の権利主張を放棄したにすぎないから、Bの権原を譲り受けたわけではないAは、Cとの関係でBの権原を援用することができないし、また、Aとの関係でのみ権利主張を放棄したBは、Cに対しては自己の権利を主張しうるからである。そうすると、Bは和解金も土地も取得することになるが、梅によれば、この結論は極めて不当であり、このような結論に至る権利主張放棄説には与しえないという[36]。

（4）　破毀院の見解

最後に、破毀院の見解がある。事案としては、登録税関連のものが多い。破毀院は、民法上の効力と税法上の効力を区別して、たとえ和解の民法上の効力が確認的であるとしても、和解によって係争物を取得した者が、占有者でも表見的所有者でもなかった場合には、税法上の効力は移転的であるという。

① まず、一八六五年一二月一二日の連合部判決をみてみよう。[37]

事案は次の通り。母によって認知された自然子（enfant naturel）が、自筆証書遺言で、第三者を包括受遺者（légataire universelle）に指定して死亡した。自然子の母は、この遺言が無効であること、仮に有効だとしても、自己には遺留分が認められるべきことを理由に、包括受遺者を訴えた。

包括受遺者に占有が付与された後（envoi en possession）、母と包括受遺者は、母に二分の一の遺留分が存することを確認し、各自が相続財産の二分の一を取得するという和解を結んだ。

ところが、登録税庁（administration de l'enregistrement）が、相続財産はまず包括受遺者に全体として移転し、その後、包括受遺者から母に半分が移転したという理解に基づき、包括受遺者については相続財産の全額、母についてはその半額に対応する移転登録税（droit de mutation）＝比例税を課した。

そこで、この課税に対して、包括受遺者は、和解により自己が取得したのは相続財産の半額であるから、全額についての課税は不当である。また、母は、和解により自己の相続分が二分の一であることが確認されたのであるから、財産取得は移転的ではなく、直系相続人による取得として（より低額の）課税がなされるべきと主張した。

このような事案に対して、破毀院は次のように述べた。まず、相続につき、母が遺留分権利者となるのは嫡出子を相続する場合に限られるから、[38]本件の母は遺留分権利者ではない。そして、包括受遺者は、相続財産全体につき遺産占有（saisine）を取得し、かつ、占有の付与（envoi en possession）を受けて相続人として行為したから、もはや相続を撤回することができない。それゆえ、包括受遺者は相続財産全体を遺贈によって確定的に取得したというべきであり、従って、相続財産の全額につき比例税が課されるべきである。

そして、包括受遺者が相続財産全体を取得したと解される以上、その半分を母に取得させるという和解は、包括受遺者から母への新たな権利移転行為である。

確かに、仏民原始規定第二〇五二条一項は、和解は終審における既判事項の権威を有すと規定するから、民法上の効力は原則として確認的である。[39] だが、そうであるとしても、登録税庁との関係でも同一に解さなければならない理由はない。

和解に定額税を課す一七九八年一二月一二日の法律第六八条一項四五号は、和解が比例税の対象となる処分を含む場合には適用されない。そして、本件の和解は、包括受遺者が相続財産の一部を放棄する代わりに、母が遺言の無効主張を取り下げるというもの、つまり、包括受遺者から母への所有権移転を伴う行為であるから、同条の規定は適用されず、母は相続財産の半額につき比例税を支払うべきである、と。

② 次に、一八六六年四月一一日の民事部判決をみてみよう[40]。

被相続人が、第一の自筆証書遺言で夫を包括受遺者に指定した。しかし、その後に作成した第二の自筆証書遺言においては、第一の遺言を撤回して、夫には遺産の一部の所有権または用益権を与えたものの、それ以外の財産については、法定相続人たる妹にすべて遺贈した。これにより、妹は、相続財産の所有と占有（possession）を取得した。だが、夫と妹の間で遺言の有効性をめぐり紛争が生じたため、両者は、被相続人の固有不動産は妹に、夫婦の共通財産や株券等は夫に帰属させるという和解を成立させた。

だが登録税庁は、夫が取得した財産は、和解によって妹から夫に移転したものであるとして、比例税を課した。

破毀院は、民法上の和解の効力が確認的であるとしても、税法上もそのように解さなければならない理由はない。税法上は、和解によって財産を取得した者が、占有者あるいは表見的所有者でなかった場合には、和解は移転的であるとして、本件和解の移転的効力を是認した。

つまり、本判決は、前年の連合部判決が述べた民法上の効力と税法上の効力の区別を前提としつつ、占有者でも表見的所有者でもない者に財産を取得させる和解は、税法上は移転的であるとして、比例税を課すことを承認したものである。

③ さて、梅は、両判決が民法上の和解と税法上の和解という、二つの和解概念を認めた点を厳しく批判する。

既に、確認的効力説に対する批判としても述べられたように、和解の民法上の効力と課税の方式とは必ずしも常に一致するものではない。しかし、だからといって民法上の和解と税法上の和解という二つの和解概念があると考えるべきではなく、和解はあくまでも一箇の統一的な概念の下に把握されるべきものである。ある行為の概念が民法上と税法上で異なることが許されるのは、換価処分（licitation）のように、明文の規定がある場合に限られる。だが、和解にはそのような明文規定がない。従って、民法によって定義された和解概念が税法上も適用されるべきだというのである。[41]

（5） 梅の独自説

さて、このように諸学説および判例を批判した後、梅は、古法時代の検討で述べたのと同じ見解が一九世紀においても妥当であるという。すなわち、和解の効力は一義的には定まらず、和解により係争物を得た者がかつて所有者であったならば確認的であり、逆に、係争物を得なかった者がかつて所有者であったならば移転的だというのである。[42] つまり、移転的か確認的かは、合理的意思解釈や占有の所在等ではなく、かつての本権の所在を基準として判断すべきというのである。それゆえ、この梅の独自説によれば、かつての本権の所在が明らかではない場合には、確認的か移転的かも不明だということにならざるを得ないだろう。

三 担保責任（garantie）

最後に、和解は担保責任を生ぜしめるかを検討しよう。[43]

（一） この問題に関しては、かつて、Pothier がローマ法文 C. 2, 4, 33 (34)[44] に依拠しつつ、売買との関連で次のように述べていた。

すなわち、売買において担保責任が生ずるのは、目的物と代金の間に対価関係が存するためである。そして、和解のために何らかの物が供与され、訴えが取り下げられた場合にも、両者の間には対価関係が認められるから、和解のために供与された物が追奪された場合には、担保責任が生ずる。

他方、係争物が追奪された場合には、担保責任は生じない。なぜならば、係争物は、対価を得て譲渡されたものではなく、相手方に、相手方の物として委ねられたにすぎないからである、と。[45]

このように、Pothier は、和解のために供与された物については担保責任が生じ、係争物については生じないという。そして、係争物の担保責任が否定される理由を、対価関係の欠如と譲渡行為の不存在に求めていたのである。

(二) そして、Bigot de Préameneu による民法草案第一六条も、Pothier の見解を受け継いで、係争物について担保責任を否定した。[46] だが、立法委員会での討議において、ナポレオンが、目的物が追奪された場合には、追奪された者が担保責任を放棄していない限り、和解は無効になると発言し、この発言を受けて同条は削除された。[47] その結果、フランス民法には、和解の担保責任に関する規定は存在しない。

(三) しかし、一九世紀の学説は、ナポレオンが、係争物ではなく、和解のために供与された物の追奪を念頭において発言した可能性を示唆し、草案の規定が削除されたからといって、直ちに係争物の担保責任が肯定されることにはならないという。[48]

そして、学説は一般に解釈論として、和解のために供与された物については担保責任が生ずるが、係争物については生じないと述べて、Pothier の見解に回帰している。[49] その際、多くの論者は、Pothier が譲渡行為の不存在を挙げていることとも関連してか、係争物に担保責任が認められないのは、和解の効力が確認的であるからだと述べている。[50]

(四) 他方、梅は、結論としては Pothier および一九世紀の学説に賛成するが、[51] 係争物に関する担保責任が否定される理由を、和解の効力が確認的であることに求めることには反対する。

すなわち、仮に和解の効力が確認的であったとしても、当然に担保責任が否定されることにはならない。なぜならば、共有物の分割のように、その効力が確認的であるにもかかわらず（仏民原始規定第八八三条）、担保責任を生じさせる（同第八八四条以下）行為も存するからである。

また、和解が移転的効力を有すれば、必ず担保責任が生ずる訳でもない。なぜならば、担保責任は、物を有償で譲渡したことから生ずる責任ではなく、譲渡行為に伴う明示または黙示の約定から生ずるものだからである。たとえば、売主の担保責任は、売買が有償譲渡だからではなく、買主に所有権を取得させるという、売主の約束にその根拠を有している。ところが、和解においては、当事者が係争物をお互いに自己の物だと主張しているのであるから、和解により係争物の所有権を認められた者は、通常、相手方に対して権利の移転を約束させるようなことはしない。それゆえ、仮に和解の効力が移転的であるとしても、係争物に関しては、担保責任が否定されるのである、[52]と。

このように、梅は、担保責任は担保する合意によって基礎づけられると考え、この責任を和解の確認的効力、移転的効力の問題から切り離した。それゆえ、和解の効力が確認的か移転的かは一義的には定まらないという梅の立場からも、担保責任の有無は一律に判断できることになるのである。

注　第七節

（1）Art. 2052, al. 1, Code civil de 1804:
Les transactions ont, entre les parties, l'autorité de la chose jugée en dernier ressort.

（2）Fenet, t. 15, p. 108; Locré, t. 15, pp. 421-422.

（3）Art. 2052, al. 2, Code civil de 1804:
Elles ne peuvent être attaquées pour cause d'erreur de droit, ni pour cause de lésion.
和解は、法律の錯誤や莫大損害を理由として攻撃することができない。

（4） C. 2, 4, 20 (a. 293):

Non minorem auctoritatem transactionum quam rerum iudicatarum esse recta ratione placuit, si quidem nihil ita fidei congruit humanae, quam ea quae placuerant custodiri. nec enim ad rescindendum pactum sufficit, quod hoc secunda hora noctis intercessisse proponas, cum nullum tempus sanae mentis maioris quinque et viginti annis consensum repudiet.

勅法彙纂第二巻第四章第二〇法文（二九三年）

和解の権威が既判事項の権威に劣らないことは、正当な理由をもって承認されている。というのも、合意された事項が守られることほど、人間の信義に適うことはないからである。それゆえ、あなたが、第二夜警時（夜半前）に合意が行われたと主張しても、合意を取り消すことはできない。二五歳以上の健全な精神にとっては、時刻が合意を妨げることはないからである。

（5） なお、Bigot de Préameneu が仏民原始規定第二〇五二条一項の起草趣旨説明で、C. 2, 4, 20 を引用するのは、Domat (liv. I, tit. XIII, sect. I, art. IX) にならったものといわれている（Pont, II, n° 628; Oumé, *Transaction*, n° 473）。

（6） Oumé, *Transaction*, n° 179.

（7） Oumé, *Transaction*, n° 473.

（8） Massé et Vergé sur *Zachariae*, t. 5, §768; Aubry et Rau, t. 4, §421, 1°; Laurent, t. 28, n° 384; Baudry-Lacantinerie, t. 3, n° 980.

（9） Oumé, *Transaction*, n° 476.

（10） Dalloz, *Répertoire*, t. 42, 1re partie, s.v. *Transaction*, n° 26; Pont, II, nos 630 et 637; A. Valette, *Mélanges de droit, de jurisprudence et de législation*, t. 2, Paris 1880, p. 64 e; A. Batbie, *Traité théorique et pratique de droit public et administratif*, 2e éd., t. 6, Paris 1885, n° 409, note 1.

もっとも、Pont は、第二〇五二条一項は、和解の有する諸々の効力に関する原則規定であり、確認的効力のみならず、不可取消性および相対効も、本条から導かれるという立場である（Pont, II, nos 625, 627 et 628. なお、第八節一も参照）。

（11） Oumé, *Transaction*, nos 477 et 484.

（12） Oumé, *Transaction*, n° 471.

（13） Oumé, *Transaction*, n° 473. En ce sens: Duranton, t. 18, n° 412; Accarias, *Transaction*, n° 150, 4°.

（14） なお、訳語の問題ではあるが、我が国では déclararif という語が「認定的」と訳されることも多い。また、translatif の同義語に attributif という語があるところ（cf. Oumé, *Transaction*, n° 478: “*attributive ou translative*”）、この attributif は、通常、「付与的」と訳される。

そして、梅謙次郎『民法要義 巻之三（訂正増補第三三版）』（有斐閣書房、大正元年［復刻版、有斐閣、昭和五九年］）八四七頁が、「認定的」、「付与的」という訳語を用いて以来、我が国ではこれに倣う者も少なくない（来栖三郎『契約法』（有斐閣、昭和四九年）七一六頁、星野英一『民法概論Ⅳ 契約（合本新訂第五刷）』（良書普及会、平成六年）三三九頁、篠原弘志「和解」鈴木禄彌編『新版 注釈民法（一七） 債権（八）（補訂版）』（有斐閣、平成一三年）二五九頁など）。

だが、déclararif という語は、和解論では判決の効力に準えて用いられるため（本節一参照）、「確認」判決との意味上の連関を想起させる、「確認的」という訳語が望ましい。

また、「付与」という日本語は、権利を新たに設定するというニュアンスを含みうることから、「創設」という多義的な語と互換的に用いられることがあり、その結果、議論が無用に混乱する恐れもある（第三章第七節六参照）。

そこで、本書では、ここでの議論の意味内容を一義的に明確に表す「確認的」、「移転的」という訳語を用い、これで統一することとしたい。

（15） Troplong, t. 17, *Transactions*, n° 10; Oumé, *Transaction*, n° 478.

（16） Oumé, *Transaction*, n° 478.

（17） Cf. J. Bart, *Histoire du droit privé de la chute de l'Empire romain au XIXe siècle*, 2e éd., Paris 2009, pp. 230–231, 315–322, et 349–352; Fr・オリヴィエ－マルタン著、塙浩訳『フランス法制史概説』（創文社、昭和六一年）三九九頁以下、四〇五頁以下、ルッチスキー著、遠藤輝明訳『革命前夜のフランス農民』（未来社、昭和三一年）三九頁以下。

（18） Oumé, *Transaction*, n° 261.

（19） A. Tiraqueau, *De retraict lignagier*, §1, glose 14, n°s 64 et suiv., in: *De utroque retractu, municipali et conventionali*, Lugdunum 1560, pp. 246 et suiv.

（20） C. Pocquet de Livonnière, *Traité des fiefs*, Paris 1729, liv. III, chap. IV, sect. VII.

（21） C. Dumoulin, *Commentariorum in consuetudines parisienses, recognita et locupletata*, tit. 1, *De Feudis*, §33, glose 1, n° 67, in: *Franciae et Germaniae celeberrimi jurisconsulti, et in supremo parisiorum senatu antiqui advocati: omnia quae extant opera*, tom. 1, nouv. éd., Paris 1681, pp. 405–406; R. J. Pothier, *Traité du contrat de vente*, n° 647, in: *Oeuvres complètes de Pothier*, nouv. éd., par Saint-Albin Berville, t. 3, Paris 1821, pp. 491 et 492.

（22） Oumé, *Transaction*, n°s 262 et suiv.

（23） Oumé, *Transaction*, n° 263.

（24） Oumé, *Transaction*, n°s 263 et 264.

（25）Oumé, *Transaction*, n°s 264 et 265.

（26）不動産の短期取得時効は、善意かつ正権原による不動産の「取得 acquérir」を要件とする（仏民原始規定第二二六五条）。

（27）一八五五年三月二三日の法律（Loi du 23 mars 1855 sur la transcription en matière hypothécaire, 11, Bull. 277, n° 2474）第一条によれば、登記をなすべき行為は、抵当権の客体となりうる権利（不動産所有権等）を「移転 transférer」せしめる行為に限られる（H.-F. Rivière et A. François, *Explication de la loi du 23 mars 1855 sur la transcription en matière hypothécaire*, 2e éd., Paris 1856, Art. 1 et 2, n° 5）。

（28）直ぐ後に述べるように、一七九八年一二月一二日の法律は、ある行為が所有権移転の効力を伴うか否かで、課税方式を区別している。

（29）Baudry-Lacantinerie, t. 3, n° 982.

（30）Aubry et Rau, t. 4, §421, note 17; Pont, II, n°s 629 et suiv.; Laurent, t. 28, n° 393; Baudry-Lacantinerie, t. 3, n° 982. なお、梅は、Troplongも確認的効力説の論者に加えているが（Oumé, *Transaction*, n° 482, note 1）、Troplongは、和解の効力は原則として確認的であるが、係争物の所有権が相手方に存したことが証明された場合には、例外的に移転的であると述べており（Troplong, t. 17, *Transactions*, n°s 7 et suiv.）、単純ではない。

（31）Loi du 22 frimaire an VII sur l'enregistrement, 2, Bull. 248, n° 2224.

（32）Oumé, *Transaction*, n° 483.

（33）Accarias, *Transaction*, n° 143; Colmet de Santerre, t. 8, n°s 281 *bis* VII et VIII.

（34）Oumé, *Transaction*, n°s 481 et 485.

（35）F. Mourlon, *Traité théorique et pratique de la transcription et des innovations introduites par la loi du 23 mars 1855 en matière hypothécaire*, t. 1, Paris 1862, pp. 183 et suiv.

（36）Oumé, *Transaction*, n° 487. なお、梅は、BはAの犠牲において利益を受けるべきではなく、また、和解の利益を受けるのは、第三者Cではなく、金銭を支払ってBに権利主張を放棄させたAであるべきという考え方から、本文の事例では、BはCに対して権利を主張することができず、また、AはCに対してBの権原を援用しうるという。つまり、公平の原則に基づきこの問題を処理するのである。

　ちなみに、移転的効力説をとれば、AはBから譲り受けた権原をCに対して主張しうるが、確認的効力説によれば、Bは権利を有しなかったことになるため、AはBの権原を援用しえないこととなる。確認的効力説の主張者の一部は、それにもかかわらず、この結論を修正して、AはBの権原を援用しうるというが（ex. Baudry-Lacantinerie, t. 3, n° 983）、梅によれば、まさにこのことが確認的効力説の誤謬を示すものである（Oumé, *Transaction*, n° 488)。

（37） Ch. réun., 12 déc. 1865, D. 1865, 1, 457.

（38） Cf. Aubry et Rau, t. 7, §680.

（39） この点で、破毀院は、少なくとも民法上の和解の効力については、第二〇五二条一項を根拠に、これを確認的効力とみる立場に連なるものである（本節一（三）参照)。

（40） Civ., 11 avril 1866, D. 1866, 1, 151.

（41） Oumé, *Transaction*, n°s 496 et 497.

（42） Oumé, *Transaction*, n°s 478 et 481.

（43） なお、梅を含め、一九世紀フランスの諸学説は、本文でみるように、追奪担保を念頭に置いて議論しており、瑕疵担保に関する理論状況は不明だといわざるを得ない。もっとも、フランス民法は、garantie という語を追奪担保と瑕疵担保の双方を含む概念として用いていることから（仏民第一六二五条以下)、ここでの議論が瑕疵担保にもあてはまる可能性は否定できないように思われる。

（44） C. 2, 4, 33 (34) (a. 294):

(pr.) Si pro fundo, quem petebas, praedium certis finibus liberum dari transactionis causa placuit, nec eo tempore minor annis viginti quinque fuisti, licet hoc praedium obligatum post vel alienum pro parte fuerit probatum, instaurari decisam litem prohibent iura.

(1) Ex stipulatione sane, si placita servari secuta est, vel, si non intercessit, praescriptis verbis actione civili subdita apud rectorem provinciae agere potes.

(2) Si tamen ipsas res apud te constitutas, ob quarum quaestionem litis intercessit decisio, fiscus vel alius a te vindicavit, nihil petere potes.

勅法彙纂第二巻第四章第三三（三四）法文（二九四年）

（序項）あなたが訴求していた農場の代わりに、境界の確定した負担のない土地が和解を原因として与えられることが合意され、その当時、あなたは二五歳未満者ではなかったならば、たとえその後に、この土地が抵当に入っていたことや、その一部が他人に属することが明らかになったとしても、決着した訴訟を蒸し返すことは、法によって禁じられる。

（第一項）もっとも、合意が守られるよう問答契約が結ばれた場合には、その問答契約に基づき、あるいは、問答契約が存しなければ、市民法的前書訴権に基づき、属州総督の前で、あなたは［担保責任を追及する］訴えを提起することができる。

（第二項）しかしながら、訴訟による解決の際に問題となったまさにその物が、あなたの下にあって、それが国庫または第三者によって追奪された場合には、あなたは訴えを提起することができない。

(45) Pothier, t. 3, *Traité du contrat de vente*, n°s 646 et 647.

(46) Fenet, t. 15, p. 93; Locré, t. 15, p. 405.

(47) Fenet, t. 15, p. 97; Locré, t. 15, pp. 409 et 410.

(48) Accarias, *Transaction*, n° 142; Aubry et Rau, t. 4, §421, note 18; Pont, II, n° 639; Oumé, *Transaction*, n° 503.

(49) Duranton, t. 18, n° 426; Troplong, t. 17, *Transactions*, n°s 11 et 12; Accarias, *Transaction*, n° 141; Aubry et Rau, t. 4, §421, 3°; Pont, II, n° 639; Laurent, t. 28, n° 396; Baudry-Lacantinerie, t. 3, n° 982.

(50) Aubry et Rau, t. 4, §421, 3°; Pont, II, n° 639; Laurent, t. 28, n° 396; Baudry-Lacantinerie, t. 3, n° 982. なお、和解の効力を移転的と解するAccariasは（本節二（二）（2））、係争物に関して担保責任が生じない理由を、直ぐ後の本文で述べる梅と同様に、担保する合意の欠如に求めている（Accarias, *Transaction*, n° 141）。

(51) Oumé, *Transaction*, n°s 501 et 502.

(52) Oumé, *Transaction*, n° 501.

第八節　和解の第三者に対する効力

一　相対効の原則

（一）和解の効力は当事者およびその承継人に対してのみ生じ、第三者には及ばないのが原則である。このことは、仏民第二〇五一条が明記している。

仏民第二〇五一条

利害関係人の一人が行った和解は、他の利害関係人を拘束せず、また、他の利害関係人は、この和解を援用することができない(1)。

もっとも、本条の根拠については、学説が分かれている。まず、少数説は、本条は、和解が既判事項の権威を有すること（仏民原始規定第二〇五二条一項）の帰結だという(2)。つまり、和解の効力が当事者間にしか及ばないのは、既判力が当事者間にしか及ばないからだというのである。

他方、通説は、本条は、合意の相対効の原則（仏民原始規定第一一六五条(3)）を、和解についても述べたにすぎないと解している(4)。

梅もまた通説を支持する（第七節一（二）参照(5)）。

だが、こうした争いは、主として第二〇五一条の体系的位置づけに関するものであり、何らかの結論の差異を必然的に伴うものではないように思われる。

（二）　ところで、通説は、第二〇五一条を次のような事例で説明する。すなわち、債権者と共同相続人の一人が和解を行い、後者の負担する相続債務の一部が減額されたとしよう。このとき、他の共同相続人は、和解契約の当事者ではないから、この和解を援用して自己の負担する相続債務の減額を主張しえない。だが、彼は、和解により債務を承認したわけでもないから、相続債務の存否を争うことは妨げられない(6)、と。

つまり、和解は、一般の合意と同じく、当事者およびその承継人に対してのみその効力を生じ、第三者に対しては、有利にも不利にも働かないのである。そして、この理は、共同相続人間のように、当事者と第三者の間に利益の密接な関連性（connexité d'intérêt）が存する場合にも変わりがない(7)。

だが、当事者と第三者の間に、委任や事務管理といった合意の相対効を修正する論理が介在する場合には、例外的に第三者効が認められねばならない。

そこで、左では、第三者効が問題となる諸事例、すなわち、連帯債務、連帯債権、不可分債権債務、保証につき、順次検討を行うこととしたい。

二　連帯債務

連帯債務者の一人と債権者が和解を行ったとき、その和解は、他の連帯債務者との関係でどのような効力を生ずるか。これには三つの可能性が考えられる。すなわち、(一) 全面的な効力が生ずる場合、(二) 和解した連帯債務者の負担部分の限度で効力が生ずる場合、(三) 全く効力が生じない場合、というものである。

(一)　全面的な効力が生ずる場合――債務の免除（原則）

(1)　債権者が、他の連帯債務者に対する権利を明示的に留保せず、連帯債務者の一人に対して債務免除を行った場合には、他の連帯債務者の債務も、免除された額全額につき消滅する（仏民原始規定第一二八五条一項本文）。それゆえ、債務全体に関する争いにおいて、債権者が、連帯債務者の一人との関係でのみ和解する旨を明示することなく、和解により債務を免除した場合にも、同様に、他の連帯債務者の債務は、和解により免除された額全額につき消滅する。[8] ただし、このとき、他の連帯債務者は、和解した債務者が和解のために約束した給付を負担部分の割合に応じて分担しなければならないと解されている。[9]

もっとも、他の連帯債務者は、和解内容を不利だと判断したときは、和解を援用しないことも可能である。このときは、和解が連帯債務者の一人との関係でのみ行われた場合に準じて（左(二)(1)(4)）、他の連帯債務者の債務は、和解した債務者の負担部分と和解のために負担部分を超過して弁済された分についてのみ消滅すると解されている。[10]

(2)　さて、ここで問題となるのは、他の連帯債務者が和解を援用した場合に、一人の連帯債務者のなした行為が、他の連帯債務者にも全面的に影響することを正当化する論理は何か、というものである。

通説は、連帯債務者間には、各自が相手方の地位を有利にしうる旨の相互委任（mandat réciproque）が存するからだという。[11]

これに対して、梅は、委任があれば有利な場合のみならず、不利な場合にも影響を与えるのが筋であるとして通説を批判し、事務管理という考え方を提唱している。つまり、連帯債務者は、債務者が自分だけではないことを知っているのだから、特に自分だけのためと明言しない限り、他の連帯債務者のためにも和解を行ったと推認すべきであり、それゆえ、他の連帯債務者は、その和解を有利だと思えば、事務管理を根拠としてこれを援用することができるというのである。[12]

（二）和解した連帯債務者の負担部分の限度で効力が生ずる場合

（1）債務の免除（例外）

債権者が、他の連帯債務者に対する権利を明示的に留保して、連帯債務者の一人に対して債務免除を行った場合には、他の連帯債務者の債務は、債務免除を受けた連帯債務者の負担部分の限度で消滅する（仏民原始規定第一二八五条一項但書、二項）。

それゆえ、債務全体に関する争いにおいて、債権者が、連帯債務者の一人との関係でのみ和解する旨を明示した場合、あるいは、そもそも争いが連帯債務者の一人の債務に関してのみ存する場合には、他の連帯債務者の債務は、和解によって債務免除を受けた債務者の負担部分の限度で消滅する。[13]

（2）人的抗弁の承認

連帯債務者の一人について、無能力、詐欺、強迫、錯誤といった純粋に人的な抗弁（exceptions purement personnelles）に関する争いがあり、[14] 和解によって抗弁の存在が承認され、債務の無効が確認された場合には、他の連帯債務者は、債務を免れた者の負担部分の限度で、自己の債務から解放される。[15]

ただし、異説もあり、たとえば Demolombe は、他の連帯債務者が債務を免れた者への求償を期待しえた場合には、後者の負担部分の限度で自己の債務からも免れるが、後者の人的抗弁の存在を認識するなどして、後者への求償を期待すべきではなかった場合には、自己の債務から免れることはないという。[16]

さらに、Accarias は、他の連帯債務者の債務が負担部分の限度で消滅することはなく、和解した債務者が、和解のために一定の金銭を弁済した場合には、その弁済の限度でのみ、他の連帯債務者の債務も消滅すると説く。[17]

（3）連帯の免除

連帯の免除の有無に関して争いがあり、和解の結果、連帯が免除された場合には、和解した債務者の負担部分の限度で他の連帯債務者の債務が消滅する（仏民原始規定第一二一〇条[18]）。

（4）和解のために支払った金銭（和解金）の扱い

なお、一般に、和解した債務者の負担部分の限度で他の連帯債務者の債務が消滅する場合に、和解した債務者が自己の負担部分よりも多くの和解金を支払ったときは、その弁済は負担部分を超過する分につき、他の連帯債務者の債務を消滅させると解されている。債権者に、本来請求しえたものよりも多くの物を得させるべきではないからである。[19]

（三）全く効力が生じない場合——不利な内容の和解

（1）

連帯債務者の一人が行った和解が、他の連帯債務者にとって不利な内容のものであるときは、その和解は他の連帯債務者を拘束しない。

通説は、これを説明して、連帯債務者の一人は、他の連帯債務者の地位を有利にできるが、不利にはできないからという[20]。だが、梅がこれを事務管理から説明することは、既にみた通りである(右(一)(2)[21])。

(2) なお、和解金の処理については必ずしも明らかではない。しかし、債権者に本来請求しえたものよりも多くの物を得させるべきではないとの理屈は等しく妥当するから(右(二)(4)参照)、和解金は弁済に準じて、他の連帯債務者の債務を消滅させると解されたものと思われる。

三 連帯債権

連帯債権者の一人と債務者の行った和解は、他の連帯債権者に対して効力を生じないのが原則である[22]。

だが、連帯債権者の一人が行った債務の免除は、免除者の持分の限度で他の連帯債権者の債権を消滅させる(仏民原始規定第一一九八条二項)。それゆえ、和解が債務の免除を含む場合にも、他の連帯債権者は、和解した債権者の持分の限度でその債権を失う[23]。

また、和解が連帯債権者の一人と債務者の間でのみ行われることが明示されておらず、かつ、争いが債務全体に関する場合には、他の連帯債権者も、自己に有利だと判断したときは、その和解を債務者に対して主張できると解されている[24]。その法的根拠として、通説が連帯債権者間の相互委任(各自が相手方の地位を有利にしうる旨の委任)を観念するのに対し[25]、梅が事務管理を主張することは[26]、連帯債務の場合と同様である(本節二(一)(2))。

四 不可分債権債務

(一) 不可分債権の場合にも、債権者の一人と債務者の間の和解は、他の不可分債権者に対して効力を生じないのが原則である[27]。

また、不可分債権者の一人が債務の免除を行っても、他の債権者に対しては、さしあたり何らの影響も及ぼさない。他の債権者は、依然として、債権の全部を請求する権利を有する。だが、債務者が他の債権者に対して債務の全部を履行すれば、債務者は、免除を行った債権者に対して、その者の持分に相当する額を請求することができ、次いで、免除を行った債権者は、他の債権者に対して、自己の持分を請求することができることになろう。従って、このような求償の循環を避けるため、他の債権者は、債務者に対して、免除を行った債権者の持分を計算して、これを償還しなければならないとされる（仏民原始規定第一二二四条二項）。

それゆえ、和解が債務の免除を含む場合にも、他の債権者は、債権の全部を請求する権利を失わないが、債務者に対して、和解した債権者の持分を計算してこれを償還しなければならないと解されている。[28]

（二）不可分債務については規定が欠けるが、不可分債権の場合と同様に解されている。すなわち、債権者が不可分債務者の一人に対して債務の免除を含む和解を行っても、他の不可分債務者は全部を履行する義務を免れない。しかし、他の不可分債務者は、和解した不可分債務者の負担部分を計算して、債権者にその償還を請求できる。[29]

つまり、不可分債権、不可分債務のいずれの場合においても、債務の免除を含む和解に関しては、持分または負担部分の限度での絶対的効力が実質的に認められているのである。

（三）それでは、和解を行わなかった不可分債権者または不可分債務者は、他の不可分債権債務者が行った和解を有利だと判断すれば、それを自己のために援用することができるか。

通説は相互委任を根拠としてこれを肯定するが、[30] Accarias は、不可分債権債務者間には委任を観念しがたいとして、和解の援用を否定している。[31]

これに対して、梅は、確かに不可分債権債務者間には委任を観念することはできないが、しかし事務管理は成立しうるとして、結論としては通説を支持している[32]。

五　保証

（一）債権者と主たる債務者の和解

（1）債権者と主たる債務者の和解が、主たる債務の負担を軽くするときは、保証人の責任も軽減される。だが、逆に、主たる債務の負担を重くするときは、その和解の効力は保証人には及ばない[33]。

その理由として、Pont は、主たる債務者は保証人の受任者として、保証人の地位を有利にできるが、不利にはできないことを挙げている[34]。他方、梅は、責任が軽減されるのは主たる債務者に対する債務の免除が保証人を解放するからであり（仏民原始規定第一二八七条一項）、加重されないのは合意の相対効のゆえだという（仏民原始規定第一一六五条[35]）。

（2）だが、和解が主たる債務者の純粋に人的な抗弁、すなわち無能力を理由とするものであるときは[36]、和解によって抗弁の存在が確認され、主たる債務が消滅しても、保証人は免責されないと解されている[37]。保証人は、主たる債務者の純粋に人的な抗弁を援用できないからである（仏民原始規定第二〇三六条二項[38]）。

（二）債権者と保証人の和解

（1）それでは、主たる債務者は、債権者と保証人の和解を援用しうるか。

まず、多数説は、債権者と保証人の和解は主たる債務者によって援用されえないという[39]。債権者の保証人に対する債務の免除は、主たる債務者を解放しないからである（仏民原始規定第一二八七条二項）。

他方、Troplong は、和解の対象が保証債務であれば多数説は正当だが、和解が主たる債務を対象として、かつ、その責任を軽減するものであるときは、主たる債務者もその和解を援用しうるという。保証人は、主たる債務者の受任者として、主たる債務者の地位を有利にしうるからである[40]。

梅は、従たるものは主たるものがなければ存在しえないが、主たるものは従たるものがなくても存在しうると述べて、多数説と同旨を述べている[41]。もっとも、梅が Troplong の見解を否定していたかは、必ずしも明らかではない。

(2) なお、一般に、保証人が和解金を支払った場合には、その限度で主たる債務も消滅すると解されている[42]。債権者が保証債務の免除に際して保証人から受け取った金銭は、主たる債務に充当されるからである（仏民原始規定第一二八八条）。

注　第八節

（1）Art. 2051, Code civil:

La transaction faite par l'un des intéressés ne lie point les autres intéressés, et ne peut être opposée par eux.

（2）Pont, II, n° 625; Laurent, t. 28, n°s 385 et 386.

（3）Art. 1165, Code civil de 1804:

Les conventions n'ont d'effet qu'entre les parties contractantes; elles ne nuisent point au tiers, et elles ne lui profitent que dans le cas prévu par l'article 1121.

合意は、契約当事者間においてのみ、その効力を有す。合意が第三者を害することはなく、また、第三者の利益となるのは第一一二一条に規定された場合に限られる。

（4）Marbeau, *Transactions*, n° 261; Duranton, t. 18, n° 417; Troplong, t. 17, *Transactions*, n°s 120 et 121.

（5）Oumé, *Transaction*, n° 504.

（6）Duranton, t. 18, n° 417.

（7）Troplong, t. 17, *Transactions*, n°s 122 et 123.

（8） Duranton, t. 18, n° 419 *bis*; Accarias, *Transaction*, n° 133, 4°; Oumé, *Transaction*, n° 526.
（9） Accarias, *Transaction*, n° 133, 4°.
（10） Accarias, *Transaction*, n° 133, 4°.
（11） Troplong, t. 17, *Transactions*, n° 126; Accarias, *Transaction*, n° 133, 4°; Aubry et Rau, t. 4, §421, note 1 et 2; Pont, II, n° 673.
（12） Oumé, *Transaction*, nos 523 et 527.
（13） Duranton, t. 18, n° 419 *bis*; Accarias, *Transaction*, n° 133, 1°; Oumé, *Transaction*, nos 524, 1° et 525.
（14） 一般に、主たる債務者について純粋に人的な抗弁が（仏民原始規定第二〇三六条二項、後掲注（38）参照）、無能力を理由とするものに限られるのに対し、連帯債務者の一人について純粋に人的な抗弁には、無能力のみならず、詐欺、強迫、錯誤といった同意の瑕疵を理由とするものも含まれると解されている（Aubry et Rau, t. 4, §298 *ter*., 2°; §426 note 15; Laurent, t. 17, n° 299; t. 28, nos 295 et 296）。主たる債務に附従する保証債務よりも、各々の連帯債務には強い独立性が認められるからである。
（15） Oumé, *Transaction*, nos 524, 2° et 525
（16） Demolombe, t. 26, nos 387 et 388.
（17） Accarias, *Transaction*, n° 133, 3°.
（18） Duranton, t. 18, n° 419 *bis*; Accarias, *Transaction*, n° 133, 2°; Oumé, *Transaction*, nos 524, 3° et 525.
（19） Accarias, *Transaction*, n° 133, 4°; Oumé, *Transaction*, n° 525.
（20） Troplong, t. 17, *Transactions*, nos 125 et 126.
（21） Oumé, *Transaction*, n° 527.
（22） Oumé, *Transaction*, n° 524.
（23） Marbeau, *Transactions*, n° 263; Dalloz, *Répertoire*, t. 42, 1re partie, s.v. *Transaction*, n° 108; Accarias, *Transaction*, n° 134.
（24） Dalloz, *Répertoire*, t. 42, 1re partie, s.v. *Transaction*, n° 108; Accarias, *Transaction*, n° 134; Oumé, *Transaction*, nos 526 et 527.
（25） Dalloz, *Répertoire*, t. 42, 1re partie, s.v. *Transaction*, n° 108; Accarias, *Transaction*, n° 134.
（26） Oumé, *Transaction*, n° 527.
（27） Oumé, *Transaction*, n° 522.
（28） Marbeau, *Transactions*, n° 263; Accarias, *Transaction*, n° 132; Oumé, *Transaction*, n° 522.
（29） Marbeau, *Transactions*, n° 263; Accarias, *Transaction*, n° 132; Oumé, *Transaction*, n° 522.
（30） Troplong, t. 17, *Transactions*, n° 127; Dalloz, *Répertoire*, t. 42, 1re partie, s.v. *Transaction*, n° 111; Aubry et Rau, t. 4, §421, 1°;

Pont, II, n° 676.
（31）Accarias, *Transaction*, n° 132.
（32）Oumé, *Transaction*, n°s 522 et 523.
（33）Troplong, t. 17, *Cautionnement*, n°s 506 et 507; Dalloz, *Répertoire*, t. 42, 1re partie, s.v. *Transaction*, n° 112; Accarias, *Transaction*, n° 131; Pont, II, n°s 409 et 671; Oumé, *Transaction*, n° 519.
（34）Pont, II, n°s 409 et 671.
（35）Oumé, *Transaction*, n° 519.
（36）仏民原始規定第二〇三六条二項にいう抗弁が、同意の瑕疵を理由とするものを含まないことにつき、前掲注（14）参照。
（37）Pont, II, n° 409; Oumé, *Transaction*, n° 519.
（38）Art. 2036, al. 2, Code civil de 1804:
Mais elle ne peut opposer les exceptions qui sont purement personnelles au débiteur.
だが、保証人は、主たる債務者の純粋に人的な抗弁は、これを援用することができない。
（39）Marbeau, *Transactions*, n° 263; Duranton, t. 18, n° 421; Accarias, *Transaction*, n° 131.
（40）Troplong, t. 17, *Cautionnement*, n°s 449, 455 et 460.
（41）Oumé, *Transaction*, n° 520.
（42）Duranton, t. 18, n° 421; Accarias, *Transaction*, n° 131; Oumé, *Transaction*, n° 520.

第九節　和解に包含される事項

一　仏民第二〇四八条、第二〇四九条

仏民第二〇四八条

和解は、目的物によってその範囲が限定される。和解における権利、訴権、主張の放棄は、すべて、和解の

原因となった紛争との関係でしか理解されない(1)。

和解は、当事者がその意図を特定的または一般的な表現で表明した場合であれ、表現されたことの必然的な帰結としてその意図が認められる場合であれ、和解のなかに含まれる紛争だけを解決する(2)。

仏民第二〇四九条

この両条は、何が和解に包含される事項であるかを定めた規定である。和解に包含される事項とは、当事者が和解の対象として意図したことにほかならない。そして、当事者が何を意図したかは、和解の解釈という作業を通じて明らかにされる(3)。それゆえ、第二〇四八条と第二〇四九条は、和解の解釈規定と理解されている(4)。

ところで、一般に、合意の解釈は、そこで用いられた文言ではなく、当事者の意思を基準として行われるべきであるから（仏民原始規定第一一五六条、第一一六三条(5)(6)）、第二〇四八条、第二〇四九条も、こうした一般原則に修正を加えるものではない。なぜならば、両条は、当事者の意思を尊重する趣旨で、和解の解釈は、和解の対象となった目的物や紛争との関係で、限定的になされるべきだと規定しているからである(7)。

それにもかかわらず、両条が和解に関して解釈の一般原則を繰り返したのは、和解においては、「当事者間に生じうる一切の紛争を解決する」といった、一般的な表現や包括的な文言の用いられることが多いからであり(8)、また、それゆえに過ぎない(9)。従って、両条をほとんど意味のない規定だという者もあり(10)、梅もまた同旨を述べている(11)。

なお、不法行為に基づく損害賠償請求権につき、被害者が、一定額の賠償金の受領と引換えに、現在および将来の一切の請求権を放棄するという和解を行っても、その後、和解時に予期しえなかったような症状の重大な悪化が生じた場合には、損害賠償の追加を求めることができると解されている(12)。

二　仏民第二〇五〇条

仏民第二〇五〇条

自己の名で有していた権利につき和解を行った者が、その後、他者の名の同様の権利を取得した場合には、新たに取得した権利につき、彼は以前の和解に拘束されない。[13]

この規定が念頭に置いているのは、次のような例である。相続財産たる土地につき、共同相続人の一人と第三者が争い、和解により第三者の権利が認められた。その後、他の共同相続人が相続放棄または持分を売却し、和解した相続人がその持分を取得した。このとき、和解した共同相続人は、新たに取得した部分については、以前の和解に拘束されない。なぜならば、売買の場合はもちろんのこと、遡及効を有する相続放棄の場合にも、彼は、和解契約の時点において、これらの原因により取得する権利を考慮に入れることができなかったからである。[14]

こうした説明からも明らかなように、第二〇五〇条は、一般に、当事者の意思を尊重した和解の解釈を謳う、第二〇四八条および第二〇四九条からの帰結だと考えられている。[15]もっとも、和解の相対効を定めた第二〇五一条（第八節一参照）からの帰結だという見解も存するが、[16]梅はそれに与しない。[17]いずれにしても、梅は、第二〇五〇条は、第二〇四八条および第二〇四九条と同様に、ほとんど意味のない規定だと述べている。[18]

注　第九節

（1）Art. 2048, Code civil:
Les transactions se renferment dans leur objet: la renonciation qui y est faite à tous droits, actions et prétentions, ne s'entend que de ce qui est relatif au différend qui y a donné lieu.

（2） Art. 2049, Code civil:

Les transactions ne règlent que les différends qui s'y trouvent compris, soit que les parties aient manifesté leur intention par des expressions spéciales ou générales, soit que l'on reconnaisse cette intention par une suite nécessaire de ce qui est exprimé.

（3） Troplong, t. 17, *Transactions*, n°s 108 et suiv.

（4） Troplong, t. 17, *Transactions*, n° 108; Accarias, *Transaction*, n° 136; Pont, II, n° 658.

（5） Art. 1156, Code civil de 1804:

On doit dans les conventions rechercher quelle a été la commune intention des parties contractantes, plutôt que de s'arrêter au sens littéral des termes.

合意においては、契約当事者の共通の意図を探究すべきであり、言葉の文字通りの意味に拘泥すべきではない。

Art. 1163, Code civil de 1804:

Quelque généraux que soient les termes dans lesquels une convention est conçue, elle ne comprend que les choses sur lesquelles il paraît que les parties se sont proposé de contracter.

合意は、そこで用いられた言葉がいかに一般的なものであろうとも、当事者が契約する意図を有したと思われる事柄しか、その内容に含まない。

（6） 一九世紀フランスにおける契約解釈の理論については、北村一郎「契約の解釈に対するフランス破毀院のコントロオル（一）」法協九四巻一号（昭和五二年）六九頁以下、沖野眞已「契約の解釈に関する一考察――フランス法を手がかりとして（二）」法協一〇九巻四号（平成四年）五六一頁以下参照。

（7） Duranton, t. 18, n°s 414 et 415; Troplong, t. 17, *Transactions*, n°s 108 et 109; Pont, II, n°s 658 et suiv.

（8） Troplong, t. 17, *Transactions*, n° 108.

（9） Oumé, *Transaction*, n° 530.

（10） Baudry-Lacantinerie, t. 3, n° 980.

（11） Oumé, *Transaction*, n° 530.

（12） Aubry et Rau, t. 4, §421, texte et note 9; Aix, 29 janv. 1833, S. 1834, 2, 286; Paris, 11 juin 1864, S. 1865, 2, 47; Paris, 16 juill. 1870, D. 1871, 2, 169; Amiens, 1er mars 1883, D. 1884, 2, 150.

なお、これは契約解釈の問題であり、事実審の専権に属する事項であるから、原則として破毀申立ては許されない（Req., 10 déc. 1861, D. 1862, 1, 123; Oumé, *Transaction*, n° 532, note 1）。

（13）Art. 2050, Code civil:

Si celui qui avait transigé sur un droit qu'il avait de son chef, acquiert ensuite un droit semblable du chef d'une autre personne, il n'est point, quant au droit nouvellement acquis, lié par la transaction antérieure.

（14）Duranton, t. 18, n° 416; Troplong, t. 17, *Transactions*, n°s 118 et 119.

（15）Marbeau, *Transactions*, n° 242; Duranton, t. 18, n° 416; Troplong, t. 17, *Transactions*, n° 117; Oumé, *Transaction*, n° 531.

（16）Accarias, *Transaction*, n° 128; Pont, II, n°s 664 et suiv.; Baudry-Lacantinerie, t. 3, n° 980.

（17）Oumé, *Transaction*, n° 531.

（18）Oumé, *Transaction*, n° 532.

第一〇節　和解の無効と取消

本節では、和解の無効（nullité）と取消（rescision）について検討する。まず、前提として、和解の不可分性について考察した後、莫大損害、詐欺強迫、錯誤の順に考察を進めたい。

一　和解の不可分性（indivisibilité）

（一）和解の不可分性とは、和解の個々の条項はお互いに関連しているため、一つの条項の無効、取消は、和解全部の無効をもたらすという性質のことである。この不可分性に関しては、次の規定が存在する。

仏民原始規定第二〇五五条

後に偽造と認められた書類に基づき行われた和解は、その全部について無効（entièrement nulle）とする。[1]

本条は、和解が偽造の書類に基づき行われた場合には、偽造の書類と関係する和解条項だけが無効となるのではなく、和解の全部が無効になると規定する。

だが、歴史的には、こうした結論は自明のものではなかった。たとえば、ローマ法は反対の立場をとっている。すなわち、C. 2, 4, 42は、偽造の書類に基づき行われた和解が複数の条項を含む場合には、偽造の書類に基づく条項のみが取り消されるものとしていた。[2] また、Domatも、C. 2, 4, 42を引用するだけで、他に積極的な理由を付加することなく、一部無効の考え方を支持していた。[3]

しかし、第二〇五五条の起草過程において、Bigot de Préameneuは、ローマ法に反対して次のように述べた。すなわち、和解の個々の条項が異なる事項を対象としていても、当事者がそれらを独立のものと考えていたかどうかは不明である。むしろ、和解の性質上、各々の部分はお互いにすべて関連しあっているのであり、こうした相関関係は、和解の性質から導かれる一般的規則である、[4] と。

つまり、第二〇五五条は、和解の一般原則として不可分性を承認することにより作成された規定だったのである。

(二)　そして通説もBigot de Préameneuを支持しつつ、不可分性は和解の一般原則であると述べている。[5] もっともLaurentは、不可分性の根拠は和解の性質というよりも、むしろ契約当事者の意思に求められるから、全部無効か一部無効かは契約解釈の問題であり、それゆえ裁判所の判断に委ねられるべきだという。[6]

この点につき、梅は、通説に従い、不可分性は偽造の書類の場合のみならず、一つの条項の無効、取消が問題となるすべての場合に妥当する一般原則であるという。だが、同時に、明示的には引用しないが、Laurentの見解も採用しつつ、一つの和解のようにみえても、実際には全く異なる二つの和解が存在しているような場合には、契約の解釈を通じて、裁判所は一つの和解のみを取り消しうるともいう。[7] つまり、梅の考えによれば、不可分性は、和解一般に通ずる、契約の解釈原則なのである。

二　莫大損害（lésion）

（一）　次に、莫大損害を理由とする和解の取消し（rescision）を考察しよう。まず、ローマ法は、莫大損害による和解の取消しを認めていなかった（D. 36, 1, 80 (78), 16）[8]。Troplong は、その理由を説明して、当事者の一方が和解によって損害を被ったという事実は、訴訟の勝敗が明らかでない以上、証明できないからという[9]。

しかし、フランス古法では、不動産に関する有償契約一般に莫大損害による取消しを認めていたことから、和解の場合にも同様に解しうるかが論争の的となった[10]。そこで、シャルル九世の一五六一年四月の勅令[11]が、和解については、詐欺または強迫のない限り莫大損害による取消しを認めないという例外規定を設けた[12]。判例も、当初若干の混乱をみせたものの、最終的にはシャルル九世の勅令に従った[13]。

フランス民法が次の規定を置いたのも、こうした沿革に基づく[14]。

仏民原始規定第二〇五二条二項

和解は、法律の錯誤や莫大損害を理由として攻撃することができない[15]。

かくして、一九世紀の学説も、損害の証明の困難さや、紛争の蒸返しの防止といった理由から、仏民原始規定第二〇五二条二項を支持して、莫大損害による取消しを否定している[16]。

もっとも、学説のなかには、古法のように莫大損害による有償契約の取消しを肯定するのであれば、和解の取消しを否定する例外規定も必要だったが、フランス民法は莫大損害による合意の取消しを原則として否定したから（仏民原始規定第一一一八条[17]）、仏民原始規定第二〇五二条二項はもはや無用の規定であると解するものもある[18]。梅もまた同旨を述べている[19]。

(二)　しかし、いずれにしても、一九世紀フランスにおいて、莫大損害による和解の取消しは認められないという原則は承認されている。それでは、この原則に対する例外は認められるか。具体的には、遺産分割のために和解が行われた場合に問題となる。

すなわち、まず、仏民原始規定第八八七条二項は、共同相続人の一人が四分の一を超える損害を被ったときは、遺産分割を取り消しうる旨を規定する。これを受けて、仏民原始規定第八八八条一項は、分割が売買、交換、和解といった名称で行われたとしても、その実質が遺産分割であれば、莫大損害による取消しを認めている。だが、仏民原始規定第八八八条二項は、遺産分割の前提たる事項、たとえば相続人たる地位や遺贈の有効性等について和解が行われた場合には、遺産分割後に当該和解を取り消すことはできないという。

それゆえ、和解が、遺産分割の前提としてではなく、遺産を分割するために行われたが、その和解というのが単なる名称ではなく、和解たる実質を備えている場合(例、具体的相続分の形成および構成(仏民原始規定第八三一条)についての和解)には、果たして莫大損害による取消しを認めうるかが問題となる。

この点につき、少数説[20]は、仏民原始規定第二〇五二条二項の原則に戻って、和解の取消しを認めない。しかし、他方で、判例[21]および多数説[22]は、たとえ行為の実質が和解だったとしても、それが遺産を分割する目的で行われた以上、和解による遺産分割として、むしろ遺産分割の規則に服すべきという。

梅も、仮に取消しを認めないとすれば、遺産分割の取消しを防ぐため、和解の実質を備えた行為であるかのように仮装されることがあり、その結果、行為の実質が和解か遺産分割かをめぐって争いが生ずるとの理由から、判例多数説に従い、取消しを肯定している[23]。

三　詐欺(dol)および強迫(violence)

詐欺および強迫については、次のような規定がある。

仏民原始規定第二〇五三条二項
和解は、詐欺または強迫の存するすべての場合に取り消すことができる。[24]

ここから、詐欺および強迫については、一般原則（仏民原始規定第一一〇九条以下）が、和解においてもそのまま妥当すると解されている。[25] 梅もまた同旨である。[26]

四　法律の錯誤（erreur de droit）

法律の錯誤は、原則として、事実の錯誤（erreur de fait）と等しく、同意（consentement）を瑕疵あるものとする。なぜならば、錯誤においては、心理的状況に基づき同意が瑕疵あるものとされるところ、この意味においては、錯誤の対象が法律であろうと、事実であろうと、相違はないからである。[27] 錯誤に関する原則規定たる仏民原始規定第一一〇九条、第一一一〇条も、法律の錯誤と事実の錯誤を区別していない。

だが、和解においては、法律の錯誤は顧慮されない（仏民原始規定第二〇五二条二項、条文は本節二を参照）。なぜ、このような例外が設けられたのか。

一般には、次の二つの理由が挙げられている。すなわち、まず第一に、和解は争いとなっている権利関係を事前に詳細に吟味して行われるものであるから、法律の錯誤は推定されず、かつ、反証も許されない。また第二に、和解は法的紛争の予防または終結を目的とするから、新たな紛争を生じさせるような原則を安易に定立することはできない、[28] というのである。

これに対して、梅は、法律の錯誤が当事者によって既に織込み済みであることを強調する。つまり、当事者は、紛争を解決するにあたり、法をより良く知る裁判官の判断ではなく、彼等自身の判断に委ねて和解を選択したのであるから、法律の錯誤の可能性を織込み済みで合意している。別言すれば、法律の錯誤は、和解当事者が自ら招いた事柄だというのである。[29]

五　人に関する錯誤（erreur sur la personne, 仏民原始規定第二〇五三条一項）

次に、事実の錯誤に関する諸規定、すなわち、仏民原始規定第二〇五三条から第二〇五七条までを検討しよう。まず、人に関する錯誤については、次のような規定がある。

仏民原始規定第二〇五三条一項
　しかしながら、和解は、人または争いの目的物に錯誤があるときは、取り消すことができる。[30]

しかし、同時に、一般原則として、次のような規定も存する。

仏民原始規定第一一一〇条二項
　錯誤は、契約を締結しようとするその人に関するものにすぎないときは、決して無効の原因ではない。ただし、その人に関する考慮が合意の主たる原因であるときはこの限りにあらず。[31]

まず、相手方に関する考慮が和解の主たる原因であったときは、錯誤を理由として和解を取り消すことができる。この点については、一般原則からも、和解の特則からも、疑いはない。たとえば、相手方を恩人の息子だと信じたからこそ、和解を締結したような場合である。[32]

問題は、和解においては、一般原則よりも、人に関する錯誤の成立を広く認めるべきか、というものである。第二〇五三条一項が、第一一一〇条二項のような限定を付していないことから、見解が分かれる。

Marbeau, Duranton や Laurent は、およそ和解というものは、相手方たる人を考慮して（*intuitu personae*）行われる契約であるから、それが合意に影響を及ぼさなかったことが明らかではない限り、人に関する錯誤は和解の無効原因になるという[33]。さもなければ、第一一一〇条二項に加えて、第二〇五三条一項を設けた意味がなくなるというのである。

これに対して、Demolombe, Colmet de Santerre や Baudry-Lacantinerie は、第二〇五三条一項の趣旨は第一一一〇条二項に等しく、人に関する錯誤は、それが和解の主たる原因であった場合にのみ無効の原因になるという[34]。和解は、通常、相手方たる人を考慮してというよりも、むしろ、紛争の解決を目的として行われるものだからである。

梅も後者の見解を支持し、それゆえ、第二〇五三条一項は、人に関する錯誤につき一般原則の適用を指示するものにすぎないという[35]。

六　争いの目的物に関する錯誤（erreur sur l'objet de la contestation, 仏民原始規定第二〇五三条一項）

右に引用した仏民原始規定第二〇五三条一項は、争いの目的物に錯誤がある場合にも、和解は取り消しうると規定する。

これはどのような事例を想定したものか。まず、一方で、少数説は、当事者の一方が目的物を取り違えた場合と理解する[36]。たとえば、ある者が、A不動産につき和解を行ったところ、実際に争いが生じているのはB不動産だったような場合である。こうした取違えは、和解の意味を失わせるから、取消しが可能だというのである。もっとも、和解というものは、その対象や目的物を精査して行われるため、こうした取違えが生ずることは、極めて稀だともいわれる[37]。

これに対して、通説は、当事者の一方が目的物の性質を誤信した場合だという[38]。目的物を取り違えた場合には、合意は不存在（*inexistence*）であり、そもそも取消しの余地がない[39]。それゆえ、和解も、錯誤の一般原則に従い、目的物の本質、すなわち本質的な性質（qualité substantielle）に錯誤があれば、取り消しうるという。[40] つまり、通説は、第二〇五三条一項を、左の仏民原始規定第一一一〇条一項の適用例だと考えるのである。

仏民原始規定第一一一〇条一項

錯誤は、合意の目的物の本質（substance）そのものにかかわるときでなければ、合意の無効原因とはならない。[41]

それでは、和解における目的物の本質とは何か。右の通説は、もしそれを認識していれば和解を行わなかったであろうような決定的な事情であるという。[42] つまり、和解の目的物ではなく、紛争の実体にかかわる事情である。そして、こうした事情に関する錯誤の存否は、その判断が困難であるため、立法者は、仏民原始規定第二〇五四条から第二〇五七条までの四箇条を置き、同第二〇五三条一項の適用例を示したと考えるのである。[43]

梅も、こうした通説を支持して、第二〇五三条一項は、人に関する錯誤のみならず、目的物に関する錯誤についても、一般原則たる第一一一〇条の繰返しにすぎないと述べている。[44] それゆえ、梅の見解によれば、第二〇五三条一項は、必然的に、その全部が無益だということになる。

また梅は、通説と同様に、第二〇五四条から第二〇五七条までの四箇条は、第一一一〇条一項（＝第二〇五三条一項）の適用例であるというが、それにとどまらず、これら四箇条は、単なる例示にすぎないとも述べている。[45] つまり、これら四箇条が規定する場合以外にも、紛争の実体に錯誤が認められるケースでは、和解の取消しが可能だというのである。[46]

さて、左では、こうした梅の枠組みを前提として、争いの目的物に関する錯誤の四つの例示類型たる、①無効の証書に基づく和解、②偽造の書類に基づく和解、③判決を知らずに行った和解、④新たな証書が発見された場合の和解につき、若干の考察を行ってみたい。

(二)　無効の証書に基づく和解(仏民原始規定第二〇五四条)

無効の証書に基づく和解については、次のような規定が存する。

仏民原始規定第二〇五四条

無効の証書(titre)の履行として和解が行われた場合にも、同様に、和解に対する取消しの訴えが認められる。ただし、当事者が無効に関して明示的に協議したときはこの限りにあらず。(47)

つまり、当事者の双方または一方が、無効の証書を有効なものであると誤信して和解を行ったときは、その和解は無効である。ただし、当事者双方が証書の有効無効についても明示的に協議を行っていた場合には、和解は有効だというのである。(48)

さて、本条における主要な問題は次の三つである。

(1)　まず第一に、titreという条文の文言は、右に訳したように、行為を表象する文書(*instrumentum*)たる意味で「証書」と理解すべきか、あるいは、行為の実体(*negotium*)たる意味において、「法律行為」または「行為」と理解すべきものか。

学説には、本条のtitreを「法律行為」の意で理解するものもある。(49)つまり、紛争の基礎にある契約等の法律行為が無効だから、その履行に関して結ばれた和解もまた無効だというのである。また、証書については、その履行というものが考えられないとも述べている。(50)

これに対して、梅は、これを「証書」の意味で理解する。なぜならば、紛争は法律行為の効力が明らかではないことに起因する場合が多く、それゆえ、和解に際しては、法律行為の有効無効についても協議がなされることが常である。従って、もしtitreを「法律行為」の意に解せば、本条但書により和解の無効主張が許される事例はほとんどなくなり、本条の意義が没却されるからである。[51]

確かに、titreを証書であると明言する学説は、梅の他には見当たらない。[52] しかし、第二〇五四条を論ずるにあたっては、titreの語義を明確にしていない者も多い。そして、これらの者のうち、その叙述全体からしてtitreを証書の意味で理解していると思われる者は、実際には少なくない。[53] それゆえ梅の学説は、彼がいうほどめずらしいものではない。

だが、いずれにしても語義に争いがあるため、左ではtitreがどのように理解されているかを明確にしながら論を進めることとしたい。

(2) 第二に、法律の錯誤を顧慮しないとする仏民原始規定第二〇五二条二項と本条の関係をいかに解するか。つまり、法律の規定によってtitreが無効とされる場合には、そのtitreを有効だと信ずることは法律の錯誤であり、これは第二〇五二条二項によれば顧慮されず、第二〇五四条によれば無効となり、規定間で矛盾を来しているようにみえるからである。学説は、両規定の調和を目指すが、主として次の二つの見解に分かれている。

① まず、Durantonは、titreが証書であるという理解を前提としつつ、事実の錯誤と法律の錯誤を区別して、事実の錯誤の場合にのみ、第二〇五四条を適用する。[54] たとえば、証人の署名を欠いた遺言書を目にしながら、この遺言書を有効だと信じることは法律の錯誤である。それゆえ、法定相続人と受遺者が、この遺言書を基礎として和解を締結したとしても、第二〇五二条二項により和解の効力は維持される。

これに対して、遺言書に署名した証人が証人となる資格を欠いていたことを知らずに、その遺言書を有効だと信じることは事実の錯誤である。従って、その遺言書を基礎として和解を締結した場合には、第二〇五四条により和解を取り消しうる。

このように、Duranton の見解は、第二〇五四条の適用範囲を事実の錯誤に限定して、両規定の調和を図ろうとするものである。

② これに対して、Laurent は、titre が法律行為であるという理解を前提としつつ、次のようにいう。すなわち、和解における cause とは、疑わしい権利（droit douteux）が存在することである。だが、法律行為が無効であれば、そもそも権利が存在しないため、疑わしい権利も存在しない。それゆえ、第二〇五四条は錯誤ではなく、cause の欠缺に関する規定である。従って、第二〇五四条は、錯誤に関する第二〇五二条二項とは競合しない[55]、と。

③ この問題につき、梅は Duranton と同旨の見解を述べている[56]。Laurent の見解に対しては、和解における cause とは、一般に、一方当事者による主張の撤回と、他方当事者による金銭の支払いであるから、これらがあれば cause が欠けることはないと述べ、これを批判している[57]。

(3) 最後に、第三として、本条但書は明示的な協議があった場合に和解の取消しを否定するが、当事者の一方が titre（証書または法律行為）の無効を認識していた場合にも同様に解すべきか。

まず一方で、単なる認識は取消しを妨げないという見解がある[58]。本条但書は、明示的な協議があった場合にのみ例外を設けているからである。

しかし他方で、単なる認識も取消しを不可能にするという見解もある[59]。無効を認識していれば、錯誤はないからである。

梅も、本条は錯誤に関する規定であり、また、titre（証書）の無効を認識しながら和解を行い、後にその取消しを主張することは正義の観念に反すると述べて、後者の見解を支持している[60]。

(二) 偽造の書類に基づく和解（仏民原始規定第二〇五五条）

本節一で掲げたように、仏民原始規定第二〇五五条は、「後に偽造と認められた書類（pièces）に基づき行われた和解は、その全部について無効とする」、という。
さて、本条は titre ではなく、pièces という語を用いていることから、これを文書（*instrumentum*）の意味に理解すべきことに、異論はないようである。[61]
従って、本条は、当事者の一方が偽造の書類を真正であると信じて、ある紛争につき和解を行ったところ、後に書類の偽造が判明した場合には、その和解を取り消しうると規定したものである。[62]
もっとも、当事者双方が偽造の有無についても協議を行っていた場合には、和解は有効と解されている。[63]
また、偽造を認識していた当事者は、和解を取り消すことができない。彼に錯誤はないからである。[64]

(三) 判決を知らずに行った和解（仏民原始規定第二〇五六条）

次に、判決を知らずに行った和解につき、民法は次のように規定する。

仏民原始規定第二〇五六条

和解が既判力を有する判決で終了した訴訟に関するとき、当事者の双方または一方が判決を知らなければ、その和解は無効である。

当事者の知らなかった判決が、控訴（appel）しうるものであるときは、和解は有効である。[65]

本条は、当事者の双方または一方（勝訴した側[66]）が、判決に既判力が生じて権利関係が確定したにもかかわらず、まだ疑わしい権利（droit douteux）があると誤信して和解を行った場合には、その和解は錯誤により無効だと規定する。[67] たとえば、敗訴の報せを受けた者が、まだ勝訴の報せを受けていない相手方と和解を結んだり、勝訴した者が死亡して、その相続人が判決を知らずに和解を行ったような場合が考えられる。[68]

逆に、看過された判決に控訴の可能性が存するときは、和解は有効とされる。当事者間の紛争は未だ解決しておらず、勝訴した側が判決の存在を認識していたとしても、和解を行った可能性が認められる以上、目的物の本質に錯誤があったとはいえないからである(69)。

さて、本条との関係では、次の二つが問題とされている。

第一に、控訴（appel）はなしえないが、破毀申立て（pourvoi en cassation）や再審申請（requête civil）が可能であるとき、そのような判決を知らずに行われた和解は有効か。

第二に、当事者は、既判力を有する判決の存在を知りながら和解を行うことができるか。順に検討しよう。

(1)　まず、破毀申立て（pourvoi en cassation）や再審申請（requête civil）が可能な判決を知らずに和解を行った場合につき、通説は、控訴の可能性が消滅した時点で権利関係は既判力をもって確定するから(70)、これらの判決の存在を知らずに行われた和解は、本条一項により無効であるという(71)。

これに対して、梅は、当事者が和解を結んだにもかかわらず、攻撃しえない判決（jugement inattaquable）が存在するからといって和解を無効とすることは、それ自体が既に例外的なことである。それゆえ、破毀申立てや再審申請で争う余地がある場合にまで和解を無効とする必要はないと述べて、通説を批判している(72)。

(2)　次に、当事者が既判力を有する判決の存在を知りながら和解を行った場合につき、Troplong 等の学説は、判決によって権利関係が明確となり、もはや疑わしい権利（droit douteux）は存在しないから、和解は成立しないという(73)。

これに対して、当事者は、判決により確定された権利関係を和解により調整することができるという見解もある(74)。当事者の一方が、判決が自己に与えた利益を過度のものと判断して、和解により権利の一部を相手方に譲渡するような場合が念頭に置かれている(75)。

なお、この問題に関する梅の見解は明らかではない。

(四) 新たな証書が発見された場合の和解（仏民原始規定第二〇五七条）

（1） ある紛争につき和解が行われた後に、和解の目的物の全部または一部につき、相手方の無権利を示す証書が発見されたときは、他方の当事者は、和解の無効を主張しうるか。

この問題につき、かつてDomatは、一般的和解（transaction générale）と特定的和解（transaction spéciale）を区別し、前者は無効とならないが、後者は無効になると述べていた(76)。

フランス民法もDomatの見解を踏襲して、次の規定を置いている。

仏民原始規定第二〇五七条

当事者が、彼等に共通するすべての問題につき一般的に和解を結んだときは、その当時彼等に知られていなかった証書が後に発見されたとしても、その証書は取消しの原因にならない。ただし、この証書が当事者の一方の行為により留め置かれていたときは、この限りではない。

だが、新たに発見された証書により、当事者の一方がある物につき何らの権利をも有しないことが確認されたときは、その物のみを目的物とした和解は無効である(77)。

すなわち、まず、当事者間のすべての問題を包括的に解決するという一般的和解においては、新たな証書の発見は和解の取消原因とはならない。なぜならば、すべての問題につき争いを止めるという条件の下で、各々の和解条項を関連づけながら和解を成立させた以上、当事者の双方は、たとえ個別の問題に関する証書が発見されたとしても、それを援用する権利を既に放棄したとみられるからである(78)。ただし、当事者の一方の行為により証書が留め置かれていた場合には、詐欺が成立するから(80)、取消しが認められる(79)。

これに対して、ある特定の問題を解決するという特定的和解において、当事者の一方が何らの権利も有しないことが新たな証書によって確認されたときは、その証書の存在を知らなかった他方の当事者は、和解を錯誤により取り消すことができる。[81]

(2)　それでは、一般的和解において、当事者の一方が自己の行為により証書を自らの下に留めていたが、証書の存在を認識していなかった場合には、他方の当事者は、和解を取り消すことができるか。

この点につき、Pont は、第二〇五七条一項但書の文言に忠実に、その者の行為により証書が留められていた以上、証書を認識していたか否かにかかわらず、他方の当事者は和解を取り消しうるという。[82]

他方、梅は、立法者がこの但書において詐欺の存在を前提としていたことは資料上明らかであり[83]、証書の存在に関する認識が欠けたときは詐欺は成立しないから、和解を取り消すことはできないという。[84]

七　計算の錯誤（erreur de calcul, 仏民原始規定第二〇五八条）

(一)　最後に、特殊な錯誤類型たる計算の錯誤を検討して終わりたい。

仏民原始規定第二〇五八条
　和解における計算の錯誤は訂正されなければならない。[85]

本条が計算の錯誤を和解の無効原因とせず、その訂正を命ずるだけであるのは、計算の錯誤が、合意を害さない単なる過ちだからである。[86]

(二)　それでは、ここにいう計算の錯誤とはどのようなものか。一般には、計算の基礎については合意が存するものの、その基礎に従った計算に誤りが存する場合を指すといわれている。たとえば、AとBが三六金の相続債務の負担方法を争い、和解の結果、Aが三分の一、Bが三分の二の割合で負担するという合意がなされた。だが、その合意に基づき、Aの負担が九金、Bが二七金と計算されたような場合である。このとき、計算の基礎たる負担割合については合意がなされており、計算の実行過程で誤りが生じただけであるから、Aは一二金、Bは二四金と訂正すれば足りる[87]。

これに対して、同じ例で、和解のなかに計算の基礎が示されておらず、Aが九金、Bが二七金を負担するという合意のみが存するときは、計算の錯誤とはいえない。たとえ、予め負担割合をAが三分の一、Bが三分の二とする話合いがもたれていたとしても、それが和解のなかに現れていない限り、証明はできないし、合意の最終段階で負担割合を変更した可能性も排除できないからである。それゆえ、このような場合には、和解は訂正されえない[88]。

(三) ところで、第二〇五八条の草案(草案第一五条)は、コンセイユ・デタにおける審議に付された時点では、第二項として、「だが、和解が争いある計算書に関して行われたときは、計算書の項目に錯誤や間違いを発見しても、それを理由として和解を攻撃することはできない[89]」、と定めていた。つまり、和解が計算書に関して行われたときは、もはや訂正は不可能とされていたのである。

だが、コンセイユ・デタにおける審議のなかで、Tronchetが、こうした例外を設けることは、計算の錯誤は常に訂正されるべきという原則に反すると発言したため、第二項は削除されることとなった[90]。

このような立法過程に鑑みて、通説は、和解が計算書に関して行われた場合にも、第二〇五八条による訂正が行われるべきと解している[91]。

しかし梅は、審議中の出来事は法律ではないこと、そして、規定が欠けたときは原則に戻って考えるべきであり、原則は削除された第二項のなかに含まれていたことを理由に、通説と反対の見解を述べている[92]。

注　第一〇節

（1）Art. 2055, Code civil de 1804:

La transaction faite sur pièces qui depuis ont été reconnues fausses, est entièrement nulle.

（2）C. 2, 4, 42 (a. 472):

Si ex falsis instrumentis transactiones vel pactiones initae fuerint, quamvis iusiurandum his interpositum sit, etiam civiliter falso revelato eas retractari praecipimus: ita demum ut, si de plurimis causis vel capitulis eaedem pactiones initae fuerint, illa tantummodo causa vel pars retractetur, quae ex falso instrumento composita convicta fuerit, aliis capitulis firmis manentibus: nisi forte etiam de eo, quod falsum dicitur, controversia orta decisa sopiatur.

勅法彙纂第二巻第四章第四二法文（四七二年）

偽造の書類に基づき和解または合意がなされたときは、たとえこの書類につき宣誓がなされても、偽造である旨が［刑事裁判のみならず］民事裁判において明らかとなった場合にも、これらの和解または合意は取り消されるべきであると我々は命ずる。もっとも、同一の合意が非常に多くの事項や条項を含むときは、偽造の書類に基づくことが証明された事項または部分だけが取り消され、その他の条項は有効なままである。ただし、偽造の申立てにより生じた紛争も和解により終結したときはこの限りではない。

（3）Domat, liv. I, tit. XIII, sect. II, art. IV.

（4）Fenet, t. 15, p. 110; Locré, t. 15, pp. 423 et 424.

（5）Troplong, t. 17, *Transactions*, nos 133 et 152; Accarias, *Transaction*, n° 151; Aubry et Rau, t. 4, §422, note 6; Pont, II, n° 718; Baudry-Lacantinerie, t. 3, n° 990.

（6）Laurent, t. 28, n° 419.

（7）Oumé, *Transaction*, n° 534.

（8）D. 36, 1, 80 (78), 16:

Heres eius, qui post mortem suam rogatus erat universam hereditatem restituere, minimam quantitatem, quam solam in bonis fuisse dicebat, his quibus fideicommissum debebatur restituit: postea repertis instrumentis apparuit quadruplo amplius hereditate fuisse: quaesitum est, an in reliquum fideicommissi nomine conveniri possit. respondit secundum ea quae proponerentur, si non transactum esset, posse.

学説彙纂第三六巻第一章第八〇（七八）法文第一六項

信託遺贈義務者が、その死亡時に相続財産の全部を返還すべきものとされていたところ、彼の相続人が、これが相続財産の全部であると述べて、非常に少ない量の財産を信託遺贈受遺者に返還した。しかし、その後に発見された証書により、相続財産はその四倍にものぼることが明らかとなった。そこで、残余の部分が信託遺贈の名義で訴求されうるかが問われた。［スカエウォラは］解答して曰く、当該事案の下では、和解なき限り、訴求は可能である、と。

（9）Troplong, t. 17, *Transactions*, n° 139.

（10）Pont, II, n° 685; Oumé, *Transaction*, n° 273.
古法時代から註釈学派に至るまでの莫大損害論の展開については、大村敦志『公序良俗と契約正義』（有斐閣、平成七年）七三頁以下に詳しい。

（11）Édit relatif aux transactions sur procès entre mineurs, in: *Recueil général des anciennes lois françaises*, t. 14, 1re partie, pp. 104-105.

（12）P.-A. Merlin, *Répertoire universel et raisonné de jurisprudence*, 5e éd., t. 17, Paris 1828, s.v. *Transaction*, § 5, n° 7; Troplong, t. 17, *Transactions*, n° 139; Pont, II, n° 685; Oumé, *Transaction*, n° 273.

（13）Merlin, *Répertoire*, s.v. *Transaction*, § 5, n° 7.

（14）Merlin, *Répertoire*, s.v. *Transaction*, § 5, n° 7; Troplong, t. 17, *Transactions*, n° 139.
なお、Domat (liv. I, tit. XIII, sect. II, art. V) も、債務額よりも多くを与えたり、債権額よりも少なく受け取ったりするというような損失は、紛争を終結させるという利益によって償われている。また、もし莫大損害による取消しを認めると、取消権が頻繁に行使されることになるから、社会の利益にも適さないとして、取消しを否定していた。梅は、フランス民法が莫大損害による取消しを否定したのは、Domat の影響であるという（Oumé, *Transaction*, n° 538）。

（15）Art. 2052, al. 2, Code civil de 1804:
Elles ne peuvent être attaquées pour cause d'erreur de droit, ni pour cause de lésion.

（16）Duranton, t. 18, n° 424; Troplong, t. 17, *Transactions*, n° 139; Dalloz, *Répertoire*, t. 42, 1re partie, s.v. *Transaction*, n° 140; Aubry et Rau, t. 4, § 422.

（17）Art. 1118, Code civil de 1804:
La lésion ne vicie les conventions que dans certains contrats ou à l'égard de certaines personnes, ainsi qu'il sera expliqué en la même section.
莫大損害は、この款で説明されるように、一定の契約において、または一定の人に対してでなければ、合意を瑕疵あるものとしない。

（18）Pont, II, n° 685; Laurent, t. 28, n° 408; Baudry-Lacantinerie, t. 3, n° 987.

（19）Oumé, *Transaction*, n° 538.

（20）Merlin, *Répertoire*, s.v. *Transaction*, § 5, n° 13; Troplong, t. 17, *Transactions*, n° 141.

（21）Civ., 3 déc. 1878, D. 1879, 1, 419.

（22）Duranton, t. 18, n° 424; Accarias, *Transaction*, n° 153; Aubry et Rau, t. 6, § 626, note 20; Pont, II, n° 687; Laurent, t. 10, n° 485; Baudry-Lacantinerie, t. 2, n° 328.

（23）Oumé, *Transaction*, n° 539.

（24）Art. 2053, al. 2, Code civil de 1804:

Elle peut l'être dans tous les cas où il y a dol ou violence.

（25）Aubry et Rau, t. 4, § 422; Pont, II, n° 695; Laurent, t. 28, n° 404.

（26）Oumé, *Transaction*, n° 537.

（27）Cf. Toullier, t. 6, n°s 58 et suiv.; Duranton, t. 10, n° 127; Massé et Vergé sur *Zachariae*, t. 3, § 613, note 15; Dalloz, *Répertoire*, t. 33, s.v. *Obligations*, n°s 142 et suiv.; Aubry et Rau, t. 1, § 28; Baudry-Lacantinerie, t. 2, n° 770.

（28）Troplong, t. 17, *Transactions*, n° 135; Dalloz, *Répertoire*, t. 42, 1re partie, s.v. *Transaction*, n° 136; Baudry-Lacantinerie, t. 3, n° 987.

（29）Oumé, *Transaction*, n° 540.

（30）Art. 2053, al. 1, Code civil de 1804:

Néanmoins une transaction peut être rescindée, lorsqu'il y a erreur dans la personne, ou sur l'objet de la contestation.

（31）Art. 1110, al. 2, Code civil de 1804:

Elle n'est point une cause de nullité lorsqu'elle ne tombe que sur la personne avec laquelle on a intention de contracter, à moins que la considération de cette personne ne soit la cause principale de la convention.

（32）Oumé, *Transaction*, n° 545.

（33）Marbeau, *Transactions*, n°s 14 et 33; Duranton, t. 18, n° 425; Laurent, t. 28, n° 333.

（34）Demolombe, t. 24, n° 120; Colmet de Santerre, t. 8, n° 286 *bis* IV; Baudry-Lacantinerie, t. 3, n° 988.

（35）Oumé, *Transaction*, n° 545.

（36）Troplong, t. 17, *Transactions*, n° 144.

(37) Troplong, t. 17, *Transactions*, n° 144.
(38) Accarias, *Transaction*, n° 156; Baudry-Lacantinerie, t. 3, n° 988.
(39) Pont, II, n°s 699 et 700; Laurent, t. 28, n° 407.
(40) Accarias, *Transaction*, n° 156; Pont, II, n° 698; Laurent, t. 28, n° 407; Baudry-Lacantinerie, t. 3, n° 988.
(41) Art. 1110, al. 1, Code civil de 1804:

L'erreur n'est une cause de nullité de la convention que lorsqu'elle tombe sur la substance même de la chose qui en est l'objet.

なお、第一一一〇条一項の本質に関する錯誤（erreur sur la substance）をめぐる一九世紀の議論状況については、野村豊弘「意思表示の錯誤――フランス法を参考にした要件論（三）」法協九三巻二号（昭和五一年）二三七頁以下、山下純司「情報の収集と錯誤の利用――契約締結過程における法律行為法の存在意義（一）」法協一一九巻五号（平成一四年）八一八頁以下など参照。

(42) Accarias, *Transaction*, n° 156; Baudry-Lacantinerie, t. 3, n° 988.
(43) Accarias, *Transaction*, n° 156; Baudry-Lacantinerie, t. 3, n° 988.
(44) Oumé, *Transaction*, n°s 545 et 546.
(45) Oumé, *Transaction*, n° 546.
(46) Oumé, *Transaction*, n° 546.
(47) Art. 2054, Code civil de 1804:

Il y a également lieu à l'action en rescision contre une transaction, lorsqu'elle a été faite en exécution d'un titre nul, à moins que les parties n'aient expressément traité sur la nullité.

(48) Baudry-Lacantinerie, t. 3, n° 989.
(49) Accarias, *Transaction*, n° 157; Pont, II, n° 703; Laurent, t. 28, n° 412; Baudry-Lacantinerie, t. 3, n° 989.
(50) Laurent, t. 28, n° 412.
(51) Oumé, *Transaction*, n° 549.
(52) 梅は、自説を独自説という（Oumé, *Transaction*, n° 549）。
(53) Par exemple, Duranton, t. 18, n° 428; Troplong, t. 17, *Transactions*, n°s 145 et suiv.; Mourlon, *Répétitions écrites*, t. 3, n° 1178.
(54) Duranton, t. 18, n°s 423 et 428.
(55) Laurent, t. 28, n°s 415 et 417.

（56）Oumé, *Transaction*, n° 553.
（57）Oumé, *Transaction*, n° 551.
（58）Accarias, *Transaction*, n° 157; Pont, II, n° 706; Baudry-Lacantinerie, t. 3, n° 989.
（59）Aubry et Rau, t. 4, § 422, note 5; Mourlon, *Répétitions écrites*, t. 3, n° 1178.
（60）Oumé, *Transaction*, n° 552.
（61）Pont, II, n° 715; Baudry-Lacantinerie, t. 3, n° 990.
（62）Accarias, *Transaction*, n° 158; Pont, II, n° 713; Baudry-Lacantinerie, t. 3, n° 990.
（63）Pont, II, n° 716.
（64）Accarias, *Transaction*, n° 158; Pont, II, n° 713; Baudry-Lacantinerie, t. 3, n° 990.
（65）Art. 2056, Code civil de 1804:

La transaction sur un procès terminé par un jugement passé en force de chose jugée, dont les parties ou l'une d'elles n'avaient point connaissance, est nulle.

Si le jugement ignoré des parties était susceptible d'appel, la transaction sera valable.

（66）当事者の一方とは、勝訴した側をいうと解されている。和解が相手方の譲歩を得てなされるものである以上、敗訴した側にとっては、判決よりも和解の方が有利だからである（Accarias, *Transaction*, n° 159, note 1; Pont, II, n° 722）。
（67）Troplong, t. 17, *Transactions*, n° 153.
（68）Troplong, t. 17, *Transactions*, n° 153; Baudry-Lacantinerie, t. 3, n° 991.
（69）Accarias, *Transaction*, n° 159, 1°; Baudry-Lacantinerie, t. 3, n° 991.
（70）破毀申立ての可能性は既判力を妨げないというのは、一六六七年の民事訴訟王令第二七章第五条の立場であり（Duranton, t. 18, n° 431）、Bigot de Préameneu も、第二〇五六条の草案を作成する際に、同王令の立場を踏襲していた（Fenet, t. 15, p. 111; Locré, t. 15, p. 425; cf. Dalloz, *Répertoire*, t. 42, 1re partie, s.v. *Transaction*, n° 168）。
（71）Duranton, t. 18, n° 431; Troplong, t. 17, *Transactions*, n° 155; Laurent, t. 28, n° 421.
（72）Oumé, *Transaction*, n° 560.
（73）Troplong, t. 17, *Transactions*, nos 5 et 157; Laurent, t. 28, n° 422. ただし、これらの学説も、判決で確定した権利関係につき、放棄、免除、無名契約などの締結は妨げられないという。
（74）Duranton, t. 18, n° 430; Pont, II, n° 721; Baudry-Lacantinerie, t. 3, n° 991.

(75) Baudry-Lacantinerie, t. 3, n° 991.

(76) Domat, liv. I, tit. XIII, sect. II, art. II et III.

(77) Art. 2057, Code civil de 1804:

Lorsque les parties ont transigé généralement sur toutes les affaires qu'elles pouvaient avoir ensemble, les titres qui leur étaient alors inconnus, et qui auraient été postérieurement découverts, ne sont point une cause de rescision, à moins qu'ils n'aient été retenus par le fait de l'une des parties;

Mais la transaction serait nulle si elle n'avait qu'un objet sur lequel il serait constaté par des titres nouvellement découverts, que l'une des parties n'avait aucun droit.

(78) Troplong, t. 17, *Transactions*, n° 163; Pont, II, n° 726; Laurent, t. 28, n° 424.

(79) Troplong, t. 17, *Transactions*, n° 159; Accarias, *Transaction*, n° 160.

(80) 複数の問題を解決する場合については、一般的和解に準ずるという見解（Baudry-Lacantinerie, t. 3, n° 992）と、それらの問題が特定されている限りは、特定的和解であるという見解が存する（Pont, II, n° 729）。

(81) Accarias, *Transaction*, n° 160; Baudry-Lacantinerie, t. 3, n° 992.

(82) Pont, II, n° 727.

(83) Fenet, t. 15, pp. 92, 96 et 97; Locré, t. 15, pp. 404, 405 et 409.

(84) Oumé, *Transaction*, n° 558.

(85) Art. 2058, Code civil de 1804:

L'erreur de calcul dans une transaction doit être réparée.

(86) Dalloz, *Répertoire*, t. 33, s.v. *Obligations*, n° 141; Laurent, t. 28, n° 411.

(87) Colmet de Santerre, t. 8, n° 291 *bis* I.

(88) Colmet de Santerre, t. 8, n° 291 *bis* II.

(89) Art. 15, al. 2, in: Fenet, t. 15, p. 93; Locré, t. 15, p. 405:

Mais la transaction sur un compte litigieux ne peut être attaquée pour cause de découverte d'erreurs ou inexactitudes dans les articles du compte.

(90) Fenet, t. 15, p. 97; Locré, t. 15, p. 409.

(91) Troplong, t. 17, *Transactions*, n°s 167 et 168; Pont, II, n° 739; Laurent, t. 28, n° 411.

(92) Oumé, *Transaction*, n° 544.

第一一節　小括──梅の和解論の特色と梅の法思想

さて、本章の最後に、梅の見解が一九世紀フランスの和解論のなかで有していた特色を、箇条書きの形で六つにまとめておきたい。また、こうした特色の背後にある梅の法思想についても、ごく簡単にではあるが、言及しておきたい。

一　梅の和解論の特色

(一)　簡潔な定義を置くこと

「争い」という概念の幅を広げて、将来生ずべき争いを同概念のなかに取り込む。これにより、梅の和解の定義は、極めて簡潔なものとなっている（第一節三）。

(二)　公序に反する和解を厳しく制限すること

和解の可否が問題となる場合に、ある事項が公序に属するか否かを厳密に確定したうえで、公序に属すると判断したときは、和解の自由を厳しく制限する。

たとえば、法定禁治産者の和解能力（第四節二（二）（2））、市町村や公施設が政府の許可等を得ずに行った和解の効力（同五（八））、さらに、和解の目的物のうち、文書偽造の付帯的申立て（第五節一（一）（2））、親告罪（同一（二））、行政庁の公訴権（同一（三））、人の身分（同三（四））、法律上の扶養請求権（同五（二）（1））に関する議論でみられた思想である。

（三）　私的自治の尊重

第二の特色と対をなすものだが、公序に属さない事項、あるいは、公序に属するか否かが明らかではない事項については、一転して、私的自治を尊重し、和解の自由を徹底的に保障する。

たとえば、和解の証拠につき、書面以外の証拠方法を広く認める考え方を挙げることができる（第三節三、五、六、七）。

また、和解の目的物のうち、賭博債務か否か（第五節二（三））、嫁資（同四（一）（二））、契約や遺贈による扶養請求権（同五（二）（2））に関しても、私的自治を尊重する思想を看取できる。

さらに、和解能力の箇所でも、解放された未成年者（第四節二（一）（2））、心神耗弱者および浪費者（同（三））、別産制に服する妻（同（四）（1））に関する議論において、こうした思想がみられる。

なお、私的自治が尊重されるのは、財産の主体が和解を行う場合であり、他人の財産を管理する者については、明文の規定なき限り、その和解権限は否定的に解される。父（第四節五（二））、夫（同（四））、不在者の財産につき仮の占有を付与された者（同（六））につき、それらの和解権限が否定されたのも、こうした文脈で理解できる。これらも、本人の私的自治を裏側から保障する解釈といえよう。

（四）　和解が仮装されることへの警戒心

こうした警戒心から、夫婦間の和解を一律に禁止し（第四節三（二））、また、和解が遺産分割に際して行われたときは、莫大損害による取消しを認める（第一〇節二（二））。

(五)　自己責任

法律の錯誤による和解の取消しが認められないのは、法律の錯誤が当事者によって既に織込み済みの事項だからという（第一〇節四）。

(六)　立法と解釈の峻別

立法と解釈の役割は自ずから異なり、解釈者は、解釈によって法を創造することはできないことを強調する。

ここで梅が頻繁に引合いに出すのは、仏民原始規定第四六七条の規定である。同条によれば、後見人が未解放の未成年者のために和解を行うためには、親族会の許可、三人の法律家の意見に基づくこと、裁判所の認可という三つの要件を満たす必要があった（第四節二（二）（1））。

だが、こうした手続や、あるいは端的に裁判所の許可といった手続を通じて和解を行うことが許されるのは、法律がその旨を明記している場合に限られる。明文の規定が欠ける場合には、たとえ裁判所の許可の下に和解を許すことが望ましいと思われるケースにおいても、解釈によってこうした手続を導入することはできないという。

具体的には、父（第四節五（二））、不在者の財産につき仮の占有を付与された者（同五（六））、限定承認相続人（同五（七））は、裁判所の許可を得ても和解を行う権限を有しない。夫婦間における和解についても同様である（同三（二））。また、夫は、裁判所の許可を得ても、嫁資不動産を和解によって処分することはできない（第五節四（三））。

つまり、これらの事例において、裁判所の許可の下に和解を許すことは、解釈ではなく、立法を通じて国家が果たすべき役割だというのである。

二　梅の法思想

それでは、こうした見解を背後から支える梅の法思想とは、一体どのようなものだったのだろうか。

ここでは、鋭い対立を示す星野英一と瀬川信久の所説に依拠しながら、この問題を考えてみたい。

(一)　まず、星野は、法政大学における明治三七年度の講義録などを参照しながら、梅が自然法論者であることを確認し、かつ、それを強調している[1]。しかし同時に、梅が自然法に反する制定法の効力を承認している点にも注意を要するという。つまり梅は、自然法論者でありながら、制定法を尊重する思想をも有しているのであり、このような彼の態度には首尾一貫しないものが認められる[2]。だが、むしろそのことが、「スケールの大きい学者にみられる思想の豊かさ（包容力）、ないし内面的緊張を示している[3]」、というのである。

(二)　これに対して、瀬川は、梅の法解釈方法論を中心に検討を行いつつ、次のようにいう。すなわち、「梅の自然法が理想とする価値、唱導する規準は、抽象的には「進歩」であり、具体的には「制定法の尊重」であって、本来の自然法思想から大きく変質していた[4]」。このような梅の法律観は、国家が制定法によって社会の維持、発展をはかるという「国家的法律観であった[5]」。

また、同時に、「梅の法解釈にみられる実質的な価値原理は、極めて個人主義的なものであった。（中略）第一は私的自治の尊重である[6]」、と。

つまり、梅は、本来的な自然法論者ではなく、むしろ、その思想のなかには、進歩思想に裏付けられた国家的法律観と、個人主義的な価値原理が同居していたというのである。

(三)　それでは、和解論における梅の法思想はいかなるものであるか。

確かに梅は、和解論において、自然法思想を否定はしていない。しかし、自然法思想を積極的に肯定したり、自然法から一定の解釈論上の結論を導くこともしていない。むしろ、本来的な自然法の観念については、正面から触れていないというのが正確であろう。

そして、本節一に述べた六つの特色のうち、(二)(三)(五)(六)が普遍的な性格を有しており、これが彼の思想に連なるものだとすれば、梅は、私的自治の尊重を基幹とした個人主義的な価値観と、法の解釈ではなく、国家による立法で社会を発展させてゆくべきという国家主導型の社会観を有していたといえる。

そうだとすれば、和解論を通じてみた梅の法思想は、瀬川の描く像に上手く合致するといえよう。

注　第一節

(1)　星野英一「日本民法学の出発点」一七二頁以下。

(2)　星野英一「日本民法学の出発点」一七七頁以下。

(3)　星野英一「日本民法学の出発点」一七八頁。

(4)　瀬川信久「梅・富井の民法解釈方法論と法思想」二四五一頁、同旨、吉田克己「二人の自然法学者」七八頁以下。

(5)　瀬川信久「梅・富井の民法解釈方法論と法思想」二四五一頁。

(6)　瀬川信久「梅・富井の民法解釈方法論と法思想」二四六四頁。

第三章　我が国における和解論の生成と展開
——明治期から現在まで

一　本章の構成は、基本的には前章と同様であり、和解の定義、和解の性質、和解の証拠、和解の能力と権限、和解の目的物、違約金条項、和解の効力、和解の第三者に対する効力、和解の解釈、和解の無効と取消が順に論じられる。

だが、前章とは異なり、これらのテーマごとに、旧民法の規定、梅の旧民法批判や法典調査会における起草作業を検討し[1]、次いで、明治民法制定後の判例、学説、立法の状況を確認したうえで、私見の観点から和解論の現状を批判的に検討する。

つまり、本章は、一九世紀フランスの和解論が旧民法を経て明治民法に受け継がれた過程、そして、我が国におけるその後の展開を明らかにするとともに、これをさらに進展させようとするものである。

二　なお、序論でも述べたように（第一章第二節三（二））、旧民法の和解に関する諸規定は、ボアソナード草案に由来する。それゆえ、叙述の順序としては、旧民法よりも先に、ボアソナード草案を検討するという方法もありえよう。

だが、少なくとも和解の箇所に関しては、ボアソナード草案と旧民法の規定は一致する場合が多く、右のような方法では、無用の重複を避けることができない。

それゆえ、本章では、原則として旧民法の規定から出発し、ボアソナード草案の規定や注釈は、旧民法の意味内容を明らかにするため有益なとき、旧民法とボアソナード草案が相違するとき、さらには、梅がボアソナードを批判しているときなどに、その都度個別的にこれを紹介することとしたい(2)。

注

（1）旧民法および明治民法の編纂に関する諸資料につき、佐野智也『立法沿革研究の新段階――明治民法情報基盤の構築』（信山社、平成二八年）一一頁以下が有益な情報を提供する。

ちなみに、法律取調委員会や法典調査会の議事録等については、いわゆる学振版と商事法務版のいずれを用いるべきかという問題が存する。さまざまな要素を考慮しなければならないが、本書では、参照の便宜という観点から、商事法務版を用いている。この問題につき、詳しくは、広中俊雄「日本民法典編纂史とその資料――旧民法公布以後についての概観」同編「民法研究第一巻」（信山社、平成八年）一六〇頁以下、池田真朗「法典調査会民法議事速記録等の立法資料について」同『債権譲渡の研究 増補二版』（弘文堂、平成一六年）四九一頁、佐野智也『立法沿革研究の新段階』二〇頁以下など参照。

（2）周知のように、ボアソナードによる仏文の草案資料、一般にプロジェと総称されるものには、初版、第二版、新版の三種が存する（各版の起草過程や異同につき、大久保泰甫、高橋良彰『ボワソナード民法典の編纂』（雄松堂出版、平成一一年）四九頁以下、一九〇頁以下、二六二頁以下、佐野智也『立法沿革研究の新段階』二五頁以下など参照）。

それゆえ、プロジェについてもどの版を用いるべきかという問題が生ずる。だが、和解は財産取得編に位置するため、初版には和解の草案は含まれていない。

また、第二版の注釈の冒頭に存した一文、すなわち、「フランスでは和解契約は学説の議論のなかで重要な位置を占め、また、しばしば判例を試練に遭わせている」という文章が、新版において削除されているほかは（梅の仏文和解論がフランスで高く評価された後に削られている。ボアソナードの梅に対する何らかの感情の表れであろうか）、第二版と新版に内容上の相違はない。従って、少なくとも和解に関しては、どの版を用いるかは必ずしも重要な問題ではなさそうである。

しかしながら、梅は、仏文和解論においてしばしばボアソナード草案を批判しており、その際に引用したのは、プロジェ第二版であった。それゆえ、梅のボアソナード批判を正確に再現するという観点からは、第二版を用いることが望ましい。本書が第二版を用いた所以である。

ちなみに、旧民法の仏文理由書（*Code civil de l'Empire du Japon. Accompagné d'un exposé des motifs*, Tokio 1891）は、和解の箇所に関していえば（t. 3, pp. 208-220）、プロジェ第二版または新版の記述を圧縮したものにすぎない。さらに、ボアソナード草案第七五八条一項および二項が旧民法に採用されなかったため（本章第四節二（一）（2）①、五（八）（2））、両規定に関する記述も削除されている。そのため、本書では仏文理由書は用いていない。

第一節　和解の定義

一　旧民法

旧民法は、和解の定義として、左の規定を置く。

旧民財取第一一〇条一項

和解ハ当事者カ交互ノ譲合又ハ出捐ヲ為シテ既ニ生シタル争ヲ落著セシメ又ハ生スルコト有ル可キ争ヲ予防スル契約ナリ

この定義は、ボアソナード草案第七五七条一項の忠実な翻訳である[1]。ボアソナードが、フランス民法の定義に「交互ノ譲合又ハ出捐ヲ為シテ（au moyen de concessions ou sacrifices réciproques）」という文言を加えたのは、一九世紀フランスの学説に従い、訴権の取下げや請求の認諾から和解を区別するためであった（第二章第一節二（三）[2]）。

他方、ボアソナードは、争いの存在が認められるための前提概念たる「疑わしい権利（droit douteux）」を、客観的に解するか主観的に解するかについては（第二章第一節二）、自らの見解を述べていない。しかし、旧民法の代表的な注釈書たる『民法正義』は、「其権利タル何人ト雖モ之ヲ疑ハシキモノト信スルヲ要セス当事者双方ニ於テ之ヲ疑ハシキモノト信シタルヲ以テ十分トス」と述べ、主観説を採用している(3)。

それゆえ、旧民法の定義は、一方で、他の行為から和解を区別するメルクマールとして互譲を必要としつつ、他方で、当事者が主観的に権利関係を疑いさえすれば、争いの存在は認められるという理解を前提としていた。つまり、この意味において、旧民法の定義は、一九世紀フランスの学説の大勢に従うものだったのである。

二　明治民法

(一)　甲号議案

序論でも述べたように（第一章第二節三（三））、明治民法の和解の箇所を起草したのは梅である。梅は、甲号議案（起草委員の原案）として、左の定義規定を作成している。

甲号議案第七〇五条

和解ハ当事者カ互ニ譲歩ヲ為シテ其間ニ存スル争ヲ止ムルコトヲ約スルニ因リテ其効力ヲ生ス(4)

法典調査会における起草趣旨説明で、梅は、旧民法の定義を二箇所修正したと述べている(5)。

すなわち、第一に、「交互ノ譲合又ハ出捐」というのは重複であるから、「譲歩」という語に改めた。

また、第二に、「既ニ生シタル争ヲ落著セシメ又ハ生スルコト有ル可キ争ヲ予防スル」というのは、これを卒然と読めば、未だ争いがなくても和解が可能であるかのようにみえる。だが、争いがなければ和解はない。旧民法の規定は、「訴訟」を念頭に置いたものであるが、「争」という語は、一般に、もう少し広い意味を有する。それゆえ、本条では「争」という語を何らかの主張の対立という最も広い意味に用いて[6]、旧民法の規定を改めたというのである。

(二)　権利関係の不確実さ

なお、梅は、争いがなければ和解が成立しないこととの関連で、ローマ法、ドイツ民法草案、ザクセン民法の立場は採用しないと説明している[7]。これを敷衍すれば、次の通りである。

すなわち、ドイツ民法第一草案第六六六条[8]、同第二草案第七一八条一項[9]、およびザクセン民法第一四〇九条[10]は、ローマ法にならい、疑わしい物（*res dubia*）、すなわち権利関係の不確実さ（Ungewissheit）の存在も、和解の要素の一つとしている[11]。だが、条件付権利を無条件の権利にするような行為は更改であって[12]、和解ではない。従って、争いがなければ和解は成立しないというのである（第二章第一節三（三）参照）。

(三)　民第六九五条

さて、甲号議案第七〇五条は、いささかの修正を受けることもなく、民第六九五条として公布されている。そして、右の記述からも明らかなように、条文の体裁およびその趣旨に関する説明は、梅が仏文和解論で述べていたことと一致する。それゆえ、民第六九五条は、梅の仏文和解論における定義の規範的な記述だということができよう。

従って、争いの存在の前提たる、「疑わしい権利」については、法典調査会における説明はみられないものの、梅は、自説かつ旧民法の立場でもある主観説を当然視していたものと思われる（第二章第一節一（三）参照）。

(四) 互譲の要否

それでは、明治民法の下で、紛争を解決する契約一般から、互譲の有無により和解を区別する必要はどこにあるか。換言すれば、互譲を和解の要素とする理由は何か。

この点につき、梅は、民法典が施行された年の「和解ノ要素ヲ論ス」(明治三一年)という論文において、次のように述べている。

すなわち、明治民法には、和解の能力および権限につき、左のような特則が置かれている。まず、能力については、準禁治産者は保佐人の同意を得なければ和解を行うことができないという第一二条一項五号、および、妻は夫の許可を得なければ和解を行うことができないという第一四条一項一号がある。

また、権限については、親権を行う母は親族会の同意を得なければ不動産または重要な動産に関する和解を行うことができないという第八八六条四号、および、後見人は親族会の同意を得なければ和解を行うことができないという第九二九条がある。

それゆえ、これらの規定の適用の有無を判断するためには、互譲という概念を用いて、和解とその他の行為を区別しなければならない(13)、と。

他方、梅は、訴訟上の和解(明治二三年民事訴訟法第二二一条)および起訴前の和解(同第三八一条)は、民法上の和解ではなく、それゆえ互譲は不要だという(14)。なぜならば、裁判所が和解を試みるにあたり、当事者の一方に全く理がないことを知りながら、他方の当事者に譲歩を求めるべき理由はないからである。従って、他日民事訴訟法が改正される折には、両条の「和解」という文言は改められるべきだと述べている(15)。

三 現在の法状況

明治から昭和初期にかけての判例学説は、一般に、和解が成立するためには「争い」と「互譲」の二つの要素が必要であると説いてきた⒃。

だが、現在の通説は、和解とその他の契約を区別することには必ずしも積極的な意義はなく、それゆえ、争いや互譲という概念を厳密に解する必要はないという⒄。

こうした通説の見解は、我妻栄の左の記述の影響を受けたものだと思われる。少し長くなるが、そのまま引用しよう。

すなわち、「『争がなければ和解はない』といわれ、また『互譲がなければ和解ではない』とは、しばしばいわれることである。然し、それは、当該事項について、『たとい真実に反しても云々の法律関係とする』という当事者の合意の存在する点についてだけ、和解の効力――すなわち、後に真実と反する確証が現れても争いえないという効力――を生ずる、というだけのことである。争や互譲のないものは和解でない、としても、その合意が契約の一般理論に従つてそれぞれの効果を生ずることは、もとよりいうまでもない⒅」、と。

つまり、和解の効力は、後に真実と反する確証が現れても紛争を蒸し返すことができないという確定効（不可争効）にあるところ、和解以外の契約においても、その合意内容に従って紛争の蒸返しは禁止されうるのだから、争いや互譲という概念を厳密に解して、和解とその他の契約をことさら区別する必要はないというのである。

そして、こうした考え方をさらに一歩進めれば、争いや互譲を必ずしも和解の要素とする必要はないという見解に行き着くことになろう⒆。

だが、こうした近時の学説の傾向は妥当なものであろうか。左では、争いと互譲のそれぞれにつき、まず、明治から昭和初期にかけての判例学説の立場を確認し、次いで、現在の学説および裁判例を検討したうえで、最後に私見を述べることとしたい。

(一) 争い

(1) 明治から昭和初期の判例学説

① まず、争いがなければ和解はない[20]。それゆえ、法律関係の存否、範囲、態様に争いがないのに、不確実さだけを除去する契約は和解ではない[21]。

② だが、争いがあるというためには、当事者の主張が主観的に対立していれば足りる。つまり、疑わしい権利につき、主観説が採用されている[22]。

それゆえ、「客観的に観れば争ふ余地のない確定的な法律関係についても争はあり得ると共に、客観的に観れば争ふべきものがあると認められる関係についても主観的の立場で当事者が争はぬならば争はない[23]」。

③ 従って、確定判決が下された事件についても、当事者が確定判決の存在を知りながら[24]、判決後の法律関係につきなお争うときは[25]、和解が可能である[26]。

④ 最後に、争いは法律関係に関するものでなければならず[27]、単なる事実上の争い、たとえば感情の衝突を止めるようなことは和解ではない[28]。

(2) 現在の判例および学説

その後の判例も、従来の判例学説の立場を承継しており、そこから大きく逸脱するものはみられない[29]。だが、現在の通説は、争いという概念を厳密に解しておらず[30]、この点が従来の見解とは大きく異なっている。

① たとえば、我妻栄は、争い概念を拡張する趣旨から、「「不確実」も両当事者の理解に多少ともくい違いのあるときには、争と同視してよい[31]」、と述べている。

② また、高梨公之は、争いという概念を実質的には無用のものと解している[32]。すなわち、民第六九六条は、不確定な法律関係を確定する効力、すなわち確定効を定めた規定である。こうした和解の効力から遡って考えれば、

確定効を有する合意が和解であるということができる。そして、法律関係が不確定でありさえすれば、これを確定させる合意を行う必要があるから、争いや互譲という要素はできるだけ軽くみなければならない。従って、法律関係を確定させようという合意さえあれば、そこには常に争いがあったものとみて、和解の成立を認めてよいというのである。

③　さらに、起訴前の和解に関しても、条文上は争いの存在が必要とされているが（民訴第二七五条一項）、多くの裁判例は、ここにいう争いの概念を広く解している。

たとえば、（ア）権利関係の存否、内容、範囲について主張が対立する場合のみならず、広く権利関係についての不確実や、権利実行の不安全が存する場合を含むとか[33]、（イ）和解申立当時に将来紛争の発生する可能性が予測できる場合であれば足りる[34]、などと説かれている[35]。

もっとも、いくつかの裁判例は、（ウ）和解申立当時において、当事者間に将来の権利の実行にあたり紛争が生ずることを予測せしめる「具体的な事情」がなければならないと述べて[36]、争いという概念の拡張に歯止めをかけている[37]。

（3）　私見

さて、これまでの考察を踏まえて、左に私見を述べてみたい。

①　まず、我妻説は、当事者の理解に多少ともくい違いがあれば、不確実さの存在を争いと同視してもよいという。

だが、本来、そのような場合には、争いの存在は当然に認められるものであった。なぜならば、争いという概念は、多少なりとも主張の対立があれば、その存在が認められる極めて幅の広い概念だったからである（本節二（一）（三））。

えよう。

それゆえ、我妻説は、争い概念を不当に狭く解釈したうえで、これを再び拡張しようとするものにすぎないといえよう。

② これに対して、法律関係を確定させようという合意があれば、そこには常に争いがあったものとみる高梨説は、これを言い換えれば、法律関係が不確実でありさえすれば、実際には当事者間に主張の対立がなくても、争いがあるとみる見解だといえる。

だが、高梨説は、起草者意思に明確に反するのみならず（本節二（二））、その立論の前提には、大きな問題があるように思われる。

すなわち、高梨説は、民第六九六条は和解の確定効を定めた規定という理解から出発するが、しかし、同条は、確定効とは関係がなく、和解の効力が移転的か確認的かを定めた規定である（第七節二（二）（2））。

つまり、民第六九六条は、和解が係争物の所有権を移転するのか、確認するのかを決する規定であり、それゆえ、その前提として、当事者が係争物の所有権の所在につき、異なる主張をなしていたことを想定しているのである（「当事者の一方が和解によって争いの目的である権利を有するものと認められ……」）。

従って、まさに高梨説が論拠とする民第六九六条から、争いがなければ和解はないということができるのである。

③ 最後に、裁判上の和解（起訴前の和解と訴訟上の和解）が、一面においては民法上の和解の性質を持つとともに、他面においては訴訟行為の性質を持つ（両性説）とすれば[38]、起訴前の和解においても、民法上の和解と同様に、その成立のためには争いの存在が必要というべきであり、争いという要素が実質的に無意味になるほど、その概念を拡張して解釈することは許されないだろう。

また、現時点で争いがないにもかかわらず、単に将来の争いを慮って、起訴前の和解により、特定物の引渡請求権等に関する債務名義を取得しておくことは、法が合意による執行力の付与を「金銭の一定の額の支払又はその他の代替物若しくは有価証券の一定の数量の給付を目的とする請求」に限定したこと（民執第二二条五号）と矛盾するといわざるを得ない。もし、特定物の引渡請求権等についても、合意による債務名義の形成に対する社会的需要があるのであれば、同条号の公正証書の執行力を拡張するのが筋だというべきである。[39]

これらのことから、筆者は、右（２）③（ウ）の裁判例にいう「具体的な事情」を、少なくとも何らかの主張の対立があることと理解して、この立場を支持したい。

（二）互譲

（1）明治から昭和初期の判例学説

① まず、互譲がなければ和解ではない。[40] それゆえ、当事者の一方のみが譲歩する契約は和解ではない。しかし、他の契約、たとえば贈与などとしては有効に成立する。[41]

② また、互譲の方法、形式、内容、程度などは問われない。[42] それゆえ、たとえば、争いある法律関係それ自体につき互いに譲歩することも、争いある権利関係については相手方の主張を全面的に認める代わりに、相手方から別個の給付を受けることも、互譲だといえる。[43]

さらに、当事者の一方が互譲によって負担する債務を第三者が履行するというように、譲歩をするについて第三者の行為が介在することを認めても差し支えない。[44]

もっとも、債務の存在を承認する代わりに、期限の猶予を得る行為については見解が分かれ、判例は互譲ではないというが、[45] 学説はこれも互譲だという。[46]

③ 訴訟上の和解についても互譲は必要である。[47] もっとも、互譲は必ずしも訴訟上の請求につき行われる必要はなく、訴訟上の請求については全面的に譲歩する代わりに、訴訟費用につき相手方に譲歩させるものであっても構わない。[48]

これに対して、起訴前の和解につき、大判昭和一五年六月八日民集一九巻九七五頁は互譲を不要とする。[49] 大審院はその理由を明確には述べていないが、争いある法律関係を確定させることにより訴訟を防止することも、起訴前の和解の目的の一つだという考え方に基づくものと思われる。[50]

(2) 現在の判例および学説

① その後の判例も、明治期以降の判例学説の立場を基本的に承継している。[51]

だが、現在の通説は、争い概念と同様に、互譲概念も厳密には解さない。[52] 互譲がないため和解が成立しないとしても、別個の契約としては有効に成立しうるし、そうして成立した契約には、契約の一般原則に従い、合意通りの効力が認められるからである。[53]

② また、学説のなかには、さらに一歩進んで、互譲を不要とするものもある。互譲を欠いた契約においても、法律関係を確定させようという合意を行えば、確定効が生じうるからである。[54]

なお、今般の債権法改正においても、このような見地から、互譲を不要とする見解が有力に主張されていた。[55]

③ 他方、訴訟上の和解については、一方で、請求の放棄や認諾と区別する必要性、[56] あるいは、民法上の和解が構成要素であることを理由として、[57] 互譲を要するという見解がある。しかし、他方で、互譲のないものを和解と扱ったとしても、特に実害はない等の理由から、互譲を要しないという見解も存する。[58]

これに対して、起訴前の和解については、訴訟予防機能を重視して互譲を不要とする見解が一般的である。[59]

(3) 私見

私見は、争いと同様に、互譲も和解の要素だと考える。その理由を左に述べたい。

① まず、民法上の和解につき互譲を厳密には解さない見解、あるいは、不要とする見解は、主として和解の効

力を念頭に置いたものである。

確かに、確定効（不可争効）は、「たとえ真実と違っていても」という合意の効力であるから（第七節四（一））、そのような内容の合意をすれば、和解ではなくとも、確定効（不可争効）を認めることは可能である。それゆえ、確定効（不可争効）の有無という観点からは、互譲によって和解とその他の紛争解決合意を区別する必要はないといえよう。

② だが、既に述べたように、梅は、互譲により和解とその他の行為を区別すべき理由を、和解能力や和解権限の点で差が生ずることに求めていた（本節二（四））。そして、この見解は、未だ現代的意義を失っていないのではないか。[60]

もちろん、明治民法制定当時の和解に関する特則のうち、妻の和解能力や母の和解権限に関する規定（第一四条一項一号、第八八六条四号）は、昭和二二年の法改正により削除された（第四節二（七）（3）、五（三）（4））。しかし、被保佐人の和解能力に関する規定（第一二条一項五号）、および、後見人の和解権限に関する規定（第九二九条）は、現在でも存在する（現第一三条一項五号、第八六四条）。

その結果、被保佐人や後見人が和解を行う場合と、債務の承認や免除を行う場合とでは、次のような差が生ずる。すなわち、被保佐人は、時効完成前の債務承認は単独でなしうるが（大判大正七年一〇月九日民録二四輯一八八六頁）、時効完成後の債務承認には保佐人の同意が必要である（民第一三条一項二号の類推適用、大判大正八年五月一二日民録二五輯八五一頁参照）。また、債務の免除は、その債権が重要な財産でなければ単独でなしうるが、重要な財産であれば、保佐人の同意が必要である（民第一三条一項三号、大判明治四四年一二月一八日民録一七輯八三五頁参照）。これに対して、和解を行うためには、常に保佐人の同意が必要である（民第一三条一項五号）。

さらに、後見人についても民第一三条一項各号の規定が準用されるから（民第八六四条）、[61]後見人が後見監督人の同意を要するか否かについても、被後見人のために行う行為が和解であるのか、債務の承認や免除であるのかにより、右と同様の差が生ずる。

このように、民第一三条一項五号および第八六四条の規定により、被保佐人や後見人が行為する場合の要件が異なるから、互譲という概念を用いて、債務の承認や免除から和解を区別する必要は今日においても存するといえるのである。

③　また、訴訟上の和解についても、互譲は必要だというべきである。確かに、請求の放棄や認諾と訴訟上の和解は、能力や権限に関しても（民訴第三二条二項一号）、効力に関しても（同第二六七条）、基本的には同一に扱われており、それゆえ、両者を区別しなくとも、特に実害はないということができそうである。[62] だが、明治二三年の民事訴訟法から現行の民事訴訟法に至るまで、梅の主張に反して（本節二（四）参照）、訴訟上の和解も一貫して和解として扱われてきたのであり、その間、和解という用語が改められることもなかった。そして、今日、訴訟上の和解も民法上の和解の性質を併せ持つという両性説が通説かつ妥当な見解だとすれば、民法上の和解に互譲を必要とする一方で、訴訟上の和解にはこれを不要とするのは、もはや首尾一貫しない解釈態度だといわざるを得ない。
もちろん、梅のいうように、当事者の一方に全く理がないときに、裁判所は、他方の当事者に譲歩を求めて和解を勧めるべきではない。だが、そのような場合には、むしろ、すみやかに終局判決を言い渡すべきであろう。

これらのことから、訴訟上の和解にも互譲は必要だというべきである。

④　最後に、起訴前の和解についても、互譲は必要と解すべきである。起訴前の和解も、訴訟上の和解と同じく、民法上の和解の性質を有するからである。だが、一定の例外を設ける必要もあろう。
というのも、請求の放棄や認諾を起訴前に行うような手続は存しないから、起訴前の和解手続を利用できないとすれば、当事者の一方のみが譲歩して訴訟を防止することが不可能となる。だが、当事者が、争いある法律関係につき合意に至ったにもかかわらず、手続が存在しないという理由から、訴訟を防止するための申立てを拒絶すると

いう扱いは不当であろう。それゆえ、起訴前の和解という制度を便宜的に借用することを、手続の欠缺を補うという意味で、あくまでも例外的に許容すべきである。

つまり、当事者の一方のみが譲歩して争いある法律関係を確定させ、もって訴訟を防止する旨の申立ては、形式的には起訴前の和解として受け付け、訴訟法上も起訴前の和解としての効力を生じさせるが、実質的には請求の放棄または認諾であるから、実体法上は、和解ではなく、債務の免除または承認（あるいは無名契約）としての効力が生ずるというべきである(63)。

そして、このような起訴前の和解は、あくまでも制度の借用ないし転用であり、本来の姿ではないから、起訴前の和解が互譲を要するという原則を否定するものではない。つまり、互譲を要しない転用型の起訴前の和解は、あくまでも、起訴前の請求の放棄または認諾に相当するものだというべきである。

このように解することにより、起訴前の和解も和解であることに基づく理論的要請と、一方的譲歩により訴訟を防止するという実践的要請を調和しうるものと考える。

四　示談と和解

(一)　最後に、示談の語義を明確にして、本節の結びとしたい。周知のように、示談という語は、不法行為（特に交通事故）や刑事事件の際にしばしば用いられる慣用的な言葉である。

(二)　さて、示談には狭義と広義があり、狭義の示談は民法上の和解と同義である。だが、広義の示談は、互譲の有無を問わず、裁判外で紛争を解決する合意一般を指すといわれている(64)。

それゆえ、債務の承認、免除、無名契約も、広義の示談に含まれる。従って、広義の示談から、債務の承認や免除などを除いた部分が民法上の和解だということができよう。

(三)　そして、広義の示談のうち、民法上の和解を除いた部分の成立要件および効力は、それぞれの合意内容に従って判断される。[65] それゆえ、「たとえ真実と違っていても」という合意があれば、確定効（不可争効）も認められる（第七節四（二））。だが、民第六九六条の規定は、和解にしか適用されないと解すべきである。さもなければ、示談と和解を区別する意味、ひいては、和解に互譲を要求する意味がなくなるからである。[66]

なお、示談においては、とりわけその解釈や錯誤主張の可否が問題とされるが、これらについては、それぞれの箇所（第九節二および三、第一〇節八）で検討することとしたい。

注　第一節

（1）Art. 757, al. 1, Projet de Code civil pour l'Empire du Japon, in: Boissonade, *Projet*, t. 3, p. 453:

La transaction est un contrat par lequel les parties, au moyen de concessions ou sacrifices réciproques, terminent une contestation déjà née ou préviennent une contestation qui peut naître.

（2）Boissonade, *Projet*, t. 3, n°s 369 et suiv. なお、熊野敏三『民法正義　財産取得編　巻之二』（新法註釈会、発行年不詳）五八五頁以下も、こうしたボアソナードの説明を踏襲する。

（3）熊野敏三『民法正義　財産取得編　巻之二』五八四頁。

（4）『民法第一議案』二六九頁［法務大臣官房司法法制調査部監修『日本近代立法資料叢書　一三』（商事法務、昭和六三年）所収］。

（5）『法典調査会　民法議事速記録　五』（商事法務、昭和五九年）九二、九三頁［梅謙次郎］。

（6）「私ハ貴殿ニ対シテ是丈ケノ債権ガアルカドウカ御都合ガ好クバ御返済ヲ願ヒタイ、いや私ハドウモサウ云フ覚エハナイガ何ニカノ間違デハナイカト言フ矢張リ争ニ為リマス極端ヲ言ヘバ夫レデモ争ニ為リマス如何トナレバ確定スルマデハ其裁判ハドウ為ルカ分ラヌ其範囲ガ最モ広イノデアリマス」（『法典調査会　民法議事速記録　五』九三頁［梅謙次郎］）。

（7）『法典調査会　民法議事速記録　五』九二頁［梅謙次郎］。

（8）§ 666, Entwurf eines bürgerlichen Gesetzbuches für das Deutsche Reich, Erste Lesung von 1888:

Als Vergleich gilt der gegenseitige Vertrag, durch welchen ein unter den Vertragschließenden streitiges oder ungewisses Rechtsverhältniß außer Streit oder Ungewißheit gesetzt wird.

和解とは、契約当事者間に存する争いある法律関係または不確実な法律関係を、争いや不確実さのないものとする双務契約である。

（9）§718, Abs. 1, Entwurf eines bürgerlichen Gesetzbuchs für das Deutsche Reich, Zweite Lesung von 1894:

Ein Vertrag, durch welchen der Streit oder die Ungewißheit der Parteien über ein Rechtsverhältniß im Wege gegenseitigen Nachgebens beseitigt wird (Vergleich), ist unwirksam, wenn der nach dem Inhalte des Vertrags als feststehend zu Grunde gelegte Sachverhalt der Wirklichkeit nicht entspricht und der Streit oder die Ungewißheit bei Kenntniß der Sachlage nicht entstanden sein würde.

法律関係についての当事者間の争いや不確実さを互譲によって除去する契約（和解）は、その契約の内容上確定したものとして基礎に置かれた事情が現実に合致せず、かつ、その事態を知っていたら争いや不確実さが生じなかったであろう場合には、無効とする。

（10）§1409, Bürgerliches Gesetzbuch für das Königreich Sachsen von 1863:

Vergleich ist der Vertrag, durch welchen Mehrere ein zwischen ihnen streitiges oder sonst zweifelhaftes Rechtsverhältniß durch gegenseitiges Nachgeben zu einem unbestrittenen und unzweifelhaften machen.

和解は、複数の者が、彼らの間の争いある法律関係や疑わしい法律関係を、互譲により、争いや疑わしさのない法律関係へとかえる契約である。

（11）なお、現独民第七七九条は、第一〇節七（二）注（8）において引用する。

（12）民法議事速記録では、「無条件ノ権利ヲバ条件付ノ権利ニスル」とあるが（商事法務版五巻九二頁、学振版三八巻一三二丁裏）、誤記であろう。

（13）梅謙次郎「和解ノ要素ヲ論ス」法協一六巻一二号（明治三一年）九五九頁以下。

（14）梅謙次郎「和解ノ要素ヲ論ス」九六〇頁。

（15）梅謙次郎「和解ノ要素ヲ論ス」九六〇頁。

（16）大判明治四〇年一一月一日民録一三輯一〇五九頁、大判明治四一年一月二〇日民録一四輯九頁、大判大正五年七月五日民録二二輯一三二五頁、末弘厳太郎『債権各論』（有斐閣、大正七年）八七六頁以下、鳩山秀夫『日本債権法各論 下巻（増訂版）』（岩波書店、大正一三年）七三一頁以下、末川博『債権各論 第二部』（岩波書店、昭和一六年）四六一頁以下。

（17）来栖三郎『契約法』七〇八頁以下、星野英一『民法概論Ⅳ 契約』三四三頁、平井宜雄『債権各論Ⅰ 上――契約総論』（弘文堂、平成二〇年）四七頁以下、中田裕康『契約法』（有斐閣、平成二九年）五九五頁。

（18）我妻栄『債権各論 中巻二（民法講義V3）』（岩波書店、昭和三七年）八七五頁。
（19）高梨公之「和解――その基礎と内容」契約法大系刊行委員会編『契約法大系V 特殊の契約（一）』（有斐閣、昭和三八年）二〇五頁以下参照。
（20）大判明治四〇年一一月一日民録一三輯一〇五九頁、大判大正五年七月五日民録二二輯一三二五頁、大判昭和九年七月一一日新聞三七二五号一五頁。
（21）大判大正五年七月五日民録二二輯一三二五頁、末弘厳太郎『債権各論』八七九頁、鳩山秀夫『日本債権法各論 下巻』七三一頁、末川博『債権各論 第二部』四六一頁。
ただし、横田秀雄『債権各論』（清水書店、明治四五年）七七〇頁は、不確実さを除去する契約にも和解の規定を類推すべきという。
（22）末弘厳太郎『債権各論』八七九頁、末川博『債権各論 第二部』四六二頁。
（23）末川博『債権各論 第二部』四六二頁。同旨、大判明治四〇年一一月一日民録一三輯一〇五九頁。
もっとも、当事者が主観的に争っているか否かは、一般的、客観的に判断される。たとえば、訴えを提起したという事実があれば、当事者間には争いがあるものと判断される（大判大正六年一〇月五日民録二三輯一五三一頁、末川博『債権各論 第二部』四六二頁以下）。
（24）確定判決の存在を知らずに和解が行われた場合には、主観的な争いが存するため和解は成立するが、錯誤の問題が生じうる（第一〇節六（三）（3）参照）。
（25）どのような争いがありうるかについては、判例学説は明確に述べないが、判決の解釈、再審の可否、執行方法等に関する争いが考えられよう。
（26）大判明治四四年四月一二日民録一七輯二〇八頁、鳩山秀夫『日本債権法各論 下巻』七三二頁、末川博『債権各論 第二部』四六二頁。
反対、末弘厳太郎『債権各論』八七九頁以下（和解とは異なる単純の互譲契約が成立する）。
（27）大判大正五年七月五日民録二二輯一三二五頁、末弘厳太郎『債権各論』八八〇頁、鳩山秀夫『日本債権法各論 下巻』七三一頁、末川博『債権各論 第二部』四六一頁。
（28）末弘厳太郎『債権各論』八八〇頁。
（29）たとえば、最判昭和二七年二月八日民集六巻二号六三頁は、「確定判決を経た法律関係についても紛争があれば当事者は有効に和解をなし得る」、という。

(30) 我妻栄『債権各論 中巻二』八七〇頁、来栖三郎『契約法』七〇九頁以下、星野英一『民法概論Ⅳ 契約』三四三頁、平井宜雄『債権各論Ⅰ 上』四八頁以下、中田裕康『契約法』五九五頁。

(31) 我妻栄『債権各論 中巻二』八七〇頁。
同旨、広中俊雄『債権各論講義（第六版第二刷）』（有斐閣、平成七年）三二一頁、品川孝次『契約法 下巻』（青林書院、平成一〇年）三六一頁、半田吉信『契約法講義（第二版）』（信山社出版、平成一七年）五〇一頁。

(32) 高梨公之「和解」二〇九頁。

(33) 大阪高判昭和二四年一一月二五日高民二巻三号三〇九頁、東京高判昭和三五年三月三日東高時報（民事）一一巻三号八一頁、東京高判昭和三八年二月一九日東高時報（民事）一四巻二号二四頁、福岡地決昭和四四年七月八日判時五八九号六五頁、東京地判平成元年九月二六日判時一三五四号一二〇頁、東京地判平成八年九月二六日判時一六〇五号七六頁。

(34) 東京地判昭和三〇年八月一六日下民六巻八号一六三三頁、名古屋高判昭和三五年一月二九日高民一三巻一号七二頁、大阪地判昭和四〇年一月二一日判タ一七二号一四九頁、大阪地決平成三年五月一四日判時一四五五号一一九頁。

(35) 起訴前の和解の訴訟予防機能を最大限重視して、これらの裁判例を支持する学説に、吉村徳重、小島武司編『注釈民事訴訟法（七）証拠（二）・簡易裁判所手続』（有斐閣、平成七年）三七五頁以下［田中豊］、兼子一原著、松浦馨ほか著『条解民事訴訟法（第二版）』（弘文堂、平成二三年）一五〇三頁以下［松浦馨、加藤新太郎］、高田裕成ほか編『注釈民事訴訟法 第四巻 第一審の訴訟手続（二）』（有斐閣、平成二九年）一三九五頁以下［川嶋四郎］などがある。
また、石川明『訴訟上の和解の研究』（慶應義塾大学法学研究会、昭和四一年）三〇頁以下は、訴えの利益（たとえば、将来の給付の訴えの利益）があれば、権利実現の不確実も争いに含めて解しうるという。

(36) 名古屋地決昭和四二年一月一六日判時四七六号四七頁、東京地判昭和四二年三月六日判時四八八号六八頁、大阪高決昭和五九年四月二三日判タ五三五号二一二頁。

(37) 起訴前の和解は、訴訟を防止するものではあるが、争いを予防するものではなく、争いを解決する制度であるとして、こうした裁判例に近い見解を述べるものに、山木戸克己「和解手続の対象――和解手続と契約の公証」同『民事訴訟理論の基礎的研究』（有斐閣、昭和三六年）一六六頁以下［初出、昭和二七年］、松浦馨「裁判上の和解――その概念について」契約法大系刊行委員会編『契約法大系Ⅴ 特殊の契約（一）』（有斐閣、昭和三八年）二二一頁、深沢利一「起訴前の和解に関する諸問題」鈴木忠一、三ケ月章監修『実務民事訴訟講座 二（判決手続通論Ⅱ）』（日本評論社、昭和四四年）二五八頁以下、小野木常「起訴前の和解の原点」窪田隼人編『法と権利 三 末川先生追悼論集（民商七八巻臨時増刊号（三））』（有斐閣、昭和五三年）一九、三二頁などがある。

(38) 通説と目される。訴訟上の和解の性質をめぐっては、著しい学説の対立があり、ここで立ち入ることはできない。しかし、松本博之、上野泰男『民事訴訟法（第八版）』（弘文堂、平成二七年）五六〇頁以下［松本博之］が、現在の議論の到達点を示しており、私見もこれに依拠して両性説を支持したい。

そして、そこでの議論は、決して実益がないものではなく（高橋宏志『重点講義民事訴訟法 上（第二版補訂版）』（有斐閣、平成二五年）七七一頁以下、七七四頁注八参照）、両性説をとる場合には、民法上の和解に関する理論が、訴訟上の和解にも影響を及ぼすことを認めざるを得ないように思われる。

(39) 山木戸克己「和解手続の対象」一六九頁以下。

(40) 大判明治四一年一月二〇日民録一四輯九頁、末弘厳太郎『債権各論』八七六頁、鳩山秀夫『日本債権法各論 下巻』七三三頁、末川博『債権各論 第二部』四六四頁。

(41) 末弘厳太郎『債権各論』八七六頁注五。

(42) 鳩山秀夫『日本債権法各論 下巻』七三三頁以下、末川博『債権各論 第二部』四六三頁以下。

(43) 末弘厳太郎『債権各論』八七七頁、鳩山秀夫『日本債権法各論 下巻』七三四頁、末川博『債権各論 第二部』四六三頁以下。

(44) 大判大正五年九月二〇日民録二二輯一八〇六頁、末川博『債権各論 第二部』四六四頁。

(45) 大判明治三九年六月八日民録一二輯九三七頁。

(46) 末弘厳太郎『債権各論』八七八頁、鳩山秀夫『日本債権法各論 下巻』七三四頁、末川博『債権各論 第二部』四六三頁以下。

(47) 細野長良『民事訴訟法要義 第二巻下冊（全訂版）』（巌松堂書店、昭和五年）五三三頁、中島弘道『日本民事訴訟法 第一編』（松華堂、昭和九年）九二三頁。

(48) 大判昭和八年二月一三日新聞三五二〇号九頁。

(49) 「区裁判所ニ於テ訴訟防止ノ為メニ為サルル裁判上ノ和解ニ於テハ実体上ノ請求権ニ付当事者双方ノ互譲アルコトヲ必要トセス従テ和解条項トシテ当事者ノ一方カ相手方ノ主張スル実体上ノ請求権ヲ全部容認シテ之カ履行ヲ為スコトノミヲ定ムル場合ニ於テモ有効ニ和解カ成立スルモノナルヲ以テ結局此ノ点ニ関シ法律関係ノ確定ノミヲ目的トスル和解カ無効ナリト為ス論旨ハ理由ナキニ帰スルモノトス」。

(50) 薬師寺志光「判批」法学志林四二巻一二号（昭和一五年）一三七〇頁。

(51) たとえば、最判昭和五八年一月二四日民集三七巻一号二一頁が、裁判上の和解において約束された死因贈与の取消しを否定したのは、当該死因贈与が、受贈者が贈与者の疑わしい所有権を承認する代わりに、贈与者が受贈者に約束したものであること、すなわち、互譲の一貫として約束されたものであること、そしてそれゆえに強い拘束力が認められるべきと考えられたことが主要な原因だったと思われる（道垣内弘人「判批」法協一〇一巻八号（昭和五九年）一三〇〇頁以下、太田豊「判解」最判解民事篇昭和五八年度（昭和六三年）二〇頁）。

　また、互譲の方法につき、最判昭和二七年二月八日民集六巻二号六三頁は、「当事者が和解において譲歩の方法として、係争物に関係なき物の給付を約することは毫も和解の本質に反するものではない」、と述べている。

(52) 来栖三郎『契約法』七一〇頁以下、星野英一『民法概論Ⅳ 契約』三四三頁、平井宜雄『債権各論Ⅰ 上』四七頁以下、中田裕康『契約法』五九五頁。

(53) 来栖三郎『契約法』七一一頁、平井宜雄『債権各論Ⅰ 上』四八頁。

(54) 高梨公之「和解」二〇六頁以下、加藤雅信『新民法大系Ⅳ 契約法』（有斐閣、平成一九年）四九七頁以下。

(55) 「法制審議会民法（債権関係）部会 第一八回会議 議事録」商事法務編『民法（債権関係）部会資料集 第一集〈第五巻〉――第一八回～第二〇回会議 議事録と部会資料』（商事法務、平成二四年）四二頁［松岡久和］、「法制審議会民法（債権関係）部会第五九回会議 議事録」商事法務編『民法（債権関係）部会資料集 第二集〈第八巻〉――第五五回～第五九回会議 議事録と部会資料』（商事法務、平成二六年）二七七頁［道垣内弘人］、二八〇頁以下［山本敬三］。

　それにもかかわらず、中間試案の作成段階において、互譲の要否が論点から脱落した経緯は、資料上明らかではない。「民法（債権関係）の改正に関する中間試案のたたき台（五）（概要付き）（民法（債権関係）部会資料 五七）」商事法務編『民法（債権関係）部会資料集 第二集〈第一一巻〉――第六八回～第七一回会議 議事録と部会資料』（商事法務、平成二七年）二七七頁参照。

(56) 石川明『訴訟上の和解の研究』三六頁以下、斎藤秀夫ほか編著『注解民事訴訟法（五）（第二版）』（第一法規出版、平成三年）一七八頁［斎藤秀夫、渡部吉隆、小室直人］、新堂幸司『新民事訴訟法（第五版）』（弘文堂、平成二三年）三六六頁、兼子一原著、松浦馨ほか著『条解民事訴訟法』一四七四頁［竹下守夫、上原敏夫］。

(57) 松本博之、上野泰男『民事訴訟法』五六三頁［松本博之］。

(58) 高橋宏志『重点講義民事訴訟法 上』七七七頁。結論同旨、東京地判昭和二七年九月一九日判タ二七号六八頁。

(59) 石川明『訴訟上の和解の研究』四四頁、斎藤秀夫ほか編著『注解民事訴訟法（八）（第二版）』（第一法規出版、平成五年）四〇四頁［佐々木平伍郎、賀集唱、斎藤秀夫］、吉村徳重、小島武司編『注釈民事訴訟法（七） 証拠（二）・簡易裁判所手続』三七九頁［田中豊］、兼子一原著、松浦馨ほか著『条解民事訴訟法』一五〇四頁以下［松浦馨、加藤新太郎］、高田裕成ほか編『注釈民事訴訟法 第四巻 第一審の訴訟手続（二）』一三九八頁［川嶋四郎］。結論同旨、東京高判昭和三五年三月三日東高時報（民事）一一巻三号八一頁。

(60) なお、来栖三郎『契約法』七一五頁も、「争いのあることと互譲とは、和解の錯誤による無効又は制限能力者ないし財産管理人のした和解契約の効力に関して意味をもつ」と述べ、和解能力や和解権限についての差を指摘している。だが、それに続けて、「しかし、また、その意味はその限りにおいてである」と述べることにより、全体としては、互譲概念の意義に否定的な評価を下している。

(61) 後見人による債務の承認につき、大判大正八年五月一二日民録二五輯八五一頁、於保不二雄、中川淳編『新版 注釈民法(二五) 親族(五)(改訂版)』(有斐閣、平成一六年)四四三頁[中川淳]参照。

(62) もちろん、民訴第二六七条の解釈として、放棄調書や認諾調書とは異なり、和解調書には既判力が認められないという考え方もありうる。だが、仮に和解調書の既判力を否定したとしても、和解には実体法上の確定効(不可争効)があるから、既判力を認めた場合と、実質的には大差ないと思われる。中野貞一郎「請求認諾と訴訟要件・既判力」同『民事訴訟法の論点 Ⅰ』(判例タイムズ社、平成六年)二〇六頁[初出、平成五年]、高田裕成「訴訟上の和解の効力論への一視点」河野正憲、伊藤眞、高橋宏志編『民事紛争と手続理論の現在(井上治典先生追悼論文集)』(法律文化社、平成二〇年)二六〇頁、高橋宏志『重点講義民事訴訟法 上』七八六頁注一九参照。

(63) それゆえ、民第六九六条は適用されない。なお、確定効(不可争効)が生ずるかは、合意内容に従い判断される。

(64) 大判明治四一年一月二〇日民録一四輯九頁は、「普通使用スル示談ナル語字ハ和解ノ別語ニ非ス和解ノ如ク当事者双方カ主張スル所ヲ互ヒニ譲歩シテ争ヲ止ムルコトモ示談ナレトモ尚ホ其外一方ノミカ其主張ヲ抛棄又ハ減殺シテ裁判ニ依ラスシテ事ヲ完結スルカ如キモ亦示談」だという。

ただし、和解と異なる示談の特色が、互譲の有無を問わない点に存するのか、常に裁判外でなされる点に存するのかについては、見解の相違がある。

たとえば、山本敬三『民法講義Ⅳ-1 契約』(有斐閣、平成一七年)八〇八頁や、内田貴『民法Ⅱ 債権各論(第三版)』(東京大学出版会、平成二三年)三一七頁が、示談においては互譲の有無は問われないというのに対し、来栖三郎『契約法』六九九頁は、示談は裁判外でなされる所にその特色があるという。

だが、ある合意が裁判外で行われた場合には、それが広義の示談か狭義の示談(民法上の和解)かを判断するために、結局は互譲の有無を問わざるを得ないだろう。裁判上か裁判外かという相違は、むしろ、和解に互譲の有無を問わず、民法上の和解と示談を完全に同一視した場合に、裁判上の和解と裁判外の和解(民法上の和解=示談)を区別する基準として、初めて積極的な意味を持ちうるものだと考えられる(平井宜雄『債権各論Ⅰ 上』四七頁、加藤雅信『新民法大系Ⅳ 契約法』四九九頁図表二一―二参照)。

(65) 大判大正七年一月三一日民録二四輯二三頁参照。
(66) 逆に、和解に互譲を要求しない見解をとるとすれば、示談と和解の区別を否定して、一律に民第六九六条の適用を肯定することになろう（加藤雅信『新民法大系IV 契約法』四九七、五〇六頁以下）。

第二節　和解の性質

一　旧民法

（一）一九世紀フランスにおけると同様に、旧民法下でも、和解は諾成かつ有償契約だと解されている[1]。また、梅によれば、旧民法は莫大損害による取消しを特別の場合（すなわち、遺産分割の場合（旧民財取第四二〇条、第一〇節二（一）参照））にしか認めないため、和解が実定契約か射倖契約かを論ずる実益はない（第二章第二節二（二）参照[2]）。

（二）ところで、ボアソナードおよび『民法正義』は、一九世紀フランスの一般的な理解とは異なり、和解は必ずしも双務契約であるとは限らないという[3]。当事者の双方が、常に債務（obligation）を負担するとは限らないからである。たとえば、原告が請求の一部を放棄して、被告に残部の支払いを約束させた場合には、被告は残部を支払う債務を負担するが、原告は何らの債務も負担していない（不作為債務すら負担していない）というのである[4]。

だが、梅は、右の場合においても、原告は残部を超えて請求しないという債務（不作為債務）を負担している。ただ、この不作為債務は、即座に履行されて原告の債権が一部消滅するため、その痕跡を留めないにすぎない。特定物の所有権を移転する債務が、直ちに履行されて消滅するにもかかわらず、なおその存在を観念しうるのと同様である。

そして、もしこれを不作為債務と解さなければ、お互いに対立する債権を有している者同士が、各自の債権を請求しないという和解を行ったとき、この和解からは何らの債務も生じないことになり、それゆえ和解は契約ですらなくなってしまう。このような結論が妥当ではない以上、債権の一部放棄の場合にも不作為債務は存するというべきであり、それゆえ和解は常に双務契約であるという。(5)

(三)　さて、旧民法は、仏民原始規定第一一八四条一項と同様に（第二章第二節三（三）注（18）参照）、債務不履行による解除を双務契約の場合にしか認めないから（旧民財第四二一条一項）(6)、旧民法の立場を前提とすると、和解を債務不履行により解除しうるのは、和解が双務契約である場合に限られることになる。(7)

これに対して、梅は、旧民法は、消費貸借（旧民財第四〇五条第四）や質（旧民債担第一〇六条三項）といった片務契約および不完全双務契約の場合にも、債務者に債務不履行があれば、債権者が契約の履行を拒絶することを認めている。そして、この契約の履行拒絶権は解除権たる実質を有するものであるから、双務契約以外の場合に解除を認めたとしても背理ではない。また、そもそも和解は双務契約と解すべきだから、債務不履行による和解の解除は常に認められるべきだと述べている。(8)

二　明治民法

梅は、明治民法の起草者としても、和解を諾成、有償、双務契約と考えていた。(9)　また、民法典施行後から現在に至るまで、通説は伝統的に同旨を説いてきた。(10)　しかし、近時は異論も存する。

そこで、左では、和解の性質に関する現在の議論状況を確認し、私見の立場からこれを批判的に検討してみたい。

(一)　諾成契約

まず、和解が諾成契約であることは、現在においても、民第六九五条の解釈としては疑われていない。しかし、今般の債権法改正においては、立法論として、和解に書面を要求すべきかが問われた(11)。

ところで、一般に、契約における書面の機能としては、①意思確認機能（軽率な意思表示を防止する機能）、②合意内容を明確にする機能、③証明機能などがあると説かれている(12)。また、無償契約においては、④合意の拘束力を担保する機能もまた重要とされる(13)。

だが、私見によれば、右のいずれの機能からも、和解を要式契約とすることはできないように思われる。

(1)　まず、意思確認機能が、諾成契約の原則に反してある契約を要式契約とするのは、通常、その契約に危険が伴うときである。保証契約がその典型例であろう（民第四四六条二項）(14)。だが、和解は、保証とは異なり、必ずしも危険な行為であるとは限らない。

もっとも、交通事故の際に、比較的低額な賠償金の支払いと引換えに示談が行われることもあり、このような場合には、示談は加害者にのみ有利であり、それゆえ被害者にとっては危険な行為であるということもできよう。だが、一般に、示談は示談書の作成によって行われているものと推測される。つまり、書面を作成しているにもかかわらず、軽率な示談が行われているのである。そうだとすれば、和解を要式契約としたところで、軽率な示談を防止することはできないというべきだろう。

右のように考えることが許されるとすれば、軽率な示談への対処は、むしろ、錯誤、公序良俗、制限的解釈といった事後的な救済方法によらざるを得ないように思われる（第一〇節八参照）。

(2)　また、合意内容を明確にする機能から書面という方式が要求されるのは、ある契約が重要な目的物を対象としており、かつ、その解釈に疑義の生ずる恐れが存するときだと考えられる。定期借地権の設定がその例である（借地借家第二二条）(15)。

しかし、和解の目的物は些細なものから重要なものまで千差万別であり、かつ、その内容も単純なものから複雑なものまで様々である。それゆえ、たとえば、些細な目的物を対象としたごく単純な内容の和解にまで書面を要求することは、和解の自由を過度に制約するものとなろう。[16] かといって、重要な目的物を対象とした複雑な内容の和解にだけ書面を要求しようとしても、その線引きは困難である。

そうだとすれば、合意内容を明確にする機能からも、和解に書面を要求することは困難だといえよう。和解内容に関する疑義の除去は、むしろ、和解の解釈原則を精緻化することによって図られるべきものだと思われる（第九節参照）。

（3）次に、証明機能についてであるが、そもそも、書面を契約の成立要件とすべきか否かと、書面によって契約を証明すべきか否かは、理論的には別の問題である。それゆえ、書面の証明機能は、必ずしも諾成契約の原則を否定しないというべきであろう。

（4）最後に、合意の拘束力を担保する機能は、互譲なき和解、すなわち無償契約たる和解を承認する場合に主として問題となるものである。[17] しかし、日本民法は贈与を諾成契約と規定しており（民第五四九条）、[18] また、免除の意思表示にも書面は不要とされている。[19] それゆえ、仮に無償契約たる和解を認めたとしても、なお書面は不要であるという考え方も成り立ちうる。[20] さらに、私見のように互譲を常に必要と考えれば、合意の拘束力を和解に認めることに理論上の難点はない。従って、合意の拘束力の担保という観点からも、和解に書面を要求することは難しいように思われる。

（5）以上より、いずれにしても書面を和解の成立要件とすべきではなく、それゆえ諾成契約原則は守られるべきだと考えられる。

（二）有償契約

次に、和解は有償契約かという問題については、互譲を和解の要素とみない近時の見解によれば、和解は必ずしも有償契約ではないことになる。[21] だが、既に述べたように、私見は互譲を和解の要素とみるから（第一節三（二）

（3））、和解は常に有償契約である。

なお、学説のなかには、和解が有償契約かというのは、実益のあまりない議論だという見解もみられる[22]。しかし、和解のために供与された物については、それが他人の物であれば権利供与義務が認められ[23]、かつ、追奪担保責任や瑕疵担保責任も認められるべきだから（第七節七（一）（3）②）、民第五五九条により、第五六〇条以下の規定を和解に準用することには、法技術的な意味が存するというべきであろう。

（三）　双務契約

（1）　ところで、和解の双務契約性については、通説は古くから、当事者双方が譲歩をなすことを約するから、和解は双務契約であると説いてきた[24]。たとえば、我妻栄は次のように述べている。すなわち、「双方は、譲歩して合意したことを実現する債務を負えばよいのであるから、双務契約である。もつとも、合意の内容として、一方が特定の財産権を移転することを定めたときは、それによつて、目的物は、原則として、当然に移転する。それは売買などにおけると同様である[25]」、と。

つまり、和解は、各々の譲歩が何らかの債務を負担することによって行われるから双務契約であり、かつ、その債務は即座に履行されるものであっても構わないというのである。こうした通説は、梅および一九世紀フランスの通説に連なる見解だということができよう（第二章第二節三（一）（二）、本節一（二）参照）。

さて、このような通説に対しては、現在に至るまで、主として次の五つの異説が唱えられてきた[26]。

（2）　まず、末川博は、当事者双方が「争を止むべき債務」を負うから、和解は双務契約である。しかし、和解によって直ちに係争の法律関係が確定する場合には、和解を単純に双務契約だと言い切ることはできないという[27]。また、末川は別の箇所で、「争を止めるといふのは、それについて主張の対立してゐるところの法律関係を確定して紛争状態を除去することである[28]」、と述べている。

これら二つの記述を併せて読めば、末川説とは要するに、当事者双方が法律関係を確定して紛争状態を除去すべき債務を負担するから、和解は双務契約である。しかし、和解により直ちに法律関係が確定し、紛争状態が除去される場合には、争いを止むべき債務を観念できないため、和解は双務契約ではない、というものである。

だが、末川のいう争いを止めること、または、法律関係を確定して紛争状態を除去することというのは、和解から生ずる債務の目的ではなく、むしろ、和解それ自体の目的というべきものであろう。争いの存在は、和解の要素だからである。

それゆえ末川説は、和解の目的と、和解から生ずる債務の目的とを混同するものであり、「争を止むべき債務」というようなものは、そもそもこれを観念することができないものだったというべきである。

（3） 次に、山木戸克己は、和解は互譲により係争の法律関係を確定する契約であり、契約の成立により法律関係は当然に確定するから、法律関係を確定せしむべき債務というものは存在しない。それゆえ、和解は有償契約であるが、双務契約ではないという。[29]

だが、この説は、互譲を和解の要素と認めながら、譲歩によって当事者が何らかの債務を負担することを不当に等閑視するものであり、この意味で、なお不十分な点があるというべきだろう。

（4） また、石田穣は、和解は双務契約の場合もあるが、そうでない場合もあるという。すなわち、当事者双方が債務を負担しあう場合は双務契約だが、当事者の一方が権利を放棄する場合には、和解の成立と同時に権利は消滅し、権利を放棄すべき債務は生じないから、和解は双務契約ではないというのである。[30]

だが、権利放棄の場合にも、特定物の所有権を移転する場合と同様に、一旦成立した債務が即座に履行されて消滅したと解することも可能であろう。

そして、この石田説に対しては、もし同説のように解せば、お互いに対立する債権を有している者同士が、各自の債権を請求しないという和解を行ったときには、その和解からは何らの債務も生じないことになり、それゆえ和解は契約ですらなくなってしまうという、梅のボアソナード批判がそのまま妥当するものと思われる（本節一（二））。

（5）さらに、加藤雅信は、「和解契約を締結した以上、それまでの紛争につき両当事者はその後もはや争うことはできない。このように、和解契約は双方当事者に「不争義務」ともいうべき不作為義務を負担させるものである」。それゆえ、和解は双務契約であると述べている。[31]

だが、ここにいう「不争義務」とは、和解の確定効（不可争効）のこと（第七節一（二）（1）、四参照）、あるいは、その反射的効果というべきものであり、これを独立の債務と観念することはできないように思われる。[32]

（6）最後に、星野英一および平井宜雄は、和解が双務契約であるかというのは、実益のあまりない議論だという。[33]

しかし、たとえば、A名義の家屋の所有権につき争いが生じ、BがAに一〇〇〇万円支払う代わりに、AがBの所有権を認めるという和解が成立したとしよう。このとき、和解を双務契約と観念することにより、一〇〇〇万円の支払いと登記名義の移転は同時履行の関係に立つということができる（民第五三三条）。また、和解契約後に家屋が不可抗力により滅失したときは、危険負担の規定（民第五三四条）を適用することもできる。そして、これらの処理を不当とする理由が見当たらない以上、[34]和解を双務契約と観念することにも、法技術的な意味があるというべきであろう。

（7）さて、これまでの考察により、右の五つの見解は、いずれも妥当ではないことが明らかになったものと思われる。従って、和解は互譲を要素とし、各々の譲歩が何らかの債務を負担することによって行われるから、和解は常に双務契約であるという通説が、依然として最も適切な見解であるといえよう。

（四）債務不履行による解除

最後に、債務不履行による和解の解除につき検討を加えたい。

（1）まず、明治民法は、旧民法とは異なり、債務不履行による解除を双務契約の場合に限定しないから（民第五四一条乃至第五四三条）、解除を認めるために、和解が双務契約であるという必要はない[35]。

（2）それゆえ、判例も、和解も契約であるという簡単な理由で、債務不履行による解除が可能なこと[36]、そして、解除により和解前の法律関係が遡及的に復活することを認めている[37]。また、学説も一般に、こうした判例の結論を支持している[38]。

（3）さて、私見によれば、和解の解除を認めるという判例学説の立場は、価値判断としてもこれを是認しうるものである。

確かに、和解は紛争解決の合意であり、解除により紛争を復活させることは、通常は、和解した当事者の意思に反することになろう。さらに、和解で約束された債務については、強制履行と損害賠償請求が可能であるから、和解の解除は許されないと解することも不可能ではない。

だが、左の例で考えれば、解除を認めないという解釈が不当であることは明らかであろう。

すなわち、債権者と債務者の間で一〇〇万円の債権の存否につき争いがあり、両者が合意して、債務者は五〇万円を支払い、債権者は残額を放棄するという和解が成立したとしよう。

ここで債務者が五〇万円の支払いを怠った場合、もし和解の解除ができないとすれば、債権者は、和解契約に基づき五〇万円の支払いを訴求すべきこととなる。損害賠償を併せて請求できるとしても、せいぜい遅延利息分である（民第四一九条一項）。

だが、債権者は、訴訟のリスク、時間、費用を惜しんで和解に応じたにもかかわらず、この解決は、債権者に訴訟の時間と費用を負担させつつ、債権を減額させるという二重の負担を強いている。このような結論は、債務を履行しない債務者を一方的に保護するものであり、妥当とはいえないだろう。

それゆえ、むしろ次のように解すべきではないか。すなわち、和解により約束された債務の不履行により、債権者は和解契約を解除して、和解前の法律関係を復活させることができる。そして債権者は、かつて主張していた一〇〇万円の債権を訴求できる。もちろん、その訴訟で勝訴すれば、債権者は一〇〇万円を回収する。だが、かつて和解に応じたくらいであるから、一〇〇万円の債権の立証が成功するとは限らない。

しかし、たとえ一〇〇万円の支払請求訴訟で敗訴したとしても、債権者は、別訴において、和解契約の解除に基づく損害賠償として、和解により支払われるべきであった五〇万円を請求することができる（民第五四五条三項）。そして、この損害賠償請求訴訟において、債権者の主張立証の対象となるのは、一〇〇万円の債権ではなく、和解契約の存在とその債務不履行による解除であるから、債権者が立証に成功する可能性は高いだろう。

つまり、和解の解除を認めることにより、債権者は、まず従来の権利主張を行い、たとえそれに失敗したとしても、解除に基づく損害賠償を通じて、自己の利益を保全することができるのである。逆に、和解で約された債務の不履行があった場合に、債権者をこのような形で保護しなければ、債務者は債務の履行を誠実に行わない可能性もあろう。

このように考えることが許されるとすれば、債務不履行による和解の解除は、価値判断としてもこれを是認すべきである。

注　第二節

（1）熊野敏三『民法正義　財産取得編　巻之二』五八六頁以下。
（2）梅謙次郎『日本民法和解論　完』三八頁以下。
（3）Boissonade, *Projet*, t. 3, n° 372; 熊野敏三『民法正義　財産取得編　巻之二』五八六頁。
（4）Boissonade, *Projet*, t. 3, n° 372; 熊野敏三『民法正義　財産取得編　巻之二』五八六頁以下。
（5）Oumé, *Transaction*, n° 290, 3ᵉ note 1 (p. 26); 梅謙次郎『日本民法和解論　完』二五頁以下。
（6）井上正一『民法正義　財産編第二部　巻之二』七三七頁以下。

（7）梅謙次郎『日本民法和解論 完』三三一頁以下。
（8）梅謙次郎『日本民法和解論 完』三三三頁以下。
（9）梅謙次郎『民法要義 巻之三』八四三頁以下。
（10）末弘厳太郎『債権各論』八八〇頁以下、鳩山秀夫『日本債権法各論 下巻』七三四頁以下、我妻栄『債権各論 中巻二』八七三頁、内田貴『民法II 債権各論』三一六頁、潮見佳男『基本講義 債権各論I 契約法・事務管理・不当利得（第三版）』（新世社、平成二九年）二九五頁。
（11）「法制審議会民法（債権関係）部会 第一八回会議 議事録」四八頁［松岡久和］、商事法務編『民法（債権関係）の改正に関する中間的な論点整理の補足説明』（商事法務、平成二三年）四六三頁。
もっとも、この問題は、互譲の要否とともに、中間試案の作成段階において論点から脱落した（「民法（債権関係）の改正に関する中間試案のたたき台（五）（概要付き）（民法（債権関係）部会資料 五七）」二七七頁）。
（12）中田裕康『契約法』一三八頁以下。なお、契約自由の原則と方式の関係については、山主政幸「契約と方式――諸成契約における証書の機能」契約法大系刊行委員会編『契約法大系I（契約総論）』（有斐閣、昭和三七年）一三九頁、内田貴「電子商取引と民法」山本敬三ほか『債権法改正の課題と方向――民法一〇〇周年を契機として（別冊 NBL No. 51）』（商事法務研究会、平成一〇年）二六九頁、谷口知平、五十嵐清編『新版 注釈民法（一三） 債権（四）（補訂版）』（有斐閣、平成一八年）四〇〇頁以下［谷口知平、小野秀誠］、田中教雄「方式の自由と契約の成立」新井誠、山本敬三編『ドイツ法の継受と現代日本法（ゲルハルド・リース教授退官記念論文集）』（日本評論社、平成二一年）三四七頁、潮見佳男「方式の自由と方式要件の強化」安永正昭、鎌田薫、能見善久監修『債権法改正と民法学III 契約（二）』（商事法務、平成三〇年）一頁なども参照。
（13）於保不二雄「無償契約の特質」契約法大系刊行委員会編『契約法大系I（契約総論）』（有斐閣、昭和三七年）七八頁以下。
（14）筒井健夫『Q&A 新しい保証制度と金融実務』（金融財政事情研究会、平成一七年）四六頁。
（15）法務省民事局参事官室編『一問一答 新しい借地借家法』（商事法務研究会、平成四年）八八頁以下。
（16）「法制審議会民法（債権関係）部会 第五九回会議 議事録」二七六頁以下［中井康之］。
（17）「法制審議会民法（債権関係）部会 第五九回会議 議事録」二八三頁［松岡久和］。
（18）もっとも、こうした日本民法の立場が比較法的には特異なものであることにつき、来栖三郎「日本の贈与法」比較法学会編『贈与の研究』（有斐閣、昭和三三年）一頁参照。
（19）我妻栄『新訂 債権総論（民法講義IV）（第一〇刷）』（岩波書店、昭和四七年）三六七頁、潮見佳男『新債権総論II』（信山社出版、平成二九年）三三九頁。
(20)「法制審議会民法（債権関係）部会 第五九回会議 議事録」一八三頁以下［道垣内弘人］。
(21) 加藤雅信『新民法大系Ⅳ 契約法』五〇〇頁。
(22) 星野英一『民法概論Ⅳ 契約』三三八頁、平井宜雄『債権各論Ⅰ 上』四五頁。
(23) 最判昭和二七年二月八日民集六巻二号六三頁。
(24) 末弘厳太郎『債権各論』八八〇頁以下、鳩山秀夫『日本債権法各論 下巻』七三四頁、我妻栄『債権各論 中巻二』八七三頁。
(25) 我妻栄『債権各論 中巻二』八七三頁。
(26) なお、学説の整理については、民法（債権法）改正検討委員会編『詳解・債権法改正の基本方針 Ⅴ――各種の契約（二）』（商事法務、平成二二年）三四四頁、中田裕康『契約法』五九三頁以下も参照。
(27) 末川博『債権各論 第二部』四六五頁。
(28) 末川博『債権各論 第二部』四六三頁。
(29) 山木戸克己「和解に関する一考察」同『民事訴訟理論の基礎的研究』（有斐閣、昭和三六年）二九五頁以下［初出、昭和一六年］。同旨、三宅正男『契約法（各論）下巻』（青林書院、昭和六三年）一二三一頁。
(30) 石田穣『民法Ⅴ（契約法）』（青林書院、昭和五七年）四一五頁。
(31) 加藤雅信『新民法大系Ⅳ 契約法』五〇一頁。
(32) 既に、山木戸克己「和解に関する一考察」二九四頁が同旨を述べている。
(33) 星野英一『民法概論Ⅳ 契約』三三八頁、平井宜雄『債権各論Ⅰ 上』四五頁。
(34) もっとも、民第五三四条の債権者主義には批判が強かったが、これは規定自体の合理性の問題であり、和解に危険負担の規定を適用することの問題ではない。のみならず、新民法は、特定物に関する物権の移転を目的とする場合にも、債権者に反対給付の履行拒絶権を与え、債務者主義と実質的に同等の考え方を採用しているから（新民第五三六条一項。潮見佳男『民法（債権関係）改正法の概要』（金融財政事情研究会、平成二九年）二四七頁以下、中田裕康『契約法』一六五頁、筒井健夫、村松秀樹編著『一問一答 民法（債権関係）改正』（商事法務、平成三〇年）二二七頁以下など参照）、このような考え方を和解にあてはめることには、結論の妥当性にも問題はないというべきである。
(35) もっとも、債務不履行による解除を双務契約の場合に限定する解釈を採用した場合は別である。かような解釈を主張するものに、星野英一『民法概論Ⅳ 契約』七〇頁、平井宜雄『債権各論Ⅰ 上』二二六頁などがある。それゆえ、和解が双務契約であるか否かは、まさにこの両者にとって、最も議論の実益のある問題だったのである。

(36) 大判大正九年七月一五日民録二六輯九八三頁、大判大正一〇年六月一三日民録二七輯一一五五頁（ただし、債務不履行に備えて、予め解除権が留保されていた事案）、大決昭和八年一一月二九日大審院裁判例（七）民二七三頁、大判昭和一三年一二月七日民集一七巻二二八五頁。

(37) 大判大正一〇年六月一三日民録二七輯一一五五頁。

ただし、訴訟上の和解の内容たる民法上の和解契約が解除されたときに、和解によって一旦終了した訴訟が復活すると解すべきかについては争いがある。

この問題につき、最判昭和四三年二月一五日民集二二巻二号一八四頁は、解除によっても旧訴は復活しないという。

だが、学説では、当事者は、旧訴の復活を主張して期日指定を申し立てるか、旧訴の復活を主張せず新訴を提起するかを、原則として自由に選択できるという見解が有力である。池田浩一「和解調書の無効に対する救済手続――二つの事例を通して」山木戸克己ほか『手続法の理論と実践 上巻（吉川大二郎博士追悼論集）』（法律文化社、昭和五五年）二九三頁、吉村徳重「訴訟上の和解」三ケ月章、中野貞一郎、竹下守夫編『新版・民事訴訟法演習 二』（有斐閣、昭和五八年）七〇頁以下、河野正憲『当事者行為の法的構造』（弘文堂、昭和六三年）二五五頁以下、梅本吉彦「訴訟上の和解の効力について」中野貞一郎ほか編『民事手続法学の革新 中巻（三ケ月章先生古稀祝賀）』（有斐閣、平成三年）五五五頁、小林秀之『プロブレム・メソッド新民事訴訟法（補訂版）』（判例タイムズ社、平成一一年）三三六頁、河野正憲『民事訴訟法』（有斐閣、平成二一年）三四九頁以下、高橋宏志『重点講義民事訴訟法 上』七九二頁以下など。

(38) 我妻栄『債権各論 中巻二』八八二頁、石田穣『民法Ｖ（契約法）』四二二頁以下、品川孝次『契約法 下巻』三六九頁、広中俊雄『債権各論講義』三三二頁、中田裕康『契約法』六〇〇頁など。

第三節　和解の証拠

一　旧民法

（一）　旧民法は、仏民第二〇四四条二項とは異なり、和解の証拠方法を書面に制限していない。証拠に関する規律は、和解の成立要件や効力とともに、合意の一般原則に委ねられている。

旧民財取第一一〇条二項

和解ノ成立、有効、効力及ヒ証拠ハ下ノ規定ヲ除ク外合意ニ関スル一般ノ規則ニ従フ

この規定は、ボアソナードの次の見解に由来する。すなわち、仏民第二〇四四条二項が、和解の証拠方法を書面に制限したのは、和解の証明が新たな紛争の火種になることを防ぐ趣旨である。だが、和解において書面が作成されなかったときに、もし証言による証拠が認められないと、当初の紛争が蒸し返されることになろう。つまり、証拠方法を書面に制限したところで、紛争を予防することはできず、それゆえ同条項には意味がないというのである[1]。

（二）　さて、旧民財取第一一〇条二項により和解の証拠方法が一般原則に委ねられたことから、次のような帰結が導かれる。まず、和解が五〇円以下の事項に関するときは、証言を証拠とすることができる（旧民証拠第六〇条）。また、書証の端緒が存するときは、五〇円を超える事項についても、証言を証拠となしうる（旧民証拠第六九条一号）。さらに、自白を証拠となしうることにも疑いはない（旧民証拠第三三条以下）[2]。

このように、旧民法は、和解の証拠方法の制限を完全に撤廃するものではないが、しかしこれを大幅に自由化したということができよう。

それゆえ、証拠方法の自由化を支持する梅が旧民法の立場に賛意を表したことは[3]、至極当然だったというべきである（第二章第三節七参照）。

二　明治民事訴訟法

さて、その後の経緯をみると、旧民法と同日に公布された明治民事訴訟法（明治二三年四月二一日法律第二九号）は、その第二一七条において、「民法又ハ此法律ノ規定ニ反セサル限リハ」という限定を付して、ドイツ流の自由心証主義を採用した。(4) 旧民法証拠編の適用を予定していたからである。(5) もちろん、旧民法の施行は延期されたが、施行延期決定後に制定された法典調査規定（明治二六年）第八条は、今後の法典編纂の方針として、旧民法証拠編の規定を明治民事訴訟法に編入すべきとしていた。(6) かくして、旧民法証拠編の規定は、再びその適用可能性を回復したのである。

だが、結局、明治民事訴訟法が法典調査規定第八条の通りに改正されることはなく、逆に、旧民法の方が、明治民法の施行（明治三一年七月一六日）により廃止された。つまり、一定額を超える場合には証言を証拠として認めない（旧民証拠第六〇条二項）といった、和解の証拠方法に対する制限が完全に撤廃されたのは、実にこの時だったのである。

注　第三節

（1）Boissonade, *Projet*, t. 3, n° 375, 1°.

（2）なお、ボアソナードは、自白と並んで、宣誓も和解の証拠になると述べている（Boissonade, *Projet*, t. 3, n° 375, 1°）。仏民原始規定第一三五八条を引用するため、ここにいう宣誓とは、決訟的宣誓のことであろう。

だが、証拠編の草案では、裁判外の宣誓を導入する一方で、決訟的宣誓および補充的宣誓といった裁判上の宣誓は継受しておらず（cf. Boissonade, *Projet*, t. 5, n°s 137 et suiv.）、首尾一貫していない。

ボアソナードが裁判上の宣誓を継受せず、さらに、旧民法では裁判外の宣誓も削除された経緯につき、野原香織「旧民法ボワソナード草案における「裁判外の宣誓」」法学研究論集（明治大学大学院）四一号（平成二六年）二五三頁参照。

（3）梅謙次郎『日本民法和解論 完』四〇頁以下。
（4）明治民事訴訟法第二一七条
裁判所ハ民法又ハ此法律ノ規定ニ反セサル限リハ弁論ノ全趣旨及ヒ或ル証拠調ノ結果ヲ斟酌シ事実上ノ主張ヲ真実ナリト認ム可キヤ否ヤヲ自由ナル心証ヲ以テ判断ス可シ
（5）松本博之『民事訴訟法の立法史と解釈学』（信山社、平成二七年）四六頁以下。
（6）法典調査規定第八条（福島正夫編『明治民法の制定と穂積文書』一一一頁）
証拠ニ関スル規定ハ之ヲ民事訴訟法ニ編入ス
法典調査規定理由書第八条（同一一五頁）
民法証拠編ニ掲クル規定ハ時効ニ関スルモノヲ除クノ外ハ其法規ノ性質上訴訟法ニ属スヘキモノ多シ故ニ民事訴訟法ニ改正ヲ加ヘテ之ニ編入スルヲ可トス（但起案者中証拠ニ関スル法規ヲ総則及各編ニ分配スヘシトナス者アリ）

第四節　和解の能力と権限

一　和解能力

（一）旧民法

既にみたように、仏民第二〇四五条一項は、和解を行うためには、係争物につき処分能力が必要であると規定していた（第二章第四節一（一））。だが、旧民法には同旨の規定が存在しない。

これは、ボアソナードが、係争物か和解のために供与される物かを問わず、当事者にこれを処分する能力が要求されるのは当然であるとして、第二〇四五条一項を無益な規定と考えたためである。(1)

こうした旧民法に対して、梅は、係争物を保持する側にも処分能力が要求されることは、一般原則からは当然には導きえないとして、係争物を保持する者にも処分能力が要求されることを明記すべきだと主張していた。[2]

（二）明治民法

だが、梅は、明治民法の起草に際しては、和解能力に関する規定を設けなかった。能力に関する規定は、総則の箇所に置かれるべきという体系的な理由からか、あるいは、立法上の過誤であるのか、その理由は定かではない。

しかし、いずれにしても、係争物を保持するために何らかの出捐をなすことは、係争物に関する権利を一旦放棄してこれを買い戻すことを意味するとの理屈は（第二章第四節一（二）（三）参照）、普遍的なものであると考えられるから、現行法の下でも、和解当事者の双方には係争物の処分能力が必要だというべきであろう。また、もしこのような規律が存在しなければ、行為無能力者の和解能力を判定できなくなる恐れもあろう。

なお、純理からいえば、和解により債権の一部免除を受けた債務者については、例外的に、債務負担能力で足りることになろう（同章節一（二）参照）。だが、契約により債務を負担する能力を有する者は、債権を処分する能力も有しているから、こうした例外を設ける実益はないというべきである。[3]

二　一般的な理由に基づく和解能力の制限

（一）未成年者

未成年者が単独で行った和解は、これを取り消すことができる。

旧民法では、和解の方式（すなわち、人事編第一九四条の規定する親族会の許可（左（2）②参照））を履践しなかったことが取消原因とされているが（財第五四七条二項）[4]、明治民法では、未成年者であることそれ自体が取消しの原因である（民第五条一項、二項）。確かに、明治民法では、未成年者は法定代理人の同意を得れば和解を行うことができるが（民第五条一項本文）、しかし、単独で和解を行うことができないという点については、旧民法と変わりがない。[5]

むしろ、重要なのは、未成年者に代わって和解を行う者の権限をいかに定めるかという問題である。そこで、まずは未成年後見人の和解権限を考察し、親権者の和解権限については後述することとしたい（本節五（三））。

（1）ボアソナード草案

ボアソナードは、無能力者、特に未成年者および禁治産者を保護するために、次のような草案を作成した。

ボアソナード草案第七五八条一項

無能力者に関する和解の有効要件は、本法典の第一編にこれを定める。[6]

本条が設けられた趣旨は、次の通りである。すなわち、和解の主な目的は、紛争に起因する煩いを避けることにあるが、無能力者のために財産管理人が和解を行おうとする場合、そこで避けようとするのは、無能力者ではなく、自己の煩いである。それゆえ、財産管理人は、無能力者の利益を犠牲にして、安易に和解を結ぶ危険がある。従って、財産管理人の行う和解には、無能力者の利益保護のための特別の要件を課す必要があり、こうした要件は、第一編、すなわち人事編で定められるべきだというのである。[7]

ここでボアソナードが念頭に置いていたのは、具体的には、仏民原始規定第四六七条の継受であった（第二章第四節二（二）（1））。[8] つまり、仏民原始規定第二〇四五条二項が準用するところの、一般原則の例外をなす和解の特則、すなわち未成年者および禁治産者の保護規定の継受を意図していたのである。

ボアソナードが、無能力者に関して、単に規定を設けないことにより一般原則を妥当せしめるのではなく、わざわざ第七五八条という規定を置いたことには、こうした明確な狙いがあったのである。

そして、梅も仏文和解論において、人事編の起草者がボアソナードの意図を酌むならば、仏民原始規定第四六七条に類する規定を作成することになるだろうと述べていた(9)。

(2) 旧民法

だが、ボアソナードの意図は、旧民法の編纂過程で没却されることとなった。

① まず、法律取調委員会の原案は、第七五八条一項としてボアソナードと同旨の規定を置いており(10)、再調査案も左のような条文であった。

法律取調委員会再調査案第七五八条一項
　無能力者ニ関スル和解ノ有効ニ要スル条件ハ本法ノ第一編ニ之ヲ規定ス(11)

だが、この再調査案の審議(明治二一年一一月)において、次のような発言がなされた。

(栗塚報告委員)「「本法ノ第一編ニ」ト云ウノハ「無能力者ノ財産管理ノ規定ニ従フ」ト改メ度イノデ御座イマス、一編ハ人事編デ御座イマス此方ハ売買ニナツテ出マスカラ人事篇ガ出ルカト云フ予想ガアルカト云フト我々ニハナイノデ御座イマス、他日無能力者ノ管理規定ガ出来レバ其レニ依ルト云フテ置ケバ宜シイト思ヒマス」
(渡委員)「其レガ宜シイ」
(箕作委員)「無能力者ノ財産管理ト云フコトハ民法ダカ何ダカ分カラヌ」
(栗塚報告委員)「其レナラ削リマシヨウ」

（松岡委員）「削ルガ宜シイ」

（中略）

本条ハ刪除ニ決ス[12]

つまり、人事編の成案が得られるかが未だ明らかではないため、「本法ノ第一編」という文言も適切に修正できない。また、いずれにしても無能力者の財産管理についての規定に従えば足りるのであるから、本条自体を削除するというのである。取調委員会の委員達がボアソナードの起草趣旨を良く理解していれば、こうした発言を行うことはなかったであろう。

② 次に、後見人の財産管理権に関する、人事編の起草過程をみてみよう。注目すべきことに、ここでは、仏民原始規定第四六七条の継受が意識的に否定されている。

すなわち、明治二一年一〇月少し前に作成されたといわれている[13]、法律取調委員会の第一草案人事編は、後見人の権限につき、次の規定を置いていた。

第一草案人事編第三三〇条

左ニ掲クル行為ニ関シテハ後見人ハ親族会ノ允許及ヒ地方裁判所ノ認可ヲ得サル可カラス

一　未成年者ノ動産不動産ヲ移付シ若クハ之ニ物上権ヲ負ハシムルコト但シ収実ヲ時価ニテ売却シ又ハ毀損スヘキ動産ヲ売却スルハ此限ニ在ラス

二　借財ヲ為スコト

三　相続、贈遺若クハ贈与ヲ拒却スルコト

四　未成年者ノ動産不動産ノ権原ニ係ル訴権ヲ行フコト訴権ヲ抛棄スルコト訴権ニ抗弁スルコト又此権利

ニ関シ請求ニ承服スルコト和解ヲ為スコト仲裁ニ付スルコト(14)

つまり、親族会の許可と地方裁判所の認可があれば、後見人は未成年者のために和解を行うことができるというのである（同条四号）。

『民法草案人事編理由書』は、その理由を次のように説明している。

仏国民法ハ和解ニ付テハ三箇ノ条件ヲ要セリ親族会ノ允許三名ノ法学士ノ意見及ヒ裁判所ノ認可是ナリ然レトモ和解ニ限リ法学士ノ意見ヲ必要トスルノ理由ナキヲ以テ伊白民法ニ従ヒ之ヲ削除セリ(15)

すなわち、三人の法学者の意見を徴することに積極的な意義が見いだされず、また、イタリア民法やベルギー民法草案もこうした要件を課していないから、仏民原始規定第四六七条の規律は採用しなかったというのである。なお、その後作成された法律取調委員会上申案（明治二三年四月）も、類似の規定（人事編第二九一条）を有していた(16)。

ところが、元老院での審議を経た元老院議定上奏案（明治二三年九月）人事編第一八七条三号では、裁判所の認可という要件まで削除されている。

元老院議定上奏案人事編第一八七条

左ニ掲ケタル行為ニ関シテハ後見人ハ親族会ノ許可ヲ得ルコトヲ要ス

第一　元本ヲ利用シ又ハ借財ヲ為スコト

第二　不動産及ヒ重要ナル動産ヲ譲渡シ之ニ物上権ヲ設定シ又ハ之ヲ取得スルコト

第三　動産、不動産ニ係ル訴訟又ハ和解、仲裁ニ関スルコト
第四　相続、遺贈若クハ贈与ヲ受諾シ又ハ抛棄スルコト
第五　新築、改築、増築又ハ大修繕ヲ為スコト
第六　財産編第百十九条ニ定メタル期間ヲ超ユル賃貸ヲ為スコト[17]

元老院での審議を記録する公の文書が見つかっていないため、この修正の理由は明らかではない。だが、司法省が明治一三年に刊行した『全国民事慣例類集』は、後見人が親族のときは[18]、未成年者の財産を自由に処分できるが、番頭手代等の他人であるときは、親族内の協議を経なければ、未成年者の財産を処分できないという慣行を複数採録していた[19]。元老院においても、こうした慣行が考慮された可能性は十分にあろう[20]。

いずれにしても、元老院議定上奏案に軽微な字句の修正を施して成立したのが、旧民法の次の規定である。

旧民人事第一九四条
　左ニ掲クル行為ニ関シテハ後見人ハ親族会ノ許可ヲ得ルコトヲ要ス
　第二　不動産及ヒ重要ナル動産ヲ譲渡シ之ニ物権ヲ設定シ又ハ之ヲ取得スルコト
　第三　動産、不動産ニ係ル訴訟又ハ和解、仲裁ニ関スルコト

今や、後見人は、親族会の許可さえ得れば、未成年者のために和解を行うことができるようになった。もちろん、親族会のメンバーには法律家がいるとは限らない。従って、訴訟の煩いを感じた後見人が未成年者に不利な和解を行おうとしたとき、それをチェックできる仕組みが十分には整っていない。ボアソナードの危惧は、ここに現実味を帯びることとなったのである。

梅も、こうした観点から旧民法の立場を批判している。既にみたように、梅は、恐らくボアソナードとは異なり、仏民原始規定第四六七条の三要件のうち、三人の法律家の意見を必要とは考えていなかった。だが、未成年者の利益保護にとって、裁判所の認可の必要性は肯定していた（第二章第四節二（一）（1））。それゆえ、梅としては、第一草案の立場を是認しえたとしても、旧民人事第一九四条を承認することはできなかったのである。梅をして、「是れ簡にして便なるか如しと雖とも或は未た充分未成年者の利益を保護せさるの譏を免かれ難きか[21]」、といわしめた所以であろう。

（3）明治民法

ところが、梅は、明治民法の起草過程ではもはやこうした批判を繰り返さず、親族会の許可を得れば、後見人は未成年者のために和解を行うことができるとしている。

梅自身の起草による甲号議案第九三四条がそれである。

甲号議案第九三四条

後見人カ被後見人ニ代ハリテ第十二条第一項ニ掲ケタル行為ヲ為シ、又ハ未成年者ノ之ヲ為スコトニ同意スルニハ親族会ノ認許ヲ得ルコトヲ要ス但元本ヲ領収スルハ此限ニ在ラス[22]

この草案は、明治二九年四月二九日に配布された甲第五九号議案に含まれるものだが、その二日前には民法前三編が公布されているため、同条の準用する第一二条とは、左の公布文（明治民法）第一二条（能力に関する規定であり、これも梅の起草による）に等しいものと考えられる。

明治民法第一二条一項

準禁治産者カ左ニ掲ケタル行為ヲ為スニハ其保佐人ノ同意ヲ得ルコトヲ要ス

一　元本ヲ領収シ又ハ之ヲ利用スルコト
二　借財又ハ保証ヲ為スコト
三　不動産又ハ重要ナル動産ニ関スル権利ノ得喪ヲ目的トスル行為ヲ為スコト
四　訴訟行為ヲ為スコト
五　贈与、和解又ハ仲裁契約ヲ為スコト
六　相続ヲ承認シ又ハ之ヲ抛棄スルコト
七　贈与若クハ遺贈ヲ拒絶シ又ハ負担附ノ贈与若クハ遺贈ヲ受諾スルコト
八　新築、改築、増築又ハ大修繕ヲ為スコト
九　第六百二条ニ定メタル期間ヲ超ユル賃貸借ヲ為スコト

つまり、第九三四条の趣旨は、準禁治産者が単独でなしえない行為は、後見人もまた単独では行いえない。しかし、後見人は、親族会の認許を得ればこれを行うことができる、というものである。もちろん、和解もそこに含まれる（第一二条一項五号）。

梅は、第九三四条の起草趣旨説明において、「本条ハ人事編ノ第百九十四条ト粗ボ同ジモノデアリマス」[23]、と述べており、仏文和解論および和文和解論での自説とは整合しない。その理由は明らかではないが、後見人の権限を定めるにあたり、旧民人事第一九四条のように問題となる行為を列挙するのではなく、準禁治産者の能力を基準として、これを準用するという立法技術を採用したため、後見人の行う和解にだけ特別規定を設けることが難しくなったのだと思われる。

この甲号議案第九三四条は、若干の修正を経た後に、第九二九条として公布された。

明治民法第九二九条

後見人カ被後見人ニ代ハリテ営業若クハ第十二条第一項ニ掲ケタル行為ヲ為シ又ハ未成年者ノ之ヲ為スコトニ同意スルニハ親族会ノ同意ヲ得ルコトヲ要ス但元本ノ領収ニ付テハ此限ニ在ラス

(4) 昭和二二年（法律第二二二号）の民法改正

だが、戦後の民法改正により家制度が廃止され、親族会の権限の一部を家庭裁判所に、一部を後見監督人に移したことにより、[24] 第九二九条も次のように改められた。

民第八六四条

後見人が、被後見人に代わつて営業若しくは第十二条［現第一三条］第一項に掲げる行為をし、又は未成年者がこれをすることに同意するには、後見監督人があるときは、その同意を得なければならない。但し、元本の領収については、この限りでない。

ここで注目すべきは、後見人による和解の監督権が家庭裁判所ではなく、後見監督人に移されたこと、そして、後見監督人が必須の機関とはされなかった結果、[25] 後見人は、後見監督人がいる場合に限り、その同意を得なければならないとされたことである。逆にいうと、後見人は、後見監督人がいなければ、単独で和解を行うことができるようになったのである（民第八五九条一項）。

ボアソナード草案から旧民法を経て現行法に至るまでの過程で、後見人の行為の自由度、つまり、未成年者の財産が危険にさらされる可能性は、飛躍的に高まってきたといえよう。[26]

(5) 私見

確かに、現行法の解釈としては、後見人の善管注意義務（民第八六九条の準用する第六四四条）違反による損害賠償請求や、後見人の解任請求（民第八四六条）を通じて、未成年者の保護を事後的に図るしかないのであろう。

しかし、右のような過程を経て成立した現行法の規律が大きな問題を抱えるものだとすれば、立法論としては、少なくとも不動産や重要な動産に関する和解については、家庭裁判所の許可を要件として、未成年者の財産を事前に保護することが望ましい。[27]

(二) 解放された未成年者

一九世紀フランスでは、解放された未成年者が収益に関して和解を行うための要件につき議論があった（第二章第四節二（一）（2）②）。

(1) 旧民法

この問題につき、旧民法は人事編第二一九条で、解放された未成年者は、保佐人の立会いがなければ同第一九四条に掲げた行為を行うことができないと規定する。[28] そして第一九四条は、右で引用したように（右（一）（2）②）、第三号で、「動産、不動産ニ係ル訴訟又ハ和解」を挙げている。

それゆえ、解放された未成年者は収益を取り立てることができるが[29]（それゆえ処分能力ありと解しうる）、しかし、第一九四条三号が「動産」と明記していることから、和解については、例外的に保佐人の立会いが必要になると解さざるを得ない。[30]

しかし、梅は、仏文和解論において、収益の処分能力が認められる以上、和解能力も認められるべきと主張しており（第二章第四節二（一）（2）②）、この立場から、旧民法の規定を「是れ一の欠点と謂ふへし異日民法を改正するに至りては必す自治産未成年者随意に収入に就いて和解することを得へしとせんことを望むなり」[31]、と批判している。

（2）明治民法

そして梅は、自説の立場から主査会甲号議案第六条を起草した[32]。だが、この第六条は、主査会の審議においては維持されたものの（明治二六年一〇月三日[33]）、総会の審議において削除すべきものと決せられている（明治二六年一〇月二七日[34]）。親が未成年者に財産処分の許可を与えることができる以上（現民第五条三項）、解放された未成年者という概念を設ける必要はない。のみならず、未成年者が親に解放を迫り、一家の不和を来す恐れすらある[35]、との理由からである。

このように、解放された未成年者という概念それ自体が否定されたため、我が国ではこの問題を論じる実益はなくなっている。

（三）営業を許された未成年者

（1）旧民法

旧民法は、営業を許された未成年者につき、左の規定を置いている。

旧民財第五五〇条

商業又ハ工業ヲ営ムノ許可ヲ得タル自治産ノ未成年者ハ其営業ニ関スル行為ニ付テハ之ヲ成年者ト看做ス

然レトモ其未成年者ハ普通法ニ従フニ非サレハ不動産ヲ譲渡スコトヲ得ス

すなわち、営業を許された未成年者は、営業に関する行為に関しては成年者とみなされるが、不動産の譲渡だけは単独で行うことができず、一般の規則に従うというのである。

そして、未成年者が営業を許されるためには、あらかじめ解放されている必要があるから、本条二項の「普通法」とは、解放された未成年者と同一の規則のことである。

なお、営業を許された未成年者は、不動産の譲渡はできないが、不動産を抵当に入れて借財することはできると解されている(36)。

つまり、旧民財第五五〇条は、仏民原始規定第四八七条、仏商原始規定第二条、第六条と同旨の規定である（第二章第四節二（二）（3）参照）。

（2）旧商法

だが、ロェスラー（Hermann Roesler, 1834–1894）の起草による旧商法（明治二三年法律第三二号）は、旧民法とは異なる内容の規定を有している(37)。

すなわち、未成年者は一八歳以上であれば営業の許可を受けることができ、また、営業の許可を受けた場合には、商事において成年者と全く同一に扱われる（旧商第一一条）(38)、というのである。

そのため、旧商法によれば、営業の許可を得るために解放されている必要はなく、また、営業の許可を受けた場合には、不動産を単独で譲渡することもできることになる(39)。

(3) 梅の見解

梅は、こうした旧民法と旧商法間の矛盾を指摘しつつ、解釈によって次のように調和を図るべきだという。すなわち、営業の許可を受けるためには、未成年者は予め解放されている必要がある。しかし、営業の許可を受けた以上は、不動産の譲渡(和解)も自由に行いうるというのである[40]。解放された未成年者というカテゴリーの有用性を肯定するとともに、財産主体の処分能力を尊重する見解といえよう。

(4) 明治民法

ところが、明治民法の立法過程において、梅は、次のような草案を起草している。

主査会甲号議案第七条

一種又ハ数種ノ商業ヲ営ムコトヲ許サレタル未成年者ハ其商業ニ関シテハ成年者ト同一ノ能力ヲ有スル[41]

本条は、明治二六年九月二一日に配布された甲第三号議案に含まれる規定であるから、解放された未成年者という概念が、法典調査会の審議で否定される日(同年一〇月二七日)よりも前に作成されたものである(右(二)(2)参照)。

それにもかかわらず、梅は、本条の起草理由として、「如何ナル条件ヲ具備スレハ商業ヲ営ムコトヲ得ヘキヤハ一ニ之ヲ商法ノ規定ニ譲[42]」る、と述べており、営業の許可を受ける前提として、未成年者が解放されていることを必要としていない。

他方、営業を許された場合には、未成年者は「成年者ト同一ノ能力ヲ有スル」、と規定しており、不動産の譲渡も可能とする。この点では、『日本民法和解論 完』での見解が維持されているのである。その理由として、梅は、不動産を抵当に入れることはできるのに、譲渡できないというのは条理に合わないと説明している(43)。つまり、主査会甲号議案第七条は、結論として、旧民法ではなく、旧商法の規律を採用したものである。そして、本条は、内容上の変更を加えられないまま、明治民法第六条一項として公布されている。

従って、現行民法においては、営業を許された未成年者は、その営業に関してであれば、不動産の譲渡を内容とする和解も単独で行うことができるといえよう。

(四) 禁治産者または成年被後見人

(1) 旧民法、明治民法

禁治産者の行った和解は取り消すことができる（旧民財第五四七条二項、明治民法第九条）。ただし、禁治産者が処分を許された財産については、未成年者の場合と同様に（本節二（一）注（5））、和解も可能と解すべきである(44)。

なお、禁治産者が後見人の同意を得て行った行為の取消可能性については議論もあるが(45)、少なくとも和解のような複雑で、有利不利の判断が難しい行為に関しては、後見人の同意を得ても取消権は失われないと解すべきであろう。

(2) 平成一一年の民法一部改正(46)

その後、平成一一年の「民法の一部を改正する法律」（法律第一四九号）は、禁治産者を成年被後見人と改めるとともに、民第九条に但書を追加して、「日用品の購入その他日常生活に関する行為」については、成年被後見人は単独で行為できるものとした。改正法の立案担当者は、自己決定の尊重およびノーマライゼーションの理念に基づき、行為能力の制限範囲を限定したと説明している(47)。

もっとも、何をもって「日常生活に関する行為」と解するかについては、見解が分かれている(48)。民第七六一条の

「日常の家事」に準ずるという説や、[49]「日々の生活を行うのに不可欠と考えられる行為」とする説などがある。

しかし、いずれにしても、「日常生活に関する行為」のなかに和解が含まれないのは、その語義からして明らかであろう。[50]

(五) 法定禁治産者

(1) ボアソナード草案、旧刑法（明治一三年七月一七日太告三六号）、旧民法

ボアソナードは、明治一〇年の刑法草案第四四条で、既に法定禁治産を付加刑として規定していた。[51] また、民法草案第三四〇条二項でも、法定禁治産に関する規定を置いていた。[52]

左の旧刑第三五条および旧民財第三一九条二項は、それぞれ右の草案を基礎としたものである。

旧刑第三五条

　重罪ノ刑ニ処セラレタル者ハ別ニ宣告ヲ用ヒス其主刑ノ終ルマテ自ラ財産ヲ治ムルコトヲ禁ス

旧民財第三一九条二項

　然レトモ処刑ノ言渡ヨリ生スル無能力ハ其言渡ヲ受ケタル者ト合意ヲ為シタル者ヨリ之ヲ申立ツルコトヲ得

また、旧民法は、人事編第二三六条、第二三七条においても、法定禁治産者の無能力を規定していた。

(2) 明治民法、民法施行法

さて、旧刑法は既に明治一五年に施行されていたから、民法が法定禁治産者の能力に関する規定を欠けば、それ

は民法の不完全さを示すものと感ぜられた。

それゆえ、梅は、明治民法の起草過程において、法定禁治産者の民事上の能力に関する規定として、次のような主査会甲号議案を作成した(53)。

主査会甲号議案第二〇条

刑事禁治産者ハ其財産ヲ管理、処分スルコトヲ得ス但遺言ヲ以テ処分スルハ此限ニ在ラス

前項ノ規定ニ反スル行為ハ無効トス

主査会甲号議案第二一条

刑事禁治産者ハ之ヲ後見ニ付ス

だが、主査会の審議において、法定禁治産（刑事禁治産）という刑そのものに対する反対意見が出された。曰く、刑を科された者は、監獄にいる間は実際上自己の財産を管理することができないから、禁治産を命ずることには意味がない。のみならず、その家族が財産を処分しようとするときに、必ず後見人を置かなければならないというのは不便であり、刑として禁治産を科すことは有害無益だ(54)、というのである。

こうした反対意見を受けて、主査会は、第二〇条および第二一条を削除することに決した(55)。なお、総会では、民法の審議において刑法の規定の当否を論ずることはできないという理由から両条の復活案も出されたが、削除の結論は動かなかった(56)。

その後、民法施行法の起草過程で、旧刑第三五条を削除するという原案が作成されている（民法施行法案第二五条一項）(57)。民法において法定禁治産に関する規定を削除した以上、刑法においてもこれを削除すべきというのが、

その理由である。[58] この原案は、民法施行法第一四条一項として成立し、[59] 旧刑第三五条は、民法施行法の施行（明治三一年）とともに失効した。

以来、我が国に法定禁治産の制度は存在しない。

（六）準禁治産者または被保佐人、被補助人

準禁治産者（心神耗弱者や浪費者）に関する主要な問題は、彼が単独で処分できる物、とくに収益に関して、保佐人の同意なしに和解を行えるかというものであった。一九世紀フランスの通説は否定、梅が肯定の立場をとっていたことは、既に述べた通りである（第二章第四節二（三））。

（1）旧民法

ボアソナードはこの点につき明確な規定を置かなかったが、旧民法は、準禁治産者の能力につき、解放された未成年者の規定を準用している。すなわち、旧民人事第二三三条一項によって同第二一九条が準用される結果、準禁治産者は、収益についても保佐人の同意がなければ和解を行うことができないと解される（右（二）（1）参照）。梅は、解放された未成年者の箇所と同様に、ここでも、単独で処分できる物については和解を肯定すべきとして、旧民法を批判している。[60]

（2）明治民法

こうした考え方に基づき、梅は、明治民法の起草過程において、「第六条ノ規定ハ之ヲ準禁治産者ニ適用ス」という主査会甲号議案（第一八条一項）を作成した。[61] つまり、主査会甲号議案第六条は、解放された未成年者が単独で処分しうる物については、保佐人の同意なくして和解を行いうるという趣旨の規定と解されるから（右（二）

（2）参照）、準禁治産者も、収益等については保佐人の同意なくして和解を行いうることになる。

もっとも、その後、解放された未成年者という概念が否定され、第六条は削除されたが、同条の規律は、準禁治産者の行為能力に関する規定として活かされ[62]、明治民法第一二条（右（一）（3）で引用）となっている。

それゆえ、明治民法の起草者意思によれば、準禁治産者は、単独で処分できる物については保佐人の同意なくして和解を行いうるということになろう。

（3）平成一一年の民法の一部改正

① 平成一一年の法改正により、準禁治産者という用語が被保佐人と改められた。しかし、その能力に関しては、従来の規律が基本的に維持されている（現民第一三条）。それゆえ、現行法の下でも、被保佐人は、原則として保佐人の同意がなければ和解を行うことはできないが、しかし、単独で処分できる物については保佐人の同意なくして和解を行いうると解すべきだろう（現民第一三条一項五号）。

なお、被保佐人も「日常生活に関する行為」を単独で行うことができる（現民第一三条一項但書による第九条但書の準用）。確かに、和解が「日常生活に関する行為」に含まれると解することはできないだろう（未成年者や成年被後見人について述べた、本節二（二）注（5）、（四）（2）参照）。しかし、日常生活に関する行為の目的物が、被保佐人によって単独で処分されうる物であれば、被保佐人は、保佐人の同意なくして和解を行いうると解すべきである。被保佐人は、未成年者や成年被後見人とは異なり、その物に関する処分能力を有するからである。

② なお、新設の被補助人は、和解が補助人の同意を要する行為に指定されないかぎり、単独で処分しうる物につき、和解を行うことができると解される（現民第一七条一項）。

（七）妻

（1）旧民法

① 一九世紀フランスでは、動産後得財産共通制が法定財産制とされ、妻が和解を行うためには、原則として夫の許可が必要であった。しかし、夫婦財産制として別産制や嫁資制が選択された場合や、妻が公の商人である場合には、若干の例外が認められていた（第二章第四節二（四））。

これに対して、旧民法の法定財産制は、第一草案の段階では、フランスの約定財産制の一つたる後得財産共通制（第一草案の用語では「所得共通ノ制」）をモデルとしていたが[63]、公布文では、恐らくザクセン民法第一六五五条[64]にならい、管理用益制を採用している（旧民財取第四二七条、第四二八条[65][66]）。この管理用益制（Verwaltungsgemeinschaft）は、別産制の一形態であり、妻が婚姻中に有償取得した財産も妻の特有財産として認めるが、その管理用益権は夫が有するという仕組みである。

なお、夫婦財産契約で財産関係を自由に定めることも許されていた（旧民財取第四二三条以下[67]）。

② さらに、妻の能力に関しては、左の規定も存在した。

旧民人事第六八条

婦ハ夫ノ許可ヲ得ルニ非サレハ贈与ヲ為シ之ヲ受諾シ不動産ヲ譲渡シ之ヲ担保ニ供シ借財ヲ為シ債権ヲ譲渡シ之ヲ質入シ元本ヲ領収シ保証ヲ約シ及ヒ身体ニ覊絆ヲ受クル約束ヲ為スコトヲ得ス又和解ヲ為シ仲裁ヲ受ケ及ヒ訴訟ヲ起スコトヲ得ス

この規定は、妻の無能力を一般原則として定める仏民原始規定第二一七条とは異なり、妻に禁止される行為を限定的に列挙したものである[68]。その他の行為については、妻は能力を有するという趣旨である[69]。

だが、禁止される行為の中に和解が含まれていることから、梅は、旧民法では、どのような夫婦財産制がとられたときでも、妻は、夫の許可を得なければ和解をなしえないと解していた[70]。さらに、『民法正義』では、和解や仲裁は、処分行為のなかにおいて最も重大なものだから、その目的物が動産か不動産かで異なるところはないとされていた[71]。

③　要するに、妻は、夫婦財産制如何を問わず、また、動産か不動産かにかかわらず、自己の財産につき、単独で和解を行うことはできなかったのである。

ただし、旧商法第一三条一項には、「商ヲ為スコトヲ得ル婦ハ商事ニ於テハ独立人ノ総テノ権利ヲ得義務ヲ負フ」とあるから、妻が商人である場合には、動産のみならず、不動産についても、完全な和解能力を有した[72]。

(2)　明治民法

①　明治民法も、法定財産制として管理用益制を採用した（第七九九条、第八〇一条、第八〇七条）[73]。また、夫婦財産契約も自由である（第七九三条）[74]。

さらに、左の第一四条一項一号は、妻の能力に関し、準禁治産者の能力に関する第一二条（右（一）（3）参照）を準用した。

明治民法第一四条一項

妻カ左ニ掲ケタル行為ヲ為スニハ夫ノ許可ヲ受クルコトヲ要ス

一　第十二条第一項第一号乃至第六号ニ掲ケタル行為ヲ為スコト

すなわち、準禁治産者が単独で行えない行為の一部は、妻も単独で行いえないというのである。もちろん、和解もそのような行為の一つである（第一二条一項五号）。

② それでは、第一四条による第一二条の準用は、妻の和解を一切禁止する趣旨か、あるいは、たとえば、重要ではない動産についての和解は可能と解しうるか。

法典調査会の議事録からは、この点は明らかではない。[75] だが、法定財産制たる管理用益制は、妻から特有財産の管理権を奪うものであるから、管理行為としての処分という理論を認めることができない。また、妻の処分能力は、夫の管理用益権と正面から衝突する。[76] それゆえ妻は、動産か不動産か、その動産が重要であるか否かを問わず、すべての財産につき単独では和解をなしえなかったと考えるべきであろう。[77]

③ 他方で、明治民法は次のような規定も置いていた。

明治民法第一五条

一種又ハ数種ノ営業ヲ許サレタル妻ハ其営業ニ関シテハ独立人ト同一ノ能力ヲ有ス

すなわち、妻が商人であれば、旧商法第一三条一項により完全な能力を有するが、たとえ商人ではなくても、商業、工業、その他の職業を営む許可を受けた場合には、その営業に関する行為につき、完全な能力を有するというのである。[78] 従って、その営業に関する行為についてであれば、動産不動産を問わず、和解を行うことも許されたであろう。

（3） 昭和二二年の民法改正

だが、既に大正一四年の民法改正要綱は、妻の能力の拡大という見地から、無能力制度および夫婦財産制の見直しを提案していた。[79]

これを受けた戦後の民法改正は、妻の無能力を前提とした規定、すなわち第一四条および第一五条を削除し[80]、また、法定財産制として、夫の管理用益権を廃した別産制を採用した（第七六二条）[81]。それゆえ今日では妻は、商人ではなく、また、営業を許されていなくても、自己の財産につき、単独で和解を行うことができる。

注　第四節一～二

（1）Boissonade, *Projet*, t. 3, n° 375, 2°.

（2）梅謙次郎『日本民法和解論　完』九三頁。

（3）梅謙次郎『日本民法和解論　完』八七頁以下参照。

（4）旧民財第五四七条二項

　未成年者自治産ノ未成年者及ヒ准禁治産者ノ行為ニ付テハ特別ナル方式及ヒ条件ニ依ラサリシトキ又禁治産者ノ行為ニ付テハ何等ノ場合ヲ問ハス亦其行為ヲ銷除スルコトヲ得

そして、親族会の許可は後見人に対して与えられるものだから、未成年者がこの方式を履践することはそもそも不可能であり（井上正一『民法正義　財産編第二部　巻之二』三八五頁）、その結果、未成年者は和解を行いえないこととなるのである。

（5）ただし、未成年者が処分を許された財産については（民第五条三項）、例外的に和解も可能と解される。和解も処分の一種だからである。

なお、「日用品の購入その他日常生活に関する行為」（第九条但書参照）については、未成年者も単独でこれをなしうるとの見解が近時有力に主張されている（潮見佳男『民法総則講義』（有斐閣、平成一七年）一一九頁以下、石田穣『民法総則』（信山社、平成二六年）一六九、一八九頁など）。しかし、仮にそのような解釈をとるとしても、和解が「日常生活に関する行為」に含まれないことは、その語義からして明らかであろう。

（6）Art. 758, al. 1, Projet de Code civil pour l'Empire du Japon, in: Boissonade, *Projet*, t. 3, p. 453:

　Les conditions requises pour la validité des transactions concernant les incapables sont établies au Livre 1er du présent Code.

（7）Boissonade, *Projet*, t. 3, n° 376.

（8）Boissonade, *Projet*, t. 3, n° 376.

（9） Oumé, *Transaction*, nº 382, note 2.

（10） 法律取調委員会原案第七五八条一項（『法律取調委員会 民法草案財産編取得編議事筆記 自第四九回至第七一回』一七二頁［法務大臣官房司法法制調査部監修『日本近代立法資料叢書 九』（商事法務、昭和六二年）所収］）

無能力者ニ関スル和解ノ有効ニ付キ要セラレタル条件ハ此法律ノ第一編ニ之ヲ定ム

（11） 『法律取調委員会 民法草案財産取得編再調査案議事筆記 自第一四回至第二五回』九一頁［法務大臣官房司法法制調査部監修『日本近代立法資料叢書 一二』（商事法務、昭和六三年）所収］。

（12） 『法律取調委員会 民法草案財産取得編再調査案議事筆記 自第一四回至第二五回』九一頁以下。

（13） 石井良助編『明治文化資料叢書 第三巻法律篇 上』（風間書房、昭和三四年）八頁。

（14） 熊野敏三、光妙寺三郎、黒田綱彦、高野眞遜『民法草案人事編理由書 下巻』石井良助編『明治文化資料叢書 第三巻法律篇上』（風間書房、昭和三四年）二二五頁［光妙寺三郎］。

（15） 熊野敏三、光妙寺三郎、黒田綱彦、高野眞遜『民法草案人事編理由書 下巻』二二六頁［光妙寺三郎］。

（16） 『法例 民法人事編 民法財産取得編（続）（第二版）』（http://dl.ndl.go.jp/info:ndljp/pid/1367498）民法人事編五〇丁裏、五一丁表。ただし、地方裁判所が区裁判所に改められている。

（17） 『元老院会議部書類 議定上奏 明治二三年八月ヨリ一〇月廃院迄』（国立公文書館アジア歴史資料センター レファレンスコード A07090113400）第七〇〇号（明治二三年）「民法人事編」六四頁。

（18） 石井良助編『明治文化史 第二巻 法制（新装版）』（原書房、昭和五五年）六二二頁は、「明治初年においては、親権は後見の内に包摂されていて、これと独立の存在ではなかった」、という。

実際、全国民事慣例類集における、「親族たる後見人」――たとえば、「後見人ハ父方ノ親族ヨリ撰ムヲ常トス」（『全国民事慣例類集 司法省蔵版』（法務大臣官房司法法制調査部監修、商事法務研究会、平成元年）三一七頁）――というのは、旧民法や明治民法のカテゴリーとしては、後見人よりも、親権者に近いようである。

（19） たとえば、「後見人ハ幼者ノ家ニ属スル財産及ヒ年貢諸費等ノ諸務ヲ処分スルノ権アリト雖モ他人ニテ後見スルトキハ親族ノ内協議ヲ経テ処置シ又幼者ニ付テノ貸借及ヒ訴訟等ハ悉皆担任スルノ義務アリ 甲斐国巨摩郡」（『全国民事慣例類集 司法省蔵版』三一五頁）、「後見人ハ其親族ヲ任スルコト通例ナレトモ親族近親ナキ者ハ組合協議ノ上他人ヲ任スルコトアリ後見ノ任ヲ受シ者全家大小ノ事務ヲ経理スルノ権アリト云ヘトモ家産売買金穀貸借ノ事ハ親族ノ会議ヲ要スルヲ例トス 信濃国更科郡」（同三一八頁）、など。

（20） ちなみに、手塚豊「明治以後の親子法――明治民法施行以前」同『明治民法史の研究（下） 手塚豊著作集第八巻』（慶應通信、平成三年）六九頁〔初出、昭和三二年〕は、一般論として、「元老院調査委員会の審議は、従来の慣習に存しない条項を排除するという基本方針で行われた」、と述べている。

元老院における人事編の修正に関しては、その他、手塚豊「明治二三年民法（旧民法）における戸主権――その生成と性格」同『明治民法史の研究（下）手塚豊著作集第八巻』（慶應通信、平成三年）二一五頁〔初出、昭和二八、二九年〕、高橋良彰「旧民法典中ボアソナード起草部分以外（法例・人事編・取得編後半）の編纂過程」山形大学歴史・地理・人類学論集八号（平成一九年）五六頁など参照。

(21) 梅謙次郎『日本民法和解論　完』一一五頁。
(22)『民法第一議案』三二四頁。
(23)『法典調査会　民法議事速記録　七』六八頁。
(24) 我妻栄編『戦後における民法改正の経過』（日本評論社、昭和三一年）三〇頁〔長野潔〕。
(25) その経緯につき、久貫忠彦「後見の機関」於保不二雄編『注釈民法（二三）親族（四）』（有斐閣、昭和四四年）二二三頁以下参照。
(26) 既に、西村重雄「後見人の担保供与義務――わが国における西欧法継受の一事例」新井誠、山本敬三編『ドイツ法の継受と現代日本法（ゲルハルド・リース教授退官記念論文集）』（日本評論社、平成二一年）一一三頁以下が、後見人の担保供与義務の歴史的検討を通じて、同旨を指摘している。
(27) なお、昭和三四年の「法制審議会民法部会小委員会における仮決定及び留保事項（その二）」第五七では、「重要な財産行為については、家庭裁判所の許可を得なければならないものとすべきか否かにつき、なお検討する」、という検討課題が示されていた（ジュリ一八五号（昭和三四年）五三頁）。
また、我妻栄『親族法』（有斐閣、昭和三六年）三七四頁も、重要な財産上の行為は家庭裁判所の許可を要するものとすることが立法論として考えられるという。
(28) 旧民人事第二一九条
　第百九十四条ニ掲ケタル行為ニ付テハ自治産ノ未成年者ハ保佐人ノ立会アルニ非サレハ之ヲ為スコトヲ得ス
(29) 井上正一『民法正義　人事編　巻之二（上）』一九六頁。
(30) 梅謙次郎『日本民法和解論　完』一二五頁以下。
(31) 梅謙次郎『日本民法和解論　完』一二六頁。
(32) 主査会甲号議案第六条一項五号（『民法第一議案』一五頁）

自治産未成年者カ左ニ掲クル行為ヲ為スニハ保佐人ノ同意ヲ得ルコトヲ要ス

五　和解又ハ仲裁契約ヲ為スコト

つまり、ここで梅は、解放された未成年者という概念を採用するとともに、「動産」という文言をあえて削除することにより、収益については一般原則に従い、解放された未成年者は収益を処分できるから、和解を行うこともできる（第六条一項五号が適用されない）という立場を採用したものと考えられる。

（33）『法典調査会　民法主査会議事速記録』二二七頁以下［法務大臣官房司法法制調査部監修『日本近代立法資料叢書　一三』（商事法務、昭和六三年）所収］。

（34）『法典調査会　民法総会議事速記録』一〇四頁以下［法務大臣官房司法法制調査部監修『日本近代立法資料叢書　一二』（商事法務、昭和六三年）所収］。

法典調査会で第六条が削除された経緯につき、岡孝「民法典編纂についての梅謙次郎の考え」法時八二巻一〇号（平成二二年）四四頁以下参照。

（35）『法典調査会　民法総会議事速記録』一〇四頁以下。

（36）井上正一『民法正義　財産編第二部　巻之二』三九七頁以下。

（37）ロェスラーの商法草案は、必ずしもドイツ法一辺倒ではなく、「イギリス、フランス、ドイツをはじめ、めぼしい先進国の立法例は片端から参照してそのいずれにも偏らない混合的な最新法典を目標としたもの」（高田晴仁「明治期日本の商法典編纂」企業と法創造九巻二号（平成二五年）六三頁）、といわれている。

実際、旧商第一一条の草案も、特定の国をモデルとした規定ではないようである（vgl. C. F. H. Roesler, *Entwurf eines Handelsgesetzbuches für Japan mit Commentar*, Bd. 1, Tokio 1884（復刻版、新青出版、平成八年）, S. 107 ff.）。

（38）旧商第一一条

男女ヲ問ハス未成年者ニシテ年齢十八歳ニ満チ且父、母又ハ後見人ノ承諾ヲ得テ独立ノ生計ヲ立ツル者ハ商ヲ為スコトヲ得

右ノ未成年者自己ノ為メ商ヲ為サント欲スルトキハ前項ノ要件ヲ明記シ且自己及ヒ父、母又ハ後見人ノ署名捺印シタル陳述書ヲ管轄裁判所ニ差出シ登記ヲ受ク可シ然ルトキハ其登記ノ日ヨリ商事ニ於テ総テノ権利及ヒ義務ニ関シ成年者ト全ク同一ナルモノトス

（39）Vgl. Roesler, *Entwurf*, Bd. 1, S. 110.

（40）梅謙次郎『日本民法和解論　完』一二七頁以下。

（41）『民法第一議案』一六頁。

(42)『民法第一議案』一六頁。
(43)『民法第一議案』一六頁。
(44)石田穣『民法総則』二〇一頁以下。
(45)須永醇「行為無能力者の法律行為と保護機関の同意」法学志林九五巻一号（平成九年）三頁［同『意思能力と行為能力』（日本評論社、平成二二年）所収］、石田穣『民法総則』一九七頁以下。
(46)平成一一年の成年後見制度改革の理念と経緯については、新井誠編『成年後見――法律の解説と活用の方法』（有斐閣、平成一二年）一頁以下［新井誠、小林昭彦］、小林昭彦、原司『平成一一年民法一部改正法等の解説』（法曹会、平成一四年）二頁以下参照。
(47)小林昭彦、原司『平成一一年民法一部改正法等の解説』八二頁。
(48)詳しくは、山本敬三『民法講義Ⅰ 総則（第三版）』（有斐閣、平成二三年）五八頁以下参照。
(49)小林昭彦、原司『平成一一年民法一部改正法等の解説』八二頁。
(50)磯村保「成年後見の多元化」民商一二二巻四・五号（平成一二年）四七九頁以下。
(51)*Projet de Code pénal pour l'empire du Japon: présenté au Sénat par le Ministre de la justice, le 8e mois de la 10e année de Meiji (août 1877)*, Kokubunsha 1879, p. 12.
(52)Boissonade, *Projet*, t. 2, p. 51.
(53)『民法第一議案』二二頁。
(54)『法典調査会 民法主査会議事速記録』二八三頁以下［田部芳］。
(55)『法典調査会 民法主査会議事速記録』二八五頁。
(56)『法典調査会 民法総会議事速記録』一五六頁以下。
(57)『法典調査会 民法施行法案』八頁［法務大臣官房司法法制調査部監修『日本近代立法資料叢書 一四』（商事法務、昭和六三年）所収］。
(58)『法典調査会 民法施行法議事要録』二六頁以下［法務大臣官房司法法制調査部監修『日本近代立法資料叢書 一四』（商事法務、昭和六三年）所収］。
なお、民法施行法の起草担当者は明らかではないといわれているが（福島正夫編『明治民法の制定と穂積文書』五一頁）、『法典調査会 民法施行法議事要録』をみると、原案のすべてにつき、梅がその起草趣旨を説明している。
(59)民法施行法第一四条一項

刑法第十条第三号、第三十五条、第三十六条、刑法附則第四十一条、陸軍刑法第十八条第四号及ヒ海軍刑法第九条第四号、第二十二条ハ之ヲ削除ス

(60) 梅謙次郎『日本民法和解論 完』一五〇頁。

(61) 『民法第一議案』二〇頁。

(62) 『法典調査会 民法総会議事速記録』一四七頁以下。

(63) 磯部四郎、井上正一『民法草案獲得編第二部理由書』石井良助編『明治文化資料叢書 第三巻法律篇 下』（風間書房、昭和三五年）一六〇頁以下［井上正一］。端的には、次の規定に表れている。

第一草案獲得編第二部第一八四九条（同書一六四頁）

夫婦ノ特有財産ハ左ノ如シ

一 婚姻公式ノ時夫婦ノ所有スル動産及ヒ不動産

(64) § 1655, S. 1, Bürgerliches Gesetzbuch für das Königreich Sachsen von 1863:

Der Ehemann hat an dem Vermögen, welches die Ehefrau zur Zeit der Eheschließung besitzt oder während der Ehe erwirbt, das Recht des Nießbrauches und der Verwaltung.

夫は、妻が婚姻締結時に有していた財産および婚姻中に取得した財産につき、これを用益し、かつ、管理する権利を有する。

(65) 旧民財取第四二七条

夫又ハ戸主タル婦カ配偶者ノ特有財産ニ付テ有スル権利ハ用益者ノ権利ニ同シ又配偶者ノ特有財産ニ関シテ収益ヲ為ス夫又ハ戸主タル婦ハ用益者ノ負担スル修繕其他収益ヲ以テ弁済ス可キ義務ヲ負フ

旧民財取第四二八条

夫ハ婦ノ特有財産入夫ハ戸主タル婦ノ財産ヲ管理ス

(66) 井上正一『民法正義 財産取得編 巻之三』四一六頁以下は、法定財産制として「制限財産分別ノ制」（管理用益制）を採用した、と述べている。

また、第一草案の理由書では、ザクセン民法第一六五五条（前掲注（64））が、「制限分別ノ制」を採用することが紹介されていた（磯部四郎、井上正一『民法草案獲得編第二部理由書』一六一頁［井上正一］）。

なお、第一草案の立場がどの段階で、どのような理由に基づき修正されたのかは明らかではない。だが、法律取調委員会上申案では、第一草案の共通財産に関する規定（獲得編第二部第一八四六条乃至第一九二〇条）がすべて削除されているため（『法

例 民法人事編 民法財産取得編（続）（第二版）』民法財産取得編（続）四五丁表以下参照）、それ以前の段階、恐らくは法律取調委員会による再調査の際に修正がなされたものと推測される。この点につき、有地亨が、法律取調委員が再調査案の作成に際して、財産管理権を戸主に集中させ、もって「家」制度の強化をはかったのではないかと述べていることも参考になる（有地亨「夫婦財産制に関する一考察」法政研究三三巻二―六号（下巻）（昭和四一年）六九四頁以下）。

(67) 井上正一『民法正義 財産取得編 巻之三』四〇六頁以下参照。

(68) 熊野敏三『民法草案人事編理由書 上巻』石井良助編『明治文化資料叢書 第三巻法律篇 上』（風間書房、昭和三四年）九七頁は、本条は一八六五年のイタリア民法第一三四条にならったものという。

Art. 134, comma 1, Codice civile del 1865:

La moglie non può donare, alienare beni immobili, sottoporli ad ipoteca, contrarre mutui, cedere o riscuotere capitali, costituirsi sicurtà, né transigere o stare in giudizio relativamente a tali atti, senza l'autorizzazione del marito.

妻は、夫の許可がなければ、贈与を行い、不動産を譲渡し、これを抵当に付し、借財をなし、元本を譲渡または取り立て、保証をなし、また、これらの行為に関して和解や裁判を行うことができない。

なお、松浦千誉「一八六五年イタリア民法典における女性の地位」八戸大学紀要創刊号（昭和五六年）六二頁は、第一三四条の成立過程を説明して、「この妻の無能力規定は、ピサネッリの法案には入っていなかった。その理由は、夫の許可という制度は、イタリアには馴染みの薄い共通財産制と結びついている制度であり、婚姻共同体の破綻時には凶器となるものであり、妻と夫の差別の不合理性を示すものであるというものだった。

これに対し、著名な裁判官や国会議員で構成されている委員会は、反対で、結局上記のように、一定の行為についてのみ夫の許可が必要であるとする制限された妻の無能力制度が採用された」と述べている。

(69) 熊野敏三『民法草案人事編理由書 上巻』九七頁。

(70) 梅謙次郎『日本民法和解論 完』一五四頁。

(71) 熊野敏三『民法正義 人事編 巻之一（上）』二九八頁。

(72) Vgl. Roesler, *Entwurf*, Bd. 1, S. 113 f.; 梅謙次郎『日本民法和解論 完』一五四頁。

(73) 「既成法典デ此制度ニシタノハ私共同意ヲ表スルコトデアル外国デモ独逸民法草案ヲ例ニシマシタ」（『法典調査会 民法議事速記録 六』三二七頁［梅謙次郎］）。

栗生武夫『婚姻法の近代化』（弘文堂書房、昭和五年）一一七頁以下、五十嵐清「夫婦財産制」中川善之助教授還暦記念家族法大系刊行委員会編『家族法大系II 婚姻』（有斐閣、昭和三四年）二一八頁、有地亨「夫婦財産制に関する一考察」六九八頁も参照。

(74) 『法典調査会 民法議事速記録 六』三〇一頁［梅謙次郎］。もっとも、「夫婦財産契約はほとんど行われなかった」（石井良助編『明治文化史 第二巻 法制』六二一頁）、といわれている。

(75) 『法典調査会 民法主査会議事速記録』二八六頁以下、『法典調査会 民法総会議事速記録』一六五頁以下、『法典調査会 民法整理会議事速記録』一〇一頁以下［法務大臣官房司法法制調査部監修『日本近代立法資料叢書 一四』（商事法務、昭和六三年）所収］参照。

(76) もっとも、第一四条一項一号によって準用される第一二条一項三号は、準禁治産者が単独で行えない行為につき、「不動産又ハ重要ナル動産ニ関スル権利ノ得喪ヲ目的トスル行為ヲ為スコト」と規定しており（右（一）（3）参照）、重要ではない動産に関しては、妻の処分能力を認めるかのようにも読める。

だが、第一二条一項三号が準禁治産者に右の財産の処分能力を認めたのは、彼の処分能力が、同意の付与を主たる任務とする保佐人の財産管理権と必ずしも矛盾しないことを理由とする。

つまり、明治民法は、準禁治産者の能力に関する規律を妻にも準用するという立法技術を採用した際に、夫婦財産制による制限を受けた妻の処分能力との差異を、充分に顧慮していなかったのではないかと思われるのである。

(77) 昭和初期の文献でも、妻は自由に処分できる財産を一切有しないとされている（谷口知平『日本親族法』（弘文堂書房、昭和一〇年）二八二頁、中島玉吉『民法釈義 巻之四 親族篇』（金刺芳流堂、昭和一二年）四〇四頁以下）。もっとも、ドイツの「留保財産 Vorbehaltsgut」（§ 1365 BGB von 1896）を参考にして、我が国でも、妻の専用に供せられる物（衣類など）については、夫の管理用益権が及ばないという見解も存した（近藤英吉『夫婦財産法の研究』（巌松堂書店、昭和三年）二二六頁以下）。

(78) 梅謙次郎『民法要義 巻之二』四二頁、二〇頁以下、岡松参太郎『注釈民法理由 上巻』（有斐閣書房、明治二九年）四二、二八頁。

(79) 「民法親族編中改正ノ要綱」の第一四「妻ノ能力及ヒ夫婦財産制」（前田達明編『史料民法典』（成文堂、平成一六年）一二二五頁）

一 妻ノ無能力及ヒ夫婦財産制ニ関スル規定ヲ削除シ之ニ代ルヘキ相当ノ規定ヲ「婚姻ノ効力」ノ下ニ設クルコト

二 妻ノ能力ハ適当ニ之ヲ拡張スルコト

三 夫婦ノ一方カ婚姻前ヨリ有セル財産及ヒ婚姻中自己ノ名ニ於テ得タル財産ハ其特有財産トスルヲ原則トシ夫又ハ女戸主カ其配偶者ノ財産ニ対シテ使用及ヒ収益ヲ為ス権利及ヒ夫ノ妻ノ財産ニ対スル管理権ヲ廃止スルコト

(80) 最高裁判所事務総局編『民法改正に関する国会関係資料（家庭裁判資料第三四号）』（最高裁判所事務総局、昭和二八年）四五七頁、谷口知平編『注釈民法（一）総則（一）』（有斐閣、昭和三九年）二三〇頁以下［谷口知平］。
（81）最高裁判所事務総局編『民法改正に関する国会関係資料』四八五頁以下、犬伏由子「夫婦財産制」星野英一編集代表『民法講座 第七巻 親族・相続』（有斐閣、昭和五九年）九七頁。

三　特別な理由に基づく和解能力の制限

（一）元未成年者と後見人間の後見の計算に関する和解

（1）旧民法

仏民原始規定第二〇四五条二項および同第四七二条によれば、元未成年者と後見人が、後見の計算に関して和解を行うためには、①後見人が詳細な計算書を提示すること、②その計算を正当化する証拠書類が添付されていること、③元未成年者がこれらの書類の受領証を発行すること、④受領証に付された日付から一〇日が経過すること、の四つの要件を満たす必要があった（第二章第四節三（二））。

これに対して、旧民法は、後見人は未成年者が成年に達した後、後見監督人の立会いの下で、元未成年者に対して後見の計算を行うことができる（旧民人事第二〇五条、第二〇六条一項）[1]。後見の計算を行う前になされたすべての合意は無効とする（同第二〇八条）[2]、と規定した。それゆえ、元未成年者と後見人は、後見監督人の立会いの下で、後見の計算につき和解を行うこともできると解される。

このような旧民法の規律は、後見の計算につき、フランス法の煩雑な手続を廃して後見監督人の監督に服せしめるという、一八六五年イタリア民法第三〇二条以下の立場、特に第三〇七条一項[3]にならったものである[4]。

なお、梅は、イタリア民法の立場につき、「仏国法より簡にして却て未成年者の利益を保護すること仏国法に愈れり」、と賛意を表していた[5]。

（2） 明治民法

このような文脈で、梅は、明治民法においても、旧民法と同旨の規定を設けた[6]。明治民法第九三八条一項および第九三九条一項である[7]。

（3） 昭和二二年の民法改正

ところが、昭和二二年の民法改正により、後見監督人の設置が任意のものとされたため（本節二（一）（4）参照）、後見の計算は、後見監督人がある場合にのみ、その立会いを要するものとされた（民第八七一条）。それゆえ、後見監督人が設置されていない場合には、元未成年者と後見人は、後見の計算につき自由に和解を行うことができることになる。だが、このような規律は、悪意ある後見人から元未成年者の財産を保護するための制度としては、極めて不十分なものであろう。

（4） 私見

それゆえ、立法論としては、後見の計算および後見の計算に関する和解につき、家庭裁判所の許可を要件とすることが望ましい。

（二） 夫婦間における和解

（1） 旧民法

① 旧民法は、仏民原始規定第一五九五条と同様に、夫婦間の売買を原則として禁止するが、真実かつ正当な債務を消滅させるための代物弁済については、例外的にこれを許容している（旧民財取第三五条）。売買や要件を欠く代物弁済の取消期間は、婚姻解消時から起算して五年である（旧民財取第三六条によって準用さ

れる財第五四四条、第五四五条）。

また、夫婦間の贈与は、夫婦の一方が婚姻中いつでも取り消しうるものとされている（旧民財取第三六七条一項）。だが、交換は、売買と類似の行為であるにもかかわらず、禁止されていない（旧民財取第一〇九条二項本文）。フランスでは、売買に関する規定はすべて交換に準用されている（仏民第一七〇七条）。しかし、ボアソナードが、売買においては虚偽の領収書を発行して贈与を隠しうるが、交換においてはそのような方法で贈与を隠すことはできないと述べて、両者を区別したことに由来する。[8]

② さて、こうした旧民法の規律の下では、和解は、売買に準じて、原則として禁止されるが、真実かつ正当な債務を消滅させるために行われた場合には例外的に有効と解されるのか、あるいは、交換に準じて、夫婦間においても有効に行いうると解されるのか、少なくとも二つの解釈の可能性が存したといえよう。

③ この点につき、梅は、売買と最も類似する交換が許容されていることに着目して、旧民法の下では、売買以外の有償契約は夫婦間においても有効になしうるから、和解も有効になしうると述べている。[9]

そのうえで、梅は、売買が禁止されるのにその他の有償契約が許されるのは権衡を失すること、また、一八六五年イタリア民法第一三六条のように、夫婦が裁判所の許可を得て行為するというのは我が国の風習に適さないことから、立法論としては、夫婦は有償無償を問わず、すべての行為をなしうるが、婚姻中においては、夫婦の一方がいつでもこれを取り消しうるものとすべきだという。[10] つまり、夫婦間の贈与に関する規律を、すべての契約に押し広げるべきだというのである。

（2） 明治民法

こうした考えに基づき、梅は、明治民法第七九二条を起草した。同条は、昭和二二年の民法改正により条文番号が第七五四条に改められたが、内容上の変更はない。

民第七五四条
夫婦間でした契約は、婚姻中、いつでも、夫婦の一方からこれを取り消すことができる。ただし、第三者の権利を害することはできない。

すなわち、すべての契約が取消しの対象とされるとともに、取消権の行使期間が婚姻解消時から五年ではなく、婚姻中に限定されたのである。夫婦間では自由な意思に反して契約を結ぶことがあるところ、ある契約を禁止し、ある契約を許すのは不均衡であること、売買が禁止されたのは、贈与の禁止の潜脱を防ぐためであることなどに鑑みて、贈与の禁止に関する規律がすべての契約に拡張されているのである(11)。

(3) 現在の法状況
それゆえ、現行法の解釈としては、夫婦間で行われた和解も、婚姻中であれば、いつでも取り消しうることになる。

(4) 私見
① だが、本条が取消権の行使を婚姻解消後ではなく、婚姻中と定めたことにより、実際の適用においては、むしろ夫の横暴を助勢する結果となっていることが指摘され、立法論としては、民第七五四条の削除論が有力である(12)。
実際、夫婦間の贈与や和解というものは、婚姻費用の分担に関する合意であったり、離婚を前にした財産分与や慰謝料についての合意である場合が多いように思われる。そうだとすれば、こうした贈与や和解は取り消されるべきではないであろう。

判例も、こうした問題に、民第七五四条の限定解釈で対処している。たとえば、最判昭和三三年三月六日民集一二巻三号四一四頁は、離婚を前提として財産分与たる性質を有する贈与が行われ、その取消しが争われた事案につき、「夫婦関係が破綻に瀕しているような場合になされた夫婦間の贈与はこれを取り消しえない」、と述べている。また、最判昭和四二年二月二日民集二一巻一号八八頁は、円満な夫婦関係の継続を目的として贈与が行われた後、夫婦関係が破綻してからその取消しが主張された事案で、「民法七五四条にいう「婚姻中」とは、単に形式的に婚姻が継続していることではなく、形式的にも、実質的にもそれが継続していることをいうものと解すべきであるから、婚姻が実質的に破綻している場合には、それが形式的に継続しているとしても、同条の規定により、夫婦間の契約を取り消すことは許されない」、と判示している。

このように、民第七五四条は、判例によりその適用領域が制限され、形骸化が進んでいる。

② しかし、だからといって、民第七五四条を単純に削除すると、今度は別の問題が生ずるように思われる。すなわち、そもそも夫婦間の契約取消権が認められたのは、夫婦間贈与の禁止を実効あらしめるためであり、そこで念頭に置かれていたのは、贈与、売買、和解等の形式をまとった財産隠匿行為の防止であった。

そして、和解が財産隠匿のために用いられやすい行為であるとすれば、夫婦間の和解を取り消しえないものとすることは、夫婦の一方の債権者を害することにつながる。もちろん、詐害行為取消権という制度は存するが、夫婦間で行われた和解の詐害性や詐害意思の立証は困難であろう。

③ それゆえ、一九世紀フランスの学説（第二章第四節三（二）（2）参照）や旧民法における解釈可能性の一つ、さらには、前記昭和三三年判決の事案を参考にしつつ、次のような規範を定立することが望まれる。

すなわち、夫婦間の和解は、財産隠匿の恐れから、原則として婚姻中および婚姻解消後一定期間は取り消しうるが（夫婦の一方の債権者も取消権者に含まれる）、しかし、真実かつ正当な債務（離婚に伴う財産分与や慰謝料など）を処理するために行われた場合には、例外的に有効である、と。

四　破産者の和解能力

(一)　旧商法

明治二三年の旧商法は、破産者の和解能力に関しては、一八三八年改正後のフランス商法の規律を大体において受け継いでいる（第二章第四節四参照）。

すなわち、破産者は、破産宣告により破産財団との関係で処分能力を失うから、その日以降に行った和解は無効である（旧商第九八五条一項、二項）。

また、破産宣告前であっても、債務者が支払停止後に破産財団を害する和解を行い、かつ、相手方が支払停止の事実を知っていたときは、破産管財人はこの和解に対して異議を述べることができる（旧商第九九一条）[13]。

さらに、支払停止後または支払停止前一〇日以内に行われた和解が、贈与、期限前の弁済、既存債務への新たな担保権設定等を隠蔽するものであるときは、破産財団との関係で当然に無効とされる（旧商第九九〇条）[14]。なお、同条は、仏商第四四六条（一八三八年改正規定）とは異なり、「不相当ノ報償ヲ以テ義務ヲ負担スル契約」も無効としているので、このような内容を有する和解もまた無効とされる[15]。

最後に、支払停止前に行われた和解であっても、それが債権者を害する目的で行われ、そのことを相手方も認識しているときは、破産管財人がこれに異議を述べることができる（旧商第九九六条）。民法上の詐害行為取消権（旧民財第三四〇条）と同旨の規定である[16]。

(二)　旧破産法、現行破産法

他方、大正一一年の旧破産法（法律第七一号）は、一八九八（明治三一）年のドイツ改正破産法[17]を基礎として制定されたものであり[18]、破産者の和解能力に関する規律は、現行破産法にまで基本的に受け継がれている。

これによれば、破産者は、破産手続開始決定（破産宣告）により処分能力を失い（旧破第七条、破第七八条一項）、その日以降に行った和解は、破産手続との関係では、その効力を主張することができない（旧破第五三条一項、破第四七条）。

右の点については、旧商法の規律内容と異ならないが、しかし、破産手続開始決定前の行為に対する同法の無効や異議申立権は、旧破産法においてドイツ流の否認権（故意否認、危機否認、無償否認）として整備され（旧破第七二条）[19]、さらに、現行の破産法は、旧法の否認権を詐害行為、偏頗行為、無償行為という新たな観点から整理し直している（破第一六〇条以下）[20]。

(三)　私見

従って、現行法の下では、破産手続開始決定前に債務者の行った和解が、詐害行為や偏頗行為に該当したり、無償行為を隠蔽するものであるときは、破産管財人によって否認されうると解すべきである[21]。

また、債務者が和解によって債権者を害した場合には、債権者は、破産手続によらず、詐害行為取消権によりこれを取り消すこともできるというべきである（民第四二四条）。

注　第四節(二)〜(四)

(1)　旧民人事第二〇五条
　後見人ハ管理ノ終了スルトキハ其計算ヲ為ス可シ
　旧民人事第二〇六条一項
　後見ノ決算ハ後見監督人ノ立会ニテ未成年者ノ成年ニ達シタル者又ハ其自治産ニ至リタル者ニ対シテ之ヲ為ス

(2)　旧民人事第二〇八条
　後見人ト未成年者ノ成年ニ達シタル者トノ合意ニシテ後見ノ決算前ニ為シタルモノハ総テ無効トス

（3） Art. 307, comma 1, Codice civile del 1865:
Se la tutela cessi per la maggiore età dell'amministrato, il conto sarà reso all'amministrato medesimo; ma il tutore non sarà efficacemente liberato, se l'amministrato non sarà stato assistito nell'esame del conto dal protutore o da quell'altra persona che, in mancanza del protutore, sarà stata designata dal pretore.
後見が被後見人の成年により終了するときは、計算は、被後見人自身に対して行われなければならない。ただし、被後見人が計算の点検を行うに際して、代後見人（protutore）、代後見人が欠けるときは法務裁判官の指定する者の立会いがなければ、後見人は有効にその責めを免れることができない。

（4） 熊野敏三、光妙寺三郎、黒田綱彦、高野眞遜『民法草案人事編理由書 下巻』二一九頁以下［光妙寺三郎］、梅謙次郎『日本民法和解論 完』一六七頁。

（5） 梅謙次郎『日本民法和解論 完』一六六頁。

（6） 『法典調査会 民法議事速記録 七』九五頁以下［梅謙次郎］。

（7） 明治民法第九三八条一項
後見ノ計算ハ後見監督人ノ立会ヲ以テ之ヲ為ス
明治民法第九三九条一項
未成年者カ成年ニ達シタル後後見ノ計算ノ終了前ニ其者ト後見人又ハ其相続人トノ間ニ為シタル契約ハ其者ニ於テ之ヲ取消スコトヲ得其者カ後見人又ハ其相続人ニ対シテ為シタル単独行為亦同シ

（8） Boissonade, *Projet*, t. 3, n° 365.

（9） 梅謙次郎『日本民法和解論 完』一七三頁。

（10） 梅謙次郎『日本民法和解論 完』一七三頁以下。

（11） 『法典調査会 民法議事速記録 六』二八三頁以下［梅謙次郎］、梅謙次郎『民法要義 巻之四』一五一頁以下。

（12） 我妻栄『親族法』九六頁、青山道夫、有地亨編『新版 注釈民法（二一） 親族（一）』（有斐閣、平成元年）三八二頁以下［中川高男］、「婚姻制度等に関する民法改正要綱試案 第二の二」ジュリ一〇五〇号（平成六年）二一六頁、二四〇頁以下、松本克美「夫婦間の契約取消権の是非」婚姻法改正を考える会編『ゼミナール婚姻法改正』（日本評論社、平成七年）一〇六頁、「民法の一部を改正する法律案要綱（平成八年 法制審議会総会決定） 第五」(http://www.moj.go.jp/shingi1/shingi_960226-1.html)、中田裕康編『家族法改正 婚姻・親子関係を中心に』（有斐閣、平成二二年）四〇頁［大村敦志］。
もっとも、こうした削除論に再考を迫るものとして、竹中智香「夫婦間の契約取消権について（九）完」名古屋大法政論集一六八号（平成九年）二四八頁以下がある。

（13）梅謙次郎『日本民法和解論　完』一七九頁。

（14）旧商第九九〇条

支払停止後又ハ支払停止前十日内ニ破産者カ其財産中ヨリ無償ノ利益ヲ或人ニ与フル権利行為殊ニ贈与、無償ニテ若クハ不相当ノ報償ヲ以テ義務ヲ負担スル契約、期限ニ至ラサル債務ノ支払、期限ニ至リタル債務ノ変体支払及ヒ従来負担シタル債務ノ為メ新ニ供スル担保ハ財団ニ対シテハ当然無効トス

（15）梅謙次郎『日本民法和解論　完』一七九頁。

（16）梅謙次郎『日本民法和解論　完』一七九頁以下。

（17）Konkursordnung vom 20. Mai 1898, RGBl. S. 612.

（18）竹野竹三郎『破産法原論　上巻（第四版）』（巌松堂書店、大正一五年）六二頁以下は、「現行破産法ハ現行独逸破産法ニ倣ヒ同法ノ編纂方法ヲ継受シタルモノニシテ其破産立法主義並ニ破産法規ノ内容タルヤ独逸破産法ノ立法主義並ニ規定ノ内容ト大同小異ニシテ固ヨリ殆ト同一趣旨ニ出ツルモノ尠シトセス」、という。志田鉀太郎『日本商法典の編纂と其改正』（明治大学出版部、昭和八年［復刻版、新青出版、平成七年］）一〇三頁以下、斎藤常三郎『比較破産法論』（有斐閣、昭和一五年）四〇頁以下も参照。

（19）竹野竹三郎『破産法原論　上巻』六二頁以下、下森定『詐害行為取消権の研究』（信山社、平成二六年）三三頁など参照。

（20）伊藤眞『破産法・民事再生法（第三版）』（有斐閣、平成二六年）五〇〇頁。

（21）神戸地伊丹支決平成二二年一二月一五日判時二一〇七号一二九頁。なお、旧破産法下の裁判例だが、東京地判昭和四六年一一月四日金法六四一号三七頁も参照。

五　和解権限

和解は係争物を処分する行為であるから（本節一（二）参照）、代理人または財産管理人が本人のために和解を行うには、係争物の処分権限が必要である。

左では、法定成年後見人、保佐人、補助人、親権者、夫、破産管財人、不在者の財産管理人、限定承認者、都道府県、市町村、独立行政法人、受任者、訴訟代理人、組合の業務執行者および清算人のそれぞれにつき、和解権限

の有無および範囲を具体的にみてゆきたい。

（一）法定成年後見人

（1）旧民法、明治民法

禁治産者の後見人の権限は、旧民法および明治民法を通じて、未成年者の後見人の権限に等しいものと扱われてきた（旧民人事第二二六条、明治民法第九〇〇条、昭和二二年改正後の民第八三八条参照）。

それゆえ、昭和二二年の民法改正後は、後見人は、被後見人の財産につき、後見監督人なき限り、自由な和解権限を有することとなった（民第八五九条一項、第八六四条。本節二（一）（4））。

（2）平成一一年の民法一部改正

だが、平成一一年の民法一部改正は、法定成年後見人の権限につき、一定の制限を設けている。

すなわち、成年被後見人の居住用不動産を処分するためには、家庭裁判所の許可を必要としたのである（民第八五九条の三）。居住用不動産の処分は、成年被後見人の生活、身上に大きな影響を与えるからである[1]。そして、同条が家庭裁判所の許可を要する行為として、「売却、賃貸、賃貸借の解除又は抵当権の設定その他これらに準ずる処分」という以上、そこに和解が含まれるのは当然であろう[2]。

（3）私見

右のような平成一一年法改正後の規律はもとより正当であるが、しかし、さらに進んで、居住用不動産以外の不動産や重要な動産に関しても、これにつき和解を行うためには、家庭裁判所の許可を要すると解すべきであろう。これらの財産に関する処分行為も、被後見人の生活および身上に大きな影響を与えうるからである。こうした民第八五九条の三の拡張解釈は、後見人が被後見人の不動産や重要な動産を単独で処分できるという昭和二二年の民法改正後の規律自体が大きな問題を抱えていることからも正当化されよう。

(二)　保佐人、補助人

(1)　旧民法、明治民法

準禁治産者の保佐人は、旧民法においても、フランス法と同様に、財産管理権を有せず、単に準禁治産者のなす行為に立ち会い、これを保佐するのみであった[3]。それゆえ、保佐人が和解権限を有することはなかった。明治民法においても同様である[4]。

(2)　平成一一年の民法一部改正

①　だが、平成一一年の民法一部改正により、家庭裁判所は、本人、配偶者、保佐人等の請求により、特定の法律行為について、保佐人に代理権を付与する旨の審判を行うことができるようになった（民第八七六条の四第一項）。

ここにいう特定の法律行為は、その種類が制限されておらず、また、訴訟行為を含むと解されているため[5]、和解に関する代理権を付与することも当然可能である。

また、右の理は、補助人についても同様にあてはまる（民第八七六条の九第一項）。

つまり、保佐人または補助人に関しては、審判を通じた家庭裁判所の許可が、和解の要件とされたのである。

②　さらに、居住用不動産を目的物とする和解については、家庭裁判所の許可が改めて必要とされる（保佐人につき民第八七六条の五第二項による第八五九条の三の準用、補助人につき第八七六条の一〇第一項による第八五九条の三の準用）。

(3) 私見

しかし、右(2)②に関しては、法定成年後見人の箇所でも述べたように、居住用不動産以外の不動産や重要な動産に関しても、改めて家庭裁判所の許可を要すると解すべきであろう。

(三) 親権者

(1) 旧民法

① 一九世紀フランス法は、父母の婚姻中は父が子の財産を管理するものとしたが、父の財産管理権の内容についての規定を欠いていた。それゆえ、父の和解権限につき、これを自由に認める見解、裁判所の許可を要するとの見解、第四六七条の三要件を満たす必要があるとの見解が対立した。さらに、梅が父の和解権限を否定する少数説を主張していたことは、前章(第四節五(二))で述べた通りである。

他方、旧民法は、父があるときは父、父が死亡または親権を行いえないときは母が親権者として子の財産を管理するとしたため(旧民人事第一四九条[6])、親権者たる父または母の財産管理権につき、詳細な規定を設けている。

② まず、父の財産管理権についてであるが、その規律内容は、起草過程において次のように変化している。当初は、左の第一草案人事編第二四八条二項が、一八六五年イタリア民法第二二四条二項[7]にならい、父が子のために一定の重要な行為をなすには、裁判所の許可を要すると規定していた。当然、和解もそこに含まれる(第一草案人事編第三三〇条四号[8])。

第一草案人事編第二四八条二項

父ハ地方裁判所ノ允許ヲ得ルニ非サレハ第三百三十条ニ列記シタル行為ヲ為スコトヲ得ス此允許ハ必要若クハ利益ノ判然タルトキニ非サレハ之ヲ与フ可カラス[9]

だが、元老院議定上奏案人事編第一四七条では、裁判所の許可が不要とされ、父は子のために単独で和解を行うことができるものとされた。

元老院議定上奏案人事編第一四七条

父ノ管理ニ於テハ第百八十七条ニ記載シタル行為ハ尚ホ之ヲ管理行為ト看做ス[10]

その理由につき、梅は、「本邦従来の慣習を参酌せしもの[11]」、と述べている。事実認識としては、その通りであろう。

だが、理論的には、元老院での修正は、後見人の財産管理権が被った変容と密接に関連しているように思われる。すなわち、第一草案以来、父の財産管理権は、後見人の管理権に関する制約から親族会の許可を省いたものという基準によって定められていた（第一草案人事編第二三〇条と第二四八条との対比）。恐らく、父を親族会の監督に服せしめるべきではないという考慮に出たものと推測される[12]。

こうした前提の下で、元老院が、後見人の和解権限につき、裁判所の認可を廃し、親族会の許可のみを要件としたことから（元老院議定上奏案人事編第一八七条、本節二（一）（２）②）、父の和解権限に課された制約は、完全に消滅することになった（同第一四七条）と考えられる。

元老院議定上奏案の立場を受け継いだ旧民法は、かくして、父は子の財産につき自由に和解を行いうるという規律を採用したのである（旧民人事第一五四条、第一九四条三号[13]）。

③　次に、母の財産管理権については、第一草案以来、一貫して父と同様とされてきた（第一草案人事編第二五三条一項、元老院議定上奏案人事編第一五〇条一項、旧民人事第一五七条一項[14]）。それゆえ旧民法では、母も子の財産につき自由に和解を行いうることになる。

さて、こうした旧民法の立場に対して、仏文和解論で父の和解権限を否定していた梅が、「未成年者を保護するの主意より考察を下たすときは亦た親権広大に過くるの感なきに非さるなり」[15]、と批判を加えたのは当然といえよう。

(2) 明治民法

① こうした観点から、梅は、明治民法の起草過程において、父、母の和解権限を制限する原案を作成した。

甲号議案第八九九条

親権ヲ行フ父又ハ母カ子ニ代ハリテ左ニ掲ケタル行為ヲ為シ又ハ子ノ之ヲ為スコトニ同意スルニハ親族会ノ認許ヲ得ルコトヲ要ス

一 借財又ハ保証ヲ為スコト
二 不動産又ハ重要ナル動産ニ関スル権利ノ喪失ヲ目的トスル行為ヲ為スコト
三 不動産又ハ重要ナル動産ニ関スル和解又ハ仲裁契約ヲ為スコト
四 相続ヲ抛棄スルコト
五 遺贈又ハ贈与ヲ拒絶スルコト[16]

つまり、父があるときは父、父が欠けるときは母が親権者になるという規律の維持を前提に、父または母が、子の不動産または重要な動産につき和解を行うためには、親族会の認許を要するとしたのである（第三号）。

だが、梅は、仏文和解論では、裁判所の許可を要件とすることが立法論としては最も妥当であるといいながら（第二章第四節五（二）（3））、ここでは、親族会の認許を要件としている。法典調査会の議事録からその理由を窺うことはできないが[17]、親が子の財産を処分するために裁判所の許可を得るというのは、我が国の慣習に適さないと考えたためであろうか。しかし、いずれにせよ、ここで裁判所を親族会に置き換えたことが、かえってつまずきのもととなった。

②　すなわち、父が親族会の監督に服することに対して、尾崎三良が異議を唱えたのである。いわく、「父ガ現存シテ居ルノニ是非親族会ニ持出シテ一々問ハナケレバナラヌト云フヤウナコトハ今日甚ダ人情ニ合ハナイ其父丈ケハ御取除ニ為ルコトヲ企望致シマス[18]」、と。

この発言を受けて、村田保が決議を延期する案を提出した。「本条ハ随分重大ナ関係ヲ持ツテ居リマスガ今日ハ出席者モ少ナイノデアリマスカラ、モウ少シ出席ノ多イトキニ極メタイト思ヒマス何ゼナラバ親権ヲ行フ親ガアルノニ其親ガ親権ヲ行ウト一々親族会ニ聞クト云フコトハ私ハ可笑シイモノト思ヒマス[19]」、と。

かくして本条は継続審議となり[20]、再び議論の俎上に載せられたのは、整理会においてであった。

整理会では、尾崎が、父を親族会の監督から外すという案を再度提出して、これが採択されている[21]。

③　このような経緯で成立したのが、明治民法の左の諸規定である。

明治民法第八八四条

親権ヲ行フ父又ハ母ハ未成年ノ子ノ財産ヲ管理シ又其財産ニ関スル法律行為ニ付キ其子ヲ代表ス但其子ノ行為ヲ目的トスル債務ヲ生スヘキ場合ニ於テハ本人ノ同意ヲ得ルコトヲ要ス

明治民法第八八六条

親権ヲ行フ母カ未成年ノ子ニ代ハリテ左ニ掲ケタル行為ヲ為シ又ハ子ノ之ヲ為スコトニ同意スルニハ親族会ノ同意ヲ得ルコトヲ要ス

四　不動産又ハ重要ナル動産ニ関スル和解又ハ仲裁契約ヲ為スコト

明治民法第八八七条一項

親権ヲ行フ母カ前条ノ規定ニ違反シテ為シ又ハ同意ヲ与ヘタル行為ハ子又ハ其法定代理人ニ於テ之ヲ取消スコトヲ得此場合ニ於テハ第十九条ノ規定ヲ準用ス

これにより、父は自由な和解権限を有するが、母の和解権限には、親族会の同意が要件として課されたのである。

(3)　明治から昭和初期までの判例学説

大審院は、明治民法第八八六条の規律を前提として、その文言上必ずしも明らかではない部分を明確にしようと努めてきた。すなわち、母は、(不動産に関する)訴訟上の和解や、多額の債権につき和解を行う場合にも、親族会の同意を要するというのである。[22]

これに対して、学説は、第八八六条につき、特に異を唱えないものも存したが、[23]一定の疑問を呈する見解も有力であった。たとえば、穂積重遠は、「此規定は廃しても然るべきであるが、寡婦たる母が父の資産を相続した未成年の子を擁する場合の財産保全には実際上役立ち得る故、なほ考慮を要する」[24]、と述べていた。

さらに、大正一四年の民法改正要綱の第二七「親権行使ノ制限」は、「母ノ親権行使ニ関シ親族会ノ同意ヲ要スル事項ヲ整理減縮スルコト」[25]、としていた。

(4)　昭和二二年の民法改正

その後、戦後の民法改正は、男女同権の思想に基づき親権に関する規定を整備し、そのなかで、第八八六条は削

除された。(26)

新しい規律は、父母の共同親権、かつ、一方の死亡等により単独で親権を行使することになった者が、父であるか母であるかにより区別を設けない、というものである（民第八一八条三項）。そして、親権者が子の財産を管理処分するにつき、親族会の同意は要しないものとされた（民第八二四条）。第八八六条を削除して男女平等を達成することだけが念頭に置かれていたようであり、親族会の同意に代えて裁判所の許可を要件とするようなことは、議論の組上にも載せられなかった。(27)

かくして、現行法の下では、親権者は、父母共同であれ、父または母が単独であれ、子の財産につき、自由に和解を行いうるようになっているのである。

(5) 私見

① 右のような現行法の規律を前提とすれば、親権者は、子の不動産を和解によって自由に処分しうるし、また、子が交通事故の被害者となった場合にも、加害者と自由に和解を結ぶことができる。これは確かに簡便ではあるが、しかし、子に不利な和解が結ばれる危険を常にはらむ。

もちろん、親権者が和解によって、子の利益を無視して自己や第三者の利益のみを図ろうとした場合には、代理権濫用の法理を用いることは可能であろう。(28)

だが、単に不利な和解が結ばれたような場合には、子の利益を充分に保護することができない。というのも、親権者の注意義務は、自己のためにするのと同一の注意であり（民第八二七条）、(29)後見人のそれよりも低く設定されているから、損害賠償請求の認められない可能性が大きい。いや、それ以前に、親に対する損害賠償請求により、子の適切な保護が図れるのかがそもそも疑わしい。ましていわんや、親権喪失や管理権喪失の審判では（民第八三四条、第八三五条）、子の被った損害を回復することすら不可能である。

それゆえ、立法論としては、少なくとも不動産や重要な動産については、家庭裁判所の許可を和解の要件とすべきであろう。さらに、不法行為により子が損害賠償請求権を取得した場合にも、親権者による軽率な示談（和解）を防止するために、家庭裁判所の許可を要件とすることが望ましい[30]。

② なお、大判昭和七年一〇月六日民集一一巻二〇二三頁（阪神電鉄事件）は、胎児の有する不法行為に基づく損害賠償請求権につき、親族総代が行った和解契約の効力を否定したものであるが、その理由の一つとして、胎児の「出生以前ニ其ノ処分行為ヲ代行スヘキ機関ニ関スル規定」が存しないことを挙げている。

本判決に対する評釈のなかで、穂積重遠は、「被害者側が充分利害を打算し得る心情でない時機に於て不当に少い金額で話を附けて」しまうことは問題であると同時に、「損害を補塡すべき充分の金額が取れて居るのに」、重ねて賠償を請求することは不当であるとして、胎児のための代理制度を提案している[31]。

この穂積の立法提案は、胎児の権利処分を適切な範囲で行わしめようとするものであり、その趣旨はもとより正当である。だが、仮に親権者とは別の代理人が胎児のために選任されたとしても、彼に無条件の和解権限を認めてよいかは疑問であるし、もし裁判所の許可を要件とすれば[32]、胎児のために和解を行う手続がいたずらに迂遠なものとなろう。また、そもそもの問題として、権利処分を制限して子の利益を保護する必要性は、その子が胎児であるか、既に生まれたかによって、本質的には異ならないというべきである。

そうだとすれば、胎児の場合にだけ特別の代理人を選任するよりも、親権者に胎児を代理する権限を認めたうえで、不動産、重要な動産、不法行為による損害賠償請求権につき和解等の処分を行うには、家庭裁判所の許可を要するとした方が良いように思われる。

(四) 夫

(1) 旧民法

夫は妻の財産につき和解権限を有するか。一九世紀フランスの動産後得財産共通制では、夫は妻の財産の管理人に過ぎなかった(第二章第四節五(四))。しかし、旧民法の管理用益制では、夫は妻の財産につき、管理権のみならず、用益権も有する(本章節二(七)(1)①)。それゆえ、夫の財産管理権の範囲は必然的に広くなる。具体的には、次の通りである。

まず、原則として、夫は、妻の承諾なしに妻の財産を処分することはできない(旧民財取第四二九条本文)[33]。だが、これには三つの例外が認められる。まず、第一は、夫がその管理権に基づき処分を行う場合である[34]。つまり、管理行為としての処分という論理が認められている。

第二は、妻が承諾をなせる状況であれば、必ずや処分に承諾を与えたであろうと認められるときである[35]。たとえば、妻が禁治産者または失踪者のときに、妻の財産を子供の教育、婚姻、営業の資に充てようとする場合である。このとき、夫は、親族会または区裁判所の許可を得て妻の財産を処分することができる(旧民財取第四二九条但書によって準用される同人事第二二九条、第二七五条)。

第三は、金銭、穀物、日用品など、消費しなければ使用収益することができない動産を目的物とする場合である。この種の動産に関しては、夫は、用益権に基づきこれを処分することができる(旧民財取第四二七条、財第五五条一項)[36]。

従って、これら三つの例外に該当する場合には、夫は妻の財産につき和解権限を有することになろう。

(2) 明治民法

明治民法は、基本的には旧民法の立場を踏襲しているが、若干の相違も認められる。

① すなわち、まず、右の第一の例外に関しては、明治民法においても、夫は、管理行為として妻の財産を処分することができる（第八〇二条但書）[37]。ただし、第八〇二条は、但書で果実の処分を許す一方で、本文では妻の財産の譲渡を禁止しているため、管理行為として処分が許されるのは、果実に限られると解される[38]。

② 次に、第二の例外につき、明治民法は、妻が禁治産者や失踪者のときに関する特則を置いていない。それゆえ、夫は、一般原則に従い、後見人または不在者財産管理人の選任を申し立て、自らが選任された場合には、その資格で行為することができるのみである[39]。旧民法下のように、夫たる立場で行為することはできない。だが、和解を行うにあたっては、いずれにしても親族会の同意や裁判所の許可が必要とされるから（第九二九条、第二八条）、実際上は大きな差異は存しないであろう。

③ 最後に、第三の例外に関して、明治民法は用益権という権利を設けなかったため、消費しなければ使用収益することができない物（金銭、穀物、日用品など）を夫が費消しうるかは、一つの問題となる。

この点に関し、第七九九条一項[40]は、用益権の代わりに、使用収益権という概念を用いているため、ここにいう使用および収益という言葉の意味が問題となる。

起草者梅の見解は、法典調査会の議事録からは明らかではないが、『民法要義』において、「収益」とは果実を取るという意味であり、また、「使用」については、「夫婦間ノ如ク愛情ヲ以テ成ルヘキ場合ニ於テハ法律ヲ以テ細ニ此等ノ事項ヲ規定スルハ却テ其和熟ヲ害スルノ嫌アルカ故ニ本条ニ於テハ故ラニ其規定ヲ漠然タラシメ実際ノ必要ニ応シテ適当ノ応用ヲ為スコトヲ得セシメタリ」[41]、と述べている。つまり、この点に関しては、あえて明確にすることなく、当事者の判断に委ねたのである[42]。

(3) 昭和二二年の民法改正

戦後の民法改正は、管理用益制を廃止した（民第七六二条、本節二（七）（3））。その結果、夫は妻の財産につき管理権も使用収益権も有しない。従って、夫は妻の財産を和解によって処分することもできない。

なお、日常の家事に関する法律行為については、夫婦は相互に代理権を有すると解されているが（民第七六一条、最判昭和四四年一二月一八日民集二三巻一二号二四七六頁）、和解が「日常の家事」に含まれないことは、その語義から明らかであろう。

（五）破産管財人

（1）旧商法

一八三八年に改正されたフランス商法典によれば、破産管財人が和解を行うためには、破産主任官（juge-commissaire）の許可、破産者の意見聴取、さらに、目的物の価額次第では、裁判所の認可をも得る必要があった。また、和解の目的物が不動産の場合には、破産者の異議があれば和解は不可能となった（第二章第四節五（五））。

これに対して、明治二三年の旧商法は、目的物の価額が一〇〇円以上のときは、破産主任官の認可と破産者の意見聴取を要件としたが（旧商第一〇一九条二項）[43]、一〇〇円未満のときは、破産管財人は自由な和解権限を有するものとされた[44]。いずれの場合においても、裁判所の認可は必要とされていない。

また、フランスとは異なり、破産者の異議申立てによって、不動産に関する和解が不可能になるという制度は採用されなかった。その他、破産者の意見をどのような形で反映すべきかについての手続的な規則は設けられなかった。

こうした規律は、ロェスラーが、一八七七（明治一〇）年のドイツ破産法第一二一条二号[45]を参考にしつつ、フランスの手続を簡略化したことに由来するものと思われる[46]。

梅は、旧商法の立場に対して、裁判所の認可という煩雑な手続を省いたことには賛意を表するが、和解の有利不利の判断は極めて困難であるから、たとえ目的物の価額が一〇〇円未満であっても、破産管財人に自由な和解権限を認めることは適切ではない。それゆえ、目的物の価額にかかわらず、破産主任官の認可と破産者の意見聴取を要件とすべきと述べている[47]。

(2) 旧破産法草案

① 明治三五(一九〇二)年の旧破産法草案(法典調査会草案)第一九二条一項一一号および第一九四条[48]は、恐らくこうした梅の見解を参考にしつつ[49]、破産管財人が和解を行うためには、目的物の価額にかかわらず、監査委員の同意と破産者の意見聴取を要するものとした。

なお、この監査委員というのは、フランスが、一八七七年ドイツ破産法のGläubigerausschuss(債権者委員会)をモデルとして[50]、一八八九年の法改正[51]により導入したcontrôleurという制度を、その範としたものである[52]。監査委員は、債権者集会において選ばれ、債権者の利益代表者として破産管財人を補助監督する機関であり、破産手続における債権者自治を思想的な根拠とする。それゆえ、受命裁判官として、国家的見地から、破産手続全体の促進および監督を行う旧商法の破産主任官とは、その役割および性格を大きく異にしている[53]。

② そして、破産管財人が監査委員の同意を得べき行為をなすときに、破産者が異議を述べたときは、裁判所は、その行為の執行を中止し、決議をなさしめるため債権者集会を招集することができる(旧破産法草案第一九五条)。つまり、旧破産法草案は、ロェスラーが削除したドイツ破産法第一二三条(前掲注(46))の規律[54]、すなわち、破産者の異議権を保障する手続を復活させたのである。

③ なお、旧破産法草案は、破産主任官の役割を裁判所(手続全体の促進および監督)と監査委員(破産管財人の補助監督)に分担させたため、破産主任官の制度はこれを廃している。

（3）旧破産法

さらに、大正一一年の旧破産法[55]は、監査委員制度を承継しつつも（旧破第一七〇条以下）、価額による区別を復活させた。一八九八（明治三一）年のドイツ改正破産法第一三三条二号[56]の立場を採用したものと思われる。すなわち、破産管財人が和解を行うためには、監査委員の同意を得るべきだが（旧破第一九七条一一号）、目的物の価額が一〇〇〇円未満のときは、監査委員の同意は不要とされたのである（旧破第一九七条但書）[57]。

なお、旧破産法でも、破産管財人が監査委員の同意を得べき行為を行うときは、破産者の意見を聴取すべきものとされ（旧破第一九九条）[58]、破産者が異議を述べたときは、裁判所は、その行為の執行を中止し、決議をなさしめるため債権者集会を招集することができる（旧破第二〇〇条）。

それゆえ、破産管財人は、一〇〇〇円（昭和二七年法一七三号による改正後は一〇万円）以上の目的物に関する和解を行おうとするときは、監査委員と破産者による二重のチェックを受けるが、一〇〇〇円（または一〇万円）未満のときは、自由に和解を行うことができたのである。

（4）現行破産法

① 平成一六年の現行破産法は、監査委員という制度を廃して、破産管財人の監督権限を再び裁判所に集中させた（破第七五条一項）。監査委員制度に実効性がなく、実務上ほとんど利用されていなかったからといわれている[59]。こうした破産管財人に対する監督権は、裁判所が、手続主宰者たる地位に基づき、破産手続の公正さを確保するために行使するものである[60]。

他方、債権者の利益は、債権者委員会という制度を導入して、これにより図られるべきものとされた（破第一四四条以下）。だが、この債権者委員会は、ドイツの Gläubigerausschuss とは異なり、破産管財人を監督する権限を有するものではない[61]。

② さて、和解に関しては、現行法は、破産管財人が和解を行うときは原則として裁判所の許可を要するとしながらも（破第七八条二項一一号）、目的物の価額が一〇〇万円以下の場合には、許可を不要としている（破第七八条三項一号、破規第二五条）。

また、目的物の価額が一〇〇万円を超えるときは、破産者の意見聴取も必要とするが（破第七八条六項）、しかし、破産者の異議権を保障する旧法の規定（旧破第二〇〇条）は、監査委員の制度が廃止されたことから削除されている。(62)

(5) 私見

このような現行破産法の規律は、目的物の価額が一〇〇万円を超える場合にも、裁判所の許可さえあれば破産者の異議権を十分には保障しておらず(63)（それゆえ、和解によって破産者の不動産を処分することが比較的容易である）、また、目的物の価額が一〇〇万円以下であれば、破産管財人が不利な和解を結ぶことをおよそ防止しえないものとなっている。

そして、そもそも、和解が比較的容易に行われうる行為であることに鑑みると、現行法の規律は、破産管財人による不当な和解を防止する仕組みとしては、極めて不十分なものであるといわざるを得ない。(64)その結果、破産債権者および破産者の双方の利益が害されうる。

それゆえ、立法論としては、目的物の価額にかかわらず裁判所の許可を和解の要件としたうえ、一定額以上の目的物に関しては、破産者の意見聴取の機会と異議権をより一層保障することが望ましい。(65)

(六) 不在者の財産管理人

(1) 旧民法

フランス民法は、不在者の財産管理につき、不在の推定、仮の占有の付与、確定的な占有の付与という三段階を設け、不在の状態が開始してから不在者の財産を処分できるようになる（確定的な占有が付与される）まで、合計三五年の期間を要するものとした（第二章第四節五（六）（1））。

旧民法は、こうしたフランス民法の規律を、理論的な難点はないが、三五年という期間は長きに失するとして、仮の占有の付与という中間段階を廃した。[66] また、フランスにいう不在者（absent）を「失踪者」という呼称に改めるとともに、住所または居所を離れているが生存の確実な者（non présent）を「不在者」と呼ぶことにした（旧民人事第二八八条）。

かくして、旧民法の規律は次のようになる。まず、第一段階は、失踪の推定がなされる期間であり（旧民人事第二六九条一項）、この期間中に財産管理人に任命された者は、原則として管理行為しかなしえない。しかし、財産を処分する必要があるときは、裁判所の許可を得てこれを行うことができる（旧民人事第二七二条一項）[67]。従って、和解との関係では、本人の財産を管理するために和解が必要な行為といえるかが問題となる。この点につき、梅は、和解は財産管理にとって必ずしも必要な行為ではないという立場である。[68]

次に、第二段階は、失踪の宣言によって開始する。利害関係人は、失踪から五年の経過によって失踪の宣言を請求することができ、裁判所は、証人訊問を命ずる決定から一年が経過したときは、失踪を宣言することができる（旧民人事第二七六条、第二七九条一項）。失踪の宣言により、失踪者の推定相続人等は失踪者の財産に占有を取得し、占有者は、第三者との関係では所有者として扱われる（旧民人事第二八〇条二項、第二八一条二項）。それゆえ、占有者は、第三者との関係では、自己の名で和解を行うこともできる。

なお、不在者の財産管理人も、裁判所の許可を得て、財産を保存するために必要な処分をなしうるが（旧民人事

第二八八条)[69]、少なくとも梅によれば、和解はここにいう必要な行為ではないということになろう。

(2) 明治民法

明治民法では、用語法がさらに変化している。すなわち、起草者梅は、旧民法の「不在者」と「失踪の推定を受けた者」を併せて「不在者」とし(民第二五条)、「失踪の宣言を受けた者」を「失踪者」としたのである(民第三〇条以下)[70]。つまり、明治民法の不在者は、生存が明らかな者も、生死が不明な者も含む広い概念である[71]。

そして、不在者の財産管理人は、原則として管理行為のみをなしうるが、家庭裁判所の許可を得れば、財産の管理にとって必要な処分行為を行うこともできる(民第二八条)[72]。だが、和解は財産の管理に必要な行為ではないというのが、少なくとも起草者の意思には適する解釈であろう。

他方、失踪宣告の効果は、法律関係の安定を図るため、第三者のみならず、本人との関係においても、相続人等に財産の所有権を取得させるものと改められた[73]。つまり、死亡の蓋然性の高さを承認するのではなく、死亡を擬制するのである(民第三一条)[74]。それゆえ、失踪者の財産を承継した者が行った和解は、失踪宣告が取り消されない限り、本人との関係においても有効となる。

(3) 現在の学説状況

現在の学説は、民第二八条を根拠に、家庭裁判所が和解の内容についても審査してこれを許可すれば、不在者の財産管理人は和解を行うことができると解している[75]。

(4) 私見

私見も現在の学説の立場を妥当だと考える。和解は財産管理にとって必ずしも必要な行為ではないという見解は、形式論としては成り立つかもしれないが、実質論としては、不在者の財産管理の円滑を害する結果となるからである。不在者の残した紛争を和解により早期に解決することが、財産管理にとって必要な場合もあるというべきだろう。不利な内容の和解によって本人の利益が害されるリスクは、裁判所の許可を通じて取り除くことができるものと思われる。[76]

(七)　限定承認者

(1)　旧民法

①　一九世紀フランスにおいては、限定承認者が和解を行った場合、彼は限定承認（財産目録）の利益を放棄したものと解されていた（第二章第四節五（七））。

しかし、限定承認の利益の放棄という理論は、フランス民法には明記されていなかったため、旧民法にも規定としては受け継がれなかった。

限定承認の利益を受けることができなくなる事由として、旧民法がフランス民法から継受したのは、黙示の単純承認（旧民財取第三三三条一項[77]）と、限定承認の利益の喪失（旧民財取第三二七条[78]）である。それぞれ、仏民原始規定第七八〇条、第八〇一条に由来する。[79]

②　また、旧民法は、フランス法と同様に、限定承認者が相続財産に属する動産や不動産を売却するための方式を定めていた。左の規定である。

旧民財取第三二九条

限定受諾者ハ動産ト不動産トヲ問ハス総テ相続財産ノ売却ヲ要スルトキハ区裁判所ノ許可ヲ得テ之ヲ競売ニ付ス可シ

フランスにおいては、この方式違反の効果は、限定承認の利益の放棄と解されていた。他方、『民法正義』は、「事情ニ依リ限定ノ利益ヲ失フ」[80]というが、ここで意味されているのが、限定承認の利益の放棄なのか喪失なのかは判然としない。

しかし、いずれにしても、『民法正義』は、第三二九条の箇所で、売買のみならず、和解も裁判所の許可を得て行うことができると述べている[81]。つまり、限定承認者は、裁判所の許可を得れば、相続財産に関する和解を、限定承認の利益を放棄または喪失することなく、行うことができると解されていたのである[82]。

(2) 明治民法

明治民法の「相続ノ承認及ヒ拋棄」の箇所を担当したのは、富井政章である。富井は、恐らく旧民財取第三二三条および第三二七条に依拠しつつ[83]、黙示の単純承認と限定承認の利益の喪失を一つの条文にまとめて起草した。明治民法の左の規定である。

明治民法第一〇二四条（現第九二一条）

左ニ掲ケタル場合ニ於テハ相続人ハ単純承認ヲ為シタルモノト看做ス

一 相続人カ相続財産ノ全部又ハ一部ヲ処分シタルトキ但保存行為及ヒ第六百二条ニ定メタル期間ヲ超エサル賃貸ヲ為スハ此限ニ在ラス

二 相続人カ第千十七条第一項ノ期間内ニ限定承認又ハ拋棄ヲ為サヽリシトキ

三 相続人カ限定承認又ハ拋棄ヲ為シタル後ト雖モ相続財産ノ全部若クハ一部ヲ隠匿シ、私ニ之ヲ消費シ又ハ悪意ヲ以テ之ヲ財産目録中ニ記載セサリシトキ但其相続人カ拋棄ヲ為シタルニ因リテ相続人ト為リタル者カ承認ヲ為シタル後ハ此限ニ在ラス

理論的には、第一号と第二号が黙示の単純承認であり、第三号が限定承認の利益の喪失である。富井も同旨だと思われる(84)。だが、この条文は、次の二つの点で混乱を招くものであった。第一に、黙示の単純承認と限定承認の利益の喪失を概念的に区別せず、同一の条文の各号として並記したこと。その結果、第二に、限定承認の利益の喪失の対概念であった、限定承認の利益の「放棄」が見失われる切っ掛けをつくったこと。

ここから、あたかも民第九二一条が、限定承認の利益を失わせる事由を規定する唯一の条文であるかのような外観が与えられたのである(85)。

(3) 現在の法状況

① こうして、現行法の解釈者は、相続人が限定承認をした後に、相続財産の処分を行った場合の処理に窮することとなる。本来は、限定承認の利益の放棄として扱われるべき事柄を、民第九二一条が定める事由のうち、どれに該当するかと問うことになるからである(86)。

つまり、我が国の判例および学説は、限定承認者による処分に関しては、問題の立て方にそもそも失敗している。そのうえで、第一号は相続の承認・放棄前になされた処分に関するから適用されず(この認識自体は正当)、また、財産を隠匿したり、私に消費しなければ第三号も適用されないため(この認識も正当)、限定承認者は限定承認の利益を失わず(ここが疑問)、限定承認者のなした処分が、相続債権者や受遺者に損害を与えた場合にのみ、その賠償をなす義務が生ずると説くのである(87)。

② さらに、清算のために相続財産を売却する必要があるときは、競売の方法によらなければならないが(民第九三二条)、この方式を守らなかったとしても、限定承認の利益を失うことはなく、不当に安く売却したことにより、相続債権者や受遺者に損害を与えた場合にのみ、不法行為による損害賠償責任を負うと解されている(88)。

なお、この民第九三二条は、フランス民法や旧民法とは異なり、競売を指示するのみで、裁判所の許可を要件としていない。[89] その結果、限定承認者は、売買以外の処分行為を裁判所の許可を得て行いうるかという議論自体が消滅したことにも注意を要する。

③ かくして、現在の一般的な理解を前提とすれば、限定承認者は、限定承認の利益を保持したまま和解を行うことができ、その和解が相続債権者や受遺者に損害を与えた場合にのみ、損害賠償責任を負うこととなるのである。

(4) 私見

① だが、右のような結論は、相続債権者や受遺者に大きな負担を掛けることになる。なぜならば、特に和解に関しては、相続債権者等がその内容の不利であったことを明らかにして、損害の発生を証明することは、通常は非常に難しいと考えられるからである。しかし、他方で、限定承認者は清算のために相続財産を管理しているのであるから、売買以外の処分行為を一切禁ずることも妥当ではなかろう。

それゆえ、限定承認者が売買以外の処分行為を行うためには、それが清算にとって必要な行為であることを理由に、家庭裁判所に許可の申請を行い、家裁が処分行為の内容を審査して、その許否を判断することが望ましい。もし、許可なくして処分を行った場合には、単純相続人として振る舞ったのであり、限定承認の利益を放棄したものと扱われるべきであろう。つまり、かつてフランスの学説が主張し、『民法正義』が解釈論として、梅が立法論として肯定していた解決方法が、再考に値するように思われるのである。

② なお、このような制度設計の下では、相続債権者や受遺者の同意があれば、家庭裁判所の許可を不要とし得るかが問題となる。裁判所の許可が、限定承認者の監督を通じて、清算手続の公正さを確保し、もって相続債権者等の利益を保護するためのものであることに鑑みれば、限定承認者が適式な公告および催告を行い（民第九二七条）、期間内に申し出た相続債権者、受遺者および知れている債権者の全員の同意があるときは、裁判所の許可を不要としても良いように思われる。

注　第四節五（一）～（七）

（1）小林昭彦、原司『平成一一年民法一部改正法等の解説』二八六頁、新井誠、赤沼康弘、大貫正男編『成年後見制度――法の理論と実務（第二版）』（有斐閣、平成二六年）九九頁［赤沼康弘］。

（2）小林昭彦、原司『平成一一年民法一部改正法等の解説』二八七頁は、訴訟上の和解も含まれるというが、民法上の和解も同様に解されよう。

（3）旧民人事第二三三条一項の準用する同第二一八条および第二一九条、井上正一『民法正義 人事編 巻之二（上）』二五三頁以下。

（4）梅謙次郎『民法要義 巻之二』三三三頁以下。

（5）小林昭彦、原司『平成一一年民法一部改正法等の解説』三一六頁以下、新井誠、赤沼康弘、大貫正男編『成年後見制度』三三一頁以下［赤沼康弘］。

（6）一八六五年イタリア民法第二二〇条にならったものと思われる。熊野敏三、光妙寺三郎、黒田綱彦、高野眞遜『民法草案人事編理由書 下巻』一八四頁［熊野敏三］参照。

（7）Art. 224, comma 2, Codice civile del 1865:

Egli però non può alienare, ipotecare, dare a pegno i beni del figlio, contrarre a nome di lui mutui od altre obbligazioni eccedenti i limiti della semplice amministrazione, se non per cause di necessità o di utilità evidente del figlio stesso, e mediante l'autorizzazione del tribunale civile.

父は、子の財産を譲渡し、抵当や質に入れ、または、子の名義で消費貸借上の債務や、単純な管理の範囲を超えるその他の債務を負担することができない。ただし、子自身にとって必要であるか、明らかに有益である場合において、民事裁判所の許可を得たときはこの限りではない。

（8）第一草案人事編第三三〇条については、本節二（一）（2）②参照。

（9）熊野敏三、光妙寺三郎、黒田綱彦、高野眞遜『民法草案人事編理由書 下巻』一八九頁［熊野敏三］。

（10）『元老院会議部書類 議定上奏 明治二三年八月ヨリ一〇月廃院迄』第七〇〇号「民法人事編」五二一頁。なお、元老院議定上奏案人事編第一八七条については、本節二（一）（2）②参照。

（11）梅謙次郎『日本民法和解論 完』一二一頁。もっとも、本文で引用した記述は、直接には旧民法の立場を評価したものである。しかし、旧民法の規律は、元老院での修正を経て形成されたものであるから、この梅の発言を元老院での修正に関するものと理解しても誤りではないだろう。

(12) 熊野敏三、光妙寺三郎、黒田綱彦、高野眞遜『民法草案人事編理由書 下巻』一八九頁［熊野敏三］参照。

(13) 旧民人事第一五四条

父ノ管理ニ於テハ第百九十四条ニ記載シタル行為ハ尚ホ之ヲ管理行為ト看做ス

旧民人事第一九四条三号

左ニ掲クル行為ニ関シテハ後見人ハ親族会ノ許可ヲ得ルコトヲ要ス

第三 動産、不動産ニ係ル訴訟又ハ和解、仲裁ニ関スルコト

(14) 旧民人事第一五七条一項

本節ノ規定ハ母カ子ノ財産ヲ管理スル場合ニ之ヲ適用ス

(15) 梅謙次郎『日本民法和解論 完』一二一頁。なお、この批判は父の和解権限に対して向けられたものであるが、母の和解権限にも当然に妥当しよう。

(16) 『民法第一議案』三二四頁。

(17) なお、梅は、法典調査会における起草趣旨説明において、「諸君ノ御考デ此親族会ノ認許ヨリモ裁判所ノ許可ノ方ガ宜シイト云フコトデアレバ私ハ夫レデモ無イヨリカ宜シイト思ヒマスカラ夫レデモ宜シイ」、と述べている（『法典調査会 民法議事速記録 六』四五三頁）。

(18) 『法典調査会 民法議事速記録 六』四五九頁。

(19) 『法典調査会 民法議事速記録 六』四六一頁。

(20) 『法典調査会 民法議事速記録 六』四六一頁。

(21) 『法典調査会 民法整理会議事速記録』四六三頁以下。

(22) 大決明治四三年三月三〇日民録一六輯二四一頁、大判昭和一二年一二月一四日判決全集五輯二号一九頁。

(23) 谷口知平『日本親族法』四三三頁、中島玉吉『民法釈義 巻之四 親族篇』六七六頁、中川善之助『日本親族法――昭和十七年』（日本評論社、昭和一七年）三五五頁。

(24) 穂積重遠『親族法』（岩波書店、昭和八年）五八八頁。なお、近藤英吉『親族法講義要綱』（弘文堂書房、昭和一三年）一九三頁も、「相当の非難があ」る、という。

(25) 前田達明編『史料民法典』一二二六頁。

(26) 我妻栄編『戦後における民法改正の経過』三〇頁［長野潔］、三六三頁［我妻栄編「新旧規定対照表(二)」、外崎光広「近代日本

における親権法の変遷と女性の地位」同志社法学八巻三号（昭和三一年）一九〇頁以下。

(27) たとえば、昭和二二年八月二九日に開催された第一国会参議院司法委員会において、政府委員奥野健一は、次のような説明を行っている。「父母共同の原則から行きまして、女たるが故に、妻たるが故に、母たるが故に制限をした規定でありますから、これは適当でないと考えまして、八八六条と八八七条は削除いたしたのであります。従いまして、父母共同でやるときは問題はないとしても、父が死んで母のみが親権を行う場合にもやはり親族会等の同意は必要でありません。そうして親族会そのものも廃止いたしましたので、更に問題はなくなつたわけであります」（最高裁判所事務総局編『民法改正に関する国会関係資料』四九六頁。

また、改正法案の立案担当者が、ある座談会において、次のような発言をしていることも参考になる。「母が親権の行使をするについては従来いろいろな制限があったのですが、父親に制限がない以上母親の方の制限も撤廃したらよかろう」（我妻栄編『戦後における民法改正の経過』三〇頁［長野潔］）、と。

(28) 最判平成四年一二月一〇日民集四六巻九号二七二七頁、大阪高判昭和六三年七月二八日判時一二九五号六六頁参照。

(29) 西村重雄「『自己固有の注意』論の系譜――民法六五九条等のローマ法的沿革」西村重雄、児玉寛編『日本民法典と西欧法伝統――日本民法典百年記念国際シンポジウム』（九州大学出版会、平成一二年）五四五頁は、親権者の注意義務が自己のためにするのと同一の注意とされたのは、「自己物との共同管理の考え」に基づくものであるという。

(30) 親権者が、交通事故の加害者と軽率に示談を行ったことから後に紛争が生じた事案として、東京高判昭和四五年九月一七日判時六〇七号四七頁、山形地判昭和四五年八月二二日交民三巻四号一二八〇頁などがある。

他方、後見人が不利な示談を行った場合には、本文に述べたような親権との相違から、被後見人の後見人に対する損害賠償請求や解任請求（民第八四六条）の問題とする方が、示談の相手方の保護の観点から妥当であるように思われる。

(31) 穂積重遠「判批」法協五一巻一〇号（昭和八年）一九五九頁以下。なお、彼も小委員会の委員を務めた（福島正夫編『穂積陳重博士と明治・大正期の立法事業――穂積陳重立法関係文書の解説・目録および資料』（民法成立過程研究会、昭和四二年）一四〇頁［同編『穂積陳重立法関係文書の研究』（信山社、平成元年）所収］）、昭和二年の「民法相続編中改正ノ要綱」の第八「胎児ノ利益保護」では、既に、胎児の利益保護のための管理人制度が提案されていた（穂積重遠「民法改正要綱解説（六・完）」法協四六巻一一号（昭和三年）二〇五二頁）。

(32) 有力な学説が、右の昭和二年の民法改正要綱を受けつつ、立法論として、家庭裁判所の監督に服する「胎児財産管理人」を設けるべきと主張していることにつき、児玉寛「胎児の権利能力・未認知の子の損害賠償請求」星野英一、平井宜雄編『民法判例百選Ⅰ　総則・物権　第四版（別冊ジュリ一三六号）』（有斐閣、平成八年）一三頁参照。

(33) 旧民財取第四二九条
夫又ハ入夫ハ婦又ハ戸主タル婦ノ承諾ヲ得ルニ非サレハ婦ノ特有財産又ハ戸主タル婦ノ財産ヲ譲渡シ又ハ之ヲ担保ニ供スルコトヲ得ス但人事編第二百二十九条及ヒ第二百七十五条ノ場合ハ此限ニ在ラス

(34) 井上正一『民法正義 財産取得編 巻之三』四三三頁。

(35) 井上正一『民法正義 財産取得編 巻之三』四三四頁。

(36) 井上正一『民法正義 財産取得編 巻之三』四二九頁以下。
旧民財第五五条一項
用益物中ニ金穀其他日用品ノ如キ消費スルニ非サレハ使用シ及ヒ収益スルコトヲ得サル動産アルトキハ用益者ハ之ヲ消費シ又ハ譲渡スコトヲ得但用益権消滅ノ時同数量、同品質ノ物ヲ返還シ又ハ収益ヲ始ムル以前ニ評価ヲ為シタルニ於テハ其代価ヲ返還スルコトヲ要ス

(37) 明治民法第八〇二条
夫カ妻ノ為メニ借財ヲ為シ、妻ノ財産ヲ譲渡シ、之ヲ担保ニ供シ又ハ第六百二条ノ期間ヲ超エテ其賃貸ヲ為スニハ妻ノ承諾ヲ得ルコトヲ要ス但管理ノ目的ヲ以テ果実ヲ処分スルハ此限ニ在ラス

(38) 『法典調査会 民法議事速記録 六』三四六頁以下［梅謙次郎］参照。なお、梅は、フランス法の解釈としては、夫の管理権に基づく処分行為を一切否定していた（第二章第四節五（四）参照）。夫婦財産制が異なることに由来する相違か。

(39) 『法典調査会 民法議事速記録 六』三四六頁［梅謙次郎］参照。

(40) 明治民法第七九九条一項
夫又ハ女戸主ハ用方ニ従ヒ其配偶者ノ財産ノ使用及ヒ収益ヲ為ス権利ヲ有ス

(41) 梅謙次郎『民法要義 巻之四』一八二頁。

(42) ちなみに、中川善之助、近藤英吉『民法V 親族法 相続法（新法学全集第一一巻）』（日本評論社、昭和一二年）一七二頁［中川善之助］は、金銭の消費は、第七九九条一項にいう「使用」にはあたらない。ここにいう使用とは、物を喪失することなくその利益を享受する行為だから、と述べている。

(43) 旧商第一〇一九条二項
管財人ハ左ニ掲クル行為ニシテ百円以上ノ額ニ係ルモノニ付テハ破産者ノ意見ヲ聴キ且破産主任官ノ認可ヲ受ク可シ
第一 訴訟ヲ為スコト
第二 和解契約又ハ仲裁契約ヲ取結フコト

(44) 梅謙次郎『日本民法和解論　完』一八〇頁。

(45) § 121, Nr. 2, Konkursordnung von 1877:
Der Verwalter hat, falls ein Gläubigerausschuß bestellt ist, dessen Genehmigung einzuholen:
2. wenn die Erfüllung von Rechtsgeschäften des Gemeinschuldners verlangt, Prozesse anhängig gemacht, deren Aufnahme abgelehnt, Vergleiche oder Schiedsverträge geschlossen, Aussonderungs-, Absonderungs- oder Masseansprüche anerkannt, Pfandstücke eingelöst, oder Forderungen veräußert werden sollen, und es sich in diesen Fällen um einen Werthgegenstand von mehr als dreihundert Mark handelt.
破産管財人が次に掲げる行為をなすときは、債権者委員会（Gläubigerausschuß）が設置されている場合には、その同意を得なければならない。
二　破産者の法律行為の履行を請求すること、訴訟を係属させること、訴訟の受継を拒絶すること、和解または仲裁契約を結ぶこと、取戻権、別除権、財団債権を承認すること、質物を受け戻すこと、債権を譲渡すること。ただし、目的物の価額が三〇〇マルク以下のときはこの限りにあらず。

(46) Vgl. Roesler, *Entwurf*, Bd. 3, S. 322 f (Art. 1073).
なお、一八七七年ドイツ破産法第一二三条は、破産管財人が第一二一条に規定する行為を行おうとする場合には、予め破産者の意見を聴取し、破産者がこれに異議を述べたときは、裁判所はその行為を一時停止して、決議を行わせるために債権者集会を開くことができると規定していた。

だが、こうした破産者の異議権を保障する手続は、ロェスラー草案で削除され、旧商法にも受け継がれなかった。

(47) 梅謙次郎『日本民法和解論　完』一八〇頁以下。

(48) 旧破産法草案第一九二条一項一一号（法曹記事一三〇号内外法律ニ関スル事項三六頁以下）
破産管財人カ左ニ掲ケタル行為ヲ為スニハ監査委員ノ同意ヲ得ルコトヲ要ス
十一　和解及ヒ仲裁契約
旧破産法草案第一九四条（法曹記事一三〇号同右三七頁）
破産管財人カ第百九十二条第一項ニ掲ケタル行為ヲ為サントスルトキハ已ムコトヲ得サル事由アル場合ヲ除ク外予メ破産者ノ意見ヲ聴クコトヲ要ス

(49) 旧破産法草案の起草委員は、梅（主査委員）、田部芳、岡野敬次郎の三名であり、加藤正治が起草委員補助を務めた（東川徳治『博士梅謙次郎』一七九頁、志田鉀太郎『日本商法典の編纂と其改正』一一四頁注二四）。

(50) Cf. Lyon-Caen et Renault, *Précis*, t. 2, fasc. 2, nº 2805, note 3.
(51) Loi du 4 mars 1889 portant modification à la législation des faillites, 12, Bull. 1225, nº 20408.
(52) 梅謙次郎『破産法案概説』(法学協会、明治三六年［復刻版、宗文館書店、平成三年］)六一頁以下。
(53) 梅謙次郎『破産法案概説』六一頁以下、加藤正治『破産法講義 完(第一四版)』(巌松堂書店、有斐閣書房、昭和四年)三五〇頁。
(54) 一八七七年ドイツ破産法第一二三条は、一八九八年のドイツ改正破産法第一三五条としてそのまま引き継がれていた。
(55) 旧破産法の起草委員は、岡野敬次郎、加藤正治、山内確三郎、松本烝治の四名である(志田鉀太郎『日本商法典の編纂と其改正』一一五頁)。
(56) 規定の内容は、前掲注(45)で引用した一八七七年のドイツ破産法第一二一条二号と同一である。
(57) 旧破第一九七条一一号

破産管財人左ニ掲クル行為ヲ為スニハ監査委員ノ同意ヲ得ルコトヲ要ス但シ第七号乃至第十四号ニ掲クル行為ニ付千円以上ノ価額ヲ有スルモノニ関セサルトキハ此ノ限ニ在ラス

十一　和解及仲裁契約

(58) もっとも、大判昭和一一年七月三一日民集一五巻一五四七頁は、旧破第一九九条は「破産者対破産管財人間ノ内部関係ノ規定ニ止マルカ故ニ同条違背ノ為或ハ破産管財人ニ於テ損害賠償ノ責ヲ負フコトアルハ格別(破産法第百六十四条)之カ為破産管財人対第三者間ノ和解其ノモノノ効力ニ消長ヲ来スモノニ非ス」、という。
(59) 小川秀樹『一問一答 新しい破産法』(商事法務、平成一六年)二一頁。
(60) 伊藤眞『破産法・民事再生法』一八八頁注三参照。
(61) 伊藤眞、松下淳一、山本和彦編『新破産法の基本構造と実務(ジュリ増刊)』(有斐閣、平成一九年)一四一頁［松下淳一、山本和彦］。
(62) 『破産法等の見直しに関する中間試案と解説(別冊NBL No. 74)』(商事法務、平成一四年)一七頁参照。だが、制度設計としては、裁判所の許可に対する債務者の異議申立権を認め、債権者集会に決議を行わせるという方法もありえたはずである。
(63) 伊藤眞、岡正晶、田原睦夫、林道晴、松下淳一、森宏司『条解破産法(第二版)』(弘文堂、平成二六年)六三九頁は、「破産管財人は、意見を聴いて判断の参考にすれば足り、拘束はされない」、という。もっとも、破産者の意見を歯牙にも掛けなかったようなときは、意見を聴取しなかった場合に準じて、損害賠償責任が生じたり、解任事由となることはありえよう。

(64) もっとも、竹下守夫編集代表『大コンメンタール 破産法』(青林書院、平成一九年) 三三七頁 [田原睦夫] は、「一〇〇万円以下の価額に関するものは許可を要しないので、事実上、手続の迅速化が図られることになろう」、と積極的な評価を下している。だが、少なくとも和解との関係では、いささか楽観的な物の見方であるように思われる。
(65) たとえば、旧破第一九九条、第二〇〇条のように、破産者の意見聴取を必須とし、異議があった場合には、債権者集会の決議を要するなどの方法が考えられる。
(66) 熊野敏三、光妙寺三郎、黒田綱彦、高野眞遜『民法草案人事編理由書 下巻』一三七頁以下 [熊野敏三]、亀山貞義『民法正義人事編 巻之二 (下)』九九頁以下。
(67) 亀山貞義『民法正義 人事編 巻之二 (下)』一一六頁。
(68) 梅謙次郎『日本民法和解論 完』一九二頁 (「諍論を決するには裁判所あり故に和解するの却て裁判所に出つるよりも利あることは之れありと雖も和解せされは復た奈何ともすること能はさることは決して之れあらさるなり」)。
(69) 亀山貞義『民法正義 人事編 巻之二 (下)』一七三頁以下。
(70) 『法典調査会 民法主査会議事速記録』三四四頁、梅謙次郎『民法要義 巻之一』六二頁以下。
(71) 大谷美隆『失踪法論』(明治大学出版部、昭和八年) 四九六頁以下参照。もっとも、近時は、不在者概念に生死不明を要件として課すべきとの見解もみられる (石田穣『民法総則』二四八頁以下)。
(72) 梅謙次郎『民法要義 巻之一』六八頁、岡松参太郎『注釈民法理由 上巻』六二頁。
(73) 『法典調査会 民法主査会議事速記録』三七〇頁参照。
(74) 梅謙次郎『民法要義 巻之一』七二頁以下、岡松参太郎『注釈民法理由 上巻』六六頁。
(75) 谷口知平編『注釈民法 (一) 総則 (一)』(有斐閣、昭和三九年) 二七一頁 [遠田新一]、谷口知平、石田喜久夫編『新版 注釈民法 (一) 総則 (一) (改訂版)』(有斐閣、平成一四年) 四五八頁 [田山輝明]。
(76) なお、実務では、国や地方公共団体が、所有者不明の用地を取得するために、不在者財産管理人の選任の申立てと家庭裁判所の許可を得て土地を購入し、所有権確認に関する起訴前の和解を通じて、土地の保存登記を行う (不登第七四条一項二号、民訴第二七五条、第二六七条) という例が報告されている (香川県小豆総合事務所用地管理課「保存登記がされていない土地について、不在者財産管理人を選任するとともに所有権確認の和解制度を利用して用地買収を行った事例」用地ジャーナル二〇巻二号 (平成二三年) 一〇頁)。
　だが、このような例では、国や地方公共団体と不在者の間に争いはないため、本来は、起訴前の和解は成立しないというべきであろう (第一節三 (一) (3) ③参照)。しかし、それにもかかわらず、所有権保存登記手続の必要上、起訴前の和解という形式をとることを便宜的に認める場合には（不登第七四条一項二号、民訴第二六七条参照）、右の和解は、実質的には既に家庭裁判所の許可を得た売買の履行過程に過ぎないから、この「和解」に関する家庭裁判所の許可はもはや不要だというべきである。

（77）旧民財取第三三三条

左ノ如キ場合ニ於テハ黙示ノ受諾アリトス

第一　相続財産ノ一箇又ハ数箇ニ付キ他人ノ為メニ所有権ヲ譲渡シ又ハ其他ノ物権ヲ設定シタルトキ但財産編第百十九条以下ノ制限ニ従ヒタル賃借権ノ設定ハ此限ニ在ラス

第二　相続人カ第三百十八条ノ期間内ニ限定受諾又ハ抛棄ヲ為ササルトキ

右ノ外尚ホ第三百二十七条第二号ノ場合ハ単純ノ受諾ヲ成ス

なお、右の本条二項は、第一草案では独立の条文であったものを（獲得編第二部第一六一〇条）、法律取調委員会上申案（あるいは法律取調委員会再調査案?）以降、黙示の単純承認の規定（民法財産取得編（続）第三三九条）のなかに二項として押し込まれたものである（『法例　民法人事編　民法財産取得編（続）（第二版）』民法財産取得編（続）九丁裏、一〇丁表）。本文で引用する明治民法第一〇二四条の原型は、こうして形成されたと思われる。

（78）旧民財取第三二七条

左ノ場合ニ於テハ相続人ハ限定受諾ヲ為スノ権利ヲ失フ

第一　単純ノ受諾ヲ為シタルトキ

第二　相続財産ヲ私取シ若クハ隠匿シ又ハ悪意ヲ以テ財産目録中ニ相続財産ノ幾分ヲ記載セサリシトキ

（79）磯部四郎、井上正一『民法草案獲得編第二部理由書』五七頁以下、六〇頁以下［磯部四郎］参照。

（80）井上正一『民法正義　財産取得編　巻之三』一五七頁。

（81）井上正一『民法正義　財産取得編　巻之三』一五六頁以下。

（82）なお、梅が旧民財取第三二九条をどのように解していたかは明らかではない。だが、同条は「売却」に関する規定であり、和解については明記していないから、裁判所の許可を得て和解を行うことは、解釈論としてはこれを否定したのではないか（第二章第四節五（七）（2）②参照）。ただし、一九世紀フランス法に関する記述のなかではあるが、裁判所の許可を得た和解は立法論としては最も妥当であると述べている（梅謙次郎『日本民法和解論　完』一八七頁以下）。

（83）なお、法典調査会民法議事速記録には、明治民法第一〇二四条（甲号議案第一〇一一条）の審議記録の前半が欠落しているため（『法典調査会　民法議事速記録　七』四二〇頁の監修者注記参照）、富井が冒頭でどのような起草趣旨説明を行ったのかは明らかではない。

(84)『法典調査会 民法議事速記録 七』四二一頁以下〔富井政章、磯部四郎〕参照。
(85) このとき、民第九二一条の各号を統一的な概念で把握しようとしたのが、いわゆる法定効果説である。中川善之助、泉久雄『相続法(第四版)』(有斐閣、平成一二年)三八一頁以下、森泉章「法定単純承認」中川善之助教授還暦記念家族法大系刊行委員会編『家族法大系VII 相続(二)』(有斐閣、昭和三五年)六一頁、前田正昭「法定単純承認」中川善之助先生追悼現代家族法大系編集委員会編『現代家族法大系 五(相続 二) 遺産分割・遺言等』(有斐閣、昭和五四年)一四二頁参照。
(86) 大判昭和五年四月二六日民集九巻四二七頁、中川善之助、泉久雄『相続法』三八九頁以下参照。
(87) 大判昭和五年四月二六日民集九巻四二七頁、中川善之助、泉久雄『相続法』三八五頁、三八九頁以下、谷口知平、久貴忠彦編『新版 注釈民法(二七) 相続(二)(補訂版)』(有斐閣、平成一二年)四七九頁〔川井健〕。
(88) 谷口知平、久貴忠彦編『新版 注釈民法(二七) 相続(二)』五五〇頁〔岡垣学〕。
(89) 起草者富井は、競売の他に「尚ホ裁判所ノ許可ヲ経ナケレバナラヌト云フコトハ理由ノナイコトト思ヒマシタ」、と説明する(『法典調査会 民法議事速記録 七』四九七頁)。

(八) 都道府県、市町村、独立行政法人

(1) ボアソナード草案

ボアソナード草案第七五八条二項
　国、府県、市町村、および公施設に関する和解は、行政法の規定に従う。[1]

この規定は、仏民原始規定第二〇四五条三項に、国と府県の文言を加えたものである。フランスにおける特別法の発展を受けて(第二章第四節五(八)(3))、ボアソナードも、公法上の法人が行う和解の要件として、政府の許可ではなく、議会の議決と上位機関の承認を考えていたようだが、具体的な制度設計は、これを行政法に委ねたものである。[2]

(2) 旧民法

法律取調委員会の原案および再調査案の第七五八条二項は、ボアソナード草案第七五八条二項の忠実な翻訳であった。[3] しかし、明治二一年一一月に行われた再調査案審議において、「特別法ト云フコトガ出レバ皆刪ルト云フ様ニナル」(清岡委員)などという意見が出され、再調査案第七五八条二項は削除されることとなった。[4] それゆえ、旧民法は、ボアソナード草案第七五八条二項に対応する規定を有しない。

(3) 市制・町村制(明治二一年四月二五日法律第一号)、府県制(明治二三年五月一七日法律第三五号)、郡制(明治二三年五月一七日法律第三六号)

そして、実際、再調査案第七五八条二項の削除が決定されたと時期を同じくして、「市制・町村制」、「府県制」および「郡制」が相次いで公布されている。それゆえ、市町村や府県郡の和解権限は、これらの法律の定める所に従う。その規律の大要は次の通りであるが、いずれにしても、上位機関が下位機関を監督するという、後見人と被後見人に準ずる観念が前提とされている。

① まず、市については、執行機関は市参事会であり(市制第六四条)[5]、市参事会は、市会の議決を得て、市のために和解を行うことができる(同第六四条二項七号、第三一条一一号)。なお、市会が議決すべき事件を議決しないときは、府県参事会が代わって議決することができる(同第一一九条)。

だが、基本財産の処分および市有不動産の売却、譲与、質入、書入については、市会の議決は、上位機関たる府県参事会の許可を要したため(同第一二三条二号、三号)、和解についても同様と考えられる。[6] なお、府県参事会の許可を得ずに行われた行為の効力については、十分な議論がなかった。だが、許可が必要な理由として、自治体の盛衰が国家の存亡にかかわることが挙げられており[7]、この点を敷衍すれば、第一二三条は公序に属する規定であり、それゆえ違反の効果は無効と解されたのではないかと推測される。[8]

② また、町村についても、その執行機関が町村長とされる（町村制第六八条）他は、市の場合と同様である。すなわち、町村長は原則として町村会の議決を得れば和解を行うことができるが（同第六八条二項七号、第三三条一一号）[9]、基本財産および町村有不動産に関する和解については、上位機関たる郡参事会の許可が必要とされる（同第一二七条二号、三号）[10]。

③ これに対して、府県の和解については、明文の規定が存しない。しかし、府県会の議決事項が、「府県有不動産ノ売買交換譲渡譲受並ニ質入書入ノ事」（府県制第一五条一項四号）とあるほか、「新ニ義務ノ負担ヲ為シ及権利ノ棄却ヲ為ス事」（同条項五号）とされているため、不動産のみならず、動産に関しても、執行機関たる府県知事（同第五〇条）が和解を行うためには、府県会の議決が必要であると解される[11]。

だが、府県の場合には、市制、町村制よりも、上位機関の関与が強い。すなわち、（ア）府県有不動産の処分については、内務大臣の認可が必要とされること（同第九一条一号）に加え、（イ）府県会が招集に応ぜず、または成立しないときに、府県知事が処分を行うためには、内務大臣の指揮を請わねばならない（同第八六条）、とされる。さらに、（ウ）府県会が議決すべき議案を議決しないときや、府県会において招集前正当の手続をもって告知された議案が、第二一条一項に定められた期間内（通常会においては三〇日以内、臨時会においては七日以内）に議了されなかった場合において、その事が緊急を要するときに、府県知事が原案を執行するためには、内務大臣に具状し、その指揮を請わねばならない（同第八七条）、とされているのである[12]。

なお、内務大臣の認可や指揮なくして行われた行為の効力については規定がない。しかし、市制において上位機関の許可なき行為が無効だったとすれば、より強い監督に服する府県制においては、もちろん無効と解されたのではないかと思われる[13]。

④ また、郡についても、府県会を郡会、府県知事を郡長、内務大臣を府県知事と読み替えたうえで、同一の規

律が妥当する（郡制第二六条一項三号、四号、第五六条、第八二条一号、第七七条、第七八条）[14]。

ちなみに、梅が、「府県制郡制は市制町村制よりも一層中央集権民会検束の傾向あるは余か慨嘆に堪えさる所なり」[15]、と述べているのは、市町村と比べ、府県郡に対しては、内務大臣等の上位機関の関与が右のように強く認められていることを指しているものと思われる。

⑤　なお、明治期の我が国には、フランスの公施設に対応する団体を規律する一般的な法律は、未だ存在しなかった[16]。

（4）現在の法状況および私見

①　地方公共団体をめぐる法状況は、戦後大きな変貌を遂げている。日本国憲法は、明治憲法下の国の地方公共団体に対する監督関係を改め、地方自治を制度として厚く保障した[17]。知事公選（「府県制の一部を改正する法律」昭和二一年九月二七日法律第二七号）、内務省の解体（「内務省及び内務省の機構に関する勅令等を廃止する法律」昭和二二年一二月二六日法律第二三八号）、都道府県と市町村が同位の普通地方公共団体として規律されたこと（「地方自治法」昭和二二年四月一七日法律第六七号）などが象徴的である[18]。

②　こうした枠組みのなかでは、国と地方公共団体の関係を後見人と被後見人に準じて扱うことはできない。それゆえ、都道府県または市町村の和解権限という問題の立て方自体が、もはや適切ではなくなったといえよう。

③　つまり、今や、都道府県または市町村の長は、議会の議決を得れば和解を行うことができるのであり（自治第九六条一項一二号）、上位機関の許可や認可は不要である。

のみならず、議会が成立しないときや、議会の委任があるときなどには、専決処分が認められるため（自治第一七九条一項、第一八〇条一項）、専決処分の要件を満たす場合には、長の一存で和解を行うこともできる。

④　かくして、戦後の地方自治法の下では、上位機関の許可等の有無ではなく、和解が専決処分の要件を満たす

か否かがむしろ問題となる(19)。

この点に関する裁判例として、たとえば、東京高判平成一三年八月二七日判時一七六四号五六頁や、前橋地判平成二五年一月二五日判自三七一号四七頁などがある。

前者は、東京都が応訴した訴訟事件にかかる和解のすべてを都知事の専決処分とした都議会の議決は、あまりに広範囲の和解を知事の専決処分に委ねたものであり、自治第一八〇条一項にいう「軽易な事項」にはあたらないとしたものである（もっとも、当該議決の違法性は一義的に明白なものではなかったとして、和解を行った都知事の損害賠償責任は否定）。

また、後者は、町長が専決処分として行った和解が、自治第一七九条一項にいう「特に緊急を要するため議会を招集する時間的余裕がないことが明らか」、という要件を満たさないとしている（町長の損害賠償責任も肯定）。

そもそも、専決処分とは、本来は議会の議決を要すべき事項を例外的に長の専断に委ねたものであるから、その要件はなるべく厳格に解釈されるべきであり、少なくともこの意味においては、両判決の判断は妥当というべきであろう。

⑤　他方で、現在の我が国には独立行政法人が存在し、これはフランスの公施設に類似する組織である。

つまり、独立行政法人は、国の監督に服する機関であり、両者の関係は、被後見人と後見人に準ずるものである。それゆえ、独立行政法人が財産を処分するためには、どのような場合に国の認可を受けなければならないかが問題となる。

この点につき、独立行政法人通則法（平成一一年七月一六日法律第一〇三号）第四八条本文は、「独立行政法人は、不要財産以外の重要な財産であって主務省令で定めるものを譲渡し、又は担保に供しようとするときは、主務大臣の認可を受けなければならない」、と規定している。

和解についての規定はないが、同条にいう「譲渡」に準じて扱うべきであろう。なお、主務大臣の認可を受けずに行われた和解は、公序に反するものとして、無効と解すべきである。

（九）受任者――任意成年後見人の和解権限、弁護士第七二条に違反する委任と受任者の和解権限を含む

（1）ボアソナード草案

① フランス民法は、一方で、第一九八七条において一般委任（mandat général）と特別委任（mandat spécial）という対立軸、他方で、第一九八八条において一般的な文言による委任（mandat conçu en termes généraux）と明示的な委任（mandat exprès）という対立軸を有していた（第二章第四節五（九））。

ボアソナードは、この二つの対立軸を発展的に解消し、一般委任（mandat général）、確定委任（mandat déterminé）、特別委任（mandat spécial）という三つの委任類型を設けた（ボアソナード草案第九二八条）。だが、その内容をみると、一般委任は受任者のなすべき行為が定まっていないもの、確定委任は受任者のなすべき行為類型が定まっているもの（例、不動産の処分、消費貸借）、特別委任は受任者のなすべき行為が具体的に定まっているもの（例、この不動産の処分、金○○円の借受け）、とされている[20]。

それゆえ、このボアソナードの委任類型は、いずれも第一九八八条の対立軸の下にあり、同条の明示的な委任を、確定委任と特別委任という二つのサブカテゴリーに分類したものということができよう。すなわち、用語に混乱がみられるが、ボアソナードの一般委任は、フランス民法の一般的な文言による委任に相当する。また、ボアソナードの特別委任は、フランス民法の特別委任とは異なる概念である。

② こうしたボアソナード草案の下では、受任者が和解権限を有するのは、和解という行為類型を定めて委任した場合（確定委任）と、この紛争に関して和解するというように、和解の対象を具体的に特定して委任した場合（特別委任）だということになろう。

他方、一般委任の場合には、和解権限は認められないと考えられる。一般委任の受任者は、管理行為しかなしえ

ないからである（ボアソナード草案第九二八条二項）。

③　なお、受任者の権限は、委任事務を処理するにあたって必要な範囲に拡張されるが、しかし、訴訟をなす委任は和解権限を含まないこと、和解をなす委任は仲裁契約を締結する権限を含まないこと、さらに、仲裁契約を締結する委任は和解権限を含まないことが、それぞれ草案に明記されている（ボアソナード草案第九二九条四項乃至六項）。いずれも委任事務を処理するために必要な範囲を超えているからである[21]。

（2）旧民法

①　法律取調委員会の原案は、代理という表題の下、ボアソナード草案の委任三類型を採用した（原案第九二八条[22]）。

だが、再調査案は、確定代理と特別代理の区別を廃し、両者をまとめて特定代理とした（再調査案第九二八条[23]）。さらに、再調査案の審議において、一般（総般）代理が総理代理、特定代理が部理代理と改められた[24]。

②　かくして成立したのが、旧民法の左の規定である。

旧民財取第二三二条
代理ニハ総理ノモノ有リ部理ノモノ有リ
総理代理ハ為ス可キ行為ノ限定ナキ代理ニシテ委任者ノ資産ノ管理ノ行為ノミヲ包含ス
代理カ或ハ管理或ハ処分或ハ義務ニ関シテ一箇又ハ数箇ノ限定セル行為ヲ目的トスルトキハ其代理ハ部理ナリ

③　このような沿革に鑑みれば、旧民法は仏民第一九八八条の対立軸を採用し、総理代理は一般的な文言による委任（mandat conçu en termes généraux）、部理代理は明示的な委任（mandat exprès）に対応するといえよう。それゆ

え、旧民法下でも、受任者が和解権限を有するのは、部理代理の場合、すなわち、和解と特定して委任した場合に限られる[25]。

なお、旧民法の次の規定は、ボアソナード草案第九二九条四項乃至六項を継受したものである。

旧民財取第二三三条四項、五項、六項

訴訟ヲ為ス委任ハ仲裁人ヲ選任シ請求ニ承服シ訴訟ヲ取下ケ又ハ和解ヲ為ス委任ヲ包含セス

和解ヲ為ス委任ハ仲裁人又ハ裁判所ヲシテ争論ヲ裁決セシムル委任ヲ包含セス

仲裁人ヲ選任スル委任ハ和解ヲ為シ又ハ裁判所ヲシテ其争論ヲ裁決セシムル委任ヲ包含セス

(3) 明治民法

① 明治民法は、代理と委任を分けて規定したが、その起草者はいずれも富井である。

富井は、右の旧民財取第二三二条および第二三三条は、いずれも代理権の範囲、代理人の権限に関する規定であると理解した。それゆえ、委任の箇所ではこれらの規定を採用せず[26]、代理の箇所でその修正を検討している。

そして、代理の箇所で、富井は、総理代理（旧民財取第二三二条二項）に対応するものとして、権限の定めのない代理人の規定（民第一〇三条）を置いたが、部理代理に対応する規定は設けなかった。代理権の範囲は、意思解釈の問題に帰着すると考えたからである[27]。

② その結果、明治民法は、一般的な文言による委任（mandat conçu en termes généraux）と明示的な委任（mandat exprès）という対立軸（仏民第一九八八条）を否定はしないものの、条文上は明記せず、受任者の権限は、あくまでも委任の解釈問題と位置づけられた。従って、受任者の和解権限は、委任契約上、和解という文言が明示されていなくても、少なくとも理論上は、契約解釈の一般原則により、これを認めることができる。

また、旧民財取第二三三条四項、五項、六項の規定も、明治民法には採用されなかった。これも意思解釈に関するものと考えられたからであろう。[28]

(4) 現在の法状況および私見

① それゆえ、現在においても、受任者の和解権限の有無や範囲は、これを授与する委任者の意思で決まり、それを明らかにすることは委任契約の解釈問題だということになろう。

もっとも、私見によれば、仏民第一九八八条の対立軸は、民第一〇三条の存在により暗黙のうちに前提とされているから、和解という文言が欠けるにもかかわらず、和解権限の授与を認定するような契約解釈は、あくまでも例外的にしか許されないというべきである。つまり、契約解釈により和解権限の授与を認定するためには、原則として、明示の授権を要するというべきである。

② ところで、受任者の和解権限が委任者の意思に基づくものであることから、法定成年後見人とは異なり（民第八五九条の三、本節五（一）（2）参照）、任意成年後見人は、居住用不動産につき和解を行う場合にも、本人からの授権があれば、家庭裁判所の許可を要しないと解されている。[29]

このような結論は解釈論としては妥当だが、しかし立法論としては、任意後見の場合にも、最低限、居住用不動産については家庭裁判所の許可を要件とすることが望ましい。[30] いくら本人からの明示の授権があるとはいえ、居住用不動産の処分は、本人の生活環境を致命的に悪化させうる行為であり、かつ、任意成年後見人が本人に不利な内容の和解を安易に結ぶ危険が存する以上、裁判所による監督が必要だと思われるからである。

③ また、弁護士でない者が、報酬を得る目的で、業として、和解を行うことについての委任契約を締結することは、認定司法書士が一四〇万円以内の価額の目的物につき受任する場合を除き（司書第三条一項六号イおよびロ、七号、同条二項）、弁護士第七二条に違反する。そして、弁護士第七二条は公益規定であるから、同条に反する委任

契約は、民第九〇条により無効であると解されている[31]。

従って、右の委任契約に基づき締結された和解契約も、受任者に和解権限が欠ける以上、無効になると解すべきである。

もっとも、この点につき、近時、最判平成二九年七月二四日民集七一巻六号九六九頁は、委任契約の効力と和解契約の効力は別個に判断すべきであり、和解契約の当事者の利益保護の見地から、「当該和解契約の内容及びその締結に至る経緯等に特に問題となる事情がないのであれば、当該和解契約の効力を否定する必要はなく、かえって、同条〔弁護士第七二条〕に違反することから直ちに当該和解契約の効力を否定するとすれば、紛争が解決されたものと理解している当事者の利益を害するおそれがあ」る。それゆえ、「当該和解契約は、その内容及び締結に至る経緯等に照らし、公序良俗違反の性質を帯びるに至るような特段の事情がない限り、無効とはならないと解するのが相当である」、と判示した。

もちろん、和解により紛争は解決されたはずだという当事者、特に和解の相手方の信頼は、法的保護に値するものである。しかし、無効な委任契約にもとづき締結された和解契約が無効ではないというのは、いかにも非論理的である。

それゆえ、和解契約は無効だが、弁護士でない者やそれに委任した者からの無効主張は信義則により禁じられると解するのが、論理的にも結論的にも最も妥当であろう[32]。

ただし、このような解釈を採用した場合、委任者の破産管財人や債権者代位権者からの無効主張も禁じられるかが、さらに問われなければならない（実際、右平成二九年七月二四日判決は、委任者の破産管財人が無効を主張した事案であった）。確かに、委任者の破産管財人等には信義則違反という評価は及ばず、これらの者からの無効主張は可能という見解もありえよう[33]。しかし、ここでの信義則は、無効主張者自身に対する制裁というよりも、むしろ、契約の相手方の信頼保護を目的としている[34]。それゆえ、委任者、受任者、破産管財人等のいずれであるかにかかわらず、契約の相手方以外の者からの無効主張は原則としてすべて禁じられる。だが、契約の相手方が和解の無効を知っていた場合には、彼に保護されるべき信頼は存しないから、原則に戻って、いずれの側からの無効主張も許されると解すべきである。

（一〇）　訴訟代理人

訴訟代理人の和解権限の範囲については、古くから激しく争われている。[35]訴訟代理人は、民法上の受任者ではあるが、訴訟手続の円滑および訴訟上の和解の法的安定性という見地から、その権限の範囲につき、一定程度画一的な処理が要請されるからである。

この問題は、従来の整理を踏まえつつ、[36]左の三つに分けて考察することが妥当であろう。すなわち、①訴訟代理人の和解権限は、訴訟物以外の権利関係に及ぶか、②訴訟代理人は、訴訟物に関して和解をするにあたり、互譲の手段としてどのような方法までとることができるか、③訴訟代理人の和解権限の範囲を個別的に制限できるか、というものである。以下、順に検討しよう。

（1）　訴訟代理人の和解権限は、訴訟物以外の権利関係に及ぶか。

①　この問題については、まず、大判昭和八年五月一七日新聞三五六一号一〇頁が重要である。すなわち、原告が被告に対して一万円の債権のうち五〇〇〇円を請求した事件で、原告本人と被告訴訟代理人が、被告が一〇〇〇円を支払う代わりに、原告は自余の債権を放棄するという和解を行った。その後、原告は、和解の効力は、請求されていない残余の五〇〇〇円には及ばないと主張したため、被告訴訟代理人の和解権限が、残余の五〇〇〇円にも及んでいたかが問われた事案である。

大審院は、「或請求ノ一部ニ付訴訟ヲ提起シタル後裁判上ノ和解ヲ為ス場合ニ於テ当事者ハ訴訟ノ目的タル請求ノ外未タ訴ヲ起サヽル他ノ部分ヲモ包含セシメテ共ニ和解ノ目的ト為スコトヲ妨クルモノニ非ス而シテ訴訟代理人カ本人ニ代テ斯ル和解ヲ為シタル場合ニ於テ当該訴訟代理人ハ訴訟ノ目的ト為リタル請求ニ付テノミ和解ノ代理権ヲ有シ其ノ他ノ部分ニ付テハ之ヲ有セサルモノト速断スルヲ得サルハ論ナシ」と述べて、訴訟代理人の和解権限を肯定した。

被告本人が残余の債権について和解を行うことができる以上、訴訟代理人もその権限を有しうるというのである。だが、こうした論理は、本件のように、本人に有利な和解が結ばれた場合には問題が少ないが、本人に不利な和解の場合（本件では、原告訴訟代理人が当該和解を締結したような場合）には、そのまま用いることはできないだろう。本人の利益をいかに保護すべきかが問題となるからである。

② 最判平成一二年三月二四日民集五四巻三号一一二六頁は、この点にかかわる事件である。

保養所の利用契約の当事者である原告と被告の間で、双方の経費負担につき争いが生じ、双方がお互いに訴えを提起したため、原告は、両事件につき訴訟代理人に和解権限を授与した。両事件が併合された後、原告訴訟代理人と被告は、（ア）双方の請求権の存在を認めたうえ、これらが対当額において相殺により消滅したこと、（イ）双方は特定の貸付債権以外の権利を放棄し、他に何らの権利義務がないことを確認すること（「放棄清算条項」）、を内容とする訴訟上の和解を行った。

だが、和解が行われる前に、被告は第三者との間で保養所の利用契約を結んでおり、原告は、被告の行為が原告との利用契約に違反するとして、和解後に、債務不履行に基づく損害賠償請求訴訟を提起した。被告が、この損害賠償請求権も、和解の放棄清算条項によって消滅していると争ったため、前訴原告（左の判旨にいう訴外会社）の訴訟代理人の和解権限が、債務不履行に基づく損害賠償請求権にも及んでいたかが問題となった。

最高裁は、「本件請求権と前訴における各請求権とは、いずれも、本件保養所の利用に関して同一当事者間に生じた一連の紛争に起因するものということができる。そうすると、坂和弁護士は、訴外会社から、前訴事件について訴訟上の和解をすることについて委任されていたのであるから、本件請求権について和解をすることについて具体的に委任を受けていなかったとしても、前訴事件において本件請求権を含めて和解をする権限を有していたものと解するのが相当である」、と判示した。

つまり、明示の授権がなくても、同一当事者間における、同一の保養所をめぐる一連の争いであれば、別個の訴訟物についても、訴訟代理人の和解権限は及ぶというのである。

もっとも、本判決は事例判決の側面が強く、訴訟代理人の和解権限の範囲につき、一般的な理論を提示したということはできない[37]。だが、下級審判決をみると、一般論として、訴訟代理人の和解権限は、訴訟物以外の権利関係にも及ぶというものが多くみられる[38]。それゆえ、裁判所の見解は、最上級審および下級審ともに、原則として和解権限の範囲を広く解して、和解後の法的安定性を重視する傾向にあるといえよう[39]。

③　これに対して学説は、訴訟物限定説、無制限説、中間説、行為規範重視説に分かれている。

まず訴訟物限定説は、訴訟代理人の和解権限は原則として訴訟物たる権利関係に限られ、訴訟物以外の権利関係につき和解を行うためには、その点についても書面による特別授権を要するというものである[40]。ただし、物の引渡請求権が訴訟物である場合に、目的物の引渡しに代えて金銭の支払いを約する和解は、例外的に、特別授権なくして有効とされる。金銭は何物にも勝る代替性を有するからである[41]。

次に無制限説は、訴訟代理人は、訴訟物以外の権利関係についても無制限に和解を行うことができるというものである。弁護士という職業に対する信頼の存在を根拠に、訴訟物以外の権利関係につき和解する権限を認めても、委任者たる本人の利益が危険にさらされることは少ないという[42]。訴訟代理人による和解交渉の柔軟性を確保し、もって和解による紛争解決の意義を強調する見解といえよう。

これに対して中間説は、訴訟物限定説と無制限説の間にあって、訴訟代理人の和解権限は無制限ではないが、法的安定性（裁判所の事件既済状態の維持）の見地から、訴訟物以外の一定の権利関係にも和解権限を及ぼそうというものである。和解権限の範囲を画する基準としては、「①当該事項が互譲による紛争解決のため必要であり、有用であるか、②当該事項が委任者である当事者にとって紛争解決として予期・予測の範囲内か[43]」などという、紛争解決目的にとっての合理的必要性を挙げる見解が有力である。

最後に、行為規範重視説は、民事訴訟における行為規範と評価規範の区別を前提として[44]、代理権授与行為から和解契約締結に至るまでのプロセスを重視するものである。すなわち、訴訟代理人が訴訟物以外の権利関係につき和解を行おうとするときは、行為規範として、委任者本人の意思を確認することが求められ、この行為規範に反して結ばれた和解は無効とされる。だが、一旦成立した和解の効力を事後的に検討する際には、評価規範的な修正の余地が残され、和解後に本人の明示または黙示の追認があったと評価できる場合や、一定期間が経過したことにより、和解の有効性に対する相手方の信頼を保護すべき状態に至ったような場合には、例外的に、和解が有効とされるという[45]。

左に、各説を検討したい。

まず、無制限説は訴訟代理人による和解交渉の柔軟性を強調するものであるが、無制限説をとらなければ、訴訟物以外のものを和解交渉のなかに取り込めなくなるわけではない。和解契約を締結する前に、特別授権があれば、訴訟物以外のものにも和解権限は及ぶ。

それゆえ問題は、特別授権を要することが、和解交渉の柔軟性を害し、和解の意義を損なわしめるかということになる。

この点に関して、無制限説の立場からは、和解の期が熟したときに特別授権を求めていると、和解成立に必要となる微妙なタイミングを失いかねないという危惧も表明されている[46]。しかし、このような心配は、通信手段が高度に発達した現代社会においては、杞憂というべきではないか。

また、訴訟代理人が弁護士であれば、本人の利益が危険にさらされる恐れは少ないというのも、あまりにも素朴な考えである。実際、訴訟代理人の和解権限の範囲が争われるのは、弁護士に対する信頼が揺らいだときだという指摘[47]は正当であろう。無制限説は、訴訟実務における和解の意義を強調するあまり、委任者の意思を軽視しすぎているように思われる。

次に、中間説は、結論の妥当性を指向するあまり、基準としての明確性を欠くに至っているように思われる。訴訟代理権の範囲は一義的に明確である必要があり、曖昧な判断基準は、和解後の法的安定性を害することになろう。

他方、行為規範重視説は、代理権授与行為から和解契約締結に至るまでの間に、訴訟代理人が本人の意思確認を行わなければならないという規範を定立するものである。このような形で委任者の意思を尊重することは、受任者の権限は委任者の意思に由来するという民法の原則に適するものといえよう。

だが、訴訟終了効を伴う訴訟上の和解において、必ずしも書面の形になっていない意思を判断基準とすることは、たとえ評価規範的な修正の余地を残すとしても、なお慎重でなければならないように思われる。たとえば、和解契約締結時の意思や、締結後の追認の有無につき、争いが生ずることもありえよう。このような場合には、行為規範重視説は、和解後の法的安定性につき問題を残すこととなろう。

さて、ここまでの考察が正当だとすれば、訴訟物限定説をとりつつ、書面による特別授権の積極的な活用を説く見解[48]が適切だということになろう。委任者の意思の尊重と和解後の法的安定性という二つの要請に、最も良く応えることができるからである。

なお、訴訟物限定説に対しては、「委任状に不動文字で「和解のために必要な一切の権利の処分」といった項目が加えられていれば、それで足りるのか[49]」、という疑問が投げ掛けられることもある。だが、訴訟委任の段階で処分行為の内容が具体的に定まっていない以上、そのような委任条項は、少なくとも定型的な書式によるときは、本人の意思を伴わないものとして無効と解すべきであろう。

(2)　訴訟代理人は、訴訟物に関して和解をするにあたり、互譲の手段としてどのような方法までとることがで

きるか。

この問題に関しては、最判昭和三八年二月二一日民集一七巻一号一八二頁がある。

本件は、貸金請求事件において、被告から和解権限を授与された訴訟代理人が、原告から弁済期の延期と分割払いという譲歩を得る代わりに、被告所有の不動産につき抵当権を設定するという訴訟上の和解を行った。だが、被告は、訴訟代理人の和解権限に抵当権の設定は含まれないとして、和解契約の無効を主張した事案である。

この事件で、最高裁は、「このような抵当権の設定は、訴訟物に関する互譲の一方法としてなされたものであることがうかがえるのである。しからば、右のような事実関係の下においては、前記埴渕弁護士が授権された和解の代理権限のうちに右抵当権設定契約をなす権限も包含されていたものと解するのが相当であ」る、と判示した。

もっとも、最高裁が、「右のような事実関係の下においては」という限定を付しているため、本判決が事例判決であるのか、あるいは一般論を述べたものであるのかについては、議論の余地もある。しかし、その後の下級審判決には、一般論として、委任者に予期しない不利益を及ぼすことのないかぎり、訴訟代理人は、訴訟物となっていない権利関係をも互譲の方法に供する権能を持っている（東京地判昭和四二年三月一四日判タ二〇八号一八一頁）、と説示するものがみられる。

さて、この昭和三八年判決に対する学説の評価は二つに分かれる。まず、判旨に賛成するものとして、次のような見解がある。たとえば、「通常の取引観念に照らしてその法律関係についての争を解決する和解としていかなる内容の譲歩が通常予想されるかということを基準として」判断すべきであり、「抵当権の設定は金銭請求についての和解の譲歩の方法として通常予想される範囲に入る」[50]、という見解。また、「弁護士である訴訟代理人の権限中に本件のような抵当権の設定を含ましめることが、社会的に必要であり、便宜であるかということ」と、「それが本人に対してどのような利益を与え、逆にどのような利益を害するかということ」を考慮に入れて判断すべき[51]、という見解も存する。

これに対して、判旨に反対する見解も有力である。すなわち、「訴訟物に非ざる本人の財産を処分したり、処分の義務を発生せしめたりすることは、不当に本人の利益を害することになる」ため、特別授権を要するというのである。[52]

筆者も、特別授権を要するという見解に賛成する。たとえ和解における互譲の手段としてであれ、抵当権の設定などは、委任者の財産を処分する行為である。他人の財産を処分する行為は、本人の授権なくして行いえないというのが原則でなければならない。たとえ訴訟代理人がある互譲方法を適切だと判断し、かつ、それが通常予想される行為だとしても、委任者としては、そのような処分が行われるくらいなら、和解せずに最後まで争うことを選択するかもしれない。かような場合に、紛争解決方法としての和解の意義を強調するあまり、委任者の意思を無視することは、私的自治の原則に正面から反することとなろう。

（3）　訴訟代理人の和解権限の範囲を個別的に制限できるか。

この問題は、民訴第五五条三項が、同条一項のみならず、二項にも適用されるかが不明確であるために生じたものである。

まず、通説たる制限否定説は、訴訟手続の円滑と弁護士という職業に対する信頼から、訴訟代理権の範囲は包括的なものに法定され、これを相手方や裁判所との関係で、個別的に制限することはできないという。[53]また、このように解しても、委任者本人の保護は、弁護士に対する損害賠償請求ではかられるとする。[54]

他方、制限肯定説は、特別授権事項については、そもそも代理権を授与するか否かの自由が本人に与えられている以上、その範囲を制限することもまた自由であると説く。[55]当事者意思の尊重と民訴第五五条の沿革を理由とする。なお、制限肯定説をとる場合には、さらに、その制限を相手方に主張するための要件、すなわち、書面による通知や明示の意思表示を要するか、あるいは、黙示の意思表示で足りるかが問題となる。[56]

ちなみに、この問題に関する最高裁の立場は明らかではないが、下級審では、制限否定説がとられているようで

ある。(57)

しかし、いずれにしても、この問題は、右(1)および(2)の問題との関連で論じられるべきものであろう。(58)すなわち、もし訴訟代理人の和解権限を広く解するとすれば、委任者が和解権限の範囲につき、個別的な制限を付すこと(たとえば、和解のために支払う金銭に一定の上限を設けること)は、これを許すべきである。(59)それゆえ、(1)で無制限説をとり、(2)で昭和三八年判決を支持しながら、和解権限の個別的制限を認めないような見解は(裁判所はこうした傾向にある)、あまりにも本人の意思を軽視したものといえよう。

これに対して、私見のように、(1)と(2)の双方において、特別授権により本人の意思を確保する立場からは、和解権限の個別的制限を認めなくても、私的自治の要請は十分満たされている。訴訟代理人の和解権限は、当初より訴訟物に狭く限定されているからである。

それゆえ、改めて問題を整理すれば、和解権限を原則として広く解したうえで個別的な制限を認めるか、あるいは、原則として狭く解して特別授権により広げてゆく代わりに、個別的な制限は認めないという方策のいずれが妥当か、ということになる。そして、訴訟実務において、和解権限の付与がしばしば定型的な書式で行われていることに注目すれば、委任者が明確な意思をもって和解権限の範囲を個別に制限しうるような機会は、実際には、あまり多くはないようである。

そうだとすれば、和解権限の範囲を原則として狭く解して、特別授権によりこれを広げてゆく方が、和解後の法的安定性をはかりつつ、委任者の意思を確実に尊重しうることとなろう。また、このように解する反面で、和解権限の範囲の個別的制限を否定すれば、訴訟手続の円滑という要請にも十分応えてゆくことができるように思われる。

（二）組合の業務執行者および清算人

（1）業務執行者

① 旧民法は、組合の業務執行者の権限につき、次のように規定する。

旧民財取第一二四条

会社契約ヲ以テ社員中ヨリ一人又ハ数人ノ業務担当人ヲ選任シタルトキハ其各員ハ受任ノ権限ヲ踰ユルコトヲ得ス

権限ノ定マラサル業務担当人ハ共同又ハ各別ニテ通常ノ管理行為ヲ為スニ止マル

又業務担当人ハ会社ノ目的中ノ重要ナル行為ニ付テハ共同ニテノミ之ヲ為スコトヲ得但異議アル場合ニ於テハ其行為ヲ中止シ総社員ノ過半数ヲ以テ之ヲ決ス

すなわち、組合契約により業務執行者の権限が定められているときはその定めに従うが（第一項）、定められていないときは、業務執行者は、「通常ノ管理行為」のみを行うことができる（第二項）。しかし、ここにいう通常の管理行為とは、組合財産の保存や改良を指すため、[60]そこに和解は含まれないと解されている。[61]もっとも、権限の定めなき業務執行者も、業務執行者である以上、通常の管理行為の他、組合の目的に属する行為をなしうるのは当然である。たとえば、土地を売買して利益を得ることを目的とした組合においては、権限の定めなき業務執行者も、土地の売買契約を締結する権限を有する。[62]

それでは、権限の定めなき業務執行者は、組合の目的に属する行為（右の例の売買）に関して、和解を行うことができるか。規定上は明らかではないが、ボアソナードは、占有の訴えは保存行為として可能だが、本権の訴えは大きなリスクを伴う行為であるから、業務執行者は、訴訟目的物の処分権を付与されない限り、これを行うことはろう。

できないと述べている。[63] これを敷衍すれば、権限の定めなき業務執行者は、和解を行うこともできないこととな

② 明治民法は、権限の定めなき業務執行者に関する規定を有しない（民第六七〇条参照）。組合の箇所を担当した富井が、旧民法の「重要ナル行為」（旧民財取第一二四条三項）と「通常ノ管理行為」（同条二項）との区別を不明瞭と考え、これを「業務」と「常務」（業務よりも軽い、組合の日常事務）という区別に置き換えたことに由来する。[64] これにより、「通常ノ管理行為」という概念が消滅した結果、旧民財取第一二四条二項は受け継がれないこととなった。

かくして、明治民法の下では、権限の定めなき業務執行者の権限は、通常の管理行為に限られるとは理解されなくなった。すなわち、権限の定めなき業務執行者は、組合の業務全般につき、包括的な権限を有すると解されるようになったのである。[65]

③ それでは、組合の業務執行者の和解権限についてはどのように考えるべきか。業務執行委託契約の解釈問題である。

まず、業務執行委託契約において、和解権限が明示的に授与された場合には、業務執行者に和解権限が認められることは当然であろう。

これに対して、権限の定めなき業務執行者など、和解権限が明示的に授与されていない者には、原則として和解権限を否定すべきである。業務執行委託契約のなかに、和解権限を安易に読み込むべきではないし（右（九）（4）①）、また、和解を目的とした組合ならばともかく、さもなければ、和解を行わなくても業務の執行は可能だからである。

それにもかかわらず、有力な学説が権限の定めなき業務執行者に恐らくは和解権限まで認めているのは、[66] 明治民法制定過程において、通常の管理行為という概念が消滅した結果、権限の定めなき業務執行者の権限が、包括的な

ものと理解されるようになったことに基づくものと思われる。

（2）清算人

① 清算人の権限は、旧民法においては、組合財産の整理のみならず、各組合員の持分の指定にまで及ぶ（旧民財取第一四九条四号）。ボアソナードは明記していないが、一九世紀フランスの学説が争っていた問題につき、Troplong 説を採用したものと思われる（第二章第四節五（一〇）（2）①）。ただし、清算人は、残余財産の分配を行うことはできない。残余財産の分配は、相続財産の分割の規定に従い、組合員間で行うべきものとされている（旧民財取第一五四条による第四一〇条以下の準用）[67]。この点では、旧民法の立場はフランス民法に等しい。

② だが、旧民法は、フランス民法とは異なり、清算人の和解権限につき、明文をもって規定した。

旧民財取第一五一条六項

清算人カ会社ノ債務又ハ債権ニ付キ承諾シタル和解及ヒ仲裁ハ第三者ト通謀シタル詐欺ノ為メニ非サレハ之ヲ攻撃スルコトヲ得ス

すなわち、清算人は組合の債権債務に関する和解権限を有するのであり、その和解が攻撃される（取り消される？）のは、清算人と第三者の間に通謀の詐欺があった場合に限られるというのである。

本条は、ボアソナードが、清算人の権限を適切な範囲にまで拡張すべきという趣旨で起草したものである[68]。一九世紀フランスの学説との関係でいえば、Pardessus に類似する見解を、組合の債権債務に限定して採用したということができよう（第二章第四節五（一〇）（2）②参照）[69]。

ただし、本条は債権債務に限り和解権限を認めたものであるため、それ以外の目的物、すなわち動産や不動産については、特別の委任なき限り和解権限は認められない[70]。

こうした旧民法の立場に対して、梅は、和解は危険を伴う行為であること、また、詐欺の立証が困難であることを理由に、債権債務に関しても、特別の委任なき限り、清算人に和解権限を認めるべきではないと主張している[71]。

③ さて、明治民法の起草過程において、富井は、「清算人ノ仕事ハ法人ノ場合ト少シモ違ウコトハアリマセヌ」と述べて[72]、組合の清算人に、法人の清算人の職務権限に関する規定を準用した。

明治民法第六八八条

清算人ノ職務及ヒ権限ニ付テハ第七十八条ノ規定ヲ準用ス

残余財産ハ各組合員ノ出資ノ価額ニ応シテ之ヲ分割ス

そして、法人の清算人の職務権限については、左の明治民法第七八条一項二号が、債権の取立て、債務の弁済を挙げ、かつ、清算人は、それに必要な一切の行為をなしうると規定している（同条二項）。それゆえ、清算人が組合の債権債務につき和解を行いうることに疑いはない[73]。

明治民法第七八条

清算人ノ職務左ノ如シ

一 現務ノ結了

二 債権ノ取立及ヒ債務ノ弁済

三 残余財産ノ引渡

清算人ハ前項ノ職務ヲ行フ為メニ必要ナル一切ノ行為ヲ為スコトヲ得

④　それでは、債権債務以外の組合財産に関する和解は可能か。たとえば、組合名義の不動産をめぐり、第三者との間で争いがあるとき、清算人は、和解によって不動産を換価して、組合員に代価を分配することができるか。残余財産を分配するための和解権限が明示的に授与されていれば問題はない。しかし、さもなければ、第七八条一項三号が、残余財産の「分配」ではなく、「引渡」と規定するため、清算人の職務権限に、残余財産の換価および分配が含まれるかが問題となる。

ところで、右の第七八条が、残余財産の「引渡」と規定したのは、営利法人はともかく、公益法人の場合には、残余財産は、定款によって定められた者や類似の事業を目的とした他の法人に帰属するため（明治民法第七二条。現在は、一般法人第二三九条および公益法人認定第五条一八号）、必ずしも社員間で分配されるわけではないことに由来する。(74)

これに対して、組合の場合には、各組合員が組合財産に対して持分を有し、残余財産は組合員に対して分配されることを原則とするから、分配に関する規定が併せて必要となる。それゆえ、富井は、明治民法第六八八条に第二項を付け加えたものだと思われる。だが、同項は、残余財産の分配割合を定めたのみで、分配の手続を明確にしなかったため、分配を行うのが清算人であるのか、組合員であるのかについて、解釈上疑義を残すことになったのである。

⑤　民法施行後の注釈書においても、残余財産の分配主体が誰であるのかは、必ずしも明らかではない。たとえば、梅が清算人の職務として残余財産の分配を挙げるのに対して、(75)岡松は、清算人は残余財産を分割してこれを各組合員に引き渡すべきといいながら、分割については民第二五六条以下（共有物分割の規定）に従うと述べており、(76)混乱がみられる。

⑥　このような状況において、大判大正一二年七月一四日民集二巻四九一頁が現れた。清算人が残余財産を分配するために、組合財産に属する共同鉱業権を売却した事案において、「組合ノ清算人ハ民法第六百八十八条第七十八条ノ規定ニヨリ現務ノ結了債権ノ取立及債務ノ弁済ヲ為ス権限ヲ有シ且残余財産ハ各組合員ノ出資ノ価額ニ応シ之ヲ分割シテ引渡スヘキ職責ヲ有スルモノナレハ清算人ニ於テ叙上ノ職務権限ヲ行使スル為組合財産ヲ他ニ売却スル必要アル場合ニ於テハ同法第二百五十一条及第二百五十八条ノ規定ニ準拠スルコトヲ要セサルモノト解スルヲ相当トス」と述べ、清算人に残余財産を分配する権限、そして、分配のために組合財産を売却する権限を肯定したのである。

つまり、大審院は、明治民法第六八八条一項のみならず、二項も清算人の職務権限に属し、同第七八条二項を介して、清算人は、残余財産の分配を行うために必要な一切の行為をなしうると理解したのである。

他方、学説は、大審院判決に賛成するものもみられるが[77]、これに反対する見解も有力である。すなわち、残余財産の分配率が確定しており、かつ、それが金銭等の容易に分配しうるものであればともかく、そうではない場合には、清算人の職務権限は残余財産の分配にまで及ばず、組合員が、共有物分割の規定（民第二五八条）に従い、残余財産を分配すべきというのである[78]。

⑦　思うに、財産の分配は清算という目的を越えるのみならず、組合財産の主体が組合員であることに鑑みれば、清算人は、残余財産を分配する権限を有しないというべきであろう。残余財産の分配は、所有者の意思に基づき行われるべきであり、それゆえ、共有物分割の規定によるべきだと考えられる。

なお、平成一八年の法人法制の改正は、民法から法人に関する規定を大幅に削除したが、その際、明治民法第七八条二項は、同第六八八条一項と二項（現三項）の間に入れられた[79]。こうした立法措置も、清算人に分配権限を否定する見解を前提にしたものと思われる。

⑧　従って、清算人は、とくにその権限を与えられていない限り、残余財産を分配する権限を有せず、残余財産

の分配を目的として和解により組合財産を換価することもできないというべきである。

他方、清算人は、その職務権限の範囲内においては、和解により組合財産を処分することもできると解すべきである。清算人には、職務を行うために必要な「一切の行為」が許されているからである（現民第六八八条二項）。具体的には、まず、金銭を支払うことにより組合財産を保持する和解は可能というべきである。このような和解は、残余財産の「引渡し」に必要な行為に含まれるからである（現民第六八八条一項三号、二項）。また、既に述べたように（右③）、組合財産たる債権債務に関する和解も許される（現民第六八八条一項二号、二項）。

さらに、組合財産たる動産や不動産を譲渡する和解であっても、それが残余財産の分配ではなく、組合債務の弁済のために必要であれば、これも許されると解すべきである（現民第六八八条一項二号、二項）。旧民財取第一五一条六項のような、和解の目的物を債権債務に限定する規定は存在しないからである。

なお、右の三つの場合に、清算人が故意または過失により不利な和解を結んだときは、債務不履行または不法行為を理由として、組合員に対する損害賠償責任を負担すべきことはいうまでもない。

注　第四節五（八）～（一一）

（1）Art. 758, al. 2, Projet de Code civil pour l'Empire du Japon, in: Boissonade, *Projet*, t. 3, p. 453:
　Les transactions intéressant l'Etat, les départements, les communes et les établissements publics sont régies par les lois administratives.

（2）Boissonade, *Projet*, t. 3, n° 376.

（3）法律取調委員会原案第七五八条二項（『法律取調委員会　民法草案財産編取得編議事筆記　自第四九回至第七一回』一七二頁）
　国「デハルトマン」、「コンミユーヌ」及ヒ公設所ニ関スル和解ハ行政法ヲ以テ管知セラル

法律取調委員会再調査案第七五八条二項（『法律取調委員会　民法草案財産取得編再調査案議事筆記　自第一四回至第二五回』

九一頁）

国、府県、市町村及ヒ公設所ニ関スル和解ハ行政法ノ規定ニ従フ

（4）『法律取調委員会 民法草案財産取得編再調査案議事筆記 自第一四回至第二五回』九二頁。

（5）市長が執行機関とされたのは、明治四四年四月七日法律第六八号の「市制」による（石井良助編『明治文化史 第二巻 法制』四七〇頁以下）。

（6）梅謙次郎『日本民法和解論 完』一九七頁。

（7）三谷軌秀『市制町村制義解』（時習社、明治二一年）三八三頁、柴田卯之助『市制町村制註解』（明昇堂、明治二二年）二九三頁。

（8）もっとも、明治四四年の市制に関する注釈書のなかには、許可なくして行われた行為も有効であり、単に市が職務上の義務違反の責任を負担するのみと説くものもある（入江俊郎、古井喜實『逐條市制町村制提義』（良書普及会、昭和一二年）一九五九、一九六七頁）。

（9）町村会が議決すべき事件を議決しないときは、郡参事会が代わって議決することができる（町村制第一二三条）。

（10）梅謙次郎『日本民法和解論 完』一九七頁以下。

（11）梅謙次郎『日本民法和解論 完』二〇〇頁以下。

（12）梅謙次郎『日本民法和解論 完』二〇一頁以下。

（13）堀田正忠『郡制府県制釈義』（大阪法律書房、明治二三年）七一頁は、府県制第九一条に関して、国家に関係すること大なりと述べている。

もっとも、明治三二年改正後の府県制につき、美濃部達吉『改正府県制郡制要義（第四版）』（有斐閣、明治四〇年）三一九頁は、内務大臣の許可を受けずになされた行為（旧第九一条に相当する改正後の第一三三条）は、監督官庁にて取り消しうべき行為となり、取り消されるまでは有効であるという。

（14）梅謙次郎『日本民法和解論 完』二〇三頁。なお、郡制は、大正一〇年四月一二日の「郡制廃止ニ関スル法律」（法律第六三号）により廃止される。

（15）梅謙次郎『日本民法和解論 完』二〇三頁。

（16）梅謙次郎『日本民法和解論 完』二〇三頁。

（17）塩野宏「地方公共団体に対する国家関与の法律問題」同『国と地方公共団体』（有斐閣、平成二年）四四頁［初出、昭和四一年］。

（18）兼子仁、礒野弥生編著『地方自治法』（学陽書房、平成元年）三頁以下［村上順］、小幡純子「都道府県と市町村の関係」法教二〇九号（平成一〇年）二六頁参照。
（19）専決処分の要件を満たさずに行われた和解は無効というべきであろう。もっとも、実際には、専決処分を行った長にその損害を賠償させる前提として（住民訴訟、自治第二四二条の二第一項四号）、和解の違法性が問題とされる事例が多いようである（直後の本文で引用する二判決など）。
（20）Boissonade, *Projet*, t. 3, n°s 750 et 751.
（21）Boissonade, *Projet*, t. 3, n°s 752 et 753.
（22）法律取調委員会原案第九二八条一項（『法律取調委員会　民法草案財産編取得編議事筆記　自第四九回至第七一回』三五一頁）

代理ハ一般ナリ、確定ナリ又ハ特別ナリ

（23）法律取調委員会再調査案第九二八条一項（『法律取調委員会　民法草案財産取得編再調査案議事筆記　自第一四回至第二五回』一六八頁）

代理ニハ総般ノモノ有リ特定ノモノ有リ

（24）『法律取調委員会　民法草案財産取得編再調査案議事筆記　自第一四回至第二五回』一六八頁。
（25）岸本辰雄『民法正義　財産取得編　巻之二』二一五頁。
（26）『法典調査会　民法議事速記録　四』五八五頁以下［富井政章］。
（27）『法典調査会　民法議事速記録　一』五〇頁以下［富井政章］。
（28）『法典調査会　民法議事速記録　一』五二頁［富井政章］参照。
（29）新井誠、赤沼康弘、大貫正男編『成年後見制度』一八六頁［矢頭範之］。
（30）同旨、上山泰『専門職後見人と身上監護（第三版）』（民事法研究会、平成二七年）一六一頁以下。
（31）最判昭和三八年六月一三日民集一七巻五号七四四頁、日本弁護士連合会調査室編著『条解弁護士法（第四版）』（弘文堂、平成一九年）六三一頁。
（32）日本弁護士連合会調査室編著『条解弁護士法』六三一頁も基本的には同旨だが、契約の相手方の知、不知を問わない点においては、後述の私見と異なる。

なお、無資格者により締結された和解の効力については、最判昭和四六年四月二〇日民集二五巻三号二九〇頁、中野貞一郎「判批（最判昭和四六年四月二〇日）」判タ二六六号（昭和四六年）七九頁、川島武宜、平井宜雄編『新版　注釈民法（三）総則（三）』（有斐閣、平成一五年）一三八頁以下［森田修］、七戸克彦「判批（名古屋高金沢支判平成二七年一一月二五日、最判平成

二九年七月二四日）」現代消費者法三六号（平成二九年）九七頁など参照。

(33) 今津綾子「判批」法教四四六号（平成二九年）一五五頁、加藤新太郎「判批」登記情報六七五号（平成三〇年）一九頁。

(34) 一般に、信義則は、クリーン・ハンズの原則、禁反言の法理（先行行為抵触型、信頼惹起型）、権利失効の原則などに分類されるが（谷口知平、石田喜久夫編『新版 注釈民法（一） 総則（一）〔改訂版〕』（有斐閣、平成一四年）九三頁以下〔安永正昭〕）、本文で述べた信義則は、禁反言の法理の信頼惹起型に相当するものといえよう。

ところで、クリーン・ハンズの原則から説明されることもある不法原因給付（谷口知平『不法原因給付の研究（第三版）』（有斐閣、昭和四五年）一頁、四宮和夫『事務管理・不当利得（事務管理・不当利得・不法行為 上巻）』（青林書院、昭和五六年）一五七頁以下参照）と、破産管財人による権利行使の関係については、最判平成二六年一〇月二八日民集六八巻八号一三二五頁が、次のような判断を下している。すなわち、破産会社の不当利得返還請求権が不法原因給付を理由に拒絶される場合にも、破産管財人は、当該請求権を行使することができる、と。本件は、無限連鎖講の配当金に関する特殊な事案であり、一般理論を用いた解決ではなく、利益衡量に基づく事例判断が行われたものである。しかし、それでも、破産管財人による不当利得返還請求の肯定という結論を支える一つの論拠として、不法原因給付という法理が、給付者本人に対する制裁を目的としたものだという理解が伏在していたことは確かであろう（畑佳秀「判解」最判解民事篇平成二六年度（平成二九年）四五九頁以下、四七一頁注一二参照）。そうだとすれば、かような意味における不法原因給付の法理は、少なくとも本文で検討している信義則とは、その目的を異にしている。従って、右平成二六年一〇月二八日判決の存在は、無資格者に和解を依頼した破産者の破産管財人による無効主張を信義則により封ずることの妨げにはならないというべきである。

(35) 判例学説の状況につき、大石忠生、三上雅通「訴訟上の和解の規整をめぐる若干の問題——実務の対応の観点から」新堂幸司編集代表『講座民事訴訟 四 審理』（弘文堂、昭和六〇年）三二一頁、上北武男「訴訟代理権の範囲」小山昇、中野貞一郎、松浦馨、竹下守夫編『演習 民事訴訟法』（青林書院、昭和六二年）二三〇頁、加藤新太郎『弁護士役割論（新版）』（弘文堂、平成一二年）二九四頁、松村和徳「訴訟代理人の和解権限の範囲」山形大学法政論叢二二号（平成一三年）一三七頁、垣内秀介「訴訟上の和解と訴訟代理権の範囲」青山善充ほか編『民事訴訟法理論の新たな構築 上巻（新堂幸司先生古稀祝賀）』（有斐閣、平成一三年）四一七頁、橋本聡「訴訟代理人の和解権限をめぐって」青山善充ほか編『民事訴訟法理論の新たな構築 上巻（新堂幸司先生古稀祝賀）』（有斐閣、平成一三年）五一五頁など参照。

これに対して、任意的訴訟担当者の和解権限については、従来あまり論じられてこなかった。だが、近時、堀野出「任意的訴訟担当者の和解権限」高田裕成ほか編『民事訴訟法の理論（高橋宏志先生古稀祝賀論文集）』（有斐閣、平成三〇年）三七三頁が現れ、任意的訴訟担当者に和解権限が認められる類型として、①被担当者（権利主体）に訴訟追行の授権そのものを撤回する権限が認められる場合、②被担当者が和解につき特別授権を行った場合の二つを析出し、②を基本類型と解すべき旨を説いている。任意的訴訟担当者の和解権限を論ずる視角として、特別授権の存在を重視する見解であり、訴訟代理人の和解権限を論じる際にも示唆的である。

(36) 垣内秀介「訴訟上の和解と訴訟代理権の範囲」四二一頁以下。

(37) 畑郁夫「判批」民商一二三巻四・五号（平成一三年）七七五頁、長沢幸男「判解」最判解民事篇平成一二年度下（平成一五年）三四二頁。

(38) 大阪地判昭和三七年九月一三日判時三一九号三八頁、東京地判昭和五五年九月三〇日判タ四三五号一二四頁、福岡地判昭和六一年五月六日判タ六一一号六九頁、東京地判平成二年七月三〇日金判八七二号二七頁など。もっとも、大阪高判平成八年七月一六日民集五四巻三号一一五〇頁（最判平成一二年三月二四日の控訴審）のように、和解権限は訴訟物に限定されるという下級審判決も僅かながら存する。

(39) 垣内秀介「訴訟上の和解と訴訟代理権の範囲」四二七頁。

(40) 岩松三郎、兼子一編『法律実務講座 民事訴訟編 第三巻 第一審手続（二）』（有斐閣、昭和三四年）一一六頁以下、松村和徳「訴訟代理人の和解権限の範囲」一五四頁、橋本聡「訴訟代理人の和解権限をめぐって」五三五頁以下。

(41) 岩松三郎、兼子一編『法律実務講座 民事訴訟編 第三巻 第一審手続（二）』一一七頁。

(42) 大石忠生、三上雅通「訴訟上の和解の規整をめぐる若干の問題」三二六頁以下。

(43) 加藤新太郎『弁護士役割論』三一〇頁以下。なお、一般に中間説と分類されるもののなかには、本文（2）の問題に関するものが多く（同所で引用する竹下説や柏木説など）、学説の分類に若干の混乱がみられる（例、長沢・前掲注（37）三三五頁以下）。

(44) 新堂幸司『新民事訴訟法』五九頁以下。

(45) 垣内秀介「訴訟上の和解と訴訟代理権の範囲」四四四頁以下。

(46) 長沢・前掲注（37）三三二頁。

(47) 松村和徳「訴訟代理人の和解権限の範囲」一五三頁。

(48) 松村和徳「訴訟代理人の和解権限の範囲」一五四頁、橋本聡「訴訟代理人の和解権限をめぐって」五三五頁以下。

(49) 垣内秀介「訴訟上の和解と訴訟代理権の範囲」四四三頁。

(50) 竹下守夫「判批」法協八二巻一号（昭和四一年）一四二頁。

(51) 柏木邦良「判批」法学二七巻一号（昭和三八年）一〇七頁。

(52) 石川明「判批」法学研究三七巻六号（昭和三九年）七三三頁。なお、中村英郎「判批」民商四九巻四号（昭和三九年）五六七頁も結論同旨。

(53) 新堂幸司『新民事訴訟法』一九一頁、斎藤秀夫ほか編著『注解民事訴訟法（二）（第二版）』（第一法規出版、平成三年）三八六頁〔伊藤彦造、高島義郎〕、菊井維大、村松俊夫『全訂民事訴訟法（一）（補訂版）』（日本評論社、平成五年）五三三頁、高橋宏志『重点講義民事訴訟法 上』二二二頁。

(54) 菊井維大、村松俊夫『全訂民事訴訟法（一）』五三三頁、高橋宏志『重点講義民事訴訟法 上』二二二頁。

(55) 上北武男「訴訟代理権の範囲」二三二頁以下、加藤新太郎『弁護士役割論』三〇八頁以下、小林秀之、田村陽子「訴訟代理人の和解代理権限の制限」判タ九八七号（平成一一年）三七頁。

(56) 小林秀之、田村陽子「訴訟代理人の和解代理権限の制限」四八頁以下、高橋宏志『重点講義民事訴訟法 上』二二二頁参照。

(57) 大阪高判昭和三三年三月一三日判時一五三号二四頁、広島高岡山支判昭和四七年一〇月二日判時六八七号六三頁、福岡高判昭和四七年一二月二三日判タ二九八号三八四頁、名古屋高金沢支判平成一〇年二月一六日判タ九七六号二三一頁など参照。

(58) 垣内秀介「訴訟上の和解と訴訟代理権の範囲」四二一頁以下、同「訴訟代理人の権限の範囲」伊藤眞、山本和彦編『民事訴訟法の争点』（有斐閣、平成二一年）六九頁。

(59) なお、行為規範重視説も、本人の意思確認がありさえすれば、代理権の客観的範囲に制限を設ける必要はないという立場であるから、和解権限の個別的制限を認める見解に連なる（垣内秀介「訴訟上の和解と訴訟代理権の範囲」四四四頁）。

(60) Boissonade, *Projet*, t. 3, n° 416; 熊野敏三『民法正義 財産取得編 巻之二』六七四頁以下。

(61) 梅謙次郎『日本民法和解論 完』二一一頁以下。

(62) Boissonade, *Projet*, t. 3, n° 416; 熊野敏三『民法正義 財産取得編 巻之二』六七五頁以下。

(63) Boissonade, *Projet*, t. 3, n° 416. 同旨、熊野敏三『民法正義 財産取得編 巻之二』六七七頁。

(64)『法典調査会 民法議事速記録 四』八六一頁以下〔富井政章〕。

(65) 我妻栄『債権各論 中巻二』七九一頁、鈴木禄彌編『新版 注釈民法（一七） 債権（八）（補訂版）』（有斐閣、平成一三年）九九頁〔森泉章〕、山本敬三『民法講義Ⅳ-1 契約』七六二頁。

(66) 我妻栄『債権各論 中巻二』七九七頁は、和解については明言しないものの、「実際には、業務執行者に裁判上及び裁判外一切の行為をする権限を与える旨を組合規約に明言する例が多い。然し、これを明示しない場合にも、原則としてそう解釈すべき」、と述べている。

(67) 熊野敏三『民法正義 財産取得編 巻之二』八〇四頁。

(68) Boissonade, *Projet*, t. 3, n° 481.
(69) ちなみに、ボアソナード訓定、森順正著述『商事組合法 全』(明治二〇年［復刻版、信山社、平成一八年］)二二六頁は、Lyon-Caen et Renault, *Précis*, t. 1, n° 569に依りつつ、商事組合の清算人の和解権限を、目的物を限定せずに肯定している(第二章第四節五(一〇)(2)②および同所注(78)参照)。
(70) 梅謙次郎『日本民法和解論 完』二一二頁以下。
(71) 梅謙次郎『日本民法和解論 完』二一二頁。
(72) 『法典調査会 民法議事速記録 五』一七頁［富井政章］。
(73) 『法典調査会 民法主査会議事速記録』五七一頁。
ただし、梅謙次郎『民法要義 巻之二』一六八頁は、清算人に「不正又ハ失当ノ所為アルトキハ之ニ付テ充分ノ責任ヲ負フヘキハ勿論ナリトス(七〇九)」、と述べている。
(74) 『法典調査会 民法主査会議事速記録』五七一頁。
(75) 梅謙次郎『民法要義 巻之三』八二八頁。
(76) 岡松参太郎『注釈民法理由 下巻』次三八七頁。
(77) 来栖三郎『契約法』六五〇頁、中田裕康『契約法』五八五頁。
(78) 末弘厳太郎『債権各論』八五九頁、我妻栄『債権各論 中巻二』八四九頁、鈴木禄彌編『新版 注釈民法(一七) 債権(八)』一九一頁以下［菅原菊志］。
(79) 現民第六八八条(平成一八年法律第五〇号(いわゆる整備法)による改正規定)
清算人の職務は、次のとおりとする。
一　現務の結了
二　債権の取立て及び債務の弁済
三　残余財産の引渡し
清算人は、前項各号に掲げる職務を行うために必要な一切の行為をすることができる。
残余財産は、各組合員の出資の価額に応じて分割する。

第五節　和解の目的物

和解の目的物は、当事者によって処分されうるものでなければならない。この原則は、明文の規定こそないものの、我が国でも承認されるべきものである。それゆえ、犯罪、不法行為、賭博債務、身分関係、扶養請求権については、基本的には、一九世紀フランスと同じ枠組みで論じることができる。

だが、一九世紀フランスと我が国では、議論の前提が大きく異なるものもいくつか存在する。

まず、フランスとは異なり、我が国では公訴提起の権限を有するのは検察官だけであるから（起訴独占主義）、行政庁の公訴権に関する和解の可否という問題は生じない。もっとも、行政罰に関する和解の可否という問題は、これと実質的に類似するから、行政訴訟における和解を論ずるなかで触れることとしたい（本節五（四）（3））。

また、我が国では、夫婦財産契約によって嫁資制を定めることがほとんどないといわれているため[1]、嫁資に関する和解を論ずる必要もないといえよう。

従って、左では、和解の目的物のうち、犯罪および不法行為、高利契約、文書の偽造または変造、賭博債務、行政訴訟、身分関係、扶養請求権を取り上げ、これらを順に検討してゆくこととしたい。

一　犯罪および不法行為――特に、親告罪における告訴権

（一）　ボアソナードの民法草案および刑事訴訟法草案

ボアソナードは、犯罪や不法行為と和解に関する仏民第二〇四六条を継受せず、民法草案には規定を設けなかった。なぜならば、同条一項は、犯罪や不法行為から生ずる民事上の利益については和解を行いうると規定するが

（第二章第五節一）、これは合意の一般原則から説明可能である。[2] また、同条二項は、和解は検察官の追行を妨げないというが、このことは刑事訴訟法草案第三条[3]において既に規定したからである。[4]

もっとも、ボアソナードは、親告罪については、刑事訴訟法草案において、被害者と犯人の和解により公訴権は消滅すると規定した（第八条二号）[5]。大枠としては一九世紀フランスの通説に従ったものと思われる。しかし、妻の姦通の場合に限らず、親告罪一般につき、告訴を受けて公訴が提起された後にも、放棄や和解による公訴権の消滅を認める点では[6]、フランスの通説と異なっている（第二章第五節一（二）（2）①参照）。

（二）旧民法、治罪法

（1） 旧民法もボアソナード民法草案と同様、仏民第二〇四六条のような規定を置かない。

また、左の治罪法第三条、第九条二号も、ボアソナード刑事訴訟法草案の立場を踏襲するものと思われる。[7]

治罪法第三条

公訴ハ被害者ノ告訴ヲ待テ起ル者ニ非ス又告訴私訴ノ棄権ニ因テ消滅スル者ニ非ス但法律ニ於テ特ニ定メタル場合ハ此限ニ在ラス

治罪法第九条

公訴ヲ為スノ権ハ左ノ条件ニ因テ消滅ス

二　告訴ヲ待テ受理ス可キ事件ニ付テハ被害者ノ棄権又ハ私和

（2） なお、梅も、仏民第二〇四六条は無用の規定であると述べている。不法行為に基づく損害賠償請求権につき和解をなしうることは当然であり、また、私訴権に関する和解の効力が公訴権に及ばないことは、治罪法第三条により既に明確となっているからである。(8)

ただし、親告罪につき、例外的に和解による公訴権の消滅を認めること（治罪法第九条二号）に対しては、「今若し被害者に於て犯人を寛恕するの意に出て又は犯人を訴へて却て己れの醜聞を外に漏らすことを嫌ひて特に其告訴権を抛棄するは則ち善し唯金銭を以て此告訴権を売ることは是れ法律の許さゝる所なり（中略）聞くか如くんは我か刑法治罪法は早晩大に改正を施こすへしと云へり若し然らは此際右の点に於ても改正を施こし前項［中略の前］に論せし如くせんことを望むこと切なり(9)」、と厳しくこれを批判している。

（三）明治刑事訴訟法（旧々刑事訴訟法）

明治二三年の刑事訴訟法は、治罪法第九条二号を改正して次のように規定した。

明治刑事訴訟法第六条

　公訴ヲ為ス権ハ左ノ事項ニ因テ消滅ス

　第二　告訴ヲ待テ受理ス可キ事件ニ付テハ告訴ノ抛棄

本条は、治罪法第九条二号から「私和」という文言を削り、「抛棄」のみを規定するため、一見すると、右に引用した梅説と同旨であるかのようである。

だが、明治刑事訴訟法制定当時の注釈書は、一般に、同法第六条二号は、被害者の意思による公訴権の消滅を、公訴提起前の行為に限った規定と解している。(10)

すなわち、かつて、治罪法第九条二号は、「棄権又ハ私和」による公訴権の消滅を認めていたが、これは告訴前には「棄権」により、告訴後であっても「私和」によりいつでも公訴権を消滅させうるという趣旨であった。[11]

これに対して、明治刑事訴訟法第六条二号は、右の「私和」という文言を削除することにより、告訴して公訴が提起された後は、告訴権を消滅させることができないものとした。[12]そして、「拋棄」という文言は、内容的には、和解による放棄を含みうる。[13]それゆえ、公訴提起前であれば、告訴権の放棄または和解により、公訴権を消滅させることができる、というのである。

なお、このような理解を前提として、大正四年の大審院判決は、姦通罪につき、告訴権の放棄は一定の方式に服するものではなく、放棄の有無の判断は、「事実審ノ職権ノ範囲ニ属スル」[14]、と述べていた。

（四）　明治民法

明治民法は、不法行為に基づく損害賠償請求権が和解の目的物となりうることを明記しないが、旧民法と同様に、これを当然のことと考えていたものと思われる。

大審院も、犯罪に基因する損害に関して和解が行われた以上、その後に公訴が提起されて被告人に刑罰が科されたとしても、損害賠償請求権は消滅しているという。[15]

（五）　大正刑事訴訟法（旧刑事訴訟法）

（1）　ところが、大正一一年の刑事訴訟法は、告訴から第二審判決が言い渡されるまでの間は、検察官または司法警察官に対する意思表示により告訴を取り消すことができると規定する一方で（第二六七条、第二七五条によって準用される第二七二条）、告訴前の告訴権の放棄（以下、単に「告訴権の放棄」という）については、明文の規定を設けなかった。

この点に関する立法者意思を紹介するものとして、一次資料ではないが、通例、林頼三郎の左の記述が引かれる。すなわち、「告訴権ノ消滅ハ其ノ関スル所大ナルヲ以テ手続上明確ニスルヲ必要トスルト、私和ニ因リテ当然告訴権消滅スルモノト為シタルヨリ生スル弊ニ鑑ミ之ヲ改メタルモノナリ」[16]、と。

つまり、右の大正四年判決に従えば、告訴権の放棄は必ずしも検察官や司法警察官に対して行われる必要はなく、それゆえ放棄の有無が手続上明確ではなかった。また、告訴権の放棄を強要するような事例も多くみられた。こうした弊害に鑑みて、告訴権の放棄については、これを否定する趣旨で明文を置かなかったというのである[17]。

こうした立法者意思を尊重して、林は、告訴権の放棄は許されず、私和により告訴権を消滅させようとするときは、一旦告訴をしたうえで、これを取り消すべきと説いた[18]。

(2) この林説に対して、小野清一郎が、一旦告訴をしてからこれを取り消すというのはいかにも窮屈な考え方であり、告訴権の放棄も取消しと同様の方式に服すると解せば、告訴権の軽率な放棄を予防しつつ、公訴の提起が不明確な状態を除去することができると述べた[19]。

(3) 他方、牧野英一は、小野説に対して、告訴の取消しが許される以上、放棄もまた許されるべきではあるが、しかし、放棄の意思表示を検察官や司法警察官に対して行う必要はないと主張した[20]。なぜならば、「未だ捜査機関に知られてゐない事実、さうして、おそらくは、捜査機関に知られることの好まれない事実に関し、告訴権を消滅せしめるがために、告訴又はその取消と同様の方式に従はねばならぬとすること」は、実際的なこととはいえないから[21]、というのである。つまり、牧野説は、告訴権の無方式の放棄を認める見解であり、結論として、明治刑事訴訟法下の大審院大正四年判決を支持するものである。

(4) だが、こうした小野説と牧野説の対立にもかかわらず、多くの学説は、告訴権の放棄に関する規定がないのはこれを否定する趣旨であること、また、告訴権が公権であることを理由に、告訴権の放棄は原則として許されないと説いていた[22]。

また、大審院も、確かに姦通罪については、明治民法第八一四条二項（昭和二二年法律第二二二号による改正前）が、夫が妻の姦通を宥恕したときは離婚の訴えを提起できないものとし、かつ、大正刑事訴訟法第二六四条が、姦通罪の告訴は婚姻解消または離婚の訴えの提起後にしか行いえないと規定していることから、夫が告訴前に妻を宥恕したときは、告訴権もこれによって消滅すると解していた[23]。

だが、それ以外の親告罪に関しては、告訴権は公権であること、また、告訴権の放棄に関する規定がないのはこれを許さない趣旨であることを理由に、告訴権の放棄を認めていなかった[24]。

（六）現行刑事訴訟法

（1）こうした状況の下、昭和二三年に現行刑事訴訟法が制定された。

現行法は、大正刑事訴訟法と同様に、告訴権の放棄に関する規定を設けなかった。また、告訴後の取消しが認められる時期を、公訴の提起時までに限定した（刑訴第二三七条一項）。さらに、前年の刑法改正では（昭和二二年法律第一二四号）、法の下の平等に反する疑いがあることから、姦通罪の規定が削除されていた。

従って、現行法下で告訴権の放棄を認めないという解釈をとることは、あらゆる親告罪において、和解による告訴権の消滅を、告訴後公訴が提起されるまでの間に、告訴の取消しの方法による場合に限り許すことを意味する。

（2）さて、現行法下の学説は、小野説の考え方を支持するものが多く、告訴権の放棄は、告訴の取消しと同様の方式を踏めば許されるという見解が通説となっている[25]。その論拠をみると、①告訴取消しの制度がある以上、告訴権の事前放棄を禁ずることはできないこと、②告訴権放棄の強要といった弊害を防止する必要があること、③国家刑罰権を私人の意思にかからせる場合には、これを早急に確定させなければ、犯人の地位が不安定になることなどが挙げられている。

これに対して、告訴権の放棄を許さない学説は少数であり[26]、また、牧野説の支持者はみられないようである。

しかし、最高裁は告訴権の放棄を認めておらず、また、下級審判決も同様である。[27]

（七）私見

以上に述べたことを要約すると、まず、不法行為に基づく損害賠償請求権が和解の目的物となりうることには疑いがない。

他方、親告罪における告訴権を和解によって放棄しうるかは、一つの問題である。思うに、この問題の検討に際しては、主として次の四点を考慮すべきであろう。①告訴権の放棄については規定がないこと、②告訴権の放棄を許せば、示談の強要という恐れが生ずること、③告訴権の放棄を許さなければ、犯人の地位が不安定になること、④告訴権は公権であること、である。

左に、これらの観点から、親告罪における告訴権が和解の目的物となりうるかを論じてみたい。

（1） まず、規定が欠けるという点であるが、確かに、林のいう通り、立法者は、告訴権の放棄を否定する趣旨で規定を設けなかったのだと思われる。だが、牧野も指摘するように、たとえ立法者意思がそうであったとしても、告訴の取消しが許されるのならば、放棄もまた許されるべきという考え方も、解釈としては十分成り立ちうる。[28]それゆえ、規定の有無は、この問題にとっては、必ずしも決定的な論拠ではないというべきであろう。

（2） 次に、示談の強要の恐れというのは、現在の通説がしばしば引用する論拠である。この論拠は、確かに、無方式の放棄を認める見解（牧野説）に対しては、極めて有力な反論となろう。この点に関する十分な応答がない限り、牧野説は採用しえないように思われる。

だが、そもそも放棄を許さなければ、強要の恐れも存しないのであるから、この論拠は、当然ながら、告訴権の放棄を否定する見解の価値を減ずるものではない。

（3） これに対して、犯人の地位の不安定さをどう考えるかは、告訴権の放棄を否定する見解と、肯定する見解の分水嶺となるものである。

まず、告訴権の放棄を否定する見解は、「放棄を認めないことによる犯人の地位の不安定は右の六ケ月の期間内に限られ、しかも完全な示談が成立していれば、まだ告訴期間内であるからという理由で後に告訴されることはまずない」(29)、という。つまり、ここでは、「犯人を知つた日から六箇月」という親告罪の告訴期間（刑訴第二三五条本文）は、短いものと考えられており、かつ、この期間内であれば、示談によって犯人が取得する地位の安定性は、単に事実上のものであっても構わないと評価されているのである。

これに対して、放棄を肯定する見解は、通説が自説の論拠としていることからも明らかなように、被害者の意思が公訴の提起を決するにあたり、六箇月という期間は長く、それゆえ、この間になされた示談によって犯人が取得する地位の安定性は、法的に確実なものであるべきだというのである。

かくして、問題は、六箇月という告訴期間の内にまとまった示談により、犯人は、告訴されないという地位を、法的に確実なものとして取得すべきかという点に存することとなる。

確かに、法が親告罪という形で公訴権の発動を被害者の意思に依存させている点で、国家が社会秩序を維持する責務は、一定の限度で後退せしめられている。だが、親告罪も犯罪である以上、たとえ軽微なものであったとしても、それが社会秩序に対する違反であることに変わりはない。換言すれば、親告罪は、たとえ告訴を公訴提起の有効条件として、その限度で被害者の意思を尊重するのだとしても、それが犯罪であることに基づく基本的な性格は、失われることなく残り続けているのである。

右の理を直視すれば、親告罪においても、告訴権は国家に刑罰権の行使を求める公法上の権利であり、それゆえ被害者が犯人と合意して告訴権を処分することは不可能だというべきであろう。そうだとすれば、刑訴第二三七条一項が告訴の取消しを認めているのは、それがあくまでも検察官または司法警察員に対する申立てを撤回する行為にすぎないからだと解すべきである。そして、告訴取消後の再度の告訴が禁じられることにより（同条二項）、結果的にではあれ、告訴権の処分が許されることになるのは、再度の告訴を許すことが手続の安定性を著しく害するという、別個の事情が存するからにすぎないというべきである。

このように考えてくると、告訴権の放棄により犯人が取得する地位の安定性は、あくまでも事実上のものにとどまるというべきである。実際、告訴権の放棄に一定の方式を課したところで、犯罪が行われた後に、被害者が精神的苦境のなかで示談に応じてしまうことを防ぐことはできないように思われる。このような場合に、被害者が改めて告訴を行う意思を固めたのであれば、その意思は尊重されるべきであろう。

（4）そして、右に述べたような論理と価値判断を支えていたのが、告訴権は公権という論拠だったと考えられる。

以上より、親告罪における告訴権は和解の目的物にはならないというべきである。

二　高利契約

（一）一九世紀フランスとは異なり、我が国では、高利契約を結んで制限超過利息を受領する行為は、必ずしも不法行為を構成しない[30]。それゆえ、過払金返還請求権は、通常は、不当利得返還請求権と観念される[31]。しかし、不当利得返還請求権であれ、不法行為に基づく損害賠償請求権であれ、これらはいずれも私的利益に属するから、和解の目的物となりうることは当然であろう[32]。

他方、高利契約は、たとえ公序良俗に反するとまではいえなくとも、利息制限法という法律に違反しているという意味では違法な契約である。このことは、利息制限法に反する約定の効果が「裁判上無効」（旧利息制限法第二条）であるのか、法律上「無効」（現利息制限法第一条）であるのかによって異ならない。それゆえ、和解が違法な契約の実現に助力してはならないという観点から、一九世紀フランスと同様に、和解によって高利契約の効力が将来に向かって維持されるときは、和解は無効になるというべきである（第二章第五節一（二）（1）①参照）[33]。

（二）　ただし、「貸金業の規制等に関する法律」（昭和五八年五月一三日法律第三二号）が施行された昭和五八年一一月一日から、「貸金業の規制等に関する法律等の一部を改正する法律」（平成一八年一二月二〇日法律第一一五号）が施行された平成二二年六月一八日の前日までの間に結ばれた和解に限り、高利契約の効力が将来に向かって維持されたときでも、和解は無効ではないというべきである。(34) 貸金業法第四三条一項、いわゆるみなし弁済規定の存在により、利息制限法違反の約定が違法であると断言することはできなかったからである。

もっとも、過払金返還請求権が存在するにもかかわらず、借主が過払金返還請求権の存在を認識せずに、高利契約に関する和解を行った場合には、当該和解が制限的に解釈されたり、錯誤によって無効とされたりすることはありうる。しかし、これは自ずから別の問題である（第九節三（二）（8）、第一〇節七（五）（2）②参照）。

（三）　これに対して、みなし弁済規定が削除された平成二二年六月一八日以降に結ばれた和解については、和解が高利契約の効力を将来に向かって維持する場合、たとえば、利息制限法違反の約定利率に基づいて算出された元本債務の存在を確認し、その分割払いを約するような和解は、無効だというべきである。それゆえ、このような和解のなかで過払金返還請求権の放棄が同時に約されたとしても、過払金返還請求権は消滅しないと解すべきである。(35)

三　文書の偽造または変造

次に、文書の偽造または変造に関する和解の効力について検討したい。

（一）　まず、一九世紀フランスの民事訴訟法では、文書偽造の申立てに関する和解は、裁判所の認可を受けるべきものとされていた（一八〇六年仏民訴第二四九条）。だが、それは犯罪の証拠隠滅を防ぐためであり、民事上の和解は、裁判所の認可がなくても、有効に成立すると解されていた（第二章第五節一（一）（2））。

（二）　他方、我が国では、ボアソナードが仏民訴第二四九条は必須の規定ではないと述べ、その継受に否定的な態度を示していた。[36] だが、明治民事訴訟法は、同条に類する規定を設けている。

明治民事訴訟法第三五四条

提出シタル証書ハ直チニ之ヲ還付シ又適当ナル場合ニ於テハ其謄本ヲ記録ニ留メテ之ヲ還付ス可シ

然レトモ証書ノ偽造又ハ変造ナリト争フトキハ検事ノ意見ヲ聴キタル後ニ非サレハ之ヲ還付スルコトヲ得ス

本条の原型はテッヒョー（Hermann Techow, 1838–1909）草案第三四六条に求めることができる。[37] テッヒョーが仏民訴第二四九条をどの程度参酌したのかは資料上確定しえないが、[38] その趣旨が刑事告発の準備にあることは明らかであろう。[39]

もっとも、明治民事訴訟法第三五四条は、仏民訴第二四九条とは異なり、あくまでも証書の還付に関する手続規定である。つまり、和解の効力に関する規定ではなく、それゆえ、和解の実体法上の効力は不明であるといわざるを得ない。

(三) その後、大正一五年の法改正（大正一五年四月二四日法律第六一号）は、次のような修正を行った。

民事訴訟法第三二〇条（大正一五年改正規定）

裁判所ハ必要アリト認ムルトキハ提出又ハ送付ニ係ル文書ヲ留置クコトヲ得

この修正の理由につき、松岡義正は、民事訴訟法改正調査委員会において、「偽造変造と云ふことに付きましては何も検事の意見を聴かなくても宜くはないか、判事が必要と思へば告発も出来るのであるから斯様なことは必要はない[40]」、と述べている。つまり、偽造変造につき、あえて規定を置かなくても同様の結論を導けるから簡略化したというのである。それゆえ、規定の趣旨自体は、明治民訴第三五四条と変わらない[41]。現行民事訴訟法第二二七条の成立である。

だが、このようにして条文上の手掛かりが失われたため、文書偽造に関する和解は、現在、ほとんど論じられていない。しかし、だからといって、議論の必要性まで当然に失われたというべきではないだろう。むしろ、条文が欠けるからこそ、議論によって問題の所在を明確にしておく必要があると思われる。

そこで左では、文書偽造に関する和解につき、現行法上どのような解釈が妥当であるかを論じてみたい。

（四）（1）まず、ある文書が偽造か否かは、一面において刑法にかかわり、他面において民法にかかわる。前者においては文書偽造罪（刑第一五四条以下）の成否が問題となり、後者においては不法行為の成否や、何らかの権利または契約の存在を認定する証拠としての価値が問題となる。

（2）そして、文書偽造に関する和解が、文書偽造罪の成否につき影響を及ぼさないことは、現行の刑事訴訟法を前提とする限り、当然だというべきであろう。

（3）他方、文書偽造に関する和解は、民法上は原則として有効だというべきである。なぜならば、文書偽造を理由とする不法行為に基づく損害賠償請求権は和解の目的物となりうるし、また、証拠契約も当事者の自由に委ねられているからである。

（4）しかし、民法上の和解が、偽造の有無に関する合意のみならず（あるいは、偽造の有無に関する合意に代えて）、文書の破棄または返還に関する合意を含む場合には、一定の留保が必要である。

たとえば、XとYの間の争いにつき、何らかの事実を証するY作成の文書に偽造の疑いがあり、Yは、文書所持者たるXに対して、一定の金銭を支払う代わりに、当該文書の返還を約束させたとしよう。

①　このとき、Xが民事訴訟手続において当該文書を既に裁判所に提出していたときは、民訴第二二七条による裁判所の留置決定のないことが、文書の返還に関する和解条項の法定条件になると解すべきである。確かに、同

条は文書の返還に関する手続規定ではあるが、当事者の私的な合意が、裁判所の留置決定を骨抜きにすることは許されないというべきだからである。

それゆえ、ここでの問題は、文書がYに返還される前に、XはYに対して金銭の支払いを請求できるかという点に存する。本来は同時履行が原則であろうが、裁判所が文書を保管している場合には、Xの請求を認めても良いであろう。Xに金銭が支払われても、犯罪の証拠隠滅の恐れはないからである。

② これに対して、Xが未だ文書を所持している場合には、民訴第二二七条の適用はなく、また、その他に文書の返還を妨げる規定も存しないから、文書の返還合意を含む和解の効力は無条件かつ全面的に認められるといわざるを得ない（文書の返還と金銭の支払いは同時履行の関係に立つ）。

③ しかしながら、右①、②の両場合において、XがYに文書を返還する行為が、Yの文書偽造事件に関する証拠隠滅等罪（刑第一〇四条）を構成することもありえよう。[42] その場合には、和解全体が違法性を帯び、それゆえ和解は、文書の返還を約する合意の部分のみならず、その全部が無効になると解すべきである。

四　賭博債務

（一）　旧民法

旧民法は、体躯運動を目的とするものを除き（旧民財取第一六〇条）、賭博債務は自然債務ですらないと規定する（旧民財取第一六一条一項）。賭博は公序に反する行為だからである。[43] つまり、賭博債務は不法な原因を有する債務であり、[44] 賭博債務を目的物とした更改も無効とされる（旧民財取第一六一条一項）。フランスとは異なり（第二章第五節二（一）参照）、賭博は犯罪であることが（旧刑第二六一条）、こうした理解の前提となっている。[45]

従って、賭博債務が和解の目的物とならないことは、規定がなくても当然だと解されていたものと思われる。ただし、賭博債務か否かに関する和解の効力がどのように考えられていたかは、必ずしも明らかではない。

(二)　明治民法

明治民法典編纂過程においては、甲号議案が賭事に関して二箇条を置いており、第七〇三条が定義規定、第七〇四条は「賭事ハ法令ニ於テ之ヲ禁セサル場合ニ限リ其効力ヲ有ス」、と規定していた。(46) 賭事のなかには禁止する必要のないものもあり、(47) そのようなものには訴権を与えようという趣旨である。

もっとも、法典調査会第一一三回および第一一四回会議において、賭事は禁止されるのが原則であるから、体躯運動を奨励するようなものだけを例外的に許すと規定してはどうか、(48) あるいは、他の法律で禁止されたり罰せられたりする行為はできないし、そうでない行為はできるのだから、あえて規定を置く必要はないのではないか、(49) などという意見が出されたため、賭事に関する二箇条はいずれも削除されることとなった。(50)

しかし、いずれにしても、特別法によって認められていない限り、賭博が刑事上のみならず（刑第一八五条）、民事上も違法な行為であるとの認識は共有されており、動揺させられることはなかった。(51)

それゆえ、現在においても、賭博債務は原則として違法かつ無効な債務である。近時、最判平成九年一一月一一日民集五一巻一〇号四〇七七頁が、賭博債権の債務者は、賭博債権の譲渡につき異議を留めない承諾をしても、譲受人に対して、賭博が公序良俗に反する行為であることを主張して債務の履行を拒みうると判示したのも、賭博債務が違法かつ無効なものであることを示すものといえよう。

(三)　判例学説および私見

(1) ①　さて、和解関連の判例学説に目を転じると、まず、賭博債務か否かに関する和解の効力を扱ったものとして、大判昭和一三年一〇月六日民集一七巻一九六九頁が挙げられる。ある債務が貸付債務なのか賭博債務なのかにつき、当事者間に争いが生じたため、一定額を減じた残額を適法な債務として支払うという和解が成立した。その後、右の債務が賭博債務であるとの確証が出たという事案で、大審院は、「和解契約ニ於テ争ノ目的タル権利ノ存在スルコトヲ定メタル場合ニハ当事者カ従来ノ権利ノ存否如何ヲ問ハス別ニ新ナル権利ヲ発生セシムル意思ヲ以テ之ヲ約シタル場合ハ勿論然ラスシテ従来ノ権利ヲ確認シ之ヲ存続セシムル意思ヲ以テ之ヲ約シタル場合ニ於テモ和解ノ定メタル権利存在ノ効果ハ確定シ後日其ノ権利カ初ヨリ存在セサリシ確証出テタルトキト雖モ之カ為メニ右和解ヲ無効ト為スヘキニ非ス」、と判示した。つまり、和解の確定効を根拠として、本件の和解を有効と判断したのである。

しかし、多数説は、当事者の合意によって賭博債務の違法性を除去することはできないとして、本判決に反対している。(52)

これに対して、「賭博債務か適法債務かにつき真実争があり、相手方の譲歩を得て賭博債務の主張を放棄する和解自体には、賭博契約のような反公序良俗性はない」から、和解は有効であるという少数説もある。(53)

② だが、多数説を是とすべきであろう。少なくとも賭博行為の違法性が明確に承認されている法制度の下においては、本件のような和解の効力を認めることは、結果として和解が違法な行為の実現に助力することになりうるからである。確かに、賭博債務か否かという争いを決すること自体は、公序良俗に反する行為ではない。しかし、だからといって、このような和解契約の有効性を承認すれば、当事者の一方は、賭博債務であることを不当に争うことによって、和解を有効としうることになる。つまり、賭博債務か否かを争うこと自体が不当であるという立証が困難である以上、和解が違法な行為の隠れ蓑として用いられることを防ぎえないのである。

ちなみに、和解の確定効（不可争効）は、有効な和解契約の存在を前提として、その蒸返しを禁ずるものであり、違法な和解を有効なものとする概念ではない（第七節四（二））。それゆえ、大審院のように、確定効が和解の違法性を除去するというのは、いずれにしても、論理の筋が通らないというべきであろう。

(2) ① 次に、最判昭和四六年四月九日民集二五巻三号二六四頁は、賭博債務に関する和解の効力を扱ったものである。所持人と振出人の間で小切手金の支払いにつき和解が成立し、振出人は一定額の支払いを約束した。しかし、その小切手は、賭博によって第三者が所持人に対して負担することになった債務の履行のために、振出人が第三者に交付し、第三者によって所持人に譲渡されたものだったという事案において、最高裁は、本来、所持人が振出人「に対して右小切手金の支払を求めることは、公序良俗に違反するものとして許されないところというべく、右和解上の金銭支払の約束も、実質上、その金額の限度で上告人〔所持人〕をして賭博による金銭給付を得させることを目的とするものであることが明らかであるから、同じく、公序良俗違反の故をもつて、無効とされなければならない」、と判示した。

② ここで振出人に原因関係の瑕疵の主張を許すことが、手形小切手行為の無因性に反するかはともかく、少なくとも本件のように、所持人が賭博の当事者である場合には、彼が手形金の支払いを求めることは公序良俗に違反し、そうである以上、その支払いを約する和解も無効であるとの判断は正当であろう。

もっとも、本判決は、右の大判昭和一三年一〇月六日判決は「当裁判所の採りえないところ」であると述べており、また、学説も一般に、本判決によって大審院の判断が改められたと理解している。[54]だが、一方は賭博債務か否かに関する和解、他方は賭博債務に関する和解を扱ったものであり、むしろ両者は事案を異にするというべきであろう。[55]

(3) なお、先物取引により被った損害の賠償請求が、勧誘行為の違法性などを理由に認められることもある。[56]しかし、先物取引それ自体は原則として許された行為であるため、損害賠償請求権は、通常の不法行為の場合と同様に和解の対象となりうる。

他方、先物取引が例外的に賭博にあたる場合には、当該取引は公序良俗に反する違法な行為となる。[57]しかし、賭博債務とは異なり、そこから生じた損害賠償請求権は違法かつ無効な債務ではない。それゆえ、和解の対象となりうる。だが、和解によって損害賠償請求権を放棄することは、結果として違法な行為の効力を肯認することにつながりうる。それゆえ、先物取引が賭博にあたる場合には、和解は、損害賠償請求権を放棄または減額することにより、違法行為の最後の仕上げと評価されるときには、公序良俗に反して無効だというべきである。[58]

注　第五節一～四

（1）我が国における夫婦財産契約の実態を調査したものに、佐藤良雄『夫婦財産契約論』（千倉書房、昭和五九年）二一一頁以下、山田俊一『夫婦財産契約の理論と実務』（ぎょうせい、平成二四年）七五頁以下がある。

（2）Cf. Boissonade, *Projet*, t. 3, n° 374, 1°.

（3）Art. 3, Projet de Code de procédure criminelle pour l'Empire du Japon, in: G. É. Boissonade, *Projet de Code de procédure criminelle pour l'Empire du Japon, accompagné d'un commentaire*, Tokio 1882, p. 7:

L'action publique n'est pas subordonnée à la plainte de la partie lésée, ni éteinte par la renonciation de celle-ci à sa plainte ou à son action, si ce n'est dans les cas déterminés par la loi.

公訴権は被害者の告訴に従属せず、また、被害者の告訴権または私訴権の放棄により消滅しない。ただし、法律に別段の定めがあるときはこの限りにあらず。

（4）Boissonade, *Projet*, t. 3, n° 375, 3°.

（5）Art. 8, 2°, Projet de Code de procédure criminelle pour l'Empire du Japon, in: Boissonade, *Projet de Code de procédure criminelle*, p. 9:

L'action publique s'éteint:

2° par la renonciation à l'action privée ou par la transaction de la partie lésée, lorsque l'action publique est subordonnée par la loi à la plainte de celle-ci.

公訴権は左の場合に消滅する。

第二　法律の規定により、公訴権が被害者の告訴に従属する場合において、被害者が私訴権を放棄し、または和解を行ったとき。

（6）Boissonade, *Projet de Code de procédure criminelle*, n° 32.

（7）もっとも、治罪法編纂過程に関する史料上の制約から、推測の域を出ない。明治初期の告訴権の生成過程を実証的に明らかにしようとしたものに、黒澤睦「明治初期の告訴制度の形成過程——刑事手続法における関連諸規定の概観」富大経済論集五三巻二号（平成一九年）二九九頁がある。また、ボアソナード刑事訴訟法草案から治罪法制定に至る経緯については、向井健、矢野祐子「村田本『治罪法草案審査第二読会修正趣意書』――治罪法編纂過程の基礎的研究」法学研究六九巻三号（平成八年）七一頁の「解題」［向井健］参照。

（8）梅謙次郎『日本民法和解論 完』五六頁以下。

（9）梅謙次郎『日本民法和解論 完』六六頁以下。

なお、この文章が最初に公表されたのは、第二期大阪攻法会雑誌の第一〇号または第一一号において、つまり明治二三年一〇月と考えられる。そして、明治二三年刑事訴訟法の公布が一〇月七日、施行が一一月一日であることから、梅の右見解が公表されたのは、治罪法が廃止されるのとほぼ同時であったと思われる（第一章第二節三（二）および同所注（8）参照）。

（10）井上正一『刑事訴訟法義解 上巻』（明法堂、博聞社、明治二三年）四六頁、磯部四郎『刑事訴訟法 完』（東京専門学校、明治二九年？）三六頁。

もっとも、亀山貞義『刑事訴訟法論 巻ノ二』（六法講究会、明治二五年）一四三頁以下は、告訴前のみならず、告訴をして公訴が提起された後にも告訴権の放棄は可能であると説く。

（11）磯部四郎『刑事訴訟法 完』三五頁以下。

（12）磯部四郎『刑事訴訟法 完』三六頁。

（13）井上正一『刑事訴訟法義解 上巻』五一頁参照。

（14）大判大正四年一〇月二六日刑録二一輯一六六二頁。本件は、妻が姦通した事案において、夫が妻を一旦実家に帰らせた後、再び引き取って同居し、数回情交を結んだという事実から、公訴提起前に告訴権の放棄がなされたと認定された事案である。

（15）大判明治三一年五月一〇日刑録四輯五巻一七頁。

（16）林頼三郎『刑事訴訟法要義 各則上巻』（中央大学、大正一三年）六五頁以下。

（17）横井大三『捜査――刑訴裁判例ノート（一）』（有斐閣、昭和四六年）三〇八頁参照。

（18）林頼三郎『刑事訴訟法要義 各則上巻』六五頁。

（19）小野清一郎『刑事訴訟法判例研究』（弘文堂書房、昭和二年）一八三頁以下。

（20）牧野英一「告訴前における告訴権の拋棄」同『刑法研究 第四巻』（有斐閣、昭和八年）四二七頁以下［初出、昭和三年］。

（21）牧野英一「告訴前における告訴権の拋棄」四三六頁。

（22）矢追秀作『刑事訴訟法要義』（松華堂書店、昭和二年）四二三頁以下、板倉松太郎、中尾芳助『刑事訴訟法指歸（訂正第三版）』（清水書店、昭和五年）四五八頁、清水孝蔵『増訂 刑事訴訟法理論（訂正版）』（巌松堂書店、昭和一〇年）一五五頁、小山松吉『刑事訴訟法提要 上巻（改訂版）』（法政大学自治館、昭和一三年）二八四頁注八など。

なお、大正刑事訴訟法下の学説につき、横井大三『捜査』三〇九頁以下参照。

(23) 大判大正一五年三月一九日刑集五巻一〇四頁。なお、宮本英脩「判批（大判昭和一一年一月三一日）」論叢三四巻五号（昭和一一年）八七四頁も参照。

(24) 大判昭和四年一二月一六日刑集八巻六六二頁、大判昭和九年六月二九日刑集一三巻九〇四頁。

(25) 平場安治『刑事訴訟法講義（改訂版）』（有斐閣、昭和二九年）三三五頁、団藤重光編『刑事訴訟法（新法律学演習講座）』（青林書院、昭和三四年）一三四頁以下［高田卓爾］、判例時報編集部『刑事訴訟法基本問題四六講（普及版）』（一粒社、昭和四〇年）一六八頁以下［谷口正孝］、団藤重光『新刑事訴訟法綱要（七訂版）』（創文社、昭和四三年）三五八頁、青柳文雄『刑事訴訟法通論 上巻（五訂版）』（立花書房、昭和五一年）三三四頁、横川敏雄『刑事訴訟』（成文堂、昭和五九年）一〇一頁、斉藤金作『刑事訴訟法（合本版）』（有斐閣、昭和六一年）三四一頁など。

(26) 安平政吉『改正刑事訴訟法（上）』（青林書院、昭和二九年）三五三頁、横井大三『捜査』三一二頁以下、伊藤栄樹ほか著者代表『注釈刑事訴訟法（新版）』（立花書房、平成八年）二九四頁［佐藤道夫］、河上和雄ほか編『大コンメンタール刑事訴訟法（第二版）』（青林書院、平成二四年）七二二頁以下［今崎幸彦、河村博］。

(27) 最決昭和三七年六月二六日判時三一三号二二頁、東京高判昭和二五年三月二五日判特一六号四六頁、高松高判昭和二七年四月二四日高刑五巻八号一一九三頁、名古屋高判昭和二八年一〇月七日高刑六巻一一号一五〇三頁など。
なお、最高裁はその理由を明示していないが、右の東京高判や名古屋高判は、大正刑事訴訟法下の大審院と同様に、告訴権が公権であることや、規定がないのは告訴権の放棄を否定する趣旨であることを挙げている。

(28) 牧野英一「告訴前における告訴権の拋棄」四二五頁以下。

(29) 横井大三『捜査』三一三頁。

(30) 最判平成二一年九月四日民集六三巻七号一四四五頁は、貸金業者が貸金の支払いを請求し、借主から弁済を受ける行為が不法行為を構成するのは、これらの「請求ないし受領が暴行、脅迫等を伴うものであったり、貸金業者が当該貸金債権が事実的、法律的根拠を欠くものであることを知りながら、又は通常の貸金業者であれば容易にそのことを知り得たのに、あえてその請求をしたりしたなど、その行為の態様が社会通念に照らして著しく相当性を欠く場合に限られる」、という。

(31) 最大判昭和四三年一一月一三日民集二二巻一二号二五二六頁。

(32) 東京高判平成二三年九月九日判時二一三七号四七頁など。澤野芳夫、三浦隆志、武田美和子、佐藤重憲「過払金返還請求訴訟における実務的問題」判タ一三三八号（平成二三年）二五頁（公刊物未登載の裁判例の紹介あり）、岡本裕樹「判批」判時二一六〇号（平成二四年）一四八頁参照。

(33) 梅も、旧利息制限法下の解釈として、和解によって「依然高利貸を持続することを得さるは猶ほ仏国に於けるか如し」、と述べている（梅謙次郎『日本民法和解論 完』五九頁）。

(34) 東京地判平成一七年一〇月二一日判タ一二二四号二六三頁、大阪高判平成二二年六月一七日判タ一三四三号一四四頁。反対、東京地判平成一一年九月二八日判タ一〇八五号二三二頁。

(35) 貸金業法改正前の裁判例であるが、東京地判平成一一年九月二八日判タ一〇八五号二三二頁も同旨を述べる。

(36) Boissonade, *Projet*, t. 3, n° 375, 3°. これに対して、梅は、仏民訴第二四九条は必要な規定であると述べていた（Oumé, *Transaction*, n° 329, p. 68, note 1; 梅謙次郎『日本民法和解論 完』六一頁）。

(37) テッヒョー草案第三四六条（テッヒョー『訴訟法草案 完』（明治一九年）一八一頁）

提出シタル書類ハ点撿ノ後直チニ之ヲ還付ス可シ必要ナル場合ニ於テハ其謄本ヲ提出セシメ之ヲ訴訟記録ニ添附ス可シ

偽造若クハ変造ノ論争アリタル書類ハ撿察官ノ承諾アルニ非サレハ之ヲ還付スルコトヲ得ス

(38) テッヒョーは、自身が述べるように、できるかぎり一八七七年のドイツ民事訴訟法にのっとり、各部においては、プロイセンの実施条例および法律、一八六七年のオーストリア民事訴訟法草案、一八六八年のヴュルテンベルク王国民事訴訟法などを模範としたが、さらに、フランス、イギリス、アメリカの法理原則であって、従来日本の実際に応用されているものも適当に採択して草案を作成した（テッヒョー『訴訟法草案 完』献辞三頁以下）。

テッヒョー草案の成立過程につき、詳しくは、石井良助編『明治文化史 第二巻 法制』四一六頁以下、鈴木正裕『近代民事訴訟法史・日本』（有斐閣、平成一六年）三五頁以下、松本博之『民事訴訟法の立法史と解釈学』四頁以下など参照。

(39) 井上操『民事訴訟法述義 第二編』（宝文館、明治二四年）九二二頁以下、宮城浩蔵遺著、岸本辰雄訂補『民事訴訟法正義 中巻（訂正増補）』（新法註釈会、明治二八年）三八八頁以下。

(40) 「民事訴訟法改正調査委員会議事速記録第三一回（大正一一年一二月一二日）」松本博之、河野正憲、徳田和幸編著『民事訴訟法［大正改正編］（三）（日本立法資料全集一二）』（信山社出版、平成五年）三三一頁。

(41) 司法省編『民事訴訟法中改正法律案理由書 司法省蔵版』（清水書店、大正一五年）一六六頁。

(42) もちろん、裁判所が文書を保管している場合（本文①）には、裁判所が留置決定を行ったうえ、裁判官が文書偽造罪の告発を行うべきである（刑訴第二三九条二項）。だが、検察官の意見を聴くという手続が廃止された以上、裁判所が偽造文書を誤ってXに返還してしまう可能性も皆無とはいえないように思われる。

(43) Boissonade, *Projet*, t. 3, n° 502.

(44) Boissonade, *Projet*, t. 3, n° 502; 熊野敏三『民法正義 財産取得編 巻之二』八三五頁。

(45) 熊野敏三『民法正義 財産取得編 巻之二』八三二頁以下、八三五頁。
(46) 『民法第一議案』二六八頁以下。
(47) 『法典調査会 民法議事速記録 五』八二頁［梅謙次郎］（「競馬抔ニ多少ノ賭ケヲスルトカ云フヤウナ事柄ハ或ハ幾ラカ良イ馬ノ改良抔ノ奨励ニ為ルトカ又ハ乗リ手ノ即チ此処ニ言フ巧技ヲ発達セシムル為メノ奨励ト為ルトカ……即チ体育ヲ奨励スルトカ云フ方ニモ為ルデアラウ」）。
(48) 『法典調査会 民法議事速記録 五』八四頁、八八頁以下［高木豊三］。
(49) 『法典調査会 民法議事速記録 五』一一五頁［横田国臣］。
(50) 『法典調査会 民法議事速記録 五』一一六頁。
(51) 賭博の用に供するための金銭消費貸借が、公序良俗に反し無効とされるのもそのためである。大判昭和一三年三月三〇日民集一七巻五七八頁、最判昭和四七年四月二五日判時六六九号六〇頁、最判昭和六一年九月四日判時一二一五号四七頁、山本敬三『公序良俗論の再構成』（有斐閣、平成一二年）一三七、一五二頁、西原慎治「我が国の私法における「賭博」概念の生成と発展について」同『射倖契約の法理』二七一頁以下［初出、平成二一年］など参照。
(52) 有泉亨「判批」法協五七巻四号（昭和一四年）七五〇頁、石田文次郎「判批」論叢四〇巻四号（昭和一四年）六八七頁、小池隆一「判批」民商九巻四号（昭和一四年）六八四頁、我妻栄『債権各論 中巻二』八七一頁。
(53) 三宅正男『契約法（各論）下巻』一二二八頁。
(54) 阿部徹「判批」判時六四三号（昭和四六年）一二六頁、竹内昭夫「判批」法協九〇巻三号（昭和四八年）五三八頁、篠原弘志「和解」二五七頁など。
(55) 同旨、三宅正男『契約法（各論）下巻』一二二七頁以下。ただし、三宅が前者の和解を有効、後者を本判決と同様に無効とするのに対し、私見によれば、両者の和解はともに無効であるから、区別の実益はさほど大きくないようにもみえる。しかし、それは賭博債務の違法性が現在の我が国では一般的に承認されているからにすぎず、汎用性の高い理論枠組みを提示するという観点からは、やはり両者を区別しておくべきだろう。
なお、来栖三郎『契約法』七一九頁注一は、賭博債務か否かに関する和解と、賭博債務に関する和解は一応区別することができ、「本当に当事者間で債務が賭博債務によるか否かに疑をもって争い、それを和解によって賭博債務に基づくのでないと承認したのであれば、後から再び賭博債務によるのだとして和解の効力を攻撃することを許さなくてもよいのでないか」、しかし、「契約の不法性が真面目に争われ、和解でその争いを解決したとみとめられる場合は、そう多いとは考えられない」から、ここでの議論は、「実際には、多くの場合に、結論の差異をもたらさないと考えられる」、という。示唆に富む。

(56) 東京高判平成一四年一二月二六日判時一八一四号九四頁、名古屋高判平成二五年三月一五日判時二一八九号一二九頁、東京高判平成二六年一〇月八日判時二二四八号四〇頁など。

(57) たとえば、外国為替証拠金取引に関する、東京地判平成一七年一一月一一日判時一九五六号一〇五頁、東京高判平成一八年九月二一日金判一二五四号三五頁、仙台地判平成一九年九月五日判タ一二七三号二四〇頁参照。

(58) 岡山地判平成一八年一一月九日先物取引裁判例集四六号三七七頁は、外国為替証拠金取引を賭博行為に該当すると判断したうえ、損害賠償請求権を放棄させる和解の効力につき、こうした「和解契約の締結自体が……一連の違法行為の最後の仕上げといった側面もある。これらの点を考慮すると、本件和解契約は、公序良俗に違反するものとして、無効と解するのが相当である」、と判示している。

なお、先物取引は、賭博にあたる場合のみならず、勧誘行為の違法性が著しく高いと認められる場合などにも、公序良俗に反する行為とされる（最判昭和六一年五月二九日金判七四七号一一頁、東京地判平成四年一一月一〇日判時一四七九号三二頁、大村敦志「判批（最判昭和六一年五月二九日）」森島昭夫、伊藤進編『消費者取引判例百選（別冊ジュリ一三五号）』（有斐閣、平成七年）四四頁参照）。それゆえ、このような場合にも、損害賠償請求権を放棄または減額する和解は、違法行為の最後の仕上げと評価されるときには、公序良俗に反して無効だというべきであろう（向来俊彦「先物取引被害と和解無効」消費者法ニュース七〇号（平成一九年）一五五頁以下参照）。

五　行政訴訟

(一)　さて、既に述べたように、一九世紀フランスでは、行政庁の公訴権に関する和解が許されるかという議論が存した（第二章第五節一（三））。現在の我が国では、行政庁が公訴権を有することはない。しかし、私人が、国や地方公共団体との間で、民事訴訟や国家賠償訴訟においてのみならず、行政訴訟においても和解を行うことができるかについては争いがある。そして、行政罰に関する和解の可否は、右のフランスの議論と実質的に類似する。それゆえ、左では、行政罰を含め、現在の我が国における行政訴訟と和解の問題を広く論じてみたい。(1)

(二)　戦前の学説は和解を否定しており、(2)戦後の学説も、当初は否定説が通説だったが、(3)現在では肯定説も次第に有力になりつつある。(4)

まず、否定説は、その主要な論拠を法律による行政の原理に求める。すなわち、行政は法律に従わなければならないから、当事者間の互譲を前提とする和解は、行政訴訟の性質になじまない。また、行政処分が適法か違法かは、裁判所の判断とは別に、本来、客観的に定まっている。それゆえ、「法律による行政の原理からすると、行政庁としては自らの処分が適法であると考える限り、最後まで争うのが筋」[5]だというのである。

(三) 他方、肯定説には、さまざまな論拠がみられる。自由裁量、[6]処分可能性、[7]裁判所の許可、[8]行訴第七条、[9]法的安定性および法的平和の原則、[10]不確実性への対処、[11]などである。

なお、長崎地判昭和三六年二月三日行集一二巻一二号二五〇五頁は、自由裁量を根拠に和解を認めた裁判例である。

(四) さて、私見によれば、否定説が法律による行政の原理を問題にすることは、議論の出発点としては正当である。法律による行政の原理は、近代行政法の基本原理であり、和解を認めることによってこの原理が侵害されてはならないことは当然であろう。そうだとすれば、ここで検討されるべきは、法律による行政の原理を損なうことなく、和解を認めるような理論を構築しうるか、という問題だと思われる。

(1) こうした観点から肯定説の論拠をみると、まず、処分可能性や行訴第七条という論拠は、これだけでは、和解が法律による行政の原理に反しないことの十分な理由とはならない。

また、法的安定性および法的平和の原則、そして、不確実性への対処という論拠は、和解を認めることが法律による行政の原理に反することを自認しつつ、それを上回る価値として主張されたものである。しかし、これらの価値がなぜ法律による行政の原理の侵害を正当化しうるのか。この点が必ずしも十分に説明されてはいないようである。

さらに、自由裁量という論拠は、一見すると、法律による行政の原理と調和するかのようである。だが、「行政庁は、裁量を行使する場合においても、つねに法律にもとづき法律にしたがって行為すべき拘束をうけ、相手方たる私人との合意的形成に委ねることは許されない」[12]。そうだとすれば、自由裁量から和解を正当化することも困難であろう。

(2) それでは、裁判所の許可という論拠または制度設計については、どのように考えるべきか。提唱者の町田顕は次のようにいう。

すなわち、行政事件訴訟において和解はできないという考え方は、「行政処分が適法か違法かは、裁判所の判断とは別に、客観的に決まっているもので、行政事件訴訟においては、すでに客観的には決まっている処分の適否を明らかにするのだということが前提になっているように思われるのですが、裁判所の判断と別に、行政処分の適否が客観的に判断されるということには疑問があるわけで、裁判所の判断の外に、その処分が適法かどうかの判断は、有権的なものとしてはあり得ないように思われます。そうだとすれば、和解できるかどうかの問題は、当事者間の妥協を認めることができるかどうかではなくて、裁判所がそれを適法と認めるかどうかの問題であり、裁判所が当事者間の妥協の結果を適法と認めれば、和解したことによって、「法律による行政」の原理が害されたことにはならない」[13]、と。

つまり、行政処分が適法か違法かは、裁判所の判断によって初めて決まるものであり、予め客観的に定まっているものではない。それゆえ、裁判所が、司法による行政のコントロールの一貫として和解内容を審査し、法律による行政の原理に反しないと判断した場合には、和解を許可しうるというのである。

私見によれば、この見解が、唯一、法律による行政の原理を損なうことなく、和解を認める理論を提供しうるものである[14]。

(3) それでは、裁判所が和解を許可するにあたり用いるべき判断基準は、どのようなものか。法律による行政の原理の目的が、法の一般性、安定性、平等性、予測可能性等の正義価値の実現にあるとすれば[15]、一般論としては、ここに挙げられた価値が損なわれるか否かを基準とすべきであろう。

具体的には、とりわけ法的安定性や平等性が強く要請される事項については、なるべく厳格な審査を行うべきである。たとえば、租税債権[16]、行政罰、通告処分や反則金などについては、原則として和解を許可すべきではない。なお、租税債権については、課税標準の算定など、事実問題に関しては、和解を認めるべきという見解も多い[17]。だが、事実に関する合意は、法律関係の基礎となる事項を対象としたものであり、法律関係につき合意を行うものではない。たとえば、課税標準に関する合意は、課税標準に基づき発生した租税債権に関する合意ではない[18]。それゆえ、仮に事実問題について譲歩する合意の効力を認めたとしても、租税債権に関する和解を肯定したことにはならないことに注意すべきであろう[19]。

これに対して、基本的には私的な処分に委ねられて良い事項に関しては、和解の許可を緩やかにすべきである。損失補償（土収第六八条以下、第一三三条二項、三項等）や公務員の俸給といった、当事者訴訟の一部が例として挙げられよう。

もちろん、両者の中間に、様々な事項がグラデーションを描きながら存在している。これらに関しては、法的安定性や平等性、当該紛争の実情、和解の内容等を総合的に考慮して判断すべきであろう。

そして、このような判断基準が用いられることを条件として、裁判所の許可があれば、行政訴訟における和解は可能という見解を支持すべきである。

（4）　なお、裁判所の許可を得て和解を行うことが筋だとすれば、裁判外の和解は許されないというべきである[20]。

また、実務上しばしばみられる事実上の和解[21]（正式な和解調書を作成せず、被告行政庁が職権で処分を取り消し、原告が訴えを取り下げることによって訴訟が終了する）も、不透明な行為であるとの誹りを免れない。事案の特殊性も考慮しなければならないが、可能な限り、正式な和解調書を作成して、行政活動の透明性を高めてゆくべきである[22]。

(5) 最後に、行政庁が処分を取り消す場合のように、和解が第三者の利益と関係するときは、利害関係人の保護をどのように図るべきかが問題となる。この点につき、和解に関与する機会を第三者に保障する手続や、第三者再審の制度などが提案されているが、いずれも立法上の課題というべきだろう[23]。

六　身分関係

次に、人の身分に関する和解の可否を論じたい。前章で述べたように、一九世紀フランスでは、身分から生ずる財産的利益だけを独立して和解の対象とすることはできたが、身分そのものや、身分と財産的利益を一体として和解の目的物とすることは許されないと解されていた（第二章第五節三）。

我が国においても、人の身分は公益と密接な関係があり、個人の意思によって自由に処分することはできないと解されるから、国籍、婚姻関係、実親子関係、養親子関係は、原則として和解の目的物にならないというべきである。判例は、認知請求権の放棄を無効としているが[24]、和解についても同様に解すべきことは当然であろう[25]。

左には、特に問題となる三つの事項を挙げておきたい。

(一) まず、離婚および離縁については、協議上の離婚、離縁が認められる以上（民第七六三条、第八一一条一項）、和解も有効と解される。確かに、身分関係の変動を金銭取引の対象とすることは好ましくないが、法が当事者の協議の結果を尊重し、また、とくに離婚の際には、通例、財産分与や慰謝料という名目で金銭の授受が行われることに鑑みれば、和解だけを禁止するのは形式論にすぎよう[26]。

(二) 次に、詐欺、強迫を理由とする婚姻の取消しのように、当事者の追認が認められる場合には（民第七四七条二項。協議離婚、縁組、協議離縁の取消しにも準用される、民第七六四条、第八〇八条、第八一二条）、当事者は、取消権の存否につき、和解を行うことも許されると解すべきである。この場合の婚姻の取消しは、公益保護を目的とした不適法婚の取消しとは異なり（民第七三一条乃至第七三六条、第七四四条参照）、詐欺強迫を受けた当事者の私的利

益の保護を目的としており、それゆえ当事者は、追認により、取消権を任意に処分することができるからである。(27)

(三) 最後に、身分関係から生ずる財産的利益のみを、身分関係から切り離して和解の目的物とすることは許される。放棄が可能だからである。それゆえ、相続権のみならず、遺留分減殺請求権（民第一〇三一条）や相続回復請求権（民第八八四条）も、和解の目的物になるというべきであろう。もっとも、相続開始前の和解を有効と解すべきかは一つの問題ではあるが、この点については、それぞれの権利の放棄に準じて考えれば足りよう。(28)

なお、国税不服審判所裁決昭和四六年四月二八日裁決事例集二集三一頁は、一定の金銭を受け取ることの対価として、認知請求権と相続権の双方を放棄する和解を全部有効だと解しているが、このような和解は、身分関係とそこから生ずる財産的利益を一体として和解の目的物にしたものであるから、その全部を無効とすべきだったように思われる。(29)

七　扶養請求権

最後に、扶養請求権と和解について論じよう。一九世紀フランスと同様、法律上の扶養請求権と、契約や遺贈による扶養請求権とを分けて考えるのが適切である。

(一)　旧民法

(1)　法律上の扶養請求権

旧民法は、法律上の扶養請求権を直系親族間や兄弟姉妹間などに与えたが（旧民人事第二六条以下）、その処分に関しては何も規定していなかった。

起草過程をみると、まず第一草案は、扶養について比較的詳細な規定を設けており、そこには扶養請求権の譲渡につき次のような規定が存した。

第一草案人事編第三五条

養料ハ他人ニ譲渡スコトヲ得ス又養料ニ原由スル債務ノ為メニ非サレハ之ヲ差押フルコトヲ得ス(30)

だが、その後、元老院議定上奏案では、扶養に関する規定がすべて削除されている(31)。削除の理由は明らかではないが、元老院における審査委員の一人たる尾崎三良が、扶養に関する規定を設けることは親族間の関係を法的関係のごとく冷淡ならしめ、かえって争訟を誘導することになり、我が国の習慣風俗に反する、という意見を有していたことが影響したのではないかといわれている(32)。いずれにしても、扶養に関する諸規定は、公布直前の内閣修正案においてその一部が復活させられたが（扶養義務者の範囲に関する旧民人事第二六条以下など）、第一草案人事編第三五条に相当する規定は依然として削除されたままであった(33)。

さて、こうした沿革に鑑みれば、第一草案人事編第三五条の削除は、扶養請求権の処分可能性の肯定を意味するものではないというべきだろう。この規定だけが削除されたわけではなく、また、全体が削除された理由は、扶養請求権の処分可能性とはかかわりのないものだったと推測されるからである。

むしろ、明治民事訴訟法第六一八条一項一号が法律上の養料は差し押えることができないと規定し、旧民財第二九条二項が譲渡できない物は差し押えることができないと定め、かつ、譲渡できるが差し押えられない物に関する規定はないため、法律上の扶養請求権の譲渡は不可能であったと解される(34)。そうだとすれば、法律上の扶養請求権は、和解の目的物にもならなかったというべきだろう(35)。

(2)　契約や遺贈による扶養請求権

次に、契約や遺贈による扶養請求権については、財産取得編に次の規定がある。

旧民財取第一六九条一項、三項

無償ノ終身年金権ハ設定者ニ於テ之ヲ譲渡スコトヲ得且差押フルコトヲ得サルモノト定ムルコトヲ得

養料トシテ無償ニテ設定シタル終身年金権ハ当然譲渡スコトヲ得ス且差押フルコトヲ得サルモノナリ

ボアソナードは、本条の原型たる草案第八一九条を説明して次のようにいう[36]。すなわち、終身年金権が贈与または遺贈といった無償行為により設定された場合には、受給者の生活保障が目的であるから、受給者自身に年金を確実に取得させる必要がある。それゆえ、設定証書から扶養たる性質が明らかである場合には（無償行為の場合には原則として扶養と推定される）、終身年金権の譲渡や差押えは法律上当然に不可能とされる（第三項）。他方、設定証書から扶養たる性質が明らかではない場合にも、設定者の意思で年金権を譲渡、差押えできないものとすることができる（第一項）。

これに対して、終身年金権が有償行為により設定された場合には、その譲渡、差押えを禁止すると、受給者が自己の債権者を害して差押禁止財産を作ることを認めることになりうるから、設定者との合意によっても年金権の譲渡や差押えを禁止することができない[37]、と。

こうしたボアソナードの説明に鑑みると、一九世紀フランスの Aubry et Rau 等の学説と同様（第二章第五節五㈡（2）②）、無償行為による終身年金権は、扶養権利者を保護するため、原則として和解の目的物とはならなかったと考えられる。

㈡　明治民法

（1）　法律上の扶養請求権

①　まず、法律上の扶養請求権については、その処分を禁止する規定が復活した。

明治民法第九六三条（現第八八一条）

扶養ヲ受クル権利ハ之ヲ処分スルコトヲ得ス

本条の起草者富井は、既成法典に同旨の規定がなかったため、疑義を除去するためにこれを設けたと説明している。(38)なお、「譲渡」ではなく「処分」という文言を用いたのは、放棄等の行為を広く包含する趣旨である。(39)

② 従って、本条により、扶養請求権を将来に向かって放棄、処分する合意は無効であり、(40)将来の扶養請求権は、和解の目的物にもならないというべきである。

③ これに対して、過去の扶養料については、そもそも扶養というものが現在および将来にかかわる事項である以上、その請求が認められるとしても通常の金銭債権としてであり、(41)それゆえ、権利者はみずからの意思でこれを放棄することができると解されている。(42)そうだとすれば、和解によって過去の扶養料を処分することも、原則として可能というべきであろう。(43)

④ それでは、扶養料の支払いが遅滞している間に、扶養権利者が自ら生計を立てることができず、第三者から借財したり、過酷な労働を行うことによって生活していた場合にも、過去の扶養料は和解の対象になるというべきか。

確かに、過去の扶養料である以上、当事者の合意によって自由に処分することができると解することも不可能ではないだろう。だが、もしここで和解を認めると、過去の扶養料を現在の借財の返済にまわすことができず、将来的に生活に困窮する恐れがある。(44)また、過酷な労働によって被った精神的、肉体的損害をそのまま放置することを許せば、結果として、法が扶養義務を認めた趣旨に悖ることにもなりかねない。そして、そもそも、扶養権利者が通常の労働を通じて自ら生計を立てることができなかったにもかかわらず、扶養義務者がその義務を免れる方法として和解を利用することは、正当な行為とは思われない。

これらのことから、過去の扶養料であっても、扶養権利者が通常の労働で自ら生計を立てることができなかった期間の分については、和解による処分を否定すべきだと考える。

⑤　最後に、扶養義務者相互間の求償権が和解の目的物になるかという問題もあるが、扶養義務者間の求償権は、その管轄が家庭裁判所か通常裁判所かにかかわらず[45]、実体法上は、不当利得または事務管理に基づく通常の金銭債権であるから[46]、既に発生した求償権のみならず、将来生ずべき求償権の放棄も可能と解されている[47]。それゆえ、両扶養義務者は、現在のみならず、将来の求償権についても、有効に和解を行うことができるというべきである。

(2)　契約や遺贈による扶養請求権

①　他方、契約や遺贈による扶養請求権については、終身定期金の箇所を担当した梅が、旧民財取第一六九条を削除した。

梅は、その理由を説明して次のようにいう。すなわち、そもそも債権は譲渡性を有するのが原則であり、また、特約により譲渡を禁止することもできるのだから、無償行為による終身定期金に限って譲渡を禁ずることは妥当ではない[48]。また、終身定期金が養料として与えられたか否かも実際には見分けることが難しいから、譲渡を禁止したければ一言そういえばよい。いずれにしても、法律上の扶養義務とは異なり、終身定期金は公序に属さないから、当事者の契約の自由に委ねることが適当である[49]、と。

こうした梅の見解は、無償行為による終身定期金の特殊性を抹消することにより（民第六九四条参照）、終身定期金からその扶養的性格を大きく削ぎ落とすものであった。確かに、梅もそれが「終身」のものである以上、広い意味では権利者の生活保障が問題となることを当然意識していた。だが、それはあくまでも、毎月または毎年払われる「定期金」により達成されるものにすぎなかった。つまり、梅は終身定期金の法的性質を定期金という財貨性を中心に把握したのであり、これによってその扶養たる性格を背後に退け、もって終身定期金債権の譲渡性を肯定したのである。[50]

② もっとも、その後の学説は、終身定期金の財貨性を梅ほどには強調していないようである。たとえば、終身定期金債権を性質上の譲渡制限を受ける債権の一つに数える見解もある。[51]

しかし、性質上の譲渡制限は、主として給付内容の変更や権利の行使方法の変更から債務者を保護しようとするものである。それゆえ、債務者の同意がありさえすれば、債権者は権利を処分しうることになろう。[52]そうだとすれば、終身定期金債権に性質上の譲渡制限を加えたところで、債権者の生活保障という目的を必ずしも十分に達成することはできない。

③ かくして、問題は、終身定期金債権に扶養的性格をどの程度強く認めるべきか、法的構成としては、法律上の譲渡制限に関する民第八八一条を類推しうるかということになる。

私見によれば、終身定期金が無償行為による場合と、有償行為による場合とでは、やはりその法的性質に大きな差異があるように思われる。というのも、無償行為（遺贈や贈与）による場合は、定期金は設定者の財産に由来するため、扶養に近い性格を有するといえる。これに対して、有償行為による場合には、終身定期金契約は、自己の財産と定期金を交換する行為であり、[53]そこには財貨的な性格が強く認められるからである。

従って、無償行為による場合は、定期金を債権者自身に確実に取得させるため、譲渡や放棄等の処分を禁ずる必要があり、それゆえ和解も禁止されるというべきであろう（民第八八一条の類推）。

これに対して、有償行為による場合は、定期金債権は原則として処分可能性を有し、和解が禁止されるのは、特約により定期金の処分が禁止された場合に限られるというべきである。

④ なお、年金について一言すれば、公的年金は財貨的性格（保険料の支払い）と扶養的性格（世代間扶養）が密接に絡み合っており、どちらの性格が優勢であるかは俄に決しがたい。だが、少なくとも私的年金は、有償行為

による終身定期金に準じて扱うことが許されよう。(54)

注　第五節五～七

（1）行政訴訟と和解をめぐる学説状況につき、丸克俊「行政訴訟における訴訟上の和解（一）（二）（三・完）」金沢大学教育学部紀要（人文科学・社会科学編）三三号三五頁、三四号三三頁、三五号六五頁（昭和五八～六〇年）、東條武治「行政事件訴訟における和解」成田頼明編『行政法の争点（新版）』（有斐閣、平成二年）二三四頁、栗本雅和「行政訴訟における和解――諸学説の整理と展望」南山法学二三巻一・二号（平成一一年）六九頁、交告尚史「行政訴訟における和解」高木光、宇賀克也編『行政法の争点』（有斐閣、平成二六年）一三二頁など参照。

（2）美濃部達吉『日本行政法 上巻』（有斐閣、昭和一一年）九六四頁。なお、明治三一年の行政裁判法改正案には和解を許さない旨の規定があったことにつき、南博方原編著、高橋滋ほか編『条解行政事件訴訟法（第四版）』（弘文堂、平成二六年）二〇五頁［村上裕章］参照。

（3）雄川一郎『行政争訟法』（有斐閣、昭和三二年）二一六頁、杉村章三郎、山内一夫編『精解行政法 上』（光文書院、昭和四六年）六一一頁［原田尚彦］、塩野宏『行政法II 行政救済法（第五版補訂版）』（有斐閣、平成二五年）一七九頁以下。

（4）田中二郎ほか『行政事件訴訟特例法逐条研究』（有斐閣、昭和三二年）一一〇頁以下［田中二郎］、松浦馨「裁判上の和解」二二七頁注一三、位野木益雄ほか「行政事件訴訟の審理をめぐる実務上の諸問題 研究会三」判タ一六九号（昭和四〇年）三三頁［町田顕］、南博方「行政訴訟上の和解の法理」法学雑誌（大阪市立大学）一三巻一号（昭和四一年）一頁、石井昇「行政上の和解契約の許容性」甲南法学三〇巻三・四号（平成二年）五五五頁、阿部泰隆「行政訴訟特に税務訴訟における和解に関する管見」自研八九巻一一号（平成二五年）三頁など。

（5）塩野宏『行政法II 行政救済法』一八〇頁。

（6）田中二郎ほか『行政事件訴訟特例法逐条研究』一一〇頁以下［田中二郎］。

（7）松浦馨「裁判上の和解」二二九頁注一三（「抗告訴訟たると当事者訴訟その他の行政訴訟たるとを問わず、その訴訟物たる事項について当事者が処分権能を有する限り、訴訟上（または裁判上）の和解を認めてよい」）。

（8）位野木益雄ほか「行政事件訴訟の審理をめぐる実務上の諸問題 研究会三」三三頁［町田顕］、阿部泰隆「行政訴訟特に税務訴訟における和解に関する管見」一四頁以下。

（9）南博方「行政訴訟上の和解の法理」六五頁。

（10）石井昇「行政上の和解契約の許容性」五七九頁。
（11）交告尚史「行政訴訟における和解」一三三頁。
（12）南博方「行政訴訟上の和解の法理」三六頁。なお、塩野宏『行政法Ⅱ 行政救済法』一八〇頁（「裁量権も互譲の精神ではなく、行政庁自らの公益判断により行使すべきもの」）も参照。
（13）位野木益雄ほか「行政事件訴訟の審理をめぐる実務上の諸問題 研究会三」三三頁［町田顕］。
（14）同旨、阿部泰隆「行政訴訟特に税務訴訟における和解に関する管見」一五頁以下。
（15）磯部力「法律による行政の原理」芝池義一、小早川光郎、宇賀克也編『行政法の争点（第三版）』（有斐閣、平成一六年）二一頁。
（16）金子宏『租税法（第二二版）』（弘文堂、平成二九年）八二頁は、「課税要件が充足されている限り、租税行政庁には租税の減免の自由はなく、また租税を徴収しない自由もなく、法律で定められたとおりの税額を徴収しなければならない。これを合法性の原則と呼ぶ」、と述べたうえ、さもなければ「税負担の公平が維持できなくなる」、という。
（17）田中二郎ほか『行政事件訴訟特例法逐条研究』一一二頁［小沢文雄］、石井昇「行政上の和解契約の許容性」五七七頁以下、渡辺裕泰「租税法における和解」中山信弘編集代表『政府規制とソフトロー』（有斐閣、平成二〇年）二二九頁以下、阿部泰隆「行政訴訟特に税務訴訟における和解に関する管見」二一頁以下。なお、限定的な局面においてであるが、篠原克岳「税務手続への和解の導入に関する検討――法的判断過程の分析に基づく試論」税務大学校論叢七八号（平成二六年）七二頁も、事実問題に関する和解を認める。
（18）田中二郎ほか『行政事件訴訟特例法逐条研究』一一一頁以下［田中二郎］。
（19）和解の対象は、法律関係に関する争いに限られることにつき、第一節三（一）（1）④参照。
なお、ドイツ連邦財政裁判所（Bundesfinanzhof）が、租税債権に関する和解を否定する一方で、事実に関する合意を肯定していることにつき、交告尚史「課税処分の事実認定と当事者の合意――ドイツ連邦財政裁判所一九八四年一二月一一日判決に焦点を当てて」商大論集四四巻一号（平成四年）四一頁、吉村典久「ドイツにおける租税上の合意に関する判例の展開」碓井光明、小早川光郎、水野忠恒、中里実編『公法学の法と政策 上巻（金子宏先生古稀祝賀）』（有斐閣、平成一二年）一三九頁参照。
（20）阿部泰隆「行政訴訟特に税務訴訟における和解に関する管見」一四頁以下。
（21）塩野宏ほか「行政事件訴訟法施行二五年をふりかえって」ジュリ九二五号（平成元年）八七頁［宍戸達徳］、法務省訟務局内行政事件訴訟実務研究会編『行政事件訴訟の実務』（三協法規出版、平成九年）二八六頁、司法研修所編『行政事件訴訟の一般的問題に関する実務的研究（改訂版）』（法曹会、平成一二年）二三五頁参照。

なお、「東京都外形標準課税訴訟」（東京高判平成一五年一月三〇日判時一八一四号四四頁）が、平成一五年一〇月に、最高裁判所において事実上の和解により終了したことは記憶に新しい（藤本哲也「東京都銀行税条例訴訟における和解の位置づけについて」中央ロー・ジャーナル三巻一号（平成一八年）四八頁参照）。

(22) 同旨、森尾成之「行政上の和解——手続規定の導入によるその許容化」神戸大学法政策研究会『法政策学の試み——法政策研究 第四集』（信山社、平成一三年）一五五頁。ただし、三宅弘「情報非公開決定処分取消訴訟における和解」判タ七〇五号（平成元年）二九頁は、情報公開訴訟における事実上の和解の有用性を説く。

(23) 宇賀克也、大橋洋一、高橋滋編『対話で学ぶ行政法』（有斐閣、平成一五年）一六九頁［山本和彦］参照。

(24) 大判昭和六年一一月一三日民集一〇巻一〇二二頁、最判昭和三七年四月一〇日民集一六巻四号六九三頁。

(25) 下級審判決だが、東京高判昭和二五年六月二〇日下民一巻六号九五六頁は、認知請求権の放棄を含む和解契約を無効とする。

(26) なお、明治三一年の人事訴訟手続法の下では、離婚および離縁につき、訴訟上の和解が認められるかにつき争いがあったが、平成一五年の人事訴訟法は、明文をもってこれを肯定した（人訴第三七条一項、第四四条）。旧法下の議論を含め、山木戸克己『人事訴訟手続法』（有斐閣、昭和三三年）一二二頁以下、中村英郎『訴訟および司法制度の研究』（成文堂、昭和五一年）二九頁［初出、昭和四六年］、岡垣学『人事訴訟手続法』（第一法規出版、昭和五六年）二〇一頁以下、小野瀬厚、岡健太郎編著『一問一答 新しい人事訴訟制度——新法・新規則の解説』（商事法務、平成一六年）一六五頁以下、一八三頁、野田愛子、安倍嘉人監修『人事訴訟法概説——制度の趣旨と運用の実情（改訂版）』（日本加除出版、平成一九年）三一九頁［西口元］、松本博之『人事訴訟法（第三版）』（弘文堂、平成二四年）一九六頁以下参照。

(27) 岡垣学『人事訴訟手続法』一九七頁以下、二〇〇頁以下、梶村太市、徳田和幸編著『家事事件手続法（第三版）』（有斐閣、平成二八年）五三三頁以下［本間靖規］。

(28) 具体的には、相続開始前の相続放棄は許されないが、遺留分減殺請求権の放棄は家庭裁判所の許可を得れば有効である（民第一〇四三条一項）。また、相続回復請求権の事前放棄は、これによっても遺留分は放棄されないから有効と解されている（中川善之助、泉久雄『相続法』六五頁以下）。

(29) なお、本件は、認知請求権と相続権の放棄の対価が一括して定められた事案であるが、仮にその対価が別々に定められたとしても、認知請求権を放棄する条項は無効であり、かつ、一つの条項の無効は、原則として和解契約全部の無効をもたらすから（和解の不可分性、第一〇節一参照）、両者が一つの和解契約の目的物とされている限り、和解契約はその全部が無効になるというべきである。

(30) 熊野敏三『民法草案人事編理由書 上巻』五九頁。

(31)『元老院会議部書類　議定上奏　明治二三年八月ヨリ一〇月廃院迄』第七〇〇号「民法人事編」七頁以下参照。
(32) 石井良助「明治民法施行前の扶養法」中川善之助ほか責任編集『家族問題と家族法Ｖ　扶養』(酒井書店、昭和三三年) 一二〇頁以下。
(33)『法例　民法財産取得編　民法人事編　合本』(http://dl.ndl.go.jp/info:ndljp/pid/1367502) 民法人事編五丁表以下参照。
(34) 梅謙次郎『日本民法和解論　完』八二頁以下。
(35) 梅謙次郎『日本民法和解論　完』八三頁。
(36) Boissonade, *Projet*, t. 3, n°s 525 et 526.
(37) 本条については、ボアソナード草案から旧民法に至るまでに実質的な変更はなく、熊野敏三『民法正義　財産取得編　巻之二』八八八頁以下も同旨を述べる。
(38)『法典調査会　民法議事速記録　六』八三五頁以下［富井政章］。
(39)『法典調査会　民法議事速記録　六』八三六頁［梅謙次郎］参照。
(40) 福井家審昭和二九年八月一四日家月六巻七号七四頁、札幌高決昭和四三年一二月一九日家月二一巻四号一三九頁、福岡家審平成二六年一二月四日判時二二六〇号九二頁。
(41) 村崎満「過去の扶養料（請求と求償）」中川善之助教授還暦記念家族法大系刊行委員会編『家族法大系Ｖ　親権・後見・扶養』(有斐閣、昭和三五年) 一五二頁、石川恒夫「過去の扶養料」中川善之助先生追悼現代家族法大系編集委員会編『現代家族法大系　三　親子・親権・後見・扶養』(有斐閣、昭和五四年) 四七八頁、日野原昌「過去の扶養料の請求」川井健ほか編『講座現代家族法　第四巻　親権・後見・扶養』(日本評論社、平成四年) 二五一頁など参照。
(42) 穂積重遠『親族法』七〇〇頁、中川善之助『日本親族法——昭和十七年』四五五頁以下、我妻栄『親族法』四一二頁、久貴忠彦『親族法』(日本評論社、昭和五九年) 三二三頁、内田貴『民法Ⅳ　親族・相続（補訂版）』(東京大学出版会、平成一六年) 二九三頁など。
(43) なお、伊藤利夫「扶養の権利義務の特質及び構造」日本法学二二巻六号（昭和三二年）六八〇頁以下は、正当な対価を即座に受け取った場合にのみ、過去の扶養料の譲渡は可能であると説くが、この見解によっても、和解が有効とされる場合は少なくないだろう。
(44) 梅謙次郎『民法要義　巻之四』五五二頁以下参照。
(45) 最判昭和四二年二月一七日民集二一巻一号一三三頁参照。
(46) 於保不二雄、中川淳編『新版　注釈民法（二五）親族（五）（改訂版）』(有斐閣、平成一六年) 八一七頁［床谷文雄］。

(47) 大阪高判昭和四三年一〇月二八日家月二一巻二号一五五頁。
(48) 『法典調査会 民法議事速記録 五』四六頁以下〔梅謙次郎〕。
(49) 『法典調査会 民法議事速記録 五』四九頁以下〔梅謙次郎〕。なお、仏文和解論でも同旨を述べていたことにつき、第二章第五節五(二)(2)③参照。
(50) 沼正也「終身定期金契約」契約法大系刊行委員会編『契約法大系V(特殊の契約一)』(有斐閣、昭和三八年)二六四頁以下。
(51) 於保不二雄『債権総論(新版)』(有斐閣、昭和四七年)三〇〇頁以下、奥田昌道『債権総論(増補版)』(悠々社、平成四年)四二六頁。なお、鈴木禄彌編『新版 注釈民法(一七) 債権(八)』二一四頁〔山崎賢一、田中恒朗〕も同旨か。
(52) 於保不二雄『債権総論』三〇一頁参照。
(53) 大垣尚司「ファミリーヴィアジェの設計――終身定期金契約を利用した扶養・相続の取引法的構成」立命館法学三五三号(平成二六年)六七頁参照。
(54) 沼正也「終身定期金契約」二六八頁参照。

第六節 違約金条項

和解に違約金条項が付された場合、債権者は、和解によって約された債務の履行とともに、違約金の請求をなしうるか。仏民原始規定第二〇四七条は、和解には違約金条項を付することができるというのみであり、この問題については述べるところがなかった。しかし、一九世紀フランスの通説および梅は、同第一二二九条二項を根拠に、原則として右の問題を否定的に解していた(第二章第六節)。

一 旧民法

旧民法は、仏民原始規定第二〇四七条を継受しなかった。ボアソナードが、同条は一般原則の適用上当然だと考えたことに由来する(1)。

そして、旧民法は、違約金に関する一般原則として、左の規定を置いている。

旧民財第三八八条

当事者ハ予メ過怠約款ヲ設ケ不履行又ハ遅延ノミニ付テノ損害賠償ヲ定ムルコトヲ得

すなわち、当事者は義務の不履行または遅滞に対して違約金条項を設けることができる。もし、違約金が不履行のために設けられた場合には、主たる債務と併せて請求することはできないが、遅滞のために設けられた場合には、主たる債務とともに請求できる。もちろん、違約金がどのような趣旨で設けられたかは、契約解釈の問題である。そして、契約解釈の規準としては、とりわけ違約金の多寡が重要である。つまり、違約金の額が不履行から生ずる損害の額に比して著しく僅少なときは遅滞のために設けられたものと推知され、反対の場合には、不履行のために設けられたと推知されるというのである(2)。

このように、旧民財第三八八条は、仏民原始規定第一二二九条二項とは異なり、違約金が不履行のために設けられたことを原則とするものではない。従って、和解に付された違約金と和解によって約された債務が競合するかは、個別の事案ごとに、主として違約金の多寡を基準としつつ、専ら和解契約の解釈によって判断されることになるのである。

二　明治民法

（一）

明治民法にも、仏民原始規定第二〇四七条は継受されていない。和解の箇所を起草した梅が、同条を無益な規定と断じていたことからも(3)、当然の結果といえよう。

いるか。

（二） それでは、明治民法は、主たる債務と違約金の関係につき、一般原則として、どのような立場を採用しているか。

明治民法第四二〇条二項

賠償額ノ予定ハ履行又ハ解除ノ請求ヲ妨ケス

本条の起草者は穂積である。法典調査会における起草趣旨説明で、穂積は、当初、この規定は旧民法と同旨であると述べていた。つまり、賠償額の予定が債務不履行による損害の全部を償うものであれば、重ねて履行の請求はできないが、遅延による損害を償うものであれば、履行の請求は妨げられないというのである。[4]だが、そうだとすれば、旧民法のように、不履行と遅延を書き分けるべきではないかという磯部の質問が出て、[5]穂積の説明にぶれが生じた。すなわち、賠償額の予定をしたからといって履行請求が妨げられるわけではない。つまり、この規定は、賠償額の予定と履行請求の可否とは互いに相関しないことを明らかにしたものだというのである。[6]

しかし、穂積の後者の説明によれば、この規定は意味のないものとなってしまうだろう。賠償額を定めたというだけで履行請求ができなくなるわけではないというのは、当然のことだからである。後年、この議論は磯部に理があったと評されるゆえんである。[7]だが、たとえこの規定に意味が認められなかったとしても、予定された賠償金の請求と履行請求が競合しうるかは、賠償額が定められた趣旨により判断されるべきであるから、いずれにしても、それが債務全部の不履行のためか、遅延のためかを、契約解釈を通じて明らかにする作業は必要とされよう。

（三） さらに、法典調査会におけるその後の議論で、「違約金ハ之ヲ賠償額ノ予定ト推定ス」という規定が明治民法第四二〇条三項として追加されたため、[8]違約金が定められた場合に、これと併せて主たる債務の履行を請求できるかは、結局、次のような場合分けを行ったうえで判断されるべき問題となった。

すなわち、まず、違約金の定められた目的が賠償額の予定か違約罰かを判断し、違約罰と判断された場合には、さらに、違約罰を定めた趣旨によって、履行請求権との競合の有無が決せられる。

次に、賠償額の予定と判断された場合には、それが債務全部の不履行か、履行遅滞のいずれのために定められたかを区別して、後者の場合にのみ、履行請求権との競合が認められる。

そして、右のような判断を行うに際して、民法が解釈規定を置くのは、違約金が賠償額の予定か違約罰かという点に関してのみであり（民第四二〇条三項）、その他の点については、すべて、契約解釈により判断すべきものとされた。かくして、和解に違約金条項が付された場合に、主たる債務と違約金が競合しうるかは、旧民法のみならず、明治民法の下でも、裁判官の事実認定に大きく依存せしめられる問題となったのである。

三　私見

(一)　それゆえ、問題は、どのような基準で当事者の意思を解釈すべきか、その解釈基準を明らかにすることである。この点につき、梅や『民法正義』が述べていたように（第二章第六節二（三）（1）、本章節一）、違約金の多寡が一つの重要な判断要素とされるべきことに疑いはないだろう。現在の法律行為解釈論との関係では、当事者が明示的に定めなかった事項につき、仮定的当事者意思や契約目的などを基準として契約を解釈するという、補充的契約解釈の一例だといえよう[9]。

(二)　そして、現在では、和解に違約金条項が付されるケースの一つとして、不倫解消の誓約書があるため、これを用いて違約金解釈の例を示してみたい。
たとえば、妻Aが不貞行為をはたらいたことにつき、夫Xと相手方Yが、慰謝料に加えて、今後YはAと一切連絡を取らない、もし違反した場合には、Yは違約金として一〇万円を支払うという和解を結んだとしよう。

まず、この違約金が違約罰であると明示されていない以上、原則として、賠償額の予定と解すべきである（民第四二〇条三項）。

次に、賠償額が予定された趣旨については、もちろん様々な事情が考慮されなければならないが、とりわけ違約金の額の小ささから、主たる債務（Aに連絡しないこと）の代償ではなく、主たる債務と併せて請求するためのものであると解すべきであろう。

それでは、違約金の額が一〇〇〇万円であった場合はどうか。原則として、紛争の目的物の価額に匹敵するような高額の違約金は、主たる債務の代わりに定められたものであり、債権者は、違約金か主たる債務のいずれか一方しか請求できないと解すべきであろう。だが、今回のような事例で、違約金の請求により、主たる債務の履行請求が不可能になると解することは、当事者の仮定的な意思に反すると思われ、また、結果的に、婚姻関係の本質に反する約定の効力を是認することにもなりかねない。それゆえ、このような場合には、高額な違約金の定めにもかかわらず、例外的に違約金と主たる債務は競合する、しかし、違約金の額は減額される、と解すべきであるように思われる。[10]

注　第六節

（1）Boissonade, *Projet*, t. 3, n°s 374, 3° et 375, 4°.
（2）井上正一『民法正義　財産編第二部　巻之二』五四八頁以下。
（3）Oumé, *Transaction*, n° 456：梅謙次郎『日本民法和解論　完』二五〇頁以下。第二章第六節二（三）（3）参照。
（4）『法典調査会　民法議事速記録　三』八四頁［穂積陳重］。
（5）『法典調査会　民法議事速記録　三』八六頁［磯部四郎］。
（6）『法典調査会　民法議事速記録　三』八七頁［穂積陳重］。
（7）福島正夫「明治民法典における損害賠償諸規定の形成」川島武宜編集代表『損害賠償責任の研究　上（我妻先生還暦記念）』

（有斐閣、昭和三二年）五二頁。

（8）　違約金に関する規定は、当初、「手附及ビ違約金」という表題の下、手付とともに設けられる予定であった。しかし、その実質が損害賠償の予定である場合も多いことから、後に第四二〇条三項として追加されることとなった（『法典調査会　民法議事速記録　三』七一五頁以下〔穂積陳重〕）。この間の経緯につき、詳しくは、能見善久「違約金・損害賠償額の予定とその規制（一）」法協一〇二巻二号（昭和六〇年）三〇三頁以下、奥田昌道編『新版　注釈民法（一〇）Ⅱ　債権（一）』（有斐閣、平成二三年）六六三頁以下〔能見善久、大澤彩〕参照。

（9）　補充的契約解釈につき、山本敬三「補充的契約解釈（一）～（五・完）――契約解釈と法の適用との関係に関する一考察」論叢一一九巻二号一頁、四号一頁、一二〇巻一号一頁、二号一頁、三号一頁（昭和六一年）参照。

（10）　不倫解消の誓約書で約定された違約金が著しく過大であるとして、その一部を減額した東京地判平成二五年一二月四日LEX/DB 25517085参照。

第七節　和解の効力

一九世紀フランスにおいては、和解の効力という表題の下、終審における既判事項の権威（仏民原始規定第二〇五二条一項）、確認的または移転的効力、担保責任の三つが論じられていた（第二章第七節）。

我が国においても、和解の効力として、終審における既判事項の権威に類似する、確定効という概念が存在する。また、確定効との関係で、民第六九六条の確認的および移転的効力が論じられている。

そこで、本節では、まず、確定効および民第六九六条の検討を通じて、両者の意味内容を明らかにし、次いで、和解の効力との関係でしばしば用いられる創設的効力という用語に検討を加え、最後に担保責任について論ずることとしたい。

一　確定効

（一）条文にない概念

（1）旧民法

フランス民法は、原始規定第二〇五二条一項において、和解は「終審における既判事項の権威」を有すると規定していた。

その意味内容については様々な見解が存したところ、起草者Bigot de Préameneuは、法律の錯誤や莫大損害によっては取り消されないという性質、すなわち和解の不可取消性（irrévocabilité）を考えていた（第二章第七節一（二）（1））。

他方、ボアソナードは、「終審における既判事項の権威」を和解の確認的効力の論拠としたため（本節二（一）（2）①）、旧民法には、こうした文言で不可取消性を承認する規定はみられない（旧民財取第一一四条一項本文参照）。

（2）明治民法

これに対して、明治民法は、終審における既判事項の権威という概念をそもそも有しない。

梅が、不可取消性は終審における既判事項の権威から導かれるものではなく、また、和解の確認的効力や移転的効力は、終審における既判事項の権威とは関係がないことなどから、仏民原始規定第二〇五二条一項の存在意義を認めていなかったことが原因だと思われる（第二章第七節一（一）～（四）参照）。

（3）現在の学説

しかし、現在の学説は、明文の規定を欠くものの、和解の効力として「終審における既判事項の権威」に類似する「確定効」という概念を承認している。そこで、左では、議論の前提として、この概念に関する現在の学説の理解を確認しておきたい。

(二)　現在の学説の理解

(1)　さて、確定効という概念は、講学上承認されてはいるものの、未だこれに明確な定義が与えられているとはいえないのが現状である。(1)

もちろん、確定という語の意味からして、この概念が「和解による法律関係の確定」を念頭に置き、(2)広い意味で和解の効力を維持するためのものであることは明らかであろう。(3)だが、その具体的な内容として、和解後の錯誤主張の制限を意味するのか、あるいは、和解によって実体的権利関係が変動することを意味するのか、または、その両者を意味するのかについては、必ずしも見解の一致をみないようである。

たとえば、我妻栄が錯誤主張の制限を念頭に置いた叙述を行っているのに対し、(4)近時、中田裕康は、確定効の内容として左の三つがあると説いている。(5)

すなわち、①紛争終止効。当事者がそれまでしていた争いをやめること（民第六九五条）。②権利変動効。仮に真実と違っていても、和解によって実体法上の権利変動が生ずること（民第六九六条）。③不可争効。以後、特段の事情がない限り、蒸返しが認められないこと（民第六九五条、第六九六条）、と。

この中田説は、民法（債権法）改正検討委員会が提案していた見解を敷衍したものでもあり、(6)現在の理解の到達点を示すものといっても良いだろう。

(2)　ただし、右に挙げた三つの効力のうち、少なくとも紛争終止効は、確定効の内容とすることが相応しくないもののように思われる。なぜならば、紛争の終止は、和解の効力ではなく、目的というべきものだからである。つまり、紛争の終止は、和解の目的であって、和解から生ずる債務の目的ではないから、和解の効力として争いを止めるべき債務というものを観念することはできないのである（第二節二（三）（2）参照）。

そこで、左では、中田説にいう権利変動効と不可争効を念頭に置きながら、確定効の概念、そして、その根拠とされる民第六九六条の趣旨を考えてみることとしたい。

(3) ちなみに、右の権利変動効という語は、これまで論じてきた移転的効力という語と、必ずしも厳密に区別されているわけではない。しかし、本書では、和解の効力維持という観点から権利移転を語るものを権利変動効（「確定効（権利変動効）」ということもある）、確認的効力の対概念として用いられるものを移転的効力と呼び、両者を区別することとしたい。確定効と民第六九六条の関係をめぐる錯綜した議論を整理するためには、こうした概念区別が必要だと思われるからである。

(4) 検討の順序としては、民第六九六条の趣旨を明らかにすることから始める。すなわち、まず、その成立過程を検討することにより、民第六九六条の起草趣旨を明らかにし（二）、次いで、従来の判例学説が、民第六九六条と確定効の関係をどのように理解してきたかを考察する（三（一）（二））。これを受けて、私見の観点から、両者の関係を整理し（三（三））、最後に、確定効と民第六九六条のそれぞれにつき、現在におけるその意義を明らかにしたい（四、五）。

二　民第六九六条の成立過程とその趣旨

(一)　旧民法

(1) まず、ボアソナード草案第七六二条[7]を直訳して作られた、旧民法の条文から確認しよう。

旧民財取第一一四条

有効ノ和解ハ当事者ノ相互ニ追認シタル権利又ハ利益ニシテ既ニ生シ又ハ予見シタル争ノ目的タルモノニ付

テハ当事者間ニ在テハ確定判決ノ権利ト均シキ認定ノ効力ヲ生ス此場合ニ於テハ其権利又ハ利益ハ従前ノ原因ニ由リテ保持シタルモノト看做ス但当事者双方ニ更改ヲ為ス意思アリシトキハ此限ニ在ラス
　之ニ反シテ相互ニ供与シ又ハ諾約シタル権利又ハ利益ノ全部若クハ一分ニシテ争ノ目的タラサリシモノニ付テハ和解ハ物権又ハ人権ヲ生シ之ヲ移転シ若クハ之ヲ消滅セシムル有償合意ノ規則ニ従フ

さて、本条が次の三つの命題を提示することは明らかだろう。すなわち、まず、和解は係争物については確定判決に準えることができるから、その効力は原則として確認的である（第一命題（一項本文））。ただし、当事者に更改の意思があるときはこの限りではない（第二命題（一項但書））。

これに対して、和解のために供与された物については、和解の効力は移転的である（第三命題（二項））、と。

(2)　このうち、第三命題については異論がないものと思われる（第二章第七節二の冒頭参照）。実際、梅も、この命題にだけは賛意を表している[8]。それゆえ、左では、第一命題と第二命題の理論的意義と、それに対する梅の批判を検討することとしたい。

①　まず、ボアソナードは、和解を確定判決に準えることにより、和解の効力が確認的であることを正当化している（第一命題）[9]。一九世紀フランス法学との関連では、通説たる確認的効力説を採用しつつ、その論拠として、仏民原始規定第二〇五二条一項の「終審における既判事項の権威」を援用するものといえよう（第二章第七節一(三)、二(二)（1）参照）。
だが、梅は、ボアソナードの見解を批判して、和解と確定判決の効力が等しいというのはそれ自体が誤った言説である。のみならず、これをもって確認的効力説という不当な説の論拠とするのは、誤りの上に誤りを重ねるものだと述べている[10]。

②　次に、ボアソナードは、当事者に更改の意思があるときは、例外的に、和解の効力は確認的ではないという

（第二命題）。つまり、当事者が係争物に関する従来の権利関係を確認するのではなく、和解によって新たな権利関係を創設（création de droits nouveaux）しようとする場合には、その意思に従うべきだというのである。[11]

これに対して、梅は、和解を行う当事者の意思は更改またはこれに類するものであることが通常だから、ボアソナードの見解によれば、原則が確認的効力であるにもかかわらず、実際には例外としての移転的効力が認められる場合が多くなる。

逆に、更改の意思がなければ確認的だということも適切ではなく、係争物を取得しなかった者が真の権利者だった場合には、更改意思の有無にかかわらず、和解の効力は移転的だという。[12]

（3）このように、梅は、理論的な見地からボアソナードの起草した旧民財取第一一四条一項を批判している。しかし、同時に、次のような問題をたてながら、確認的効力説と移転的効力説の差異を明らかにし、確認的効力説が不当な結論を導くものであること（特に、左の①と③）をも論証している。[13]

① 和解によって係争物を得た者は、相手方の権原を第三者に対して援用しうるか

すなわち、AB間に紛争が生じ、AがBに金銭を支払うことによって、Aが係争物を得るという和解が成立した。その後、第三者Cが現れて、自己の権利をAに対して主張した。ここで、Aの権原はCに劣後するが、Bの権原はCに優先すると仮定したとき、AはBの権原をCとの関係で援用しうるかという問題である。

このとき、確認的効力説ではAはBの権原を援用できないが、移転的効力説によれば援用できることとなる。だが梅は、AがBの権原を援用できない結果、Bに金銭と係争物の双方を取得させることになる結論は不当であり、それゆえ確認的効力説は支持しえないという。[14]

② 和解は取得時効および果実収取権の正権原か

旧民法は、不動産の短期取得時効および動産の即時取得につき、正権原を要件としている（旧民証拠第一四〇条一項、第一四四条一項）。また、正権原は、善意占有者の果実収取権の要件でもある（旧民財第一九四条一項）。なお、ここで正権原とは、権利の原因であって、その性質上、占有すべき権利を移転するに足るべき行為のことをいう(旧民財第一八一条)[15]。

従って、和解は確認的効力説によれば正権原ではないが、移転的効力説によれば正権原となる。なお、和解の効力は一義的には定まらないという梅の立場からも、和解は正権原だとされる。なぜならば、和解により係争物を取得しなかった方が真の所有者であった場合には、相手方に所有権が移転する、それゆえ、和解は所有権を移転するに足るべき行為だといえるからである[16]。

③　不動産に関する和解は、登記がなければ第三者に対抗しえないか

旧民法は、この点につき、次の規定を置いている。

旧民財第三四八条
　左ニ掲クル諸件ハ財産所在地ノ区裁判所ニ備ヘタル登記簿ニ之ヲ登記ス
　　第一　不動産所有権其他ノ不動産物権ノ譲渡
　　第二　右ノ権利ノ変更又ハ抛棄

同条によれば、和解は、移転的効力説によれば登記を要する行為となるが、確認的効力説によれば、物権を変動させる行為ではないため、登記の必要はないことになる。

梅は、登記なくして和解を第三者に対抗できるとすれば、その弊害は明らかであるとして確認的効力説を批判し、また、ボアソナードが同条草案の注釈において、和解も登記を要する行為だと述べていることは[17]、確認的効力説の採用と首尾一貫しない態度であると論難している[18]。なお梅は自説によっても、和解を第三者に対抗しようというのは、相手方から権利を譲り受けたことを主張するものである、つまり、和解による権利移転を主張するもので

あるから、和解に登記が必要とされるのは当然であるという[19]。

(4) 以上を要するに、梅によれば、旧民財取第一一四条一項は、理論上のみならず、実際問題の処理という観点からも、不当な規定だということになるのである。

(二) 明治民法

(1) それでは、和解の効力に関する明治民法の規定はどのようなものであるか。

明治民法第六九六条

当事者ノ一方カ和解ニ依リテ争ノ目的タル権利ヲ有スルモノト認メラレ又ハ相手方カ之ヲ有セサルモノト認メラレタル場合ニ於テ其者カ従来此権利ヲ有セサリシ確証又ハ相手方カ之ヲ有セシ確証出テタルトキハ其権利ハ和解ニ因リテ其者ニ移転シ又ハ消滅シタルモノトス

もちろん本条の起草者は梅であり、ここまで述べてきたことからその趣旨は明らかであろう。だが、重複を厭わず法典調査会における彼の起草趣旨説明を要約すれば、左の通りである[20]。曰く、旧民財取第一一四条一項は確認的効力説を採用しているが、それは確定判決の効力と対比するという理由付けからも、和解をめぐる諸問題[21]の処理という観点からも不当だといえ、同条項は全面的に改められるべきである。そして、和解の効力は、それが確認的か移転的かは一義的に定まるものではなく、後に明らかとなった本権の所在によって決せられる。このように解することが、当事者の意思にも適い[22]、また、実際上も便宜だからである。そして、和解のために供与された物については、和解の効力が移転的であることは明らかだから、同条二項は無用の規定だというのである。

（2）　要するに、民第六九六条は、旧民財取第一一四条を否定して梅の独自説（仏文和解論以来一貫して主張してきた見解（第二章第七節二（一）（2）、（二）（5）参照））を明文化したものであり、その趣旨は、①係争物の権利を認められた者が、かつて権利者ではなかったことが証明された場合、あるいは、②係争物の権利を認められなかった者が、かつて権利者であったことが証明された場合には、和解の効力は移転的である。[23]そして、この議論は和解をめぐるいくつかの問題を解決するために必要とされる、というものだったのである。

（3）　従って、民第六九六条は、和解の効力が確認的か移転的かを定めたものではあるが、和解の効力の維持、すなわち確定効については何ら規定するものではなかった。

しかし、民第六九六条は、その文言だけをみると、どのような理論的背景を有し、どのような問題を解決する規定であるのかが、必ずしも明らかではない。

それゆえ、梅が詳細な説明を行った法典調査会の席上ですら、本条を確定効の一内容たる不可争効と結びつけて質問する者もあった（従って、議論は当然のごとくすれ違った[24]）。つまり、民第六九六条は、それが設けられようとした当初から、その理解が混乱していたのである。[25]

三　民第六九六条と確定効の関係

そこで左では、まず判例および学説が民第六九六条と確定効の関係をどのように理解してきたかを整理し、次いで、この問題に関する私見を述べることとしたい。

（一）　判例の理解

始めに民第六九六条に関する判例をみると、同条は、古くから確定効（不可争効）の論拠として用いられてきたことが分かる。代表的な五つの最上級審判決の要旨を、年代順に掲げてみよう。

(1) 債権を転付命令により取得した者と債務者が和解を行った後、転付命令に先行する債権譲渡の存在が明らかとなった場合に、債務者が和解の錯誤を主張しうるかは、転付命令の有効無効が争いの目的となっていたか否かにより決せられる。なぜならば、争いの目的たる事項につき錯誤があったときは、民第六九六条により錯誤主張は許されないが、争いの目的ではない事項につき錯誤があった場合には、民第九五条により和解の効力を争うことができるからである（大判大正六年九月一八日民録二三輯一三四二頁）。

(2) 転貸人と転借人が和解を行うに際し、転借人が、従前の転貸借契約は地主の承諾がない無効なものであることを知らなかったとしても、もし、争いの対象が、地主の承諾がないため転貸借契約が無効であるか否かの点に存したのであれば、和解は民第六九六条により有効であり、民第九五条の適用はない（大判昭和五年三月一三日新聞三一五三号一一頁）。

(3) 賃貸借契約の存否につき争いが生じ、当事者がこれを和解によって解決したときは、当事者の一方が、和解契約時に賃貸借契約が既に消滅していたことを知らなかったとしても、民第六九六条の適用があるにとどまり、民第九五条は適用されない（大判昭和一七年二月二四日法学一一巻一一号一一八七頁）。

(4) 借地人が借地法上の法定更新の制度を知らなかったとしても、地主と借地権の存否を争い、和解によって土地の明渡しを約した以上、右の点に関する錯誤を理由として和解の効力を争うことは、民第六九六条により許されない（最判昭和三六年五月二六日民集一五巻五号一三三六頁）。

(5) 約束手形の振出人は、たとえ期限後裏書の事実を知らなかったとしても、所持人との和解により手形金債権の存在を認めた以上、錯誤を主張することはできず、和解は、民第六九六条によりその効力を妨げられない（最判昭和三八年二月一二日民集一七巻一号一七一頁）。

このように、判例は、民第六九六条の適用により錯誤主張が許されなくなるというのであり、この意味において、同条を不可争効を定めた規定と解しているのである。

(二)　学説の理解

それでは、学説は、民第六九六条をどのように理解してきたのだろうか。

(1)　末弘厳太郎

出発点となったのは、大正初期に主張された末弘厳太郎の左の見解である。長文だがそのまま引用したい。

然レドモ第六九六条ハ当事者ノ意思ニ基ク当然ノ結果ヲ規定スルモノタルニ過ギズシテ特ニ例外ヲ設クル規定ニアラズ。従ヒテ同条規定ノ結果ハ当事者ノ意思ニ基キテ発生スルモノト解セザルベカラズ。蓋シ和解ノ趣旨ガ真実ニ符合セズシテ反対ノ確証出デタルコトハ単ニ証拠上ノ形式的問題ニシテ何等ノ実体的事実ニアラズ、従ヒテ既存ノ事実ガ之ニ依リテ闡明セラルルコトハアリトスルモ之ガ為メ特ニ権利ガ移転又ハ消滅スルガ如キコトハ条理上アリ得ベカラザルヲ以テ、同条ノ規定スル権利ノ移転又ハ消滅ナル事実ハ和解夫レ自身ニ依リテ初メヨリ発生シ居ルモノニシテ反対ノ確証出デタルコトハ単ニ其効果ガ事実発生シ居タルコトヲ闡明スルモノタルニ過ギズト解セザルベカラザルヲ以テ也(26)

つまり、和解が確認的効力と移転的効力のいずれを有するかは、あくまでも、当事者の意思によって決せられるべき事柄である。なぜならば、和解内容と異なる確証が後に出たとしても、それは証拠上の問題にすぎず、そのことが権利関係を変動させるわけではないからである。それゆえ、民第六九六条は、当事者の意思を解釈した結果として生ずる当然の事柄を規定したに過ぎないというのである。

そして、末弘は右の箇所に続けて次のように述べている。すなわち、和解の結果が後に明らかとなった真実の権利関係と一致しない場合に移転的効力が生ずるのは、当事者が、もし真実の権利関係と一致しない場合には、和解によって新たに権利を取得させようとする意思を有していたからである。また、逆に、真実の権利関係と一致した場合にその効力が確認的であるのは、当事者が、和解によって権利を有するとされた者を、とにかく権利者と認めることを欲したからである、と。[27]

それゆえ、争いの目的であった事項について錯誤主張が許されないのは、真実の権利関係が「当事者ノ未必ノ意思ニ適合スル」から、つまり、そもそも錯誤がないからであって、民第六九六条により民第九五条の適用が排斥されるからではないというのである。[28]

ここから明らかなように、末弘の見解は、民第六九六条の確認的効力、移転的効力が当事者の意思に基づく効力であることを強調するものである。また、不可争効を当事者の意思に基づき説明するものでもある。だが、末弘は、民第六九六条が何のために存在するのかを明らかにしていない。つまり末弘は、民第六九六条を「単なる」意思表示の解釈規定としかみていないのである。それゆえ、彼の見解は、これを一歩進めれば、同条の存在意義の否定につながりかねないものだったといえよう。

（2） 鳩山秀夫

こうした末弘の見解を意識しながら、より積極的な意義を同条に与えようとしたのが、鳩山秀夫であった。鳩山は、和解の効力は原則として当事者の意思によって決せられるとしつつも、[29] 当事者の意思による説明ができない場合には、和解の効力を維持するために民第六九六条が必要になると説いた。

すなわち、当事者が、従前の権利関係如何にかかわらず、和解によって権利は移転するという意思を有していた場合には、従前の権利関係が和解の結果と異なる確証が出てきたとしても、和解によって権利は移転する。だが、当事者が権利関係をそのまま確認するという意思を有していた場合に、真実の権利関係がそれとは異なる確証が出てくれば、意思によって和解の効力を説明することができない。しかし、このとき和解を無効とすれば、和解の効力はあまりに薄弱となる。そこで、民第六九六条は、和解の効力を維持するために、和解によって権利が移転すると規定したのである、と[30]。

また、錯誤に関しても、「第九十五条ハ第六百九十六条ニ該当スル事実ニ付テハ適用ナキモノト解スルヲ正当トス」[31]、と述べて、民第六九六条が適用される場合には、錯誤主張は許されないと解している。

つまり、鳩山によれば、民第六九六条は、和解の効力維持という観点から、移転的効力というよりもむしろ確定効（権利変動効）を定め（本節一（二）（3）参照）、かつ、確定効（不可争効）についても定めた規定なのである。

（3）末川博

さらに、末川博は、当事者の意思に基づく説明を完全に放棄して、次のように述べている。

曰く、民第六九六条が和解による権利移転を認めたのは、後に「和解の内容が真実に合せぬことの確証が挙がっても、和解を無効としないで和解を生かして置くことにした」[32]ためである。つまり、同条は、「当事者の意思を解釈したり補充したりするといふ趣旨に出てゐるのではなくて、和解といふ制度の信用を保つ為めに当事者の意思とは無関係に和解の効力を決定するといふ意味を有する」[33]のである。それゆえ、この規定によって、錯誤に関する民第九五条の適用も排除される、と[34]。

つまり、末川によれば、民第六九六条は確定効たる権利変動効および不可争効を定めたものであるが、その趣旨は、当事者の意思を不問に付すことによって、逆に和解という制度の信用を保つ所にあったのである。

（4）我妻栄

このような状況において、我妻栄は、末弘の見解に回帰しつつ、民第六九六条は和解契約の解釈規定であるという。

すなわち、同条は和解による権利移転を規定するが、これは「当事者の和解契約の内容を合理的に解釈した当然の事理を定めたものであつて、特別の意味があるとみるべきではない」[35]。

また、和解の効力は移転的か確認的かという問題もあるが、このような議論に「大した意味があるとは思われず、「専ら当事者の合意の内容によつて定められるべきこと」である[36]。

さらに、民第六九六条は錯誤に関しては規定しておらず、争いの目的であった事項について錯誤主張が許されないのは、和解が「たとい真実と違つても」という合意を含むからである[37]、と。

つまり、我妻によれば、民第六九六条は和解契約の内容を合理的に解釈した規定にすぎないから、特別の意味を有しない。和解が権利を移転させ、不可争効を生じさせるのは、いずれも和解契約のなかに含まれる合意の効力だというのである。

(5) 現在の学説

① さて、現在の学説は、まず内田貴が、鳩山や末川の流れを承継して、民第六九六条は和解の効力を維持するという観点から権利変動効および不可争効を定めた規定であるという[38]。

② 他方、平井宜雄は、末弘や我妻の見解を受け継ぎ、和解による権利移転の有無や錯誤主張の可否は、いずれも契約解釈の問題であるという[39]。

しかし、鳩山・末川と末弘・我妻の見解をそれぞれ部分的に取り入れる見解も有力である。

③ たとえば、来栖三郎、石田穣、品川孝次、潮見佳男、中田裕康は、確かに民第六九六条は権利変動効を定めているが、しかし、不可争効は和解という合意の性質に基づくという[40]。

④ 逆に、広中俊雄は、和解による権利移転の体様は契約解釈を通じて定められるのであり、また、和解の効力が移転的か確認的かという議論にも大した意味はない。だが、不可争効の根拠は民第六九六条に求められると

説く[41]。

(三) 私見

(1) さて、民第六九六条に関するこれらの判例学説は、私見によれば、いずれも妥当ではない。

① まず、民第六九六条は和解という合意の効力を定めた規定であり[42]、この点を強調する末弘、我妻、平井の見解は、少なくともこの意味においては正当である。

逆に、同条を当事者の意思とは全く無関係の規定とみる末川の見解は、意思が権利を移転させることをあまりにも軽視するものであり、妥当とはいえない。

② また、民第六九六条は、紛争の蒸返しを許すか否かについて定めたものではないから（本節二（二）（3））、不可争効を規定するものではない。

それゆえ、民第六九六条の適用により錯誤主張が許されなくなるという判例の立場、そして、鳩山、末川、内田、広中の見解も妥当とはいえない。

③ さらに、民第六九六条は、移転的効力を定めるものではあるが、和解の効力を維持するための規定ではない。同条は、和解をめぐる諸問題を解決するための規定である（本節二（二）（2））。

それゆえ、民第六九六条は権利変動効を定めた規定であるという鳩山、末川、内田、来栖、石田、品川、潮見、中田の見解も適切ではない。

④ 最後に、民第六九六条は、単なる契約の解釈規定ではない。

それゆえ、確認的効力および移転的効力という概念を用いて解決されるべき問題を提示せず、同条を単なる契約の解釈規定とみて、その意義を過小評価する末弘、我妻、平井の見解も妥当ではない。

(2) ここで、私見の観点から、民第六九六条と確定効の関係を整理すれば、左の通りである。

①　まず、民第六九六条は確定効（権利変動効）を定めた規定ではない。確定効は広い意味で和解の効力を維持するためのものだが（本節一（二））、民第六九六条は和解の効力を維持するための規定ではないからである。

また、民第六九六条とは別に、確定効の内容として、権利変動効というものを観念する必要もない。和解の効力を維持するために、権利が変動したか否かまで明らかにする必要はないからである。つまり、紛争の蒸返しさえ許さなければ、権利変動があってもなくても、さらには不明でも構わないのである。

それゆえ、和解による権利の移転は、端的に民第六九六条の効力（移転的効力）といえば足り、あえて確定効（権利変動効）という概念を用いて説明する必要はない。

②　また、民第六九六条は確定効（不可争効）を規定するものでもない。同条は紛争の蒸返しの許否とはかかわりのない規定だからである。

もちろん、不可争効は和解の効力を維持するために必要な効力だから、確定効の内容というべきものである。だが、その根拠は、和解が「たとえ真実と違っていても」という合意を含むからだというべきである。

③　これを要するに、確定効（権利変動効）という概念は無用である。

それゆえ、確定効の内容としては不可争効のみが認められる。また、その根拠は、「たとえ真実と違っていても」という合意に求められる。

他方、民第六九六条は和解の効力の維持とは関わりなく、和解をめぐる諸問題を解決するために移転的効力を定めた規定である。

従って、民第六九六条と確定効（不可争効）は峻別されるべきである。

四　不可争効の意義

さて、右のような私見を前提としつつ、ここではまず確定効の唯一の内容たる不可争効について、その意義と明文化の要否を検討してみたい。

(一)　既に述べたように、不可争効は、紛争の蒸返しを許さないという効力であり[43]、その根拠は、「たとえ真実と違っていても」という合意に求められるべきである[44]。

従って、不可争効が及ぶのは、「たとえ真実と違っていても」という合意が行われた事項に限られる。そして、その事項は最終的には契約の解釈によって確定されるべきものである[45]。

ところで、こうした契約解釈の基準につき、一般には、次のようにいわれている。すなわち、「当事者が争いの対象として、互譲により確定した事項」については、「たとえ真実と違っていても」という合意が行われている。だが、当事者が和解の前提として争わなかった事項や、和解のために供与された物については、そのような合意の効力は及ばない[46]、と。

もとよりこうした判断基準は妥当というべきであるが、しかし、この基準を具体的な事例にあてはめる際に、果たしてどの事項が争いの対象として互譲により確定されたといえるかが、一義的に明らかではない場合もありえよう。そのような場合には、結局はケースバイケースに判断せざるを得ないが、①和解契約の条項に明示的に含まれている事項、および、②当事者間に争いの存した事項については、原則として、争いの対象として互譲により確定されたものとみるべきだろう[47]。

(二)　さて、こうした不可争効によって遮断されるのは、和解内容に反するあらゆる権利主張である。主張方法の如何にかかわらず、紛争の蒸返しを禁じなければ、和解を行った目的が達成されないからである。

ただし、詐欺と強迫については、「たとえ詐欺や強迫があったとしても」という合意が存するとは思われないから、これら二つの主張は許されると解すべきである。

また、不可争効は、和解に含まれる合意の効力であるから、有効な和解契約の存在を前提とする。従って、和解能力や和解権限の欠如、和解目的物の不適格、さらには、和解契約の違法性を理由とした主張（公序良俗違反など）は、不可争効によっても妨げられないというべきである（第五節四（三）（1）②参照）。

それゆえ、不可争効により遮断されるのは、通常は、従前と同一の権利主張や、錯誤主張であると考えられる。

(三) なお、不可争効は、必ずしも明文化される必要はない。「たとえ真実と違っていても」という合意を行った以上、その合意に反する主張が禁じられるのは、当然のことだからである。

しかし、今般の債権法改正に際しては、特に錯誤との関係において、不可争効を明文化すべきという主張が数多くなされていた[48]。これは、主として、和解の錯誤に関する判断準則の明確化という要請に基づくものであった[49]。

もちろん、不可争効の明文化によって錯誤要件の明確化が図られるのであれば、規定を設けるべきであろう。だが、不可争効だけでは、どのような場合に錯誤主張が認められるのか、その具体的な基準を積極的に示すことはできない。なぜならば、不可争効は、消極的な形で、錯誤主張が許されない場合を明らかにしうるのみだからである。

それゆえ、不可争効は、和解の錯誤が認められる要件を析出し、それを定式化する作業において、定式の一部として取り入れることが望ましいものといえよう（第一〇節七（一）（四））。

五　民第六九六条の意義

次に、民第六九六条はどのような問題を解決するものか、つまり、同条の意義がいかなる点に存するのかを論じてみたい。

なお、左に掲げる三つの問題は、主として梅が扱ったもの、あるいはそこから派生するものだが（本節二（一）（3）参照）、あくまでも例示にすぎない。民第六九六条は和解の効力を一般的な形で定めるものであり、また、和解は多種多様な紛争を解決するものであるため、同条の適用はこれらの問題に限定されないからである。

（一）　和解は民第一九二条にいう「取引行為」、第一八五条にいう「新たな権原」か

既にみたように、旧民法は、不動産の短期取得時効、動産の即時取得、そして善意占有者の果実収取権に「正権原」を要求していた。

だが、明治民法は、これらすべてから正権原の要件を外している（民第一六二条二項、第一九二条、第一八九条一項）。前二者については、正権原が、時効取得者の無過失を判断する材料の一つとして、無過失要件のなかに吸収されたことを理由とする。[50]また、果実収取権については、占有を保護するにあたって、原則として正権原の有無を問わないという考え方が採用されたことに由来する。[51]それゆえ、和解は正権原かという問題は、現行法の下では生じないことになる。

だが、平成一六年の民法一部改正（法律第一四七号）は、動産の即時取得に関して、「取引行為」という要件を条文上追加したため、和解が民第一九二条にいう取引行為といえるかが問題となる。そして、民第六九六条は、この問題に解答を与えるものである。なぜならば、民第一九二条にいう取引行為とは、一般に、所有権または質権の取得を目的とする行為と解されるところ、[52]民第六九六条は、和解が所有権を移転させうることを示しているからである。つまり、民第六九六条の存在により、和解は取引行為だといえるのである。

また、同じ理由から、和解は民第一八五条にいう「新たな権原」にあたるということができる。この新たな権原という概念は、他主占有者が所有者から売買、贈与、交換等の法律行為によって、所有権を取得すべき法律上の名義を指すと解されているからである。[53]

つまり、民第六九六条は、これらの問題の解釈に根拠を与える規定だということができるのである。

（二）　和解は登記を要する行為か

次に、和解と登記の問題を考察しよう。

たとえば、Aの占有する不動産につき、登記を有するBが権利を主張し、和解の結果、Aに所有権が認められた。その後、BがCに不動産を売却して登記を移転したとしよう。このとき、AとCの関係は、移転的効力説であればBを起点とする二重譲渡となり、登記を有するCが優先する（民第一七七条）。他方、確認的効力説によれば、Cは無権利者からの譲受人であり、原則として権利を取得せず、例外的に、民第九四条二項の類推適用による保護を受けうるのみとなる。

これに対して、民第六九六条によれば、この問題は次のように解決されることになる。

まず、Aが当初より自己が権利者であったことを証明できれば、Cを無権利者からの譲受人と扱うことができるため、Cに対してAB間の和解を主張する必要はない。それゆえ、和解に登記が必要かという問題は起こらない。[54]

逆に、Aが従前からの権利を証明できない場合には、AB間の和解を主張せざるを得ず、このとき、和解には登記が必要とされる。なぜならば、Aは、和解によりBからAへと権利が移転したことを主張しているからである。[55]

このように、民第六九六条によれば、和解を対抗する必要があるのは、和解による権利移転を主張する場合にほかならないから、和解は登記を要する行為だといえるのである。

(三) 不動産取得税

最後に、不動産に関する和解につき、不動産取得税が課されるかを検討しよう。

一般に、不動産取得税の課税要件たる「不動産の取得」（地税第七三条の二第一項）とは、私法上の不動産所有権の取得のことであり（借用概念）、その存否は、登記面に従ってではなく、真実の法律関係に従って判断されるべきといわれている。[56]

それゆえ、民第六九六条によれば、この問題は次のように解決されることになる。

すなわち、まず、和解により所有者とされた者が、当初より自己が所有者であったことを証明した場合には、たとえ和解により不動産の移転登記を受けたとしても、「不動産の取得」はないというべきである。のみならず、かつての所有者が不明である場合にも、和解により所有者とされた者が、不動産を移転的に取得したことが証明されていないのであるから、不動産取得税は課されない。

従って、民第六九六条を前提とする限り、不動産取得税が課されるのは、和解により所有者とされた者が、かつて所有者ではなかったことが証明された場合、つまり、不動産の所有者とされなかった者が、かつて所有者だったことが証明された場合に限られるというべきである（第二章第七節二（一）（2）、（二）（5）、本章節二（二）（2）参照[57]）。

六　創設的効力

ところで、しばしば和解の効力を説明するために、「創設」または「創設的効力」という用語が用いられることがある。だが、創設という語の意味は曖昧であり、それゆえ、語義を確定するか、あるいは、用いないようにするかのいずれかであることが望ましい。

そこで、左では創設という語の主たる三つの用法を検討しながら、この問題を考えてみたい。

（一）　新たな法律関係の発生

まず、創設という語は、和解により生じた法律関係が、従前のものとは異なる新たな法律関係であることを示すために用いられることがある[58]。

だが、この語を使う論者自身が認め[59]、また、川島武宜が大判昭和七年九月三〇日民集一一巻一八六八頁（不法行為に基づく損害賠償請求権の消滅時効期間が、和解後も三年のままであるのかが争われた事案）の評釈において述べていたように[60]、和解により新たな法律関係が生じたか否かは、総じて契約解釈の問題である[61]。

そして、当事者が新たな法律関係を発生させる意思を有していたと認められる場合には、和解のなかに更改の意思が含まれていたといえば足りるから（旧民財取第一一四条一項但書および本節二（一）（２）②参照）、和解の効力をあえて創設という語で説明する必要はないといえよう。

（二）　付与的効力の同義語

また、学説のなかには、和解の付与的効力の同義語として、創設的効力という語を用いるものもある[62]。

この付与という語は、創設という語と同様、新たな法律関係の設定というニュアンスを含みうるものである。だが、本来、付与的（attributif）という語の同義語は、創設的ではなく、移転的（translatif）であった（第二章第七節二注（14）参照）。つまり、付与という語に、新たな法律関係を発生させるという意味は元来なかったのである。それにもかかわらず、付与の同義語として創設という語が用いられると、付与という語に新たな法律関係を発生させるという意味が実際に含まれてしまうことにもなりかねない。

このような用語の混乱を避けるためには、付与という語を創設という語で言い換えないことが望ましい。さらにいえば、付与という曖昧な語をそもそも用いないことが望ましいといえよう。

（三）　移転的効力（または権利変動効）と消滅的効力の上位概念

最後に、移転的効力と消滅的効力の上位概念、または、権利変動効と消滅的効力の上位概念として、創設的効力という語を用いる学説もある[63]。

だが、権利変動効という概念はそもそも認めるべきではないし、また、移転的効力と消滅的効力は理論的には等しいものであるから（本節二（二）（2）注（23））、両者に上位概念を設ける必要はないだろう。

（四）私見

それゆえ、私見によれば「創設」または「創設的効力」という語は必須のものではなく、議論の無用の混乱を避けるためには、むしろこれらを用いないことが望ましい[64]。

七　担保責任

最後に、和解に担保責任が認められるか、および、瑕疵担保責任と錯誤の関係を検討しよう。

（一）担保責任の有無

（1）旧民法

①　追奪担保責任

旧民法は、財産編第二部第二章第三節「担保」という表題の下、次の規定を置いている。

旧民財第三九五条一項

物権ト人権トヲ問ハス権利ヲ譲渡シタル者ハ譲渡以前ノ原因又ハ自己ノ責ニ帰ス可キ原因ニ基キタル追奪又ハ妨碍ニ対シテ其権利ノ完全ナル行使及ヒ自由ナル収益ヲ担保スル責ニ任ス

旧民財第三九六条一項

担保ハ有償ノ行為ニ付テハ反対ノ要約ナキトキハ当然存立シ無償ノ行為ニ付テハ之ヲ諾約シタルニ非サレハ

すなわち、ここにいう担保とは追奪担保のことであり、これは権利を譲渡した者に課される責任である。そして、この責任は、有償譲渡の場合には反対の特約なき限り当然に生ずるというのである。

ところで、既にみたように、一九世紀フランスでは、多くの論者が係争物につき担保責任が認められない理由を、和解の効力が確認的であることに求めていた（第二章第七節三（三））。ボアソナードも、こうした伝統のなかにあって確認的効力説を採用したとすれば（ボアソナード草案第七六二条一項本文＝旧民財取第一一四条一項本文、本節二（二）（1））、旧民法下でも、係争物の追奪担保責任は認められなかったと解される[65]。

他方、和解のために供与された物については、和解の効力が移転的かつ有償合意の規則に従うことが明記されているから（旧民財取第一一四条二項）、右の旧民財第三九五条一項、第三九六条一項により、追奪担保責任は当然に認められることになる[66]。

② 瑕疵担保責任

これに対して、旧民法は、物の瑕疵に対する責任を、担保ではなく、売買廃却訴権として規定した（旧民財取第九四条以下）。担保というのは、危険の予防を目的とした概念であるから、予防を観念しえないところで用いることはできないというのである[67]。そして、この売買廃却訴権に関する規定は、交換契約には準用されているが（旧民財取第一〇九条一項）[68]、和解への準用については規定が存しない。それゆえ、旧民法において、和解に瑕疵担保責任が認められたかは、不明だといわざるを得ない。

(2) 明治民法

明治民法の売買の箇所を起草したのは、梅である。梅は、旧民法が公布された直後に、『日本売買法 全』を著し、旧民法が担保として追奪担保しか規定しないことを批判して、担保には追奪担保と瑕疵担保の二つがあることを説いた[69]。

その後、明治民法の編纂に際しても、梅はこうした担保概念を維持した（民第五六一条、第五七〇条）[70]。また、売買における追奪担保と瑕疵担保の諸規定を、売買以外の有償契約にも広く準用した（民第五五九条本文）[71]。

そして、和解は有償契約であるから（第二節二（二））、明治民法において、追奪担保と瑕疵担保の双方の規定が、和解にも準用されうることは明らかであろう。もっとも、だからといって、係争物と和解のために供与された物のそれぞれについて、両責任が直ちに肯定されることにはならない。その責任の性質または根拠との関係で、規定の適用の可否が改めて問われるべきだからである（民第五五九条但書）[72]。

(3) 私見

① 係争物

そこで、まず係争物から考えてみると、もし担保責任が担保する合意の不履行に基づくものだとすれば[73]、係争物については、担保責任を問いえないこととなろう。なぜならば、係争物は、お互いが自己の物であると主張していたのだから、和解によって係争物を保持した者は、相手方に対して、権利や物の瑕疵を担保させる意思を有しなかったと考えられるからである（第二章第七節三（四）参照）。

また、担保責任を有償契約における対価的均衡を図るものと理解したとしても[74]、和解において対価関係に立つのは、権利主張の放棄と和解のために供与された物だと考えられるから（同章節三（一）参照）、係争物には担保責任が認められないことになる。

さらに、契約責任説を前提にしても（現民第五六一条、新民第五六二条）[75]、係争物は、和解によってそのままの状態で相手方に委ねられたとみるべきだから、瑕疵なき権利や物の給付義務を認めることはできず、それゆえ担保責

任は生じないというべきだろう。(76)

それゆえ、担保責任の性質をどのように考えてみても、係争物については、追奪担保、瑕疵担保のいずれの責任も生じないと解される。

② 和解のために供与された物

これに対して、和解のために供与された物については、担保責任の各々の根拠ごとに、係争物について述べたことと逆の事柄が妥当するから、追奪担保責任および瑕疵担保責任はいずれも認められるというべきである。

(二) 瑕疵担保と錯誤の関係

それでは、和解のために供与された物につき、担保責任と錯誤はどのような関係に立つか。理論上は追奪担保も問題となりうるが、一般には、瑕疵担保との関係が論じられている。

(1) 判例

さて、最判昭和三三年六月一四日民集一二巻九号一四九二頁(苺ジャム事件)は、この問題に直接かかわる事件である。

すなわち、債権者と債務者が、六二万円の金銭債権の支払義務につき争っていたところ、債務者は四〇万円の支払いに代えて特選金菊印苺ジャム一五〇箱を譲渡する、債権者は残額二二万円を免除するという内容の和解が成立した。しかし、譲渡された苺ジャムは粗悪品であり、到底特選金菊印苺ジャムとして通用する品物ではなかった。

この事案において、最高裁は、債権者の和解の「意思表示にはその重要な部分に錯誤があつた」のであり、かつ、錯誤が成立する場合には「瑕疵担保の規定は排除される」から、本件和解契約は無効であると判示した。

確かに、和解のために供与された物に重大な瑕疵があったとき、その物の性質が争いの対象となっておらず、かつ、当事者の一方がその瑕疵を知っていれば和解を行わなかったといえるならば、和解の錯誤を認めたとしても背理ではない（第一〇節七（二）（3）参照）。

だが、錯誤によって瑕疵担保の規定が排除されるかについては、なお慎重な検討を要するように思われる。

この点につき、本判決は、錯誤が瑕疵担保に優先する論拠として、大判大正一〇年一二月一五日民録二七輯二一六〇頁（中古発動機売買事件）を挙げている。だが、この大正一〇年判決は、錯誤と瑕疵担保はそれぞれ成立要件を異にし、一方が他方を排斥するものではないと判断しているにすぎず、錯誤の規定が瑕疵担保に優先するとは一言も述べていない。それゆえ、判例の立場は、錯誤を優先させるもの（昭和三三年判決）と、錯誤と瑕疵担保の選択を許すもの（大正一〇年判決）に分かれているとみるべきだろう。[77]

(2)　学説

これに対して、学説は、瑕疵担保優先説[78]と、錯誤と瑕疵担保の選択可能説[79]に分かれている。

両説の対立は、既に指摘されているように、主として次の二点に関する判断の相違に基づくものである。[80]すなわち、まず、①瑕疵担保に課された期間制限（瑕疵を知ったときから一年（民第五七〇条の準用する第五六六条三項））を、錯誤の選択によって回避することが許されるか。また、②瑕疵担保に基づく損害賠償という柔軟な解決方法があるのに、錯誤無効という処理を認めるべきか、というものである。

選択可能説は、右の二点につき肯定的な判断を行うものであるが、[81]期間制限については、錯誤にも民第五六六条三項を準用すべきという見解もみられる。[82]

(3)　私見

さて、私見によれば、錯誤と瑕疵担保の選択を単純に認める見解が最も妥当である。なぜならば、錯誤と瑕疵担保はそもそも制度趣旨が異なるため、一方が他方を排斥するということはできず、また、それゆえに、担保責任の規定たる民第五六六条三項を錯誤に類推することもできない（類推の基礎を欠く）と思われるからである。[83]

従って、和解のために供与された物に瑕疵があったときは、給付受領者は、それぞれの要件を満たすかぎり、錯誤と瑕疵担保を自由に選択できると解すべきである。この意味で、右昭和三三年判決には賛成することができない。

もっとも、今般の債権法改正により、錯誤の効果が取消しと改められ（新民第九五条一項）、その主張期間も短期に制限されたため（追認しうるときから五年（民第一二六条前段））、瑕疵担保優先説と選択可能説の対立点の一つ目は、従前ほど深刻なものではなくなっている。[84]

注　第七節

（1）　確定効に関する研究として、田村耀郎「和解の「確定効」」三五頁、永井洋士「和解の確定効に関する一試論」青山法務研究論集一四号（平成二九年）二五頁などがある。

（2）　我妻栄『債権各論　中巻二』八七六頁は、いみじくも「法律関係を確定する効力」という。

（3）　平井宜雄『債権各論Ⅰ　上』五〇頁が、「和解前の権利義務関係にもとづいて、当事者の権利義務関係の判断をすることは、もはや許されない」というのも、この趣旨かと思われる。

（4）　我妻栄『債権各論　中巻二』八七六頁以下。

（5）　中田裕康『契約法』五九六頁。

（6）　民法（債権法）改正検討委員会編『詳解・債権法改正の基本方針　Ⅴ』三四六頁参照。

（7）　Art. 762, Projet de Code civil pour l'Empire du Japon, in: Boissonade, *Projet*, t. 3, pp. 454 et 455:

La transaction valable produit entre les parties l'effet purement déclaratif d'un jugement irrévocable, lorsque les droits ou avantages respectivement reconnus au profit de chacune d'elles étaient déjà en jeu dans la contestation née ou prévue; dans ce cas, ils sont considérés comme retenus en vertu de leur cause antérieure, à moins que les parties n'aient entendu faire une novation.

Si au contraire, les droits ou avantages respectivement fournis ou promis sont, en tout ou en partie, étrangers à la contestation, la transaction est soumise, quant à ceux-ci, aux règles des conventions à titre onéreux qui produisent, transfèrent ou éteignent les droits réels ou les droits personnels.

（8）梅謙次郎『日本民法和解論　完』二二六頁以下。

（9）Boissonade, *Projet*, t. 3, n° 382.

（10）梅謙次郎『日本民法和解論　完』二二七頁。

（11）Boissonade, *Projet*, t. 3, n° 384.

（12）梅謙次郎『日本民法和解論　完』二二二八、二二九頁。

（13）梅謙次郎『日本民法和解論　完』二三二頁以下。

なお、梅謙次郎「和解ノ効果」法協七九号（明治二三年）七一二頁は、夫婦の一方が第三者に婚姻中の所得を与えて保持した不動産は、夫婦の共有財産か、和解を行った配偶者の特有財産かという問題も扱っていた。梅は、この論文において、和解の効力が移転的であれば共有財産、確認的であれば、婚姻前から自己の不動産であると主張した配偶者の特有財産になると述べていた。

だが、その根拠とされた旧民財取第四二六条をそのように解しうるかは、必ずしも明らかではなかったように思われる。この論文の翌年または翌々年に発行された『日本民法和解論　完』では、同様の記述がみられない所以であろうか（同書二四〇頁以下では、フランス民法およびイタリア民法における解釈の可能性が紹介されているのみ）。

なお、現行法の下では、民第七六二条一項が「夫婦の一方が婚姻前から有する財産及び婚姻中自己の名で得た財産は、その特有財産（夫婦の一方が単独で有する財産をいう。）とする」、と規定するから、和解の効力如何にかかわらず、設例の不動産は、和解を行った配偶者の特有財産となることに疑いはない。

（14）梅謙次郎『日本民法和解論　完』二三二頁以下。なお、第二章第七節二（二）（3）注（36）も参照。

（15）亀山貞義『民法正義　財産編第一部　巻之二（上）』二九七頁。

（16）梅謙次郎『日本民法和解論　完』二三四頁以下。

（17）Boissonade, *Projet*, t. 2, n° 187.

（18）梅謙次郎『日本民法和解論　完』二三六頁以下。

（19）梅謙次郎「和解ノ効果」七二二頁、梅謙次郎『日本民法和解論　完』二四〇頁。

（20）『法典調査会　民法議事速記録　五』九八頁以下［梅謙次郎］。

（21）梅は、法典調査会における説明では、相手方の権原を援用することの可否（右（一）（3）①）と、登記の要否（（一）（3）③）という二つの問題を挙げている。

(22)『法典調査会 民法議事速記録 五』一〇二頁［梅謙次郎］。つまり、ここで問われているのは、当事者の意思が明らかではない場合における、意思解釈の基準である（第二章第七節二の冒頭参照）。

(23) なお、係争物が動産や不動産の場合には、本文①と②のケースは重複する。たとえば、AとBが和解して、Aを係争不動産の所有者と認めた後、その不動産はAの物ではなかったことが証明されたというのは、Bの物であったことが証明された場合を指すからである（『法典調査会 民法議事速記録 五』一一六頁、一一九頁以下［いずれも、梅謙次郎］）。確かに、論理的には、①のケースは、Bの物であったことまでは証明されなくとも、Aのものではなかったことが証明された場合を含む。しかし、梅はそのような場合を想定して本条を起草したのではなかったし、理論的にも、和解の当事者B以外の者からの、和解による所有権移転を観念することはできないだろう。

これに対して、係争物が債権の場合には、①と②で別個のケースを想定しうる。①のケースとしては、たとえば、Aの主張する一〇〇万円の債権が、Bによって五〇万円の限度で認められた後、Aの債権は全く存在しなかったことが明らかとなった場合が考えられる。逆に、②のケースとしては、同一の例で、和解後にAの債権が一〇〇万円存在したことが明らかとなった場合が考えられる（梅謙次郎『民法要義 巻之三』八四八頁参照）。

そして、係争物が債権の場合の①のケースについては、BからAに五〇万円の債権が移転したということができる。だが、②のケースについては、AからBにマイナス五〇万円の債権が移転したと表現することは難しいため、民第六九六条の末尾は、和解の効力を表すのに「消滅」という語を用いた（右の例では、Aの債権が五〇万円消滅することになる）。しかし、これは単に表現上の問題であり、「消滅」という語が表すのは、あくまでも理論的には、係争物が動産、不動産の場合の②のケースと同じく、かつて権利を有していた者（不動産を有していたB、債権を有していたA）からの権利移転、すなわち和解の移転的効力である（梅謙次郎『民法要義 巻之三』八四八頁以下）。つまり、和解の消滅的効力とは、理論的には移転的効力に等しいものである。

(24)『法典調査会 民法議事速記録 五』一〇二頁以下、一〇六頁、一一七頁以下［いずれも、高木豊三］。

(25) 竹中悟人「和解」山本豊編『新注釈民法（一四） 債権（七）』（有斐閣、平成三〇年）六五四頁も、民第六九六条の「理解については混乱が生じており、遠因は起草過程の議論に求められる」、という。

(26) 末弘厳太郎『債権各論』八八三頁以下。

(27) 末弘厳太郎『債権各論』八八四頁以下。

(28) 末弘厳太郎『債権各論』八八二頁注二二。

(29) 鳩山秀夫『日本債権法各論 下巻』七三七頁。

(30) 鳩山秀夫『日本債権法各論 下巻』七三九頁（なお、同所で第六九五条とあるのは、第六九六条の誤記と思われる）。
(31) 鳩山秀夫『日本債権法各論 下巻』七三七頁。
(32) 末川博『債権各論 第二部』四七一頁。
(33) 末川博『債権各論 第二部』四七一頁。
(34) 末川博『債権各論 第二部』四七一頁以下。
(35) 我妻栄『債権各論 中巻二』八七七頁。
(36) 我妻栄『債権各論 中巻二』八七八頁。
(37) 我妻栄『債権各論 中巻二』八八〇頁。
(38) 内田貴『民法Ⅱ 債権各論』三一八頁。
(39) 平井宜雄『債権各論Ⅰ 上』五〇頁以下。
(40) 来栖三郎『契約法』七一五頁以下、七二五頁以下、石田穣『民法Ⅴ（契約法）』四一九頁以下、品川孝次『契約法 下巻』三六六頁以下、潮見佳男『基本講義 債権各論Ⅰ 契約法・事務管理・不当利得』二九七頁以下、中田裕康『契約法』五九六、五九九頁。もっとも、中田は、不可争効の主たる理由は和解という合意の性質に求められるが、民第六九六条もまた根拠になるという。なお、山本敬三『民法講義Ⅳ-1 契約』八〇三頁以下、八〇六頁注一二二も同旨か。
(41) 広中俊雄『債権各論講義』三三三頁以下。
(42) 前掲注（22）参照。
(43) 中田裕康『契約法』五九六頁。
(44) 我妻栄『債権各論 中巻二』八七六、八八〇頁、来栖三郎『契約法』七二六頁、石田穣『民法Ⅴ（契約法）』四二〇頁、品川孝次『契約法 下巻』三六七頁、山本敬三『民法講義Ⅳ-1 契約』八〇六頁注一二二、平井宜雄『債権各論Ⅰ 上』五一頁、潮見佳男『基本講義 債権各論Ⅰ 契約法・事務管理・不当利得』二九七頁。
(45) 我妻栄『債権各論 中巻二』八七六頁、平井宜雄『債権各論Ⅰ 上』五一頁。
(46) 我妻栄『債権各論 中巻二』八七六頁、八八〇頁以下。
(47) 平井宜雄『債権各論Ⅰ 上』五二頁以下。
(48) 民法改正研究会「日本民法改正試案（仮案［平成二一年一月一日案］）」判タ一二八一号（平成二一年）一三五頁［北居功］、民法（債権法）改正検討委員会編『詳解・債権法改正の基本方針 Ⅴ』三五四頁以下、「法制審議会民法（債権関係）部会 第一八回会議 議事録」四六頁以下［潮見佳男］、四九頁以下［山本敬三］、商事法務編『民法（債権関係）の改正に関する中間試案の補足説明』（商事法務、平成二五年）五四三頁以下、「法制審議会民法（債権関係）部会 第八五回会議 議事録」商事法務編『民法（債権関係）部会資料集 第三集〈第四巻〉――第八一回～第八五回会議 議事録と部会資料』（商事法務、平成二九年）三二四頁［山本敬三］。

(49) 商事法務編『民法（債権関係）の改正に関する中間試案の補足説明』五四三頁［概要］。

(50) 『法典調査会 民法議事速記録 二』五一五頁以下［梅謙次郎］。民第一九二条の制定過程につき、広中俊雄『物権法（第二版増補）』（青林書院、昭和六二年）一七六頁以下、川島武宜、川井健編『新版 注釈民法（七） 物権（二）』（有斐閣、平成一九年）一五五頁以下［好美清光］参照。

(51) 『法典調査会 民法議事速記録 一』六三四頁［穂積陳重］（「正権原ノ推定ト云フモノハ固ヨリ占有保護ニ於テ必要ハナイ」）、同六四三頁以下［穂積陳重］（「均シク実際持テ居ル物夫レヨリ生ズル利益取得ノコトニ付テ占有権［正権原？・］ノ有無ニ拘ハラズ之ヲ保護スルト云フコトハ前ニ追々議決ニナツタ箇条カラモ分ツテ居ラウ」）。

(52) 川島武宜、川井健編『新版 注釈民法（七） 物権（二）』一五七頁［好美清光］。

(53) 川島武宜、川井健編『新版 注釈民法（七） 物権（二）』六〇頁［稲本洋之助］。

(54) もちろん、この場合においても、Cは民第九四条二項の保護を受けうるから、Aとしては登記を備えておく方が望ましいことはいうまでもない。

(55) 一般に、法律行為による物権変動の場合、すなわち、「売買・贈与などによって所有権その他の物権の移転を生ずる場合」には、「これを第三者に対抗するのに登記を要することは、異論をみない」（原島重義、児玉寛「登記がなければ対抗しえない物権変動」舟橋諄一、徳本鎮編『新版 注釈民法（六） 物権（一）』（有斐閣、平成九年）四七七頁）、といわれている。本文に述べた和解が、ここにいう法律行為による物権変動に含まれることは明らかであろう。

(56) 金子宏『租税法』七九五頁以下。なお、碓井光明「不動産取得税における「不動産」及びその「取得」の意義（四）」自治研究六五巻一〇号（平成元年）四三頁以下、石島弘『課税権と課税物件の研究』（信山社、平成一五年）三四三頁以下も参照。

(57) 東京地判昭和六三年九月二六日判自五九号二四頁は、AB間の和解によりAが不動産の所有者と認められた事案で、確かにAはかつての所有者であったが、その後に所有権がAからBに移転し、和解によって再度BからAへと移転した事実を認定して、Aに対する不動産取得税の課税を適法とした。正当というべきである。

(58) 大判大正五年五月一三日民録二二輯九四八頁、大判昭和二年一〇月二七日新聞二七七五号一四頁、大判昭和一五年一〇月八日法学一〇巻三号三二四頁。

末川博『債権各論 第二部』四六八頁、半田吉信『契約法講義』五〇三頁。

(59) 末川博『債権各論 第二部』四六八頁以下、半田吉信『契約法講義』五〇四頁。
(60) 川島武宜「判批」法協五二巻四号（昭和九年）七六〇頁以下。
(61) それゆえ、①従前の債務に付着していた担保権や抗弁権が和解により消滅するかとか、②（賃貸借）契約の存続期間が、当初の契約時から起算されるのか、あるいは、和解時から起算されるのかというのも（大判昭和一五年七月一三日新聞四六〇四号一一頁）、すべて契約解釈の問題といえる（平井宜雄『債権各論Ⅰ 上』五四頁、中田裕康『契約法』六〇一頁）。
(62) 来栖三郎『契約法』七一六頁、星野英一『民法概論Ⅳ 契約』三三九頁。
(63) 末弘厳太郎『債権各論』八八三頁以下、鳩山秀夫『日本債権法各論 下巻』七三八頁以下、山本敬三『民法講義Ⅳ-1 契約』八〇四頁。
(64) なお、我妻栄『債権各論 中巻二』八七七頁以下、広中俊雄『債権各論講義』三二四頁、平井宜雄『債権各論Ⅰ 上』五一頁以下も、創設的効力という概念の曖昧さを指摘し、これを用いるべきではないという。ただし、これらの学説が、民第六九六条の移転的効力、確認的効力という議論自体を無用のものとする点には賛成できない（本節三（二）参照）。
(65) 梅謙次郎『日本民法和解論 完』二四八頁以下、熊野敏三『民法正義 財産取得編 巻之二』六一一頁。
(66) 梅謙次郎『日本民法和解論 完』二四九頁、熊野敏三『民法正義 財産取得編 巻之二』六一一頁。
(67) Boissonade, *Projet*, t. 3, n° 333.
(68) Cf. Boissonade, *Projet*, t. 3, n° 364.
(69) 梅謙次郎『日本売買法 全』（八尾書店、明治二四年［復刻版、新青出版、平成一三年］）一七三頁以下。なお、森田宏樹「瑕疵担保責任に関する基礎的考察（一）」法協一〇七巻二号（平成二年）二〇〇頁以下は、『日本売買法 全』における梅の見解を詳細に検討する。
(70) 『法典調査会 民法議事速記録 三』九一七頁［梅謙次郎］、梅謙次郎『民法要義 巻之三』四九〇、五二五頁。
(71) 『法典調査会 民法議事速記録 三』八九四頁以下［梅謙次郎］、梅謙次郎『民法要義 巻之三』四八四頁。
(72) 梅謙次郎『民法要義 巻之三』四八四頁以下。
(73) 明治民法の起草にあたり、梅は、仏文和解論での記述とは異なり、追奪担保責任を契約責任と考えていたようである（『法典調査会 民法議事速記録 三』九一七頁以下［梅謙次郎］）。フランス民法とは違い（仏民第一五九九条）、日本民法は他人物売買を有効としたため（民第五六〇条）、売買に基づく他人の物の権利移転義務を観念できたからだと思われる。
これに対して、瑕疵担保責任の根拠を何に求めていたかは必ずしも明らかではない。多くの学説は、梅は、追奪担保と瑕疵担保をともに権利移転義務違反と構成したと解している（五十嵐清「瑕疵担保と比較法（一）」民商四一巻三号（昭和三四年）三

八〇頁注二、星野英一「瑕疵担保の研究――日本」比較法研究二三号（昭和三七年）一三頁、柚木馨『売主瑕疵担保責任の研究』（有斐閣、昭和三八年）一六三頁以下、半田吉信『担保責任の再構成』（三嶺書房、昭和六一年）一〇四頁、森田宏樹「瑕疵担保責任に関する基礎的考察（一）」二一七頁以下）。

だが、梅の説明のなかには、担保する合意の違反を根拠にするような記述（「売主ハ其物ニ瑕疵ナキコトヲ保証シタルモノト看做ス」、『民法要義 巻之三』五二五頁）と、権利移転義務違反を根拠とするような記述（「売主ニ担保義務アリトハ通常学者ノ唱フル所ニシテ旧民法其他外国多数ノ法律ニ於テ規定スル所ナリ然リト雖モ是レ其実権利移転ノ義務ノ当然ノ結果タルニ過キス……売買ノ目的物ニ隠レタル瑕疵アル場合等ニ於テ売主ニ担保ノ義務アルナレ［リ?］故ニ余ハ之ヲ以テ独立ノ義務トセス権利移転ノ義務中ニ包含セルモノト認ムルナリ」、同書四八六頁）が混在しているという指摘も存する（北川善太郎『日本法学の歴史と理論』（日本評論社、昭和四三年）一一〇頁）。

さらに、近時、少なくとも法典調査会民法議事速記録による限り、「売主の負う権利移転義務によって理論的に根拠づけられたのは、権利の瑕疵および数量不足の担保責任についてまでであって、瑕疵担保責任には、その根拠づけの作業は完遂されていない」（森田修『契約規範の法学的構造』（商事法務、平成二八年）一六一頁）、との見解も現れている。

私見によれば、右に引用したように、梅が民法要義において瑕疵担保責任は売主が物に瑕疵なきことを保証したことの責任であると明言している以上、担保する合意という（恐らく仏文和解論で採用していたと思われる）根拠づけが、完全に放棄されたと解することはできないように思われる。その意味で、梅の学説の理解としては、北川や森田（修）の見解を妥当とすべきであろう。もっとも、和解に担保責任が認められるかという問いに関する限りは、いずれの見解によるとしても結論に差がないことは、直ぐ後の本文で述べる通りである。

(74) たとえば、我妻栄『債権各論 中巻一（民法講義V_2）』（岩波書店、昭和三二年）二七〇頁以下。

(75) 潮見佳男『民法（債権関係）改正法の概要』二五七頁以下、中田裕康、大村敦志、道垣内弘人、沖野眞已『講義 債権法改正』（商事法務、平成二九年）二六五頁以下［中田裕康］、筒井健夫、村松秀樹編著『一問一答 民法（債権関係）改正』二七四頁以下参照。

(76) 梅謙次郎『民法要義 巻之三』四八四頁以下もこの趣旨か。

(77) もっとも、判例の立場については、異なる理解も存する。たとえば、奥田昌道、安永正昭、池田真朗編『判例講義 民法Ⅱ 債権（第二版）』（悠々社、平成二六年）一四五頁［北居功］は、「この判決［大正一〇年判決］は一見、錯誤と瑕疵担保の適用領域が区分されるかの説示をするが、原審が瑕疵担保責任の適用しか認めなかったのに対して錯誤主張の余地を認めるべきことを判示したのであって、少なくとも性状が重要な要素として表示された場合に錯誤の優先適用を認めたのであり、一般に本判決［昭和三三年判決］もこの論理を踏襲したものと理解されている（錯誤優先説）」という。

　他方、山本敬三『民法講義Ⅰ　総則』二二六頁注四三は、昭和三三年判決が錯誤を優先させたのは、当事者が錯誤の主張をしていたからであり、「当事者が錯誤の主張をせずに、瑕疵担保の主張をした場合に、これを否定する趣旨ではないだろう。その意味で、判例も、実質的には選択可能説に立つとみることができる」、と述べている。
(78)　我妻栄『債権各論　中巻二』（有斐閣、平成五年）三〇〇頁以下、柚木馨、高木多喜男編『新版　注釈民法（一四）　債権（五）』三三八頁以下［柚木馨］、広中俊雄『債権各論講義』七八頁以下など。
(79)　舟橋諄一「意思表示の錯誤──民法第九十五条の理論と判例」九州帝国大学法文学部編『十周年記念　法学論文集』（岩波書店、昭和一二年）六八二頁以下、野村豊弘「錯誤と瑕疵担保責任について」学習院大学法学部研究年報一一号（昭和五一年）五〇頁以下、半田吉信『担保責任の再構成』一五九頁以下。
(80)　曽野裕夫「判批（最判昭和三三年六月一四日）」中田裕康、窪田充見編『民法判例百選Ⅱ　債権　第七版（別冊ジュリ二二四号）』（有斐閣、平成二七年）一四五頁。
(81)　舟橋諄一「意思表示の錯誤」六八四頁以下、半田吉信『担保責任の再構成』一六二頁。
(82)　野村豊弘「錯誤と瑕疵担保責任について」五一頁。
(83)　同旨、半田吉信『担保責任の再構成』一六二頁。
(84)　潮見佳男『基本講義　債権各論Ⅰ　契約法・事務管理・不当利得』一一三頁、曽野裕夫「判批（最判昭和三三年六月一四日）」窪田充見、森田宏樹編『民法判例百選Ⅱ　債権　第八版（別冊ジュリ二三八号）』（有斐閣、平成三〇年）一五五頁。

第八節　和解の第三者に対する効力

一　相対効の原則

(一)　旧民法

仏民第二〇五一条は、和解の相対効、すなわち和解の効力は当事者およびその承継人に対してのみ生じ、第三者には及ばないことを定めていた（第二章第八節一（一））。

他方、旧民法は仏民第二〇五一条に相当する規定を有しない。だが、それは相対効の原則を否定したのではなく、合意の一般原則にすぎないと理解したからである[(1)]。つまり、旧民法下では、和解の相対効は、同財取第一一〇条二項（和解の効力は「合意ニ関スル一般ノ規則ニ従フ」）および同財第三四五条（「合意ハ当事者及ヒ其承継人ノ間ニ非サレハ効力ヲ有セス……」）を根拠として認められるのである。

これは梅の仏文和解論の立場に等しいものであり（同章節一（一））、彼がこの点につき旧民法に賛意を表したことは当然というべきであろう[(2)]。

（二）明治民法

（1）明治民法起草過程においては、当初、穂積が、第三款「第三者ニ対スル債権者ノ権利」の冒頭で、旧民財第三四五条に対応する草案（甲号議案第四一七条）を起草していた[(3)]。しかし、整理会において第三款という款立てが廃止されたことに伴い、甲号議案第四一七条も削除された[(4)]。款の冒頭において当然のことを定めた原則規定にすぎなかったからである[(5)]。

また、梅は、和解の箇所を起草するにあたり、旧民財取第一一〇条二項を無用な規定であるとして削除している[(6)]。

それゆえ、現行法においては、和解の相対効は、条文上の根拠を有しないものの、契約の相対効（これも不文の原則である）から当然に導かれる原則だということになろう。

（2）従って、たとえば、未成年者の両親が離婚する際に、母が子を引き取り親権者となる代わりに、父に対しては将来の養育費を請求しないという和解が成立したとしても、子は和解の当事者ではないから、この合意に拘束されず、父に対して扶養料を請求することができる[(7)]。

(3)ただし、既に第二章でみたように、和解の相対効には一定の例外が認められる。そこで左では、連帯債務、全部義務または不真正連帯債務、連帯債権、不可分債権債務、保証の順に、和解の第三者効が問題となる事例を検討してみたい。

二　連帯債務

(一)　旧民法

旧民法は、連帯債務者の一人と債権者が行った行為の効力につき、基本的にはフランス民法の規律を踏襲するが、若干の相違もまた見いだされる。[8] とりわけ、連帯債務者間の代理関係につき次の規定を置いたことは、フランス民法との大きな相違である。

旧民債担第五二条一項
　債務者間ノ連帯即チ受方連帯ハ共同債務者ヲシテ其共通ノ利益ニ於テモ債権者ノ利益ニ於テモ相互ニ代人タラシム

つまり、連帯債務者間には、債務者側の利益のみならず、債権者側の利益のためにも相互代理関係が存する。別言すれば、債務者側の不利益にも相互代理は存するというのである。

だが、こうした相互代理に基づき効力が拡張されるのは、判決、自白、時効中断、付遅滞、過失による履行不能の責任に限られ(旧民債担第五九条、第六一条一項、第六二条)[9]、和解についての規定はない。実際、有利にも不利にも働く相互代理をもって和解の効力を拡張すれば、和解の相対効、ひいては合意の相対効の原則と正面から反することとなろう。[10] それゆえ、和解の効力は、相互代理ではなく、和解のなかに含まれる個々の行為(とりわけ、免除）の効力に準じて拡張されるにすぎないと考えられる。

そこで左では、こうした観点から、連帯債務における和解の第三者効を論じてみたい。

（1）全面的な効力が生ずる場合――債務の免除（原則）

旧民法は、債務の免除につき次の規定を有する。

旧民財第五〇六条二項

連帯債務者ノ一人ニ為シタル債務ノ免除ハ他ノ債務者ヲシテ其債務ヲ免カレシム但債権者カ他ノ債務者ニ対シテ其権利ヲ留保シタル場合ハ此限ニ在ラス此場合ニ於テモ免除ヲ受ケタル債務者ノ部分ヲ控除スルコトヲ要ス

本条項本文により、連帯債務者の一人になした債務の免除は、原則としてその全額につき他の連帯債務者の債務を消滅させる。それゆえ、和解が債務の免除を含む場合にも、他の連帯債務者の債務は、免除された額につき消滅すると解される[11]。

ところで、ボアソナードは、本条草案の注釈において、こうした免除の絶対的効力の根拠を、（有利にも不利にも作用する）相互代理ではなく、被免除者を他の連帯債務者の求償権から解放すべきことに求めている[12]。それゆえ、他の連帯債務者は、債務者の一人が行った債務の免除を含む和解に当然には拘束されないこととなろう。被免除者を、求償義務から免れさせれば足りるからである。

従って、他の連帯債務者は、和解を援用せずに債務の存在を争うこともでき、その場合には、左（2）①に準じて、和解した債務者の負担部分の限度で債務を免れると解される（第二章第八節二（一）（1）参照）。

（2）和解した連帯債務者の負担部分の限度で効力が生ずる場合

①　債務の免除（例外）

債権者が他の連帯債務者に対する権利を留保して、和解した連帯債務者の債務だけを免除した場合には、他の連帯債務者の債務は、和解した債務者の負担部分の限度でのみ消滅する（旧民財第五〇六条二項但書）[13]。

②　人的抗弁の承認

また、連帯債務者の一人につき人的抗弁（無能力、詐欺、強迫、錯誤）の存在が争われ、和解によって抗弁の存在が認められ、その債務の無効が確認された場合には、他の連帯債務者は、債務を免れた者に対する求償を期待しえたときに限り、債務を免れた者の負担部分の限度で、自己の債務からも免れる。それ以外の場合には、和解の効力は他の連帯債務者に及ばない（旧民債担第五八条）[14]。

③　連帯の免除

さらに、和解の結果、連帯が免除された場合にも、和解した債務者の負担部分の限度で、他の連帯債務者は債務を免れる（旧民財第五〇九条一項、同債担第七一条一項）[15]。連帯の免除にこうした絶対効効力が認められるのは、債務の免除の場合と同様に、被免除者を求償義務から免れさせるためであると考えられる。

④　和解金の扱い

なお、被免除者が連帯の免除を受けるために支払った金銭は、自己の負担部分を超えるものであったとしても、他の連帯債務者の債務を消滅させない（旧民財第五一三条）[16]。なぜならば、その金銭は、債権者が他の連帯債務者の無資力のリスクを負担する対価であって、債務の弁済として支払われたものではないからである。つまり、債権者は、もし免除後に他の連帯債務者から彼の負担する債務を回収できれば利益を受け、回収できなければ損失を被るという射倖的な行為を行ったというのである[17]。

それゆえ、和解が連帯の免除を含む場合にも（右③）、和解金は他の連帯債務者の債務を消滅させないと解される。のみならず、和解が連帯債務者の一人の債務のみの免除を含む場合や（右①）、人的抗弁の承認を含む場合（右②）、すなわち、和解した連帯債務者の負担部分の限度で、他の連帯債務者の債務が消滅するその他の場合にも、旧民財第五一三条の規定は類推適用されると考えられる。同条の趣旨は、これらの場合に広く妥当するからである。

しかし、梅は、同条の規律は当事者の通常の意思に反すると述べて、規定の存在自体に否定的である（第二章第八節二（二）（４）参照）[18]。

（二）明治民法

明治民法の連帯債務の箇所を起草した富井は、次の理由から、連帯債務者間の代理関係を廃している。すなわち、フランスの学説は一般に有利な場合にのみ代理関係を認めているが、結果から代理関係の有無を判断するというのは穏当ではない。代理関係を認める以上は、旧民法のように、不利な行為の代理も認めることが筋である。だが、そうすると、他の連帯債務者は、一人の連帯債務者の過失による履行不能の責任まで負担することになり、妥当な結論を導けない。それゆえ、連帯債務者の一人について生じた事由の効力を代理関係から説明することは止め、法律が、それぞれの事由につき、当事者の意思と実際の便宜を考慮して、その効力を定めるようにすべきである。つまり、連帯債務者の一人について生じた事由の効力が、他の連帯債務者にも及ぶのは、法律の規定に基づくべきである[19]、と。

それゆえ、明治民法においては、和解の第三者に対する効力が相互代理から説明されないことは、より一層明らかになったといえよう。

そこで左では、法律の規定およびそれを補う判例学説に基づき、相対効の原則（本節一（二））に対する例外としての、和解の第三者効をまとめておきたい。

（1）全面的な効力が生ずる場合――全員の債務の免除

① 連帯債務者の一人と債権者の間で行われた和解が、連帯債務者全員の債務の免除を含む場合には、和解により、他の連帯債務者も免除額につき債務を免れる（最判平成一〇年九月一〇日民集五二巻六号一四九四頁）[20]。もちろん、免除されたのが連帯債務者全員の債務なのか、一人の債務なのかは（左（2））、債権者の意思の解釈問題である[21]。だが、免除も和解も、原則として人的な行為であるから、疑わしい場合には、被免除者の債務のみが和解によって消滅したと解すべきであろう[22]。

それゆえ、先に引用した旧民財第五〇六条二項本文の原則は（（一）（1））、債権者の通常の意思に反するという理由で明治民法には継受されなかったものの（民第四三七条参照）[23]、その後、最判平成一〇年九月一〇日により、原則に対する例外的規律として復活したとみるべきである。

② それでは、連帯債務者全員の債務が和解によって免除されたと認められるとき、連帯債務者の一人の行った和解が他の連帯債務者にも効力を及ぼす根拠は何か。

まず、債務の免除が和解によらず、単独行為として行われた場合については、次のような見解が主張されている。すなわち、第一、連帯債務者の一人は、本来、全員のために免除の意思表示を受領する代理権を有しなければならないが、しかし、代理権がなくても、他の連帯債務者の追認があれば、全員のために免除の効力が生ずる（単独行為の無権代理（民第一一八条末段））という説[24]。第二、連帯債務は免責共同体であるから、全員のために免除の効力が生ずることも妨げられないという説[25]。第三、第三者のためにする免除の意思表示として効力を生ずる（ただし、免除は単独行為であるから、第三者の受益の意思表示は不要）という説[26]。第四、連帯債務者の一人に対する免除の意思表示を、他の連帯債務者に対する免除の意思表示としても扱いうるという説[27]、などである。

③ 他方、債務の免除が和解によって行われた場合については、未だ十分な議論がみられないようである。それゆえ、右の諸見解が、和解契約中の債務免除についてもそのまま妥当するかは、必ずしも明らかではない。

しかし、仮に、第二から第四の見解が、免除を含む和解に他の連帯債務者を当然に拘束させることになるのだとすれば、その結論には疑問が残る。なぜならば、もし和解の効力が当然に及ぶとすれば、他の連帯債務者は、債務の存在自体を争う可能性を奪われることになり、かつ、連帯債務者の一人が支払いを約した金銭（和解金）を、自己の負担部分の割合に応じて分担せざるを得なくなるからである。

この点、確かに、第一の見解は、他の連帯債務者の追認を要件とすることにより、和解の効力が当然に及ぶことを避けている。しかし、この見解が無権代理構成をとる以上、和解した連帯債務者は、他の連帯債務者の代理人として行為したことを要するというべきである。だが、実際には、他の連帯債務者のためでもあることを示して和解を行うことは稀であろう。そのような場合にも、他の連帯債務者が和解を追認しうるというのは、顕名主義に反する便宜的な解釈だといわざるを得ない。

そうだとすれば、免除が和解のなかで行われた場合に関しては、かつて梅が主張していたように（第二章第八節二（一）（2））、事務管理を観念することが最も妥当な構成だと思われる。和解した連帯債務者は、顕名はしなくとも、共同債務者の一人として、少なくとも他の連帯債務者のためにも行為しているものとみられるから、彼を事務管理人と考えることは常に可能である。そして、このような構成により初めて、他の連帯債務者は和解を自己に有利と判断した場合にのみ、その効力を全面的に引き受けうるという解釈が無理なく可能となるのである。

逆に、その判旨からは必ずしも明らかではないが、もし、右最判平成一〇年九月一〇日が、和解した債権者が他の連帯債務者をも免除する意思を有していた場合には、他の連帯債務者は和解に当然に拘束されるという趣旨であれば、それは適切ではないように思われる。

（2）和解した連帯債務者の負担部分の限度で効力が生ずる場合——一人の債務の免除

①　和解による債務の免除が、連帯債務者の一人の債務に関して行われた場合には、他の連帯債務者は、和解した

連帯債務者の負担部分の限度で、自己の債務から免れる（民第四三七条、大判昭和二年一二月二四日民集六巻七二三頁）。

②　それでは、このとき和解した連帯債務者の支払った和解金は、他の連帯債務者の債務を消滅させるか。和解金が、和解した連帯債務者の負担部分を超える場合に問題となる。

富井は、旧民財第五一三条は当然のことを定めた規定だという理由で、明治民法にはこれを継受しなかった[28]。しかし、だからといって、現在においても同条と同様の解釈をすべきことにはならないだろう。むしろ、規定が欠ける以上、当事者の通常の意思を基準として判断すべきだと思われる。

ところで、旧民財第五一三条の趣旨は、弁済金は、債権者が他の連帯債務者の無資力のリスクを負担する対価だというものであった（右（一）（2）④）。しかし、この説明は、債権者の視点に立ったものである。だが、弁済金の性質は、むしろ、弁済という行為の主体たる債務者（弁済者）の意思を基準として判断するのが筋であろう。そして、和解金を支払う債務者の通常の意思は、債務の弁済としてこれを支払うというものではなかろうか。そうだとすれば、負担部分を超過する和解金の支払いは、原則として、他の連帯債務者の債務を消滅させると解すべきである。

（3）　全く効力が生じない場合

①　相対的免除

債権者は、連帯債務者の一人に対してその債務を免除する際、他の連帯債務者に対する債務全額の請求可能性を留保することができると解されている（相対的免除[29]）。それゆえ、和解が相対的免除を含む場合にも同様に解されよう。

②　人的抗弁の承認

連帯債務者の一人について、無効（錯誤）や取消原因（無能力、詐欺、強迫）があっても、他の連帯債務者の債務は有効に存続する（民第四三三条）。連帯債務者の各々は、債権者に対して全額を負担する意思を有することを理由に、負担部分につき絶対的効力を認めた旧民債担第五八条の規律を改めたものである[30]。

それゆえ、債権者が、連帯債務者の一人との和解において、これらの人的抗弁により後者の債務が無効または取り消されたことを確認しても、他の連帯債務者の債務には影響がない。

③ 連帯の免除

連帯債務者の一人に対して行われた連帯の免除（相対的連帯免除）は、他の連帯債務者の債務を消滅させない（民第四四〇条）。旧民財第五〇九条一項、同債担第七一条一項が、負担部分の限度で他の連帯債務者の債務を消滅させていたものを、他の連帯債務者の被免除者に対する求償権を肯定することにより（従って、旧民法下とは異なり、被免除者は連帯関係から離脱しないというべきである）、その規律を改めたものである[31]。それゆえ、和解が相対的連帯免除を含む場合にも、その効力は他の連帯債務者には及ばないと解される。

④ 和解金の扱い

ただし、連帯債務者の一人が行った和解の効力が他の連帯債務者に及ばない場合にも、他の連帯債務者の債務は、原則として和解金の限度で消滅すると解すべきである。和解を行った連帯債務者は、通常は、債務の弁済として和解金を支払ったと考えられるからである（右（2）②参照）。

(三) 債権法改正

（1） 基本的には右（二）に準じるが、債務の免除が相対的効力事由とされたため（新民第四四一条本文）、和解によって連帯債務者の一人の債務が免除された場合にも（（二）（2））、他の連帯債務者の債務は消滅しないことになる。しかし、和解金が支払われた場合には、和解金の限度で他の連帯債務者の債務も消滅すると解すべきであろう。

（2）なお、債権者は、連帯債務者の一人に対して、連帯債務者全員の債務を免除することもできる。右最判平成一〇年九月一〇日の規律は、新民法の下でも維持されると解されている[32]。だが、少なくとも和解に関しては、そのような免除を含む和解が他の連帯債務者を当然に拘束すると解すべきではなく、他の連帯債務者は、和解内容を有利と判断した場合にのみ、事務管理を根拠としてその和解を援用しうると考えるべきこと、既に述べた通りである（右（二）（1）③）。

三　全部義務または不真正連帯債務

複数の債務者が全部義務または不真正連帯債務を負担する場合に、一人の債務者と債権者のなした和解は、他の債務者の債務を消滅させるか。

（一）旧民法

旧民法は、全部義務につき左の規定を置く。

旧民債担第七三条

財産編第三百七十八条、第四百九十七条第二項及ヒ其他法律カ数人ノ債務者ノ義務ヲ其各自ニ対シ全部ノモノト定メタル場合ニ於テハ相互代理ニ付シタル連帯ノ効力ヲ適用スルコトヲ得ス但其総債務者又ハ其中ノ一人カ債務ノ全部ヲ弁済スル言渡ヲ受ケタルトキモ亦同シ

然レトモ一人ノ債務者ノ為シタル弁済ハ債権者ニ対シ他ノ債務者ヲ免カレシム又弁済シタル者ハ事務管理ノ訴権ニ依リ又ハ債権者ニ代位シテ得タル訴権ニ依リテ他ノ債務者ニ対シ其部分ニ付キ求償権ヲ有ス

つまり、全部義務においては、連帯債務とは異なり、債務者間の相互代理関係は存在しないが、求償権は事務管理を根拠に認められるというのである。

そして、債務の免除、人的抗弁の承認、連帯の免除の第三者効は、相互代理ではなく、求償権の存在を考慮して認められるものと考えられるから、全部義務者の一人の行った和解がこれらの行為を含む場合には、その効力は連帯債務の場合（本節二（二））と同様に解されることとなろう。[33] また、和解金の処理も相互代理とはかかわりがないため、連帯債務と同一の規律に服したものと思われる（同（一）（2）④）。

(二) 明治民法

明治民法は、全部義務に関する規定を有しない。富井は、全部義務に関する規定の削除は「予決問題ノ議事ノトキニ極マッタ」というが、[34] これは乙号議案第一一号の一を審議した民法主査会第四回会議を指すものと思われる。そこでは、全部義務に関する規定は必要ないとの理由から、その削除が決せられている。[35] ただし、全部義務に関する規定の削除は、全部義務という観念自体の否定を意味するものではなく、当事者が特約で右の関係を合意することは妨げられないと理解されていた。[36]

さて、民法施行後の学説は、不真正連帯債務というドイツ由来の概念で、全部義務に類似する観念を復活させたが、この不真正連帯債務においては、債務者の一人に生じた事由は、弁済等の債権を満足させるものを除き、すべて他の債務者の債務に影響しないとされている。[37]

それゆえ、不真正連帯債務者の一人と債権者の和解は、全部義務とは異なり、原則として他の不真正連帯債務者に全く影響を及ぼさないというべきである。[38]

ただし、例外として、不真正連帯債務者の一人が和解金を支払った場合には、反対の意思が明らかではない限り、和解金の限度で他の債務者の債務も消滅すると解すべきであろう。また、不真正連帯債務者の一人と債権者の和解が、債務者全員の債務の免除を含むと認められる場合には、他の不真正連帯債務者は、その和解の内容を有利だと判断すれば、事務管理を根拠にこれを援用しうると解すべきである（本節二（二）（1）および最判平成一〇年九月一〇日参照）。

(三)　債権法改正

不真正連帯債務という概念は、債権法改正により無用のものとなった。連帯債務における相対的効力事由が大幅に増加したため、連帯債務と不真正連帯債務を区別する実益がなくなったからである。[39]それゆえ、かつて不真正連帯債務とされていた事案は、今後、債権法改正後の連帯債務と同様の規律に服することとなる。[40]

和解についても別異に解すべき理由はなく、債権法改正後の連帯債務について述べたこと（本節二（三））がすべてあてはまるというべきである。

四　連帯債権

(一)　旧民法

(1)　連帯債務の場合と同様に、連帯債権者の一人と債務者が行った和解は、他の連帯債権者に対して効力を生じないのが原則である。[41]

(2)　①　しかし、連帯債権者の一人が行った債務の免除は、免除者の持分の限度で他の連帯債権者の債権を消滅させる（旧民財第五一五条一項）。それゆえ、和解が債務の免除を含む場合にも、他の債権者は、和解した債権者の持分の限度でその債権を失う（旧民債担第七九条第二末尾）。

②　また、連帯債権者の一人が行った連帯の放棄も、彼の持分の限度で他の連帯債権者の債権を消滅させるから（旧民財第五一五条一項、同債担第八四条三項）、和解が連帯の放棄を含む場合にも、和解した債権者の持分の限度で、

他の債権者の債権は消滅する[42]。

(3) それでは、和解が連帯債権者の一人と債務者の関係でのみ行われることが明示されておらず、かつ、争いが債務全体に関する場合には、他の連帯債権者も、その内容を自己に有利だと判断したときは、和解を債務者に対して主張することができるか。

旧民法の規定上は必ずしも明らかではないが、梅は、連帯債権者間の事務管理を根拠にこれを肯定している[43]。

(二) 明治民法

明治民法は、連帯債権に関する規定を削除した。債権者間の連帯は実際にはほとんど行われず、また、契約により成立させることもできるため、わざわざ法律の規定を設ける必要がないからである[44]。

(三) 債権法改正

(1) だが、債権法改正は、連帯債権に関する規定を復活させた。連帯債権を認める裁判例や学説の増加を受けて[45]、不可分債権と連帯債権を区別して規律する必要性が感ぜられたからである[46]。

そして、新民法の下でも、連帯債権者の一人と債務者の和解は、他の連帯債権者に効力を生じないのが原則である(新民第四三五条の二本文参照)。

(2) ① しかし、連帯債権者の一人のなした債務の免除は、その債権者の持分的利益の限度で、他の債権者の債権を消滅させる(新民第四三三条)。それゆえ、連帯債権者の一人と債務者の和解が債務の免除を含む場合にも、他の債権者の債権は、和解した債権者の持分的利益の限度で消滅すると解すべきである。

② なお、連帯の放棄については規定がない。旧民法は持分の限度での絶対的効力を認めていたが(右(一)(2)②)、新民法の下では、新民第四三五条の二本文の原則に従い、他の連帯債権者には効力を生じないと解すべ

きであろう。

（3）①　それでは、連帯債権者の一人と債務者が、両者間でのみの和解であることを明示することなく、債務全体に関して和解を行った場合に、他の連帯債権者は、その和解の内容を有利だと判断すれば、これを自己のために援用することができるか。たとえば、一〇〇〇万円の連帯債権者Aと債務者Cが和解して、Cが建物を給付する代わりに、Aは債務の全額を免除するという和解が成立したとしよう。

もし、この和解を他の連帯債権者Bが援用しなければ、Bの債権は免除者Aの持分的利益の限度で消滅するから（新民第四三三条）、両者の持分が平等のとき、BはCに対して五〇〇万円の債権を有することになる。

他方、Bが和解を援用すれば、債権をすべて失う代わりに、建物引渡請求権を取得し、建物所有権の移転後は、その建物につき半分の持分を有することになる。

つまり、Bは、建物の価値を一〇〇〇万円以上と評価したとき、あるいは、Cから五〇〇万円を回収することが困難だと判断したときなどに、AC間の和解を自己のために援用することができるかという問題である。

②　ところで、こうした和解の援用を認めても、債務者Cにとって不利益はない。むしろ、建物を引き渡すことができる相手方が増える分だけ、利益があるとすらいえる。

また、債権者Aは、建物の価値を低く評価して、それを自己のみの所有物とすることを欲していたような場合には、和解がAC間でのみ行われることを明示すればよかったのであるから、右の明示がない場合にBの和解援用権を認めても、必ずしもAを不当に不利に扱うことにはならない。

そうだとすれば、Bによる和解の援用は認められると解すべきである。そして、その法的構成は、相手方の地位を有利にする相互代理という観念が一般的な承認を得られていない以上、事務管理以外には考えられないであろう。

五　不可分債権債務

（一）　旧民法

（1）　不可分債権者の一人と債務者が行った和解や、債権者と不可分債務者の一人が行った和解は、他の不可分債権債務者に対して効力を生じないのが原則である。[47]

（2）　ただし、和解が免除を含む場合は別途に考察されねばならない。すなわち、不可分債権者の一人と債務者が債務の免除を含む和解を行った場合には、他の不可分債権者は、債権の全部を請求する権利を失わないが、債務者に対して、和解した債権者の持分を計算して償還しなければならない（旧民財第四四五条二項）。

さらに、債権者が不可分債務者の一人と債務の免除を含む和解を行った場合には、他の不可分債務者の債務は消滅する（旧民財第五〇六条三項前段による同条二項本文の準用）。ただし、債権者が他の不可分債務者に対する権利を留保した場合には、他の不可分債務者の債務は消滅しない。しかし、この場合においても、債権者は和解した不可分債務者の負担部分の限度で、他の不可分債務者に対する償還義務を負担する（旧民財第五〇六条三項後段）。[48]

（3）　なお、梅は、旧民法の下でも、和解を行わなかった不可分債権者または債務者は、和解当事者間でのみ和解が行われたという証拠がない限り、その和解を自己に有利だと判断すれば、事務管理を根拠としてこれを援用しうるという（第二章第八節四（三）参照）。[49]

（二）　明治民法

（1）　明治民法においても、不可分債権者または債務者の一人が、債務者または債権者と行った和解は、他の不可分債権債務者に対して効力を生じないのが原則である（民第四二九条二項、第四三〇条参照）。

（2）　ただし、不可分債権者の一人が債務の免除を含む和解を行った場合には、他の債権者は、債務者に対して、和解した債権者がその権利を失わなければ分与される利益を償還しなければならない（民第四二九条一項）。

また、債権者が不可分債務者の一人と債務の免除を含む和解を行った場合も同様とされる（民第四三〇条による第四二九条一項の準用）。

（3）なお、和解が不可分債権債務者の一人との間でのみ行われたことが明示されていない限り、他の不可分債権債務者は、その和解を自己に有利だと判断した場合には、事務管理に基づきこれを援用しうると解すべきであろう。

（三）債権法改正

（1）債権法改正後も、和解は相対的効力しか有しないのが原則である（新民第四二八条による第四三五条の二本文の準用、同第四三〇条による第四四一条本文の準用参照）。

（2）また、不可分債権者の一人が債務の免除を含む和解を行った場合の規律も、改正前と同様である（新民第四二九条）。

しかし、債権者が不可分債務者の一人と債務の免除を含む和解を行った場合には、他の不可分債務者は、債権者に対する償還請求権ではなく、和解した債務者に対する求償権を持つものと改められた（新民第四三〇条による第四四五条の準用）。そして、他の不可分債務者が債務の全部を履行した後、和解した債務者が自己の負担部分の割合でその求償に応じても、後者は、債権者に対して求償金の償還を請求できないものと解されている。[50]そうだとすれば、和解した債務者は、債権者に対して、不当利得に基づき和解金の返還を請求しうると解すべきであろう。和解した債務者の損失において、債権者は和解金を利得しているからである（なお、連帯債務の場合には、和解金の支払いによって債務額が減少すると解されるから、このような問題は生じない（本節二（二）（3）④、（三）（1）参照））。

だが、右の結論は、債権者と不可分債務者の一人が行った債務の免除を含む和解の意味を失わせるものであり、妥当とはいえない。立法論としては、改正前と同様に、和解した不可分債務者の負担部分の限度で、債権者の他の不可分債務者に対する償還義務を認めるべきであろう。

(3) なお、新民法の下でも、和解を行わなかった不可分債権債務者の和解援用権は、右(二)(3)と同様の条件の下で認められるべきである。

六　保証

(一)　旧民法

(1)　債権者と主たる債務者の和解

① 債権者と主たる債務者の和解が主たる債務の負担を重くするときは、合意の相対効により(旧民財第三四五条)、その効力は保証人には及ばない(51)。他方、主たる債務の負担を軽くするときは、保証人の責任も軽減される。免除の絶対的効力(旧民財第五〇六条一項)(52)がその根拠である(53)。

② それでは、和解が主たる債務者の人的な抗弁に関して行われたときは、どのように解されるか。この点につき、旧民法は次の規定を置く。

旧民債担第二五条二項

保証人ハ債務ヲ保証スルニ当リ債務者ノ無能力又ハ其承諾ノ瑕疵ヲ知ラサリシトキハ此等ノ事項ヨリ生スル無効ノ理由ヲ以テモ対抗スルコトヲ得

既にみたように、仏民原始規定第二〇三六条二項およびその解釈によれば、保証人は、同意の瑕疵（詐欺、強迫、錯誤）を理由とする抗弁を援用することはできるが、無能力を理由とする抗弁は援用できないとされていた（第二章第八節五（一）（2））。これに対して、本条項は、無能力と同意の瑕疵を区別せず、保証人が、主たる債務者の無能力や同意の瑕疵を知らなかったときは抗弁を援用でき、知っていたときは援用できないものとした。契約が取り消しうるものであることを知っていた者は、主たる債務が取り消された場合に、その責任を引き受けるつもりで保証したとみられるからである[54]。

それゆえ、債権者と主たる債務者の和解により、主たる債務者のこれらの抗弁の存在が確認され、主たる債務が消滅したとしても、保証人がその抗弁を基礎づける事実を認識していた場合には、和解を援用することができないと解される。

(2)　債権者と保証人の和解

①　保証債務に関する和解

まず、債権者が保証人に対して保証債務を免除しても、主たる債務は消滅しない（旧民財第五一一条）。主たる債務が従たる債務よりも負担の重いことはありうるからである。また、保証人が保証債務の免除を受けるために支払った金銭も、主たる債務に充当されない（旧民財第五一三条[55]）。

それゆえ、債権者と保証人が保証債務に関して和解を行っても、その和解の効力は、和解金の扱いを含めて、主たる債務者には全く及ばないと解される[56]。

②　主たる債務に関する和解

逆に、債権者が保証人に対して主たる債務を免除した場合には、主たる債務者も債務を免れる（旧民財第五〇七条[57]）。また、債権者と保証人の間に下された判決は、保証人が勝訴した場合にのみ、その効力が主たる債務者にも及ぶ（旧民債担第二六条）[58]。

その理由は、保証人は、主たる債務者の代理人、あるいは少なくとも事務管理人として、主たる債務者の地位を不利にはできないが、有利にはできることに求められる。[59] つまり、両条の規律は、一九世紀フランスにおけるTroplongの見解に類似するものといえよう（第二章第八節五（二）（1））。

それゆえ、債権者と保証人が主たる債務に関する和解を行った場合には、主たる債務者がその和解を有利だと思えば、これを援用することができると解される。

（二）明治民法

（1）債権者と主たる債務者の和解

① まず、和解が主たる債務の負担を重くする場合には、契約の相対効により、その効力は保証人には及ばない（本節一（二）（1））。

他方、和解が主たる債務の負担を軽くするときは、保証債務の負担も軽減される。もっとも、明治民法は、旧民財第五〇六条一項とは異なり、このことを免除の効力としては規定していないため、端的に附従性からの帰結というべきである（民第四四八条）。

② 次に、和解が主たる債務者の人的抗弁に関して行われた場合については、旧民債担第二五条二項の修正が重要である。すなわち、同条によれば、主たる債務者の有する抗弁が詐欺、強迫、錯誤によるときでも、保証人がこうした同意の瑕疵を認識していたのであれば、債権者にその抗弁を対抗することはできなかった。

だが、梅は、次のように述べてこれに反対する。すなわち、詐欺や強迫の事実を知りながら、もしその契約が取り消された場合には、自らがその責任を引き受けるというのは、不正行為の効力を是認することに他ならず、目的が不法である。それゆえ、詐欺、強迫は、保証人がこれを知っていた場合にも、債権者に対する抗弁として援用できる。また、錯誤による契約は初めから無効であるから、取り消された場合の責任を引き受けるということがありえない。従って、詐欺、強迫、錯誤といった同意の瑕疵を理由とする抗弁は、保証人がそれを認識していた場合にも、これを債権者に対抗できる、と。[60]

こうした考えの下に起草されたのが、次の民第四四九条である。

民第四四九条
　無能力ニ因リテ取消スコトヲ得ヘキ債務ヲ保証シタル者カ保証契約ノ当時其取消ノ原因ヲ知リタルトキハ主タル債務者ノ不履行又ハ其債務ノ取消ノ場合ニ付キ同一ノ目的ヲ有スル独立ノ債務ヲ負担シタルモノト推定ス

これによれば、債権者と主たる債務者の和解により、主たる債務者の有する人的抗弁の存在が確認され、主たる債務が消滅した場合、保証人がその和解を援用できないのは、主たる債務者の抗弁が無能力を理由とするものであり、かつ、保証人が無能力の事実を認識していた場合に限られることになる。

(2)　債権者と保証人の和解

①　保証債務に関する和解

債権者が保証人に保証債務を免除しても、主たる債務者は債務を免れない。これを明記した旧民財第五一一条が削除されたのは、当然のことだったからにすぎない。[61]

だが、保証人が和解金の支払いと引換えに、保証債務の免除を受けるという和解が成立した場合には、支払われた和解金の限度で、主たる債務も消滅すると解すべきである（反対、旧民財第五一三条。本節二（二）（2）②参照）。

② 主たる債務に関する和解

それでは、債権者が保証人に対して主たる債務を免除すれば、主たる債務者は債務を免れるか。保証人は、主たる債務者の受任者または事務管理人として、彼の地位を有利にできるかという問題である。

この点に関連して、梅は、旧民債担第二六条を参考にしつつ、次の草案を起草した。

甲号議案第四六一条一項

主タル債務者ハ債権者ト保証人トノ間ニアリタル確定判決ヲ援用スルコトヲ得但其判決ノ牽連シタル部分ニ付キ其自己ニ利アルモノト不利ナルモノトヲ分ツコトヲ得ス(62)

主たる債務者は、債権者と保証人の間に下された判決を自己に有利だと思えば、これを援用しうるという趣旨である。だが、本条項は法典調査会の審議において削除されている。判決の効力が第三者に拡張されるという理屈は、訴訟法的な観点からみてこれを認めがたかったからである(63)。それゆえ、現行法には同旨の規定は存在しない。しかし、だからといって、保証人が代理人または事務管理人として主たる債務者の地位を有利しうることが、実体法の理論としても否定されたと断言することはできないように思われる。

確かに、免除の箇所の起草過程において、富井は、旧民財第五〇七条を削除している。保証人を主たる債務者の代理人とみることはできないからである(64)。だが、梅は、旧民財第五〇七条と同様の結論は解釈によって導けると考えていたのであり(65)、この点に関しては、梅と富井の間に見解の相違があったというべきである。そして、少なくとも明治民法の規定上、保証人を代理人や事務管理人とみることは積極的には否定されていない。それゆえ、保証人に対して主たる債務を免除しうるかは、未だ残された問題だというべきであろう。

そうだとすれば、この点は改めて考え直すべきである。まず、保証人を主たる債務者の代理人とみる可能性であるが、主たる債務者の保証人に対する保証委託のなかに、主たる債務に関する事務の委託が含まれているとみることは難しいように思われる。保証委託は、債権者と保証契約を締結し、一定の期間、主たる債務者が信用供与を受けられるようにすることを依頼するものであり[66]、主たる債務者のために消滅時効を援用したり、債務免除を受けることまでが委託されているとは考えられないからである。

これに対して、保証人が主たる債務者の事務管理人として、主たる債務に関する事務を処理することは、必ずしも主たる債務者の財産管理権を不当に侵害するものではないというべきだろう。保証人は、主たる債務の責任が減少すれば自らの責任も減少するのであるから、主たる債務者のために、主たる債務者にとって（も）有利な行為を行うことは許されて然るべきである。また、近時異論はあるものの、伝統的には、委託を受けない保証人の求償権（民第四六二条）は、事務管理の性質を有するといわれてきたのであり[67]、保証人を主たる債務者の事務管理人と扱うことは、現行法の解釈としても無理なく受け入れられるものと思われる。

以上より、債権者と保証人が主たる債務に関する和解を行った場合には、主たる債務者がその和解を有利だと思えば、事務管理を根拠にこれを援用しうると解すべきである。

(三)　債権法改正

基本的には、右（二）に準じる。

ただし、債権者と主たる債務者が、保証契約後の行為により、保証人の負担を加重することはできないという条文が追加された（新民第四四八条二項）。それゆえ、債権者と主たる債務者の和解が主たる債務の負担を重くする場合に、その効力が保証人に及ばないことは、同条項を根拠として説明することができる（右（二）（1）①参照）。

注　第八節

（1）Boissonade, *Projet*, t. 3, n° 375, 7°：熊野敏三『民法正義　財産取得編　巻之二』五九〇頁。

（2）梅謙次郎『日本民法和解論　完』二五五頁以下。

（3）甲号議案第四一七条（『民法第一議案』一八五頁）
債権ハ当事者及ヒ其他ノ包括承継人ノ間ニ非サレハ其効力ヲ有セス但別段ノ定アルトキハ此限ニ在ラス
なお、『法典調査会　民法議事速記録　三』一〇〇頁［穂積陳重］も参照。

（4）『法典調査会　民法整理会議事速記録』二三五頁以下、二四三頁［いずれも、穂積陳重］。

（5）野澤正充「契約の相対的効力と特定承継人の地位（四）」民商一〇〇巻五号（平成元年）八六三頁以下、山田誠一「契約の相対効」法教一五二号（平成五年）三九頁以下、前田達明監修、高橋眞、玉樹智文、高橋智也編『史料債権総則』（成文堂、平成二二年）六八頁［松岡久和］、一三六頁［吉村良一］。

（6）『法典調査会　民法議事速記録　五』九二頁［梅謙次郎］。

（7）大阪高決昭和三一年九月二六日家月八巻九号四八頁、札幌高決昭和四三年一二月一九日家月二一巻四号一三九頁、大阪高決昭和五四年六月一八日家月三二巻三号九四頁、仙台高決昭和五六年八月二四日家月三五巻二号一四五頁。
もっとも、扶養料を支払った父が母に求償できるとすれば、母と経済的生活基盤を一にする子にとっては、何ら益するところがないとして、子の扶養料請求を否定した裁判例もある（札幌高決昭和五一年五月三一日判タ三三六号一九一頁）。

その他の裁判例や学説の状況につき、西原道雄「親権者と親子間の扶養」中川善之助教授還暦記念家族法大系刊行委員会編『家族法大系Ⅴ　親権・後見・扶養』（有斐閣、昭和三五年）九五頁、石井健吾「未成熟子の養育費請求の方法」東京家庭裁判所身分法研究会編『家事事件の研究（一）』（有斐閣、昭和四五年）一六九頁以下、西原道雄「母が父に子の養育費を請求しない旨の念書を差し入れた場合の効力」中川淳編著『家族法審判例の研究』（日本評論社、昭和四六年）一九二頁、山崎賢一「判批（札幌高決昭和五一年五月三一日）」判タ三四〇号（昭和五二年）七八頁、吉田邦彦「判批（仙台高決昭和五六年八月二四日）」水野紀子、大村敦志編『民法判例百選Ⅲ　親族・相続（別冊ジュリ二二五号）』（有斐閣、平成二七年）一〇二頁、中山直子「判批（仙台高決昭和五六年八月二四日）」水野紀子、大村敦志編『民法判例百選Ⅲ　親族・相続　第二版（別冊ジュリ二三九号）』（有斐閣、平成三〇年）一〇二頁など参照。

（8）一九世紀フランスの連帯債務論が我が国に継受される過程につき、淡路剛久『連帯債務の研究』（弘文堂、昭和五〇年）一四一頁以下、福田誠治「一九世紀フランス法における連帯債務と保証（六）（七・完）」北大法学論集五〇巻三号四六九頁、五〇巻四号七二一頁（平成一一年）参照。

（9）Cf. Boissonade, *Projet*, t. 4, n°s 152, 154, 156 et 178; 宮城浩蔵『民法正義 債権担保編 第一巻』三三七、三四二頁、三四七頁以下、三九一頁以下。

（10）梅も、「連帯債権者又は債務者の一人か為したる和解は之れを他の債権者又は債務者に対抗することを得さるを原則とす」、という（梅謙次郎『日本民法和解論 完』二七六頁）。

（11）梅謙次郎『日本民法和解論 完』二八一頁以下。

（12）Boissonade, *Projet*, t. 2, n° 582.

なお、福田誠治「一九世紀フランス法における連帯債務と保証（六）」四八二頁以下は、免除の絶対的効力が負担部分の限度で生ずるのは求償権侵害に対する制裁だが、免除全額につき生ずるのは相互代理の効果であるという。

しかし、ボアソナードは、右の箇所において、連帯債務者が三人以上いる場合を想定して、次のように述べている。すなわち、仮に負担部分の限度で絶対的効力を生じさせたとしても、被免除者A以外に無資力の連帯債務者Cがいれば、弁済した連帯債務者Bは、Cに求償できなくなった分の負担をAに求めることができる。それゆえ、Aをこうした求償のリスクからも免れさせるために、免除全額につき絶対的効力が生ずることを原則とした、と。

この記述から、ボアソナードは、免除全額につき絶対的効力が生ずることも、被免除者を求償のリスクから免れさせるべきことから根拠づけているといえよう。

（13）梅謙次郎『日本民法和解論 完』二七七頁。

（14）旧民債担第五八条

債務者ノ一人ノ無能力又ハ承諾ノ瑕疵ニ基キタル答弁方法ハ其人自身ニ非サレハ之ヲ援用スルコトヲ得ス然レトモ此答弁方法カ一旦許サレタル上ハ債務ニ於ケル其者ノ部分ニ付キ他ノ債務者ヲ利ス但他ノ債務者カ契約ノ際義務履行ニ付キ其者ノ分担ヲ予期スルコト有リタルトキニ限ル

なお、ボアソナードは明記していないが（cf. Boissonade, *Projet*, t. 4, n° 151）、本条の規律は、一九世紀フランスにおけるDemolombe の見解に等しいものである（第二章第八節二（二）（2）参照）。

（15）梅謙次郎『日本民法和解論 完』二七七頁。

（16）旧民財第五一三条

共同債務者ノ一人カ連帯若クハ不可分ノミノ免除ヲ得ル為メ又ハ保証人ノ一人カ保証ノ免除ヲ得ル為メ債権者ニ出捐ヲ為シタルモ其債務ヲ減セス且他ノ共同債務者又ハ共同保証人ニ対シテ求償権ヲ有セス

(17) Boissonade, *Projet*, t. 2, n° 590; 井上正一『民法正義 財産編第二部 巻之二』二六一頁以下。
(18) 梅謙次郎『日本民法和解論 完』二七七頁以下、二六八頁以下。
(19) 『法典調査会 民法議事速記録 三』一七二頁以下〔富井政章〕。
(20) 不真正連帯債務の事案であるが、連帯債務の場合にもあてはまると解されている。潮見佳男『債権総論II(第三版)――債権保全・回収・保証・帰属変更』(信山社出版、平成一七年)五五九頁参照。
(21) 椿寿夫「連帯債務」西村信雄編『注釈民法(一一)債権(二)』(有斐閣、昭和四〇年)九二頁、河邉義典「判解(最判平成一〇年九月一〇日)」最判解民事篇平成一〇年度下(平成一三年)八〇二頁以下。
(22) 河邉・前掲注(21)八〇三頁参照。
(23) 『法典調査会 民法議事速記録 三』一八九頁〔富井政章〕。
(24) 我妻栄『新訂 債権総論』四一七頁。
(25) 椿寿夫「連帯債務」九二頁。
(26) 平野裕之「判批(最判平成一〇年九月一〇日)」リマークス一九号(平成一一年)三八頁。
(27) 潮見佳男『新債権総論II』五九七頁。
(28) 『法典調査会 民法議事速記録 三』六二四頁〔富井政章〕。
(29) 椿寿夫「連帯債務」九四頁以下、我妻栄『新訂 債権総論』四一八頁、潮見佳男『債権総論II』五五九頁、中田裕康『債権総論』四五三頁。
(30) 『法典調査会 民法議事速記録 三』一七九頁〔富井政章〕。
(31) 『法典調査会 民法議事速記録 三』一九六頁〔富井政章〕。
(32) 潮見佳男『新債権総論II』五九七頁注九四。
(33) 梅謙次郎『民法債権担保編(対人担保)』(和仏法律学校、明治二九年?)二三八頁以下。
もっとも、福田誠治「一九世紀フランス法における連帯債務と保証(六)」五〇五頁は、全部義務においては、債務の免除は負担部分の限度で効力が生ずるのが原則、全面的な効力が生ずるのは例外であり、少なくともこの点においては連帯債務との差異が認められるという。
(34) 『法典調査会 民法議事速記録 三』一七三頁〔富井政章〕。なお、乙号議案が予決議案とも呼ばれていたことにつき、佐野智也『立法沿革研究の新段階』四七頁参照。
(35) 『法典調査会 民法主査会議事速記録』八六頁以下〔梅謙次郎〕。

(36)『法典調査会 民法議事速記録 三』一五一頁〔富井政章〕。
(37) 椿寿夫「連帯債務」五七頁以下参照。
(38) 最判昭和四五年四月二一日判時五九五号五四頁は、「不真正連帯債務の場合には債務は別々に存在するから、その一人の債務について和解等がされても、現実の弁済がないかぎり、他の債務については影響がない」、と判示する。
さらに、最判昭和四八年二月一六日民集二七巻一号九九頁（共同不法行為者の一人の債務を免除する和解は、他の共同不法行為者の債務を消滅させない）や、最判平成六年一一月二四日判時一五一四号八二頁（調停の事案で右昭和四八年判決と同旨を述べる）も参照。
(39) 潮見佳男『新債権総論Ⅱ』五八六頁以下。
(40) 潮見佳男『新債権総論Ⅱ』五八七頁。
(41) 梅謙次郎『日本民法和解論 完』二七六頁。
(42) 梅謙次郎『日本民法和解論 完』二七七頁。
(43) 梅謙次郎『日本民法和解論 完』二七八頁以下。
(44)『法典調査会 民法主査会議事速記録』八八頁以下〔梅謙次郎〕、『法典調査会 民法議事速記録 三』一七二頁以下〔富井政章〕。
(45) 民法（債権法）改正検討委員会編『詳解・債権法改正の基本方針 Ⅲ』三七四頁以下。
(46) 筒井健夫、村松秀樹編著『一問一答 民法（債権関係）改正』一二〇頁。
(47) 梅謙次郎『日本民法和解論 完』二七一頁。
(48) もっとも、性質による不可分債務ではなく、任意の不可分債務の場合には、和解した不可分債務者の負担部分の限度で、他の不可分債務者の債務も消滅するから、債権者の償還義務は生じない。井上正一『民法正義 財産編第二部 巻之二』二三八頁以下参照。
(49) 梅謙次郎『日本民法和解論 完』二七二頁以下。
(50) 潮見佳男『新債権総論Ⅱ』六二二頁、五九六頁以下参照。
(51) 梅謙次郎『日本民法和解論 完』二六四頁。
(52) 旧民財第五〇六条一項
主タル債務者ニ為シタル債務ノ免除ハ保証人ヲシテ其義務ヲ免カレシム
(53) 梅謙次郎『日本民法和解論 完』二六四頁。梅は、同所で旧民財第五〇六条一項を引用しつつ、もし保証人の責任が軽減されなければ、主たる債務者は保証人の求償権から免れることができないと述べている。

(54) Boissonade, *Projet*, t. 4, n°s 64 et suiv.; 宮城浩蔵『民法正義 債権担保編 第一巻』一三六頁以下。

(55) 確かに、旧民財第五一三条（前掲注（16）参照）は共同保証人の一人が弁済した場合については規定するものの、単独保証人が弁済した場合については明記していない。しかし、同条の規律が後者の場合にも妥当すると解されることにつき、梅謙次郎『日本民法和解論 完』二六八頁以下参照。

(56) 梅謙次郎『日本民法和解論 完』二六四頁以下。なお、梅が旧民財五一三条の規律を批判することは、連帯債務の箇所でみた通りである（本節二（一）（2）④）。

(57) 旧民財第五〇七条

保証人ノ一人ニ為シタル主タル債務ノ免除ハ債務者及ヒ他ノ保証人ヲシテ其債務ヲ免カレシム

(58) 旧民債担第二六条

右ノ抗弁ニ付キ債権者ト保証人トノ間ニ有リタル判決ハ債務者ヲ害スルコトヲ得ス然レトモ之ヲ利スルコトヲ得但其判決ノ牽連シタル箇条ハ債務者ニ利ナルモノト不利ナルモノトヲ分ツコトヲ得ス

(59) Boissonade, *Projet*, t. 2, n° 583; t. 4, n° 72; 井上正一『民法正義 財産編第二部 巻之二』一三九頁以下、宮城浩蔵『民法正義 債権担保編 第一巻』一四一頁以下。

(60) 『法典調査会 民法議事速記録 三』三九六頁以下［梅謙次郎］。なお、民第四四九条の起草過程については、前田陽一「取消・追認と保証をめぐる一考察」立教法学三六号（平成四年）一三八頁以下、柴崎暁「民法四四九条の成立と付従性なき人的担保」山形大学法政論叢二四・二五号（平成一四年）六〇頁以下も参照。

(61) 『法典調査会 民法議事速記録 三』六二三頁［富井政章］。

(62) 『民法第一議案』一九五頁。

(63) 『法典調査会 民法議事速記録 三』四七六頁以下。

(64) 保証人に代理権があれば、保証人に対する主たる債務の免除も有効であるが、代理権がない場合に、「保証人ニ対シテ免除ヲシタ計リデハ主タル債務者ハ免除ヲ受ケナイ」。「保証人ガ主タル債務者ノ代理人デアルト云フ或ハ其説ガ立ツカ知ラヌガ私一人ハ無理ダト思フ」（『法典調査会 民法議事速記録 三』六二三、六二五頁［富井政章］）。

(65) 『法典調査会 民法議事速記録 三』六二六頁以下［梅謙次郎］。

(66) 福田誠治『保証委託の法律関係』（有斐閣、平成二二年）一〇頁。

(67) 我妻栄『新訂 債権総論』四八八頁、四九三頁以下、於保不二雄『債権総論』二七七頁、二七九頁以下。なお、近時は不当利得としての性質を強調する見解も主張されている。渡邊力『求償権の基本構造――統一的求償制度の展

望』（関西学院大学出版会、平成一八年）一八八頁以下、潮見佳男『新債権総論Ⅱ』六九六頁以下など。

第九節　和解の解釈

一　旧民法

旧民法は、仏民第二〇四八条、第二〇四九条、第二〇五〇条を継受していない。ボアソナードが、第二〇四八条および第二〇四九条は和解の解釈規定だが、合意の解釈に関する原則規定（仏民原始規定第一一五六条、第一一六三条を継受したボアソナード草案第三七六条、第三七九条一項＝旧民財第三五六条、第三五九条一項）[1]があれば足りると考えたこと、また、第二〇五〇条は、これが欠けても同様の結論を導けると判断したことに由来する。[2]もとより、梅も仏民第二〇四八条乃至第二〇五〇条は無益な規定であるとの見解であったため（第二章第九節）、こうした旧民法の立場に賛意を表している。[3]

二　明治民法

（一）　規定の欠如

和解の解釈規定は、旧民法で既に削除されていたため、梅は、明治民法を起草する際に、改めてこれを無益だと述べる必要はなく、最初からその草案を設けないことで足りた。

さらに、明治民法は、合意の解釈に関する旧民法の諸規定もすべて削除したため、[4]和解の解釈は、条文上の手掛かりを全く欠いたまま、裁判官の判断に委ねられることとなった。

（二）判例の変遷

それでは、我が国の裁判官は、和解の解釈に対してどのような態度で臨んでいるか。裁判上の和解の解釈につき、判例は興味深い変遷を遂げている。先に結論を述べれば、当初は、和解条項の文言にとらわれることなく、当事者の真意を探究すべきとしていたが、ある最高裁判決を契機として、和解条項の文言に即した解釈を行うべきという立場に変化した。左では、いくつかの判例および裁判例をみながら、こうした変化とその理由を検討してみたい。

（1）和解条項の文言にとらわれることなく、真意を探究すべきという判例

大審院は基本的にこの立場であり、最高裁も当初はこの見解であった。

① 大決昭和八年一一月二四日大審院裁判例（七）民二六七頁

訴訟上の和解条項にある「土地明渡」という文言が、地上建物の収去を含むかが争われた事案で、原審がその文言を厳格に解して、建物収去を含まないと判断したのに対し、大審院は、和解調書の「文言ヲ解釈スルニ当リテハ一般法律行為ノ解釈ト同様ニ使用セラレタル文存［字?］ノミニ拘泥スルコトナク文存［字?］ト共ニ其ノ解釈ニ資スヘキ他ノ事情殊ニ当該訴訟事件ノ従事［来?］ノ経過等ヲモ参酌シテ以テ当事者ノ真意ヲ探究」すべき、と述べて、建物収去も含まれるという解釈の可能性を示唆した。

② 大決昭和九年一月二三日大審院裁判例（八）民四頁

訴訟上の和解において「土地明渡」が約されたところ、地上に建物が存在したという類似の事案で、大審院は、右昭和八年決定と同旨の説示を繰り返した。

③ 大判昭和一五年一〇月八日法学一〇巻三号三二四頁

原告が第一審で勝訴し、被告が控訴した控訴審の継続中に、裁判外の示談により訴えが取り下げられた場合、当

事者が示談または和解契約により新たな債務を創設したのか、被告が第一審判決に服する旨を約したのかは、当該訴訟における当事者の主張、殊に被告の答弁等を審究して判断しなければならないとした。

④　**大判昭和一五年一〇月一五日新聞四六三七号七頁**

宅地建物の賃貸借に関する紛争につき、裁判上の和解が行われた後、有益費償還請求権の放棄の有無が争われた事案で、大審院は、同請求権の放棄が和解調書に記載されていなくても、調書の記載が不十分で、当事者の意を尽くしていない場合には、「必シモ調書ノ字句ノミニ拘泥セス宜シク他ノ証拠ト合セ考ヘ当事者ノ真ノ合意ノ何処ニアルヤヲ捕捉」すべきとして、放棄の事実を認定した原判決を維持した。

⑤　**最判昭和三一年三月三〇日民集一〇巻三号二四二頁**

土地の利用関係をめぐる争いにおいて、土地の一部をX、残部をYに取得させるという裁判上の和解が成立したところ、和解調書の文言や和解調書に添付された図面からは、XとYのそれぞれの所有に帰すべき部分が実地について特定しえなかったという事案で、最高裁は、裁判上の和解の「有効無効は、和解調書の文言のみに拘泥せず一般法律行為の解釈の基準に従つてこれを判定すべき」であるが、「本件和解の目的物は確定し得ない」から、本件和解は無効であると判示した。

最高裁は、「真意の探究」という言葉を用いていないが、法律行為の解釈の基準に従い、文言に拘泥することなく当事者の真意を探究しても、目的物を確定しえない場合には、和解は無効になると判断したものと思われる。[5]

(2)　原則として和解条項の文言に即して解釈すべきという判例および裁判例

大審院に一件みられるほか、最高裁昭和四四年判決（左②）を契機として、その後の裁判例の基本的な考え方となった。

① 大判大正一四年四月一五日新聞二四一三号一八頁

貸主と借主が、賃貸家屋明渡請求訴訟において、（ア）家屋の明渡期日、（イ）明渡しまでの家賃請求権の放棄、（ウ）訴訟費用の負担方法の三点につき和解条項を作成して、裁判上の和解を成立させた。しかし、その後、この和解が敷金返還請求権の放棄を含むかが争われた事案である。

原審が、当事者は係争権利関係につきすべての紛争を根絶させる目的で和解を行ったから、敷金返還請求権も放棄されたと判断したのに対し、大審院は、和解条項中に敷金返還請求権が明記されていないことを重視して、原審は「正当ノ根拠ナクシテ不法ニ解釈ヲ拡張シタ」、と判示した。

② 最判昭和四四年七月一〇日民集二三巻八号一四五〇頁

Y所有建物の明渡しについて成立した訴訟上の和解に、「A並びにXは現在Xが使用占有している本件家屋についてこれを占有する正当な権限のないことを認め昭和三九年六月末日限り明渡すこと」、という条項が含まれていた。その後、この条項は、Xへの明渡猶予期間を定めたものか、Xを借主とする右期日までの賃貸借契約が結ばれたものであるのか（後者だとすれば、借家法による法定更新の可能性がある）が争われた事案である。

原審は、この条項の文言によれば、単に明渡しの猶予が約定されたかのようであるが、和解成立に至るまでの経緯など諸般の状況を考慮すれば、賃貸借契約が成立したものと解すべきとした。

これに対し、最高裁は、「本件和解は、訴訟の係属中に訴訟代理人たる弁護士も関与して成立した訴訟上の和解であり（もっとも、被上告人［X］自身は、利害関係人として本人のみが関与しているが、この点については、和解文言の解釈については、とくに差異を設けるべきいわれはない。）、和解調書は確定判決と同一の効力を有するものとされており（民訴法二〇三条）、その効力はきわめて大きく、このような紛争のなかで成立した本件和解をその表示された文言と異なる意味に解すべきであるとすることは、その文言自体相互にむじゅんし、または文言自体によつてその意味を了解しがたいなど、和解条項それ自体に内包する、かしを含むような特別の事情のないかぎり、容易に考えられないのである」、と判示して、原判決を破棄した。

つまり、訴訟上の和解は、通常、弁護士の関与の下でその文言が法的に厳密に確定され、かつ、和解調書には確定判決と同一の効力、とりわけ執行力という大きな効力が認められることから、原則として、その文言に即した解釈（文理解釈）がなされるべきだというのである。

ところで、本判決の評釈をみると、その理由付けを含めて最高裁を支持する見解と、[6] 弁護士の関与や確定判決と同一の効力は、必ずしも決定的な意義を有するものではなく、文理解釈を原則とすべきなのは、和解調書そのものの性質に基づくという見解がある。[7]

思うに、訴訟上の和解だからといって必ずしも弁護士が関与するわけではなく、[8] また、和解調書にどのような効力を持たせるかは、訴訟上の和解にどの程度の実効性を付与すべきかという問題であり、和解の解釈とは本来別の事柄である。それゆえ、結論はともかく、本判決の理由付けは、必ずしも説得的ではなかったというべきであろう。こうしたことを意識してか、これに続く次の二つの最高裁判決は、本判決の理由付けを繰り返してはいない。

③　**最判昭和四六年一二月一〇日判時六五五号三一頁**

債権者Yと債務者Xの間に、「YはXの建物を担保として取得する。Xは、一定期間内にこれを買い戻すことができる」という条項を骨子とする裁判上の和解が成立した。だが、XからYへの所有権移転登記費用をどちらが負担するかについては、和解調書に記載がなく、当事者間に争いが生じた。

その後、Xが買戻代金を提供したところ、Yは、Xが登記費用を負担すべきであったのに、これを負担しなかったから、期間内に買戻代金を提供しても、債務の本旨に従った履行の提供とはいえず、建物所有権はXに復帰しないと争った。

原審がYの主張を認めたのに対し、最高裁は、「裁判上の和解の内容および効力については、原則として、和解調書に記載されたところから、これを判断すべきであり、和解調書に記載されなかった債権債務を和解条項中の債務と関連させてその効力を論ずるが如きことは許されない」。右の和解条項は、「まさにその文言のとおり解釈してこそ当事者の意思に合致するものといわなければならない」、と判示して、Xの主張を認めた。

④ **最判昭和四八年一二月一一日判時七三一号三二頁**

XとYの間に、「XがYに対し昭和四五年六月一日限り一七〇万円を支払う」、「Yは一七〇万円の支払いを受けると同時にXに対し建物の登記を移転する」、という条項を含む裁判上の和解が成立した。その後、Xの金銭支払義務は、Yの登記義務よりも先履行の関係に立つかが争われた。

原審がXの義務を先履行だと判断したのに対し、最高裁は、「裁判上の和解の解釈は、特別の事情の存しないかぎり、文理に従い、かつ、条項の全体を統一的にすべきものであるから、右和解で定められているところを総合すれば、特別の事情の存しないかぎり、上告人［X］の一七〇万円の支払義務（中略）と被上告人［Y］の本件建物についての登記義務が同時履行の関係にあると解される」、と判示した。

⑤ **名古屋地判平成一四年一二月二〇日税務訴訟資料二五二号順号九二五〇**

Xとその共同相続人等との間に、Xがその保有する株式を「譲渡」する対価として、「代金」および「その支払いに代わる土地持分」を取得するという裁判上の和解が成立した。Yは、これにより譲渡取得が発生したとして、Xに譲渡所得税を課した。だが、Xは、本件和解の実質は遺産分割協議であるから、相続税が課されるべきであると争った。

裁判所は、次のように判示して、Yの課税処分を適法と判断した。すなわち、「一般に、裁判上の和解は、当事者双方の合意内容が裁判官の面前で述べられ、裁判官による確認という慎重な手続を経て成立するものであるから、和解調書に記載された内容は、当事者双方の合意内容を正確に反映していると考えられる。そして、事実関係を最も正確に認識しているのは当事者であるから、上記合意内容は、特段の事情が認められない限り、当事者が認識している事実関係を前提として、紛争解決のための互譲を行った結果の生成物であると考えられる。したがって、和解調書に記載された条項は、通常、当事者による事実関係の認識に裏付けされていると考えられるから、その意義を解釈するに際しては、それが多義的であったり不明確なものでない限り、文言に即して合理的、客観的に行われるべきは当然である。特に、本件和解のように、長期間にわたって訴訟が係属し、深刻な対立が続いた後に成立した和解は、当事者が熟慮を重ねた結果を反映したものと推認できるから、上記の解釈指針がより妥当すると解される」、と。

つまり、ここでは、裁判官の関与という要素に触れつつも、事実関係を正確に認識する当事者が、熟慮を重ねて慎重に文言を選択したことが、文理解釈の主要な論拠とされているのである。

(3) 私見

これまでの検討から明らかなように、判例の立場は、最高裁昭和四四年判決（右（2）②）を契機として、裁判上の和解においては、当事者の真意の探究ではなく、和解条項の文言に即した解釈を行うべきという立場に変化した。だが、その理由として同判決が挙げたもの（弁護士の関与、確定判決と同一の効力）は、必ずしも適切ではないと解する余地があった。

このような状況で、最高裁昭和四六年判決（右（2）③）が、和解条項は、文言通りに解釈してこそ当事者の意思に合致すると述べたことが注目に値する。また、名古屋地裁平成一四年判決（右（2）⑤）も、事実関係を正確に認識する当事者が、熟慮を重ねて慎重に文言を選択したことが、文理解釈を旨とすべき理由だと述べている。

私見も、右の両判決の考え方を正当だと考える。というのも、当事者が事実関係を正確に認識して、言葉を慎重に選んだ場合には、文言に拘泥しないことではなく、拘泥することこそが、当事者の意思の尊重につながるからである。

しかし、そうだとすれば、このような考え方は、裁判上の和解のみならず、民法上の和解にも妥当するのではないか。民法上の和解においても、当事者は、紛争の実体を綿密に調査したうえ、慎重に文言を選んで和解を行うことが常だと思われるからである。

従って、裁判上の和解のみならず、民法上の和解においても、和解条項の間に矛盾が存したり、文言が不明瞭でほとんど意味を解しえない等の特段の事情のない限り、文言を離れた真意の探究ではなく、文言に即した解釈が原則とされるべきである。

三　清算条項の解釈

それでは、いわゆる清算条項においても、こうした文理解釈の原則は妥当するだろうか。判例および裁判例をいくつか挙げながら、この点を検討してみたい。

なお、一般に清算条項には、代表的なものとして、「原告は、その余の請求を放棄する」という「請求放棄条項」と、「原告と被告とは、本件和解条項に定めるほか何らの債権債務のないことを相互に確認する」といった「包括的清算条項」があるといわれている[9]。

しかし、清算条項の解釈原則を明らかにするための裁判例の分類基準としては、こうした清算条項のスタイルではなく、清算条項の効力が全面的に認められたか否かに着目すべきであろう。清算条項の効力を判断する際の理由の探究が、解釈原則を明らかにすることにつながると思われるからである[10]。

（一）　清算条項の効力が全面的に認められた例

（1）　賃貸人による建物明渡しと延滞賃料請求に関する訴訟上の和解の請求放棄条項は、賃借人が従前より供託していた供託賃料に対する賃貸人の権利を消滅させる（最判昭和四三年三月二九日判時五一七号五四頁[11]）。

（2）　建物明渡しに関する訴訟上の和解の包括的清算条項は、敷金返還請求権を消滅させる（東京地判昭和五〇年七月二八日判時八〇六号六〇頁）。

（３）手形金請求訴訟において、一旦は相殺の抗弁として主張されたが、実際には相殺の用に供されることのなかった損害賠償請求権は、右の訴訟において成立した和解の包括的清算条項により消滅する（東京地判昭和五〇年九月一六日判時八一三号六二頁）。

（４）労働者が使用者に対して、未払賃金、退職金、解雇通知を受けたことによる慰謝料を請求したが、一定額の金銭の支払約束と、包括的清算条項を含む裁判上の和解が成立したときは、和解期日前に労働者もその存在を認識していた、労働者の使用者に対する名誉毀損に基づく損害賠償請求権は消滅する（東京高判昭和五九年八月九日判タ五三九号三三五頁）。

（５）継続的な金銭消費貸借に関する和解に付された包括的清算条項は、借主が過払金返還請求権の存在を抽象的にでも認識していた場合には、貸金債務と表裏の関係にある右請求権をも消滅させる（大阪高判平成二四年六月二一日金法一九六〇号一三三頁）[12]。

さて、これらの諸判決においては、和解によって解決された紛争と清算条項によって消滅すべきものとされた権利が客観的な関連性を有していたこと（（１）（２）（３）（５））、あるいは、和解時に当該権利の存在が認識されていたことから（（１）（２）（３）（４）（５））、当事者は、清算条項によりその権利が消滅することを予期しえたということができる。それゆえ、文理解釈の原則に基づき、清算条項の効力がその文言通りに認められたものだと考えられる。

（二）清算条項の効力が制限された例

（１）交通事故による全損害を正確に把握しがたい状況のもとにおいて、早急に小額の賠償金をもって満足する旨の示談が行われた場合においては、被害者が示談によって放棄した損害賠償請求権は、示談当時予想していた損害についてのもののみと解すべきであって、その当時予想できなかった不測の再手術や後遺症による損害についてまで、賠償請求権を放棄したと解することはできない（最判昭和四三年三月一五日民集二二巻三号五八七頁）。

（2） 所有者が一定期間内に金銭を支払わなければ、根抵当権の抹消登記手続を求める権利を喪失し、かつ、その余の請求権も放棄するという訴訟上の和解が成立しても、これによって消滅するのは、和解契約に基づく登記抹消請求権に限られ、所有権に基づく登記抹消請求権は失われない（東京高判昭和五七年七月一九日判時一〇五三号一〇三頁）。

（3） 離婚後の紛争調整事件について成立した調停調書の最後に、「当事者双方は、以上をもって離婚及び共有物に関する紛争の一切を解決したものとし、本条項に定めるほか、その余に債権、債務の存在しないことを確認する」という条項が存しても、右当事者間の調停成立前の貸金返還請求権は消滅しない（東京高判昭和六〇年七月三一日判時一一七七号六〇頁）。

（4） 賃貸借契約解除に基づく土地返還および賃料相当損害金請求訴訟において成立した和解の請求放棄条項の効力は、解除による賃料相当損害金にのみ及び、既に供託されていた賃料については、供託を有効とする前提で和解が成立したと認められる以上、請求放棄条項の効力は及ばない（東京高判昭和六一年一月二七日判時一一八九号六〇頁）。

（5） 当事者の一方が確定判決に基づく請求権を有する場合に、同一当事者が後訴において包括的清算条項を有する裁判上の和解を成立させたとしても、右一方の当事者が、確定判決に基づく請求権はこの和解とは無関係であり、有効に残存するものと認識していた等の事情があるときは、右の請求権は、清算条項による放棄の範囲に含まれない（福岡高判昭和六二年三月三一日判タ六四四号二二八頁）。

（6） 買主が個人として行った取引に関して成立した和解の包括的清算条項は、買主の経営する会社が和解以前から負担していた債務が、法人格否認の法理によって和解後に買主に請求されたとしても、その債務を消滅させるものではない（東京地判平成二年一〇月二九日判タ七五七号二三二頁）。

(7)　継続的な金銭消費貸借取引の当事者が、特定調停手続で成立させた調停は、借主の残債務の確認および調整を目的とするものであるから、その調停に付された包括的清算条項は、借主の貸主に対する過払金返還請求権を消滅させない（最判平成二七年九月一五日判時二二八一号九八頁）。

(8)　継続的な金銭消費貸借につき成立した裁判外の和解に付された包括的清算条項は、借主が過払金返還請求権の存在を認識していなかった場合には、右請求権を消滅させない（東京高判平成二七年一〇月一五日判時二二八一号一〇五頁）。

さて、まず、(2)の判決は、所有権に基づく登記請求権は、所有権から独立して処分できないことを理由としたものであり、解釈により清算条項の効力が制限されたものではないというべきである。また、(3)は、清算条項の文言自体がその効力の及ぶ範囲を限定していたために（「離婚及び共有物に関する紛争」）、文言通りの解釈によって条項の効力が制限された事例だといえよう。

これに対して、(1)(4)(5)(6)(7)(8)の諸判決では、右(一)とは異なり、①当事者間の紛争と清算条項により消滅するかが争われた権利の間に客観的な関連性が存在せず、それゆえ権利消滅に関する当事者の合意が欠けると推測されること（(6)(7)）、あるいは、②たとえ右のような関連性が存するとしても、少なくとも当事者の一方が、当該権利の存在を認識していなかったり（(1)(8)）、当該権利の存続を予定していたと認められることから（(4)(5)）、清算条項の効力が解釈により制限されたということができる。

つまり、これらの場合には、文理解釈が当事者の意思の尊重につながらないため、例外的に制限的解釈が行われたということができるのである。

(三) 私見

以上を要するに、清算条項の解釈においても、原則は文理解釈である。確かに、例外的に制限的解釈が採用される場合もあるが、それは文理解釈が必ずしも当事者意思の尊重につながらない場合に限られている。つまり、文理解釈、制限的解釈のいずれがとられた場合にも、その背後には、当事者意思の尊重という思想が一貫して存在しているのである。この意味で、清算条項の解釈は、通常の和解の解釈と異なるところはないというべきである。

注 第九節

(1) 旧民財第三五六条

合意ノ解釈ニ付テハ裁判所ハ当事者ノ用ヰタル語辞ノ字義ニ拘ハランヨリ寧ロ当事者ノ共通ノ意思ヲ推尋スルコトヲ要ス

旧民財第三五九条一項

合意ノ語辞カ如何ニ広泛ナルモ其語辞ハ当事者ノ合意ヲ為スニ付キ期望シタル目的ノミヲ包含セルモノト推定ス

(2) Boissonade, *Projet*, t. 3, n° 375, 5° et 6°.

(3) 梅謙次郎『日本民法和解論 完』一八五頁。

(4) その理由は法典調査会の議事録からは明らかではない。沖野眞已「契約の解釈に関する一考察(一)」二七九頁以下は、その理由を推測して、旧民法が定義、説明、引例等、不必要な無数の事項を掲げたことにより条文が繁雑になっていると批判されていたことや、ドイツ民法第一草案が契約解釈に関する規定を僅かな例外を除き置いていなかったことなどが原因だったのではないかと述べている。

(5) 菊井維大「判批」法協七四巻二号(昭和三二年)二二五頁以下、三淵乾太郎「判解」最判解民事篇昭和三一年度(昭和三二年)三六頁以下。

(6) 下森定「判批」法協八七巻九・一〇号(昭和四五年)一〇〇七頁、石川明「判批」法学研究四三巻一二号(昭和四五年)一二一四一頁。

(7) 山木戸克己「判批」民商六二巻六号(昭和四五年)一〇〇二頁。

(8) なお、本件訴訟上の和解には、当事者の一方にしか弁護士がついていなかった。最高裁が、弁護士の関与を理由としながら、当事者の一方に弁護士がつけば足りるというのは（判旨括弧書き）、筋が通らないように思われる（山木戸・前掲注（7）一〇〇八頁）。

（9）濱口浩「和解条項中の清算条項の解釈と問題点」判タ八六〇号（平成七年）三〇頁。

（10）濱口浩「和解条項中の清算条項の解釈と問題点」三三頁以下は、清算条項に関する裁判例につき詳細な検討を行うものであり、本書もこれに負うところが多い。だが、そこでの検討を通じても、清算条項の解釈原則が十分に明らかとならなかったのは、裁判例が漫然と請求放棄条項と包括的清算条項に分類されたことが原因であるように思われる。

（11）事案につき、谷口安平「判批」判時五二五号（昭和四三年）一三一頁参照。

（12）なお、同旨の裁判例として、大阪高判平成二二年六月一七日判タ一三四三号一四四頁、東京高判平成二三年九月九日判時二一三七号四七頁などがある。また、過払金返還請求権を中心に和解の解釈を論ずるものに、平林美紀「和解契約の解釈と錯誤無効（東京高判平二六・一〇・三〇）」現代消費者法三一号（平成二八年）八九頁がある。

第一〇節　和解の無効と取消

一　和解の不可分性

（一）旧民法

和解中の一つの条項の無効、取消は、和解全部の無効をもたらすか。一九世紀フランス法学は、偽造の書類に基づく和解を全部無効とする仏民原始規定第二〇五五条を手掛かりとして、不可分性を和解一般に通ずる原則として承認していた（第二章第一〇節一）。

だが、旧民法は、不可分性に関する規定を有しない。たとえば、偽造の書類に基づく和解については、左のように定められている。

旧民財取第一一二条

和解ハ偽造ノ書類又ハ無効ノ行為ニ依リ承諾シタルコトヲ理由トシテ之ヲ銷除スルコトヲ得ス但此等ノ申立ヲ為スヲ得ヘキ当事者ニ於テ其書類ノ偽造ヲ知ラス又ハ其行為ヲ法律ニ於テ無効ナラシムル所ノ事実ヲ知ラサリシトキハ此限ニ在ラス

ボアソナードは、仏民原始規定第二〇五五条の entièrement nulle を、全部無効ではなく、不成立（radicalement nulle）の意に解したうえ、これを取消し（銷除）に修正する意図で本条の草案を作成した[1]。旧民財取第一一二条に全部無効という語がみえないのは、そのためである。つまり、旧民法は、こうしたボアソナードの理解と修正により、偽造の書類に基づく和解を切っ掛けとして、不可分性を論じる手掛かりを失ったのである。

だが、梅は、entièrement nulle に関するボアソナードの理解を誤解であると批判したうえ、和解の各条項には相関関係が認められる以上、不可分性は和解の解釈原則というべきであり、たとえ規定がなくとも、裁判官は、和解の一部取消しを容易に認めるべきではないと述べている[2]。

(二) 明治民法

明治民法にも和解の不可分性に関する規定は欠けるが、起草者梅がこれを否定する趣旨ではなかったことは明らかだろう。

(三) 裁判例および私見

(1) さて、裁判例に目を転じると、大判大正一四年五月九日新聞二四三〇号一二頁が、数条から成る和解契約の根幹条項たる第一条が無効であれば、和解はその全部が無効になると判示している。

この結論はもとより正当であるが、和解においては、当事者は個々の条項をお互いに関連づけながら、全体として一つの和解を成立させたと考えられるから、根幹条項や重要な条項に限らず、いずれかの条項が無効となれば、和解全部が無効になるというべきだろう。つまり、和解においては、全部無効が当事者の意思に適する解釈原則であり、この意味で、他の契約とは異なるというべきである。(3)

(2)　また、東京高判平成一二年一〇月三日判時一七五九号七三頁は、離婚の調停条項のうち、清算条項のみの無効を確認する訴えが提起された事案につき、「本件条項は、いわゆる清算条項であって、特定の権利義務を定めたものではなく、従って、本件条項のみの無効を確認しても、これによって、当事者間の特定の権利義務の存否や法律関係が確定するものではないから、特段の事情がないかぎり確認の利益はない」、という。

だが、これを反対に解釈すれば、特定の権利義務を定めた条項であれば、その条項だけの無効を確認する訴えは、確認の利益を有することにもなりかねない。それゆえ、むしろ、清算条項か否かにかかわらず、和解や調停中のある条項のみの無効を確認することは、その条項が他の条項と全く関連を有しない等の特段の事情がないかぎり、実体法上許されないというべきだったと思われる。(4)

二　莫大損害

(一)　旧民法

旧民法は、遺産分割については莫大損害による取消しを認めたが（旧民財取第四二〇条一項）(5)、不動産売買および和解については取消しを認めていない。

当初、ボアソナードは、フランス民法にならい、不動産売買につき莫大損害による取消しを認めていた（ボアソナード草案第七三三条以下）。だが、法律取調委員会の再調査案審議において、莫大損害による不動産売買の取消しは、社会の取引を攪擾妨害する等の理由から、これを否定することに決せられた。(6)

他方、ボアソナードは、和解に関しては、その取消しが認められないことは当然であるとして、仏民原始規定第二〇五二条二項のような規定は初めから設けなかった。和解は不確実な権利に関して行われるから、一方当事者が莫大な損害を被ったことを証明するためには、訴訟を行う必要があるところ、そのような訴訟は、まさに和解によって禁じられているからである(7)。

これに対して、遺産分割に関しては、日本人起草者による第一草案獲得編第二部第一七〇〇条が、フランス民法にならい莫大損害の取消しを認めており(8)、それが旧民財取第四二〇条一項として結実した。

かくして、旧民法は、遺産分割については莫大損害による取消しを認め、和解においてはこれを認めないため、一九世紀フランスにおけると同様に、遺産分割のために和解が行われた場合の処理が問題となった。この点につき、ボアソナードは、和解は遺産分割のために行われた場合にも取り消しえないと述べて(9)、フランスにおける少数説の立場を支持していた(第二章第一〇節二(二)参照)。

(二) 明治民法

だが、明治民法は、遺産分割についても莫大損害による取消しを否定した。物の価値が相対的なものである以上、法律が損害を理由として法律行為を取り消すというのは、過ぎたる干渉にあたるからである(10)。

それゆえ、遺産分割のために行われた和解を取り消しうるかという問題は消滅し、これによって、和解が給付の不均衡のみを理由として取り消される可能性はなくなったといえる。

(三) 私見——暴利行為と和解

このように、現行法の下では、莫大損害を理由とする和解の取消しが認められないことは自明である。しかし、給付の不均衡が明らかである場合、たとえば、不法行為に基づく損害賠償請求権が、著しく低額な和解金によって消滅させせられたような場合において、和解が、相手方の窮迫、軽率、無経験に乗じて行われたと認められるときには、これを公序良俗に反する無効な契約と解することは妨げられないであろう。そのような和解は、暴利行為といえるからである。(11)

実際、裁判例のなかにも、交通事故による損害賠償請求権につき、加害者が、経済的に窮乏の状態にあった被害者の法律的な無知を利用して、裁判所の算定額の半額に満たない、著しく低額な逸失利益および慰藉料の支払いによる示談を成立させた事案で、示談は公序良俗に違反すると判示したものがある。(12)

また、海外通貨先物オプション取引により顧客に三三六六万円余りの損害を被らせた会社の従業員が、八〇歳という高齢者である顧客の理解能力および判断能力の低さや無思慮に乗じて、損害額の一〇分の一にも満たない三〇〇万円の分割払いで紛争の一切を解決しようとした和解契約が、公序良俗違反により無効とされた例もある。(13)

三　詐欺、強迫

(一)　旧民法

旧民法は、フランス民法とは異なり、和解が詐欺、強迫に基づき行われた場合についての規定を有しない。ボアソナードが、詐欺強迫については一般原則に従う趣旨で規定を設けなかったからである。(14)

(二)　明治民法

梅は、右のような旧民法の立場に賛意を表しており、(15)明治民法にも、和解の詐欺強迫に関する特別規定はみられない。(16)

裁判例も、詐欺または強迫による和解の取消しを、一般原則に基づき認めている。たとえば、詐欺については、商品取引員たる会社が、三二〇〇万円の和解金を用意していたにもかかわらず、その従業員が、二一〇〇万円以上では会社の決裁が得られないと嘘をついて、顧客と二一〇〇万円で和解を行った事案で、和解の取消しを認めた大阪地判平成二〇年一一月一三日先物取引裁判例集五四号九九頁がある。[17]

また、強迫については、不動産の売買契約解消に際して、買主が売主に対して法律上支払義務のない違約金名下の金員を要求し、その解決策に困窮した売主の従業員に対して、彼の社内的責任等を指摘しながら畏怖させ、その結果、右従業員に和解金の支払いとして売主名義の小切手を振り出させた事案において、この小切手振出行為の取消しを認めた横浜地判昭和六〇年九月三〇日判時一一八一号一五〇頁がある。[18]

四　法律の錯誤

(一)　旧民法

旧民法は、仏民原始規定第二〇五二条二項と同じく、法律の錯誤による和解の取消しを認めない。

旧民財取第一一一条

　和解ハ法律ノ錯誤ノ為メ之ヲ銷除スルコトヲ得ス但其錯誤カ相手方ノ詐欺ニ起因スルトキハ此限ニ在ラス

ボアソナードは、その理由を説明して、和解は紛争を終結または予防するために行われるところ、法律の錯誤による取消しを認めれば、紛争が再発し、和解の目的が達せられなくなるからだという。[19]

これに対して、梅は、ボアソナードの理由付けでは、事実の錯誤による取消しが認められることを十分に説明できない。それゆえ、法律の錯誤による取消しが認められないのは、当事者が裁判ではなく和解を選択することによって、自ら招いた事柄だからだと述べている。[20]

（二）明治民法

他方、明治民法は、既に意思表示の箇所で、法律の錯誤と事実の錯誤という概念区別を廃していたため（現民第九五条）[21]、和解の箇所でも両者を区別することを止め、法律行為の要素に錯誤がある限り、和解を取り消しうるものとした。つまり、法律の錯誤であっても、それが要素の錯誤にあたる場合には、和解は無効とされたのである。[22]

これを受けて、判例や裁判例も、法律の錯誤を特に区別せず、錯誤が互譲により確定された事項について存したか否か、そして、互譲により確定された事項以外の事項について存した場合には、それが要素の錯誤といえるかという基準により、法律の錯誤に関する事案を解決している。

たとえば、最判昭和三六年五月二六日民集一五巻五号一三三六頁は、借地人が、法定更新を定めた旧借地法第六条の適用があることを知らずに、地主と和解して一定期間経過後の土地明渡しを約束した事案で、「民法上の和解の対象となつたのは借地権の存否自体だつたのであるから、この和解において判示期限後における借地権の消滅が合意せられた以上、後に法定更新の点が判明したとしても、民法六九六条により、和解の効力を争うことは許されない」、と判示している。

また、東京高判昭和三三年一〇月一五日判時一七〇号二四頁は、地主が、実際には一時使用の借地権であったのに、通常の借地権の存続期間を定めた旧借地法第二条の適用があると誤信して、借地人と土地の明渡しにつき和解した事案で、本件においては借地権の存続期間は互譲による確定の対象とされておらず、かつ、借地人「の主張する賃借権が一時使用のためのもので既に消滅しているか或は借地法第二条の適用のある借地権でなお存続中であるかは極めて重要な事項であつてこの点の錯誤がなければ前記のような和解をするはずがない」から、当該和解は要素の錯誤により無効である、と判示している。[23]

五　人に関する錯誤

(一)　旧民法

ところで、旧民法はフランス民法とは異なり、和解の箇所で人に関する錯誤の規定を設けていない。ボアソナードが、人に関する錯誤は一般原則で処理できると考えたためである[24]。

それゆえ、人に関する錯誤が決意の原因であったときは和解は不成立であり(旧民財第三〇九条三項)、合意の付随の原因にすぎなかったときは取り消しうるものとなる(同条四項[25])。

(二)　明治民法

明治民法は、人に関する錯誤という類型を設けず、これを民第九五条で処理することとした[26]。

それゆえ、人に関する錯誤により和解が無効とされるかは、和解の確定効(不可争効)が及ぶか否か、及ばないとすれば、法律行為の要素の錯誤に該当するかという基準で判断されることになる。

左の四つの裁判例は、いずれもこうした判断基準を採用したものといえよう[27]。

まず、左の三つは、要素の錯誤を肯定した事例である。

(1)　自己の息子が交通事故の加害者であると思って被害者と示談を行ったところ、息子を加害者と断定するに足る証拠がなかった場合には、示談は錯誤により無効である(水戸地判昭和三九年二月二八日判時三七〇号二二頁)。

(2)　自身が事故の発生につき過失あるものと信じて被害者と示談を行ったところ、実際には過失がなかった場合には、自己に過失なきことを知っていれば示談を行わなかったと推認されるから、示談は錯誤により無効である(勝山簡判昭和四四年六月二六日判時五七九号八〇頁)。

(3)　建築請負工事代金をめぐる争いにつき、債権者が、債務者は代金をローンにより支払うものと信じて和解に応じたところ、債務者には銀行ローンによる代金支払いの意思がなかった場合には、和解は錯誤により無効である（東京地判昭和五八年一二月一六日判時一一二二号一二五頁）。

これに対して、次の裁判例は、要素の錯誤を否定している。

（4）　XがYを係争地の所有権登記名義人および占有者であると信じて、Yの所有を認める代わりに、Yに一定額の金銭を支払わせるという和解を行ったところ、Yは係争地を既に第三者に譲渡しており、真実の登記名義人および占有者ではなかった。しかし、Xとしては、Yから約定の金員の支払いを約定の弁済期に確実に受けうることを専らの関心事としていたから、本件土地の所有権登記名義人および占有者がYであるか否かは本件和解契約を構成する意思表示の内容の重要な部分にあたらず、それゆえ和解には要素の錯誤がない（札幌高判昭和四三年七月一八日判時五二五号五八頁）。

六　争いの目的物に関する錯誤

既に述べたように、一九世紀フランスの多数説は、争いの目的物に錯誤が存する場合、和解は錯誤の一般原則により取り消しうるのであり、仏民原始規定第二〇五四条乃至第二〇五七条は、錯誤の一般原則たる仏民原始規定第一一一〇条一項の適用例にすぎないと解していた（第二章第一〇節六の冒頭）。ボアソナードが争いの目的物に関する錯誤の規定（ボアソナード草案第七六〇条および第七六一条）を起草したのも、右と同じ趣旨からである。[28]また、旧民法の注釈書も、和解における事実の錯誤が承諾を瑕疵あるものとすることは、錯誤の一般原則によるものであると述べている。[29]

明治民法は、これをさらに一歩進めて、争いの目的物に関する錯誤についての旧民法の二箇条（旧民財取第一一二条および第一一三条）をすべて削除し、和解の錯誤は、端的に、錯誤の一般原則（民第九五条）により処理すべきものとした。[30]

しかし、だからといって旧民法の二箇条が現行法の解釈にとって全く無用となったわけではなく、和解において錯誤の一般原則がどのような形で適用されるのか、その適用例を示すものとして、なお価値を有するものと思われる。

そこで、左では、このような意味において、争いの目的物に関する錯誤につき、旧民法の規定する三類型とその現行法における処理を確認しておきたい。

（一） 偽造の書類または無効の行為に基づく和解

（1） 旧民法

旧民財取第一一二条

和解ハ偽造ノ書類［pièces fausses］又ハ無効ノ行為［titre ou acte nul］ニ依リ承諾シタルコトヲ理由トシテ之ヲ銷除スルコトヲ得ス但此等ノ申立ヲ為スヲ得ヘキ当事者ニ於テ其書類ノ偽造ヲ知ラス又ハ其行為ヲ法律ニ於テ無効ナラシムル所ノ事実ヲ知ラサリシトキハ此限ニ在ラス

本条は、当事者の双方または一方が、偽造の書類を真正であると信じたり、無効の行為を有効であると信じて和解を行った場合には、その和解を錯誤により取り消しうると規定したものである。[31] 仏民原始規定第二〇五四条および第二〇五五条を一つにまとめて作成した、ボアソナード草案第七六〇条がその原型である。[32]

① フランス民法と旧民法の相違は、主として左の二点において認められる。まず、仏民原始規定第二〇五四条の titre が、証書ではなく、「行為（acte）」の意味に理解されていることである。このような理解は、フランス民法の解釈としては必ずしも自明のことではなかった（第二章第一〇節六（一）（1））。だが、ボアソナードは、この点

については、フランス民法の規定を修正する意図を有していなかったようである[33]。

次に、書類の偽造や法律行為の無効原因につき、当事者が認識を有していれば、和解を取り消すことができないものとされている。仏民原始規定第二〇五四条は、「明示的に協議した場合」に限って取消しを否定していたが、本条は、単に認識していた場合にも取消しを認めない。ボアソナードは、この修正を意識的に行っているが[34]、フランスの学説を参考にしたものであろうことは想像に難くない（第二章第一〇節六（一）（3）参照）。

② さて、梅は、旧民法が titre を証書ではなく行為と解したことから、次のような事案では、二つの理解の間で結論に差異が生ずるという。すなわち、法定相続人と全財産の遺贈を受けた者が遺言の効力について争い、法定相続人は、この遺言は遺言者が精神を病んでいたときに作成したものであるから無効であると主張した。そこで、両者は和解して、遺産の半分ずつを取ることとした。だが、その後、遺言が方式違反により無効であることが明らかとなった。

このとき、titre を証書と解すれば、和解は取り消しうるものとなる。遺言書が無効だったからである。だが、行為と解した場合には、遺言という行為の効力について和解を行った以上、もはや和解は取り消しえないものになるというのである[35]。

そうだとすれば、旧民財取第一一二条は、titre を証書と解した場合と比べて、和解の取消しが認められる範囲を結果的に狭めていることになろう。

（2）明治民法

明治民法は、錯誤の一般原則（民第九五条）で処理する趣旨で、旧民財取第一一二条を削除した[36]。

(3) 私見

それゆえ、現行法の下でも、当事者の一方が偽造の書類を真正なものであると誤信したり、無効の行為を有効なものと誤信して和解を行った場合、証書の真否や行為の有効性についても和解がなされたとはいえない限り、錯誤主張は認められるべきであろう。もっとも、証書の偽造や行為の無効を認識していた場合には、錯誤がないというべきである。

なお、近時の裁判例も右の理を認めている。すなわち、当事者の一方が偽造の遺言書を真正なものと誤信して和解を行ったという事案で、和解の当事者間には、従前、この遺言書の成立につき証書真否確認請求訴訟が継続していたこと、その訴訟が本件和解によって取り下げられていたことが認定判示され、錯誤主張が排斥されたのである(東京高判平成一八年一二月一三日高民五九巻四号一一頁)。

つまり、遺言書の真正に関する錯誤は、原則として和解の無効をもたらすが、本件においては、当事者が遺言書の真否を含めて協議し、和解を行ったと認められるから、例外的に和解は有効だと判断されたのである。

(二) 新たな証書が発見された場合の和解

(1) 旧民法

旧民財取第一一三条一項、三項

一項　定マリタル争ニ付キ為シタル和解ハ新ニ発見シタル証書ニ因リテ当事者ノ一方カ争ノ目的ニ付キ何等ノ権利ヲモ有セス又ハ他ノ一方カ其目的ニ付キ完全且争フ可カラサル権利ヲ有スルコトノ顕ハレタルトキハ事実ノ錯誤ノ為メ亦之ヲ銷除スルコトヲ得

三項　然レトモ和解カ従前ノ原因ヨリ生スルコト有ル可キ総テノ争ヲ落著セシメ又ハ之ヲ予防スルヲ目的ト

シタルトキハ当事者ノ一方ノ利益タル確定証書ノ発見ハ其和解ノ銷除ヲ生セス但其証書カ相手方ノ所為ニ因リテ控留セラレタルトキハ此限ニ在ラス

本条は、ある紛争につき和解が行われた後に、当事者の一方が無権利であることを示す証書が発見された場合に、他方の当事者は、錯誤により和解を取り消すことができるかという問題につき、その和解が特定的和解であれば取消しが可能であり（一項）、一般的和解であれば原則として不可能だが、相手方の所為により証書が留められていたときは、例外的に取消しが可能であるという。仏民原始規定第二〇五七条に等しい規定である。ちなみにボアソナードは、本条三項但書の注釈において、一般的和解の取消しが認められるためには、相手方の行為によって証書が留められていれば足り、その証書の存在が認識されている必要はないと述べている。[37] Pont の見解に等しい（第二章第一〇節六（四）（2））。

この点につき梅は、一般的和解に例外的に取消しが認められるのは相手方に詐欺があるからこそだとして、ボアソナードの見解を批判している。[38]

(2) 明治民法

明治民法は、旧民財取第一一三条一項、三項を削除している。錯誤の一般原則（民第九五条）により処理する趣旨である。[39]

(3) 裁判例および私見

① 従って、現行法の下では、和解後に新たな証書が発見された場合、証書の存否が争いの対象となっていたか、争いの対象となっていなかった場合には、証書の存否についての錯誤が要素の錯誤といえるかが問題となる。

その際、一般的和解と特定的和解を区別する、フランス民法や旧民法のような考え方は、現行法の解釈にとっても参考に値するものであろう。なぜならば、一般的和解においては、証書の存否を含めて紛争を解決した、あるいは、二、三の証書の存在は和解にとって必ずしも重要な事項ではないとの判断に傾きやすいと思われるからである。

② それゆえ、過払金返還請求権につき、貸金業者と借主の一切の関係を清算するという和解が行われた後に(一般的和解)、貸金業者が、取引履歴に関する書類の一部を開示せず保有していたことが判明した事案において、いくつかの裁判例が(40)、借主は開示された取引履歴がすべての取引を反映したものではないことを認識しながら和解を行ったとして、その錯誤主張を排斥しているのは、結論としては妥当というべきだろう。ただし、書類の不開示が故意によるときは、詐欺による和解の取消しが認められるべきことは当然である。

③ 他方、特定的和解については、次の裁判例がある。占有者Xと登記名義人Yが土地の所有権を争い、Xが五分の二、Yが五分の三を取得するという訴訟上の和解が成立した。しかし、その後、Xの自宅米蔵から、Yの先々代からXの先々代への売買を証する証書が新たに発見されたという事案において、裁判所は、「控訴人［X］の主張するところは、要するに、本件土地が控訴人［X］の所有に属していたことの確証があらわれ、登記簿に所有権移転登記が脱落していることが判明したというに帰するところ、訴訟上の和解は民法六九六条の適用を受ける結果、後日和解をした事項について真実に反するとの確証が出たときでも、その効力が左右されるものではない」と判示し、和解の確定効（不可争効）によりXの錯誤主張を排斥した(41)。

だが、当事者は証書の存否については争っておらず、かつ、Xが証書の存在を認識していれば、右のような内容の和解を行わなかったであろうことは明白だから、要素の錯誤を認めるべきだったように思われる。

(三)　判決を知らずに行った和解

(1)　旧民法

旧民財取第一一三条二項

確定シタル判決又ハ攻撃スルヲ得サル契約ニ因リ既ニ争ノ落著シタル場合ニ於テ其判決又ハ契約ヲ知ラスシテ和解ヲ為シタルトキモ亦同シ

本条は、当事者の双方または一方が、確定判決または攻撃することができない契約の存在を知らずに和解を行った場合につき、その和解を錯誤により取り消しうると規定したものである[42]。仏民原始規定第二〇五六条を修正して継受したものであり、主な修正箇所は次の三つである。

まず、規定の体裁である。本条は、フランス民法のように独立の規定とされておらず、特定的和解において新たな証書が発見された場合(旧民財取第一一三条一項)に準じて、判決を知らずに行った和解を規定している。ボアソナード草案第七六一条二項の立場を踏襲するものであるが[43]、梅は、両和解に関する規律が類似する以上、妥当な立法方法であるという[44]。なお、一般的和解を行うにあたり、個々の問題に関する判決の存在を知らなかった場合には、旧民財取第一一三条三項に準じた処理がなされるものと解されている[45]。

次に、控訴不可能な判決が、「確定シタル判決(jugement irrévocable)」に改められた。これにより、上告可能な判決の存在を知らずに行われた和解は有効となる[46]。フランスの通説に反対するものであるが(第二章第一〇節六(三)(1))、梅も、ボアソナードおよび旧民法の立場が妥当であるという[47]。もっとも、再審事由があるにすぎないときは、判決の確定は妨げられないため、和解は無効となるが[48]、梅は、再審によってでも争う余地があるときは和解は有効であると述べて、この点については旧民法に反対している[49]。

最後に、フランス民法には存在しなかった、「攻撃スルヲ得サル契約（contrat inattaquable）」という文言が付け加えられた。既に和解によって紛争が解決されていることを知らなかったような場合が想定されている。[50] しかし、梅は、和解を含め、およそ契約は取り消すことができないのが原則であるとして、和解の効力を不安定にするこうした修正には反対している。[51]

(2) 明治民法

明治民法は、錯誤の一般原則により処理する趣旨で、旧民財取第一一三条二項を削除した。[52]

(3) 判例学説および私見

① この問題に関する判例として、まず、大判大正七年一〇月三日民録二四輯一八五二頁がある。当事者の一方が、別件事件の第二審における勝訴判決の存在を知らずに和解を行った事案で、大審院は、第二審における訴訟の勝敗未定の事実を法律行為の要素と認めて、錯誤により和解は無効であると判示した。だが、本件事件の上告理由に表れた事実関係によれば、右の第二審判決は、和解の当時未だ確定していなかったようである。もしそうだとすれば、仮に勝訴者が第二審判決の存在を認識していたとしても、上告審での敗訴可能性を考えて和解を行った可能性があるから、和解には要素の錯誤はなかったというべきである。つまり、確定していない判決の勝敗は、和解の要素ではないというべきである。

② 他方、大判昭和一〇年二月四日大審院裁判例（九）民一五頁は、確定判決の存在を知らずに和解を行った事案である。すなわち、当事者の一方が、別件事件の上告審において勝訴判決を得たのに、これを知らずに和解を行ったという事案で、大審院は、要素の錯誤により和解は無効であると判示した。

勝訴者は、確定判決の存在を認識していれば和解を行わなかったと思われるから、妥当な結論というべきだろう。

③　次に、学説に目を転じると、来栖三郎が、右の二判決を、一方的錯誤により和解の無効を認めたものであると批判して、次のように述べている。

すなわち、「判決が下されたということは司法の観点からは争いを除去したことになるとしても、当事者が本当に争いが確定されたと考えるかどうかは別であり、単に判決があったにすぎない場合はもとより、既に確定判決があった場合にも、判決で判断されている争点につき和解することは和解を必ずしも無意味たらしめない。例えば、和解して強制執行をまたずに履行を受けることもあろう。従って、判決のあったことを知らずにした和解を直ちに無効とすべきでなく、ただ、当事者双方に共通的錯誤があって、勝訴判決の言渡又は勝訴判決の確定がないと前提したとき、又は当事者の一方が錯誤に陥っていることを相手方が知っていたときにのみ、和解契約の無効を主張しうると解すべきではないか[53]」、と。

確かに、確定判決があっても、当事者の主観においてなお争いが存すれば和解は成立しうる（第一節三（一）（1）②③参照）。この意味で、来栖説の前半部分（「従って」よりも前）は正当というべきだろう。しかし、だからといって、確定判決の存在を知らなかったのが勝訴者のみである場合には、原則として錯誤主張が許されないと解することはできないように思われる。なぜならば、勝訴者が確定判決の存在を知っていれば、通常は敗訴者と和解しなかったと考えられ、それゆえ、和解には要素の錯誤が存するといいうるからである。それにもかかわらず、共通錯誤や敗訴者の認識を要件として勝訴者の錯誤主張を制限することは、現行法が和解の錯誤を民第九五条で処理することと調和しないというべきだろう。

④　以上より、勝訴者が勝訴の確定判決の存在を知らずに和解を行った場合には、原則として和解は錯誤により無効になるというべきである。

（1）Boissonade, *Projet*, t. 3, n° 378; cf. Oumé, *Transaction*, n° 534, p. 320, note 1.

（2）梅謙次郎『日本民法和解論　完』二八八頁以下。

（3）一般に、契約条項ないし契約の一部に無効事由がある場合に、その効果は一部無効か全部無効という問題は、強行法規、公序良俗、信義則、取締法規等の「無効規範の背景にある諸目的・諸原理・諸価値と私的自治の原則を支えるそれとを視野に入れて初めて解決が可能になる」、といわれている（山本敬三「一部無効の判断構造――契約における法律効果確定過程の構造化に向けて（一）」論叢一二七巻四号（平成二年）三頁）。それゆえ、判断は一定程度カズイスティックなものとならざるを得ないが（山本豊「附随的契約条項の全部無効、一部無効または合法解釈について」法学五〇巻五号（昭和六一年）八五九頁参照）、しかし、基本的な方向性としては、無効となった条項が法律行為の当事者にとって重要な意味を持つものであり、その条項が無効となれば、法律行為の当事者がそのような法律行為を行わなかったであろうことが合理的に認められるときに限り、法律行為の全部が無効になるという考え方が有力なようである（民法（債権法）改正検討委員会編『詳解・債権法改正の基本方針　I』三四五頁参照）。

（4）石渡哲「判批」法学研究七五巻一一号（平成一四年）一一九頁以下。

なお、東京高判昭和三七年一月三〇日東高時報（民事）一三巻一号一〇頁は、「殊に裁判上の和解は、たとえいわゆる即決和解契約であつても、裁判所が関与してなされたものであるから、無効な条項などは記載されていないと解するを相当とし、よほどの特別の事情が認められない限りは、その条項を全部有効と解すべきで、その一部の条項のみが無効であると解すべきではない」、という。確かに、一部無効を例外とする結論は妥当だが、しかしこのことは裁判上の和解であるか否かにかかわらないというべきである。

（5）旧民財取第四二〇条一項

　分割ハ財産編第三百四条以下ニ定メタル区別ニ従ヒ不成立又ハ無効タル外尚ホ所有者ノ一人カ其領収シタル部分ニ付キ四分一以上ノ欠損ヲ被フリタルトキハ其欠損ノ為メ之ヲ銷除スルコトヲ得

（6）『法律取調委員会　民法草案財産取得編再調査案議事筆記　自第一四回至第二五回』七九頁以下。なお、この間の経緯については、大村敦志『公序良俗と契約正義』四二頁以下に詳しい。

（7）Boissonade, *Projet*, t. 3, n° 375, 8°.

（8）磯部四郎、井上正一『民法草案獲得編第二部理由書』九七頁以下［磯部四郎］。

（9）Boissonade, *Projet*, t. 3, nº 375, 8º.

（10）『法典調査会 民法議事速記録 二』七三頁［富井政章］。

（11）公序良俗違反の一類型たる暴利行為の判断準則につき、山本敬三『民法講義Ⅰ 総則』二七五頁参照。

（12）大阪地判昭和五三年一一月三〇日判時九二九号九九頁。

（13）東京地判平成一七年二月二四日先物取引裁判例集四〇号一一三頁。なお、この先物取引自体は公序良俗に反していなかった。公序良俗に反する先物取引と和解の関係については、第五節四（三）（3）参照。

（14）Boissonade, *Projet*, t. 3, nº 375, 9º.

（15）梅謙次郎『日本民法和解論 完』二九〇頁。

（16）旧民法から明治民法に至る、詐欺強迫に関する一般原則の形成過程については、田中教雄「日本民法九六条（詐欺・強迫）の立法過程——不当な勧誘に対処する手がかりとして」香川法学一三巻四号（平成六年）五一五頁参照。

（17）詐欺による和解の取消しを認めた例としては、その他、佐世保簡判平成一七年一二月六日消費者法ニュース六八―二号一五九頁、堺簡判平成二五年一月二三日消費者法ニュース九五号二九五頁、東京地判平成二七年五月二六日LEX/DB 25530153などがある。また、消費者契約法第四条一項一号に基づき和解の取消しを認めたものに、横浜地判平成二四年六月二六日消費者法ニュース九三号七五頁がある。

（18）強迫による和解の取消しについては、東京地判昭和四七年四月二八日判時六八〇号五六頁、東京地判平成二五年一月一六日LEX/DB 25510248、東京地判平成二六年一月二〇日LEX/DB 25517446も参照。なお、交通事故の示談が強迫により取り消された例として、名古屋地判昭和五〇年九月一二日交民八巻五号一三五六頁、名古屋地判平成元年九月二九日交民二二巻五号一一二八頁、名古屋地判平成二年一二月二六日交民二三巻六号一五五二頁などがある。

（19）Boissonade, *Projet*, t. 3, nº 377. 同旨、熊野敏三『民法正義 財産取得編 巻之二』五九一頁。

（20）梅謙次郎『日本民法和解論 完』二九六頁以下。

（21）『法典調査会 民法主査会議事速記録』六四八頁以下。

（22）『法典調査会 民法議事速記録 五』九〇頁以下［梅謙次郎］。

（23）その他、和解と法律の錯誤を扱った裁判例として、東京地判昭和二七年九月一九日判タ二七号六八頁、東京高判昭和三二年四月三〇日東高時報（民事）八巻四号六四頁などがある。

（24）Boissonade, *Projet*, t. 3, nº 375, 9º.

（25）梅謙次郎『日本民法和解論 完』二九九頁以下、三〇二頁以下。

(26)『法典調査会 民法主査会議事速記録』六四七頁。
(27)いずれも属性錯誤の事例である。属性錯誤と同一性錯誤の区別につき、米倉明「「同一性錯誤」と「属性錯誤」」北大法学論集一七巻二号（昭和四一年）二一〇頁参照。
(28)Boissonade, *Projet*, t. 3, n°s 375, 9° et 378.
(29)熊野敏三『民法正義 財産取得編 巻之二』五九一、五九三頁。
(30)『法典調査会 民法議事速記録 五』九一頁［梅謙次郎］。
(31)熊野敏三『民法正義 財産取得編 巻之二』五九二頁以下。
(32)Art. 760, Projet de Code civil pour l'Empire du Japon, in: Boissonade, *Projet*, t. 3, pp. 453 et 454:

Elle ne peut être rescindée comme consentie en vertu de pièces fausses ou d'un titre ou acte nul que si le faux ou le fait auquel la loi attache la nullité de l'acte a été ignoré de la partie qui aurait pu en arguer.

(33)Boissonade, *Projet*, t. 3, n° 378.
(34)Boissonade, *Projet*, t. 3, n° 378.
(35)梅謙次郎『日本民法和解論 完』三一〇頁以下。
(36)『法典調査会 民法議事速記録 五』九一頁［梅謙次郎］。
(37)Boissonade, *Projet*, t. 3, n° 380. 同旨、熊野敏三『民法正義 財産取得編 巻之二』六〇四頁以下。
(38)梅謙次郎『日本民法和解論 完』三一五頁以下。
(39)『法典調査会 民法議事速記録 五』九一頁［梅謙次郎］。
(40)東京地判平成二七年三月一七日LEX/DB 25524986、東京地判平成二七年三月二〇日LEX/DB 25524994、東京地判平成二七年四月一四日LEX/DB 25525661。
(41)大阪高判昭和六三年一〇月四日判タ六九七号二四一頁。同旨、三宅正男『契約法（各論）下巻』一二五三頁。
(42)熊野敏三『民法正義 財産取得編 巻之二』六〇一頁以下。
(43)Art. 761, al. 2, Projet de Code civil pour l'Empire du Japon, in: Boissonade, *Projet*, t. 3, p. 454:

Il en est de même si la contestation était déjà terminée par un jugement irrévocable ou par un contrat inattaquable, ignoré de la partie qui avait intérêt à le connaître.

(44)梅謙次郎『日本民法和解論 完』三二〇頁。
(45)梅謙次郎『日本民法和解論 完』三二一頁。

(46) Boissonade, *Projet*, t. 3, n° 381; 熊野敏三『民法正義　財産取得編　巻之二』六〇三頁。
(47) Oumé, *Transaction*, n° 560; 梅謙次郎『日本民法和解論　完』三一八頁。
(48) 熊野敏三『民法正義　財産取得編　巻之二』六〇三頁。
(49) 梅謙次郎『日本民法和解論　完』三一八頁以下。
(50) 熊野敏三『民法正義　財産取得編　巻之二』六〇三頁。
(51) 梅謙次郎『日本民法和解論　完』三一九頁以下。
(52)『法典調査会　民法議事速記録　五』九一頁［梅謙次郎］。
(53) 来栖三郎『契約法』七二九頁以下。

七　和解の錯誤に関する一般原則

(一) 私見の定式

(1) 既に繰返し述べたように、現行法は、法律の錯誤、人に関する錯誤、争いの目的物に関する錯誤といった錯誤類型を設けることなく、和解の錯誤を一律に民第九五条で処理することとした。

ここから、次の五つの命題が導かれる。

① まず、和解は、錯誤が存する場合にはその類型を問わず無効となりうる。民第九五条は、顧慮される錯誤の類型を限定していないからである。

② また、当事者双方が同一の錯誤に陥っていた場合（共通錯誤）のみならず、当事者の一方のみが錯誤に陥っていた場合（一方的錯誤）にも、和解は無効となりうる。民第九五条は、法律行為を無効とするにあたり、共通錯誤を要件としていないからである。

③ さらに、錯誤は法律行為の要素に関するものでなければならない。

そして、判例通説によれば、法律行為の要素に錯誤があるというためには、その点についての錯誤がなければ、

（ア）表意者は意思表示をしなかったであろうこと（主観的な因果関係）、また、（イ）通常人でもそのような意思表示をしなかったであろうこと（客観的な重要性）、の双方が必要とされる。(1)

④　和解の意思表示に動機の錯誤がある場合には、その動機が相手方に表示されていなければならない。動機は相手方に表示されていたときに限り顧慮されるという命題は、従来より最高裁によって認められ（最判昭和二九年一一月二六日民集八巻一一号二〇八七頁、最判平成元年九月一四日判時一三三六号九三頁）、新民法にも明記されたところのものである（新民第九五条二項）。(2)

実際、判例のなかにも、少数ではあるが、動機が表示されていないことを理由に、和解の錯誤の成立を否定したものがある（最判昭和三五年一二月一三日裁判集民四七号二六七頁）。

だが、和解の錯誤が問題となる典型的な事例、すなわち、商品先物取引、継続的金銭消費貸借、交通事故の諸事例においては、多くの裁判例が、当該錯誤は動機の錯誤であるか否か、仮に動機の錯誤だとすればその動機は表示されていたか、ということを必ずしも厳密には問題としていない（左（五）（2）①②、本節八（二）（1））。(3)こうした裁判例の前提には、これらの事例においては、不法行為に基づく損害賠償請求権の存否、過払金返還請求権の存否、そして傷害の程度などに関する錯誤は、たとえそれが動機の錯誤だとしても、和解契約の内容として定型的に取り込まれている事項に関する錯誤であり、それゆえ表示要件を厳密に解する必要はないという認識が存するものと思われる。(4)

⑤　最後に、和解の錯誤は錯誤の一般原則の適用であるから、民第九五条の効果が取消しに変われば（新民第九五条一項）、和解の錯誤の効果も取消しとなる。(5)

（2）　そして、既に述べたように、和解の確定効（不可争効）により、当事者は、争いの対象として互譲により確定した事項については錯誤の主張を行うことができない（第七節四（二））。

（3）　それゆえ、右の（1）と（2）を重ね合わせれば、和解の錯誤に関しては、次のような一般原則を定立することが許されよう（以下、「私見の定式」という）。

第一項　争いの対象として互譲により確定された事項以外の重要な事項につき、当事者の双方または一方が錯誤に陥っていた場合、その点についての錯誤がなければ、表意者はそのような意思表示をしなかったと認められるときは、和解は要素の錯誤により無効である（取り消しうる）。

第二項　和解の意思表示に動機の錯誤があるときは、その動機が相手方に表示されていたときに限り、前項と同様とする。

(4) ①　さて、この私見の定式は、判例や学説によってこれまで明確に記述されたことはなかったが、しかし、判例や学説（少なくとも通説）が用いてきた判断基準と実質的には等しいものである。

実際、先に検討した法律の錯誤、人に関する錯誤、争いの目的物に関する錯誤についての判例および裁判例は、いずれも私見の定式を用いて説明することが可能なものであった（本節四、五、六参照）。

また学説も、少なくとも通説は、左の我妻説がそうであるように、実質的には私見の定式に等しい事柄を主張してきたものと考えられる。

②　なお、私見の定式の第二項は、動機は相手方に表示されていたときに限り顧慮されるという命題を前提としている。この命題は、新民法によっても明記されており（新民第九五条二項）、表示の意義に関する問題は残るとしても、命題それ自体は今後も疑いなく認められるものと思われる。

③　そこで、左では、私見の定式の第一項を対象として、その内容が判例通説に等しいものであることを検証してみたい。まずは、和解の錯誤に関する議論の出発点を提供した我妻説の検討から始めよう。

(二) 我妻栄の錯誤三類型

周知のように、和解と錯誤に関する議論の出発点となっているのは、我妻栄「和解と錯誤との関係について」という論考である[6]。我妻は、この昭和一三年の論考において、ドイツ民法を参考としつつも、主として大審院判例の準則に依拠しながら、和解の錯誤に関する左の三つの類型を提示した。

第一類型　当事者が争の対象となし、互譲によつて決定した事項自体に錯誤あるとき。
第二類型　争の対象となつた事項ではなく、この争の対象たる事項の前提乃至基礎として両当事者が予定し、従つて、和解に於ても互譲の内容とせられることなく、争も疑もなき事実として予定せられた事項に錯誤あるとき。
第三類型　右二箇の事項以外の点に錯誤のあつたとき。

我妻は、このように錯誤を分類したうえ、第一類型においては和解の確定効(不可争効)により錯誤主張は認められないが、第二類型および第三類型においては錯誤主張が可能であると述べた[7]。つまり、第一類型は判例によって認められたものであるのに対し(大判明治三七年一〇月一日民録一〇輯一二二三頁、大判昭和五年三月一三日新聞三一五三号一一頁)[8]、第二類型は独民第七七九条に対応するものである[9]。だが、日本民法には独民第七七九条のような規定は存在せず、かつ、判例も、確定効が及ばないときは錯誤の一般原則(民第九五条)に従うべきだと明言しているから(大判大正六年九月一八日民録二三輯一三四二頁)[10]、日本法の下では、第二類型と第三類型を区別する必要はないというのである[11]。

さて、右のような論理の筋に鑑みると、我妻説は、錯誤の三類型を提示はするものの、それはあくまでも理念型としてであり[12]、日本民法の解釈としては、錯誤主張の可否を、端的に、確定効が及ぶか否かで決するものだといえよう。別言すれば、我妻説は、錯誤類型として、確定効により錯誤主張が許されない類型（第一類型）を示したにとどまり、それ以外の場合については、錯誤主張の可能性が抽象的に認められるというだけである。それゆえ、第二類型は、錯誤が認められるための要件を積極的に記述したものではなく、むしろ、確定効が及ばない場合の一例を示したにすぎないものと理解すべきであろう。

そうだとすれば、第二、第三類型における錯誤主張の可否は、錯誤の一般原則、すなわち民第九五条により決せられるべきことになり、かつ、要素の錯誤に関する我妻の見解は判例通説の立場であるから、[13] 和解の錯誤に関する我妻説の内容は、結局、私見の定式の第一項と実質的に等しいこととなるのである。

(三)　我妻説の受容と変容

さて、その後、判例通説は我妻説を受容したが、これに反対する学説も有力に主張されている。[14]

そこで、左では、判例通説による我妻説の受容、および、有力説による変容を明らかにし、有力説に対する批判を通じて、判例通説の正当性を証明してみたい

(1)　判例による受容

戦後、最高裁は、大審院の判例準則（特に、大判明治三七年一〇月一日民録一〇輯一二二三頁、大判昭和五年三月一三日新聞三一五三号一一頁、大判大正六年九月一八日民録二三輯一三四二頁）とともに、これを基礎として構築された我妻説を全面的に受容した。左に、主要な最高裁判決を五つ掲げて、そのことを示してみたい。

①　最判昭和二八年五月七日民集七巻五号五一〇頁

借家人Xと家主Yの間に建物明渡しをめぐる争いが生じ、調停の結果、Xは、一定期間経過後にYに建物を明け渡すと約束した。しかし、その後Xが、Yには建物の自己使用の必要性があると誤信していたとして、調停の

無効を主張した。

しかし、最高裁は、XはYの主張を全面的に争っていたのであり、Yが本件家屋を必要とすることを確定した前提事実として調停の合意をしたものではない。従って仮に、調停成立後において、Yに本件家屋を必要とする事情のなかったことが明らかになったとしても、Xはこれを要素の錯誤として調停の無効を主張しえない、と判示した。

つまり、XY間の紛争が建物明渡しをめぐるものである以上、自己使用の必要性は、当事者が争いの対象となし、互譲によって確定した事項であって、所与の前提とされていた事項ではない。それゆえ、Xは調停の無効を主張することができないというのである。

従って、本判決は、調停の事案ではあるが、我妻の第一類型があてはまり、第二類型があてはまらない旨を述べたものといえよう(15)。

② 最判昭和三三年六月一四日民集一二巻九号一四九二頁（苺ジャム事件）

債権者Xと債務者Yの間に金銭債権をめぐる争いが存したところ、YがXに対して、金銭の支払いに代えて特選金菊印苺ジャムを給付するという和解が成立した。しかし、給付されたジャムは粗悪品で、到底金菊印苺ジャムとして通用する品物ではなかったという事案で、最高裁は、次のように判示した。

「原判決の適法に確定したところによれば、本件和解は、本件請求金額六二万九七七七円五〇銭の支払義務あるか否かが争の目的であつて、当事者である原告（被控訴人、被上告人）［X］、被告（控訴人、上告人）［Y］が原判示のごとく互に譲歩をして右争を止めるために仮差押にかかる本件ジヤムを市場で一般に通用している特選金菊印苺ジヤムであることを前提とし、これを一箱当り三千円（一罐平均六二円五〇銭相当）と見込んで控訴人［Y］から被控訴人［X］に代物弁済として引渡すことを約したものであるところ、本件ジヤムは、原判示のごとき粗悪品であつたから、本件和解に関与した被控訴会社［X］の訴訟代理人の意思表示にはその重要な部分に錯誤があつたというのであるから、原判決には所論のごとき法令の解釈に誤りがあるとは認められない」、と。

つまり本判決は、争いの目的はあくまでも金銭債権の支払義務の存否であるから、ジャムの品質は互譲による確定の対象となっておらず、それゆえ、和解は錯誤により無効となりうるというのである。

従って本判決は、我妻の第一類型が適用されないから錯誤主張は排斥されないというにとどまり、本件を第二類型、第三類型のいずれかに分類したものではない。第二、第三類型のいずれかに分類することは、理論的にも事案の解決にとっても、必要のないことだと考えられていたものと思われる。[16]

③　最判昭和三六年五月二六日民集一五巻五号一三三六頁

借地人と地主の間に借地権の存否をめぐる争いがあり、調停における和解のなかで、借地人は地主に対して、一定期間経過後の土地明渡しを約束した。だが借地人が、この和解に応じたのは、法定更新により借地権の存続期間が延長されていることを知らなかったからであると主張した事案で、最高裁は次のように判示した。

すなわち、「右調停において民法上の和解の対象となつたのは借地権の存否自体だつたのであるから、この和解において判示期限後における借地権の消滅が合意せられた以上、後に法定更新の点が判明したとしても、民法六九六条により、和解の効力を争うことは許されない」、と。

本判決が、我妻の第一類型を用いたものであることは明らかであろう。[17]

④　最判昭和三八年二月一二日民集一七巻一号一七一頁

約束手形の所持人Xと振出人Yの間で、約束手形金債権の存否をめぐる争いが生じ、訴訟上の和解により、YはXに対して、約束手形金債権の存在を認めた。だが、その後Yは、右の和解を行ったのは、本件手形が期限後裏書にかかるものであることを知らなかったからであるとして、和解の錯誤無効を主張した。

これに対して最高裁は、「第一審で訴訟の目的物とされた原告［X］主張の三〇万円の手形金債権及び損害金債権を原告［X］が有することをその口頭弁論期日における本件和解において被告［Y］が認めた以上は、たとえ和解後に至り和解において被告［Y］がこれを認めたことが右被告［Y］主張の如き錯誤にいでたものであつたとしても、本件和解は無効とされるべきでなく民法六九六条により効力を妨げられない」、と判示している。

つまり、争いの対象が約束手形金債権の存否である以上、期限後裏書か否かは、当事者が互譲によって確定した事項に含まれるというべきであり、それゆえ、和解の無効を主張しえないというのである。

従って本判決は、訴訟上の和解につき、我妻の第一類型を用いたものということができよう。[18]

⑤　最判昭和四三年七月九日金判一二二号八頁

XがAに不動産を代物弁済として譲渡し、次いで、AがYにその不動産を譲渡した後、Xが代物弁済による所有権移転を争ったため、XとYが和解して、本件不動産の所有権がYにあることを確認した。だが、XはXA間の代物弁済契約が無効であることを知らなかったと主張した事案で、最高裁は、和解における争いの目的とされた事項は、XA間の代物弁済契約の効力自体だったのであるから、Xは、右代物弁済契約の効力を誤信したことを理由に、和解の錯誤無効を主張することはできない、と判示した。

いうまでもなく、本判決においても、我妻の第一類型が用いられている。

(2)　学説による受容と変容

これに対して学説は、我妻説を受容するものと、意識的または無意識的にこれを変容するものとに分かれている。

①　通説による受容

まず通説は、我妻説を受容して、争いの対象として互譲により確定された事項については錯誤の主張は許されないが、それ以外の事項について錯誤があれば、民第九五条により和解は無効となりうる、と説く。[19]

つまり、一方で、和解にも民第九五条の適用を認めつつ、他方で、我妻の第二類型と第三類型の区別については、仮にこれを援用するとしても説明の道具としてであり、両類型を必ずしも独立の錯誤類型とは認めていないのである。

②　有力説による変容

他方、有力説は和解の錯誤を民第九五条の外で論じている。その意味で有力説は、我妻の議論をそのままの形で受容するものではない。

そして、私見によればこれらの学説は、我妻の錯誤論を検討対象とした村上淳一の論考「和解と錯誤」との関係で、その位置を測定しうるものである。

それゆえ、有力説に応接する前提として、まずは村上論文の検討から始めたい。

（ア）　村上論文とその功罪

村上淳一は、「和解と錯誤」という論考[20]において、我妻の第二類型に着目しつつ、和解の錯誤がドイツでは行為基礎論との関係で論じられるのに、我が国では錯誤論との関係でしか論じられないのはなぜかと問い、その理由を明らかにしている。村上の主張の要旨は次の通りである。

すなわち、ドイツにおいて行為基礎論という概念枠組みが必要とされたのは、Savignyが錯誤を意思欠缺と構成し、動機の錯誤を錯誤法のなかで顧慮しなかったことと密接に関連している。つまり、これによって、錯誤法の外で動機の錯誤を拾い上げる装置が必要とされたのである。この装置がWindscheidの前提論であり、これを範としたOertmannの行為基礎論である。こうした文脈で、我妻の引用するOertmannは、和解の錯誤に関する独民第七七九条を、行為基礎論との関係において論じたのであった。

ところが我が国においては、舟橋、川島、我妻等の学説により、意思欠缺と動機の錯誤の区別が否定され、動機の錯誤も錯誤法のなかで処理されることとなった。それゆえ、独民第七七九条に対応する我妻の第二類型も、行為基礎論との関係で論じる必要はなく、共通の動機錯誤の一種として理解すれば足りるのである、と。

さて、右のような村上の主張は、一面においては正当だが、他面においては不正確であり、かつ、誤解を招きうるものであった。

まず、ドイツと日本の錯誤論の相違、そして、我が国では和解の錯誤を錯誤法のなかで論じうることを明確に指摘した点は正当であり、村上論文の貴重な功績だといえる。

他方で、我妻の第二類型を共通錯誤の一種と位置づけたことは[21]、我妻の意図を正確に理解するものではなかった。なぜならば、和解の錯誤に関する議論の出発点は、和解の確定効が及ぶ場合には錯誤主張はできないが、確定効が及ばない場合には錯誤主張ができるというものであり、こうした前提の下で、我妻は、確定効が及ばない例の一つとして、第二類型を挙げたにすぎなかったからである。つまり、第二類型は、独立の錯誤類型としては観念されておらず、かつ、観念する必要もなかったのである。

それにもかかわらず、村上が、我妻の第二類型を独立の錯誤類型と観念し、これを行為基礎論に引き付けながら、共通の（動機）錯誤の一種と位置づけたことから、和解の錯誤は共通錯誤の場合に認められるというような誤解を生む素地が形成されたのである。

（イ）　三宅説

さて、右のような考察を踏まえて、三宅説を検討しよう。

三宅正男は、和解の錯誤は民第九五条により処理される場合と、Windscheid に由来する前提論を用いて処理される場合とに分かれ、同一性の錯誤は民第九五条によるが、和解の前提に関する錯誤は前提論により処理されると説く。なぜならば、三宅によれば、和解の前提に関する錯誤は動機の錯誤であり、動機の錯誤は、動機が表示されても、意思と表示が一致する限り意思表示を無効としない。それゆえ、和解の前提に関する錯誤を顧慮するためには、前提論が必要だというのである[22]。

従って三宅説は、無効の証書に基づく和解（仏民原始規定第二〇五四条）や、偽造の書類に基づく和解（同第二〇五五条）は、いずれも和解の前提に関する錯誤であるから、前提論により解決されるべきであるという[23]。

だが私見によれば、三宅説は、村上論文が正当にも指摘したドイツと日本の錯誤論の相違、すなわち、我が国では動機の錯誤も錯誤法のなかで処理しうることを不当に無視するものであり、支持しえないように思われる。

（ウ）　加藤説

次に、加藤説の検討に移りたい。

加藤雅信は、法律行為に関する一般理論として、表示行為と内心的効果意思からなる表層合意と、さらにその奥にある深層意思からなる前提的合意を観念し、表層合意と前提的合意の間に齟齬がある場合には、契約が無効になるという三層的法律行為論を提唱する。(24)

そして、この理論は、和解の錯誤にもそのままあてはめられている。(25)

それゆえ加藤説は、伝統的な用語を用いて言い換えれば、和解は、動機に共通の錯誤があれば無効になるというものである。

だが、既に述べたように、和解の錯誤は一方的錯誤でも成立するというのが民法の立場であり、このことは動機の錯誤においても異ならない。動機の錯誤における相手方の保護は、要素性の有無、動機の表示や錯誤者の重過失といった要件を通じて図れば足りるのであり、あえて共通錯誤を要件として錯誤の成立範囲を限定する必要はないように思われる。

いずれにしても、加藤説は、論者の主観的意図はともかく、客観的、学説史的には、我妻の第二類型を共通錯誤の一種と（不正確に）理解した村上論文の延長線上に位置づけられるものといえよう。(26)

(四)　債権法改正

さて、今般の債権法改正作業では、その中間試案において、次のような条文案が設けられていた。

第四六　和解

和解によって争いをやめることを約した場合において、当事者は、その争いの対象である権利の存否又は内容に関する事項のうち当事者間で争われていたものについて錯誤があったときであっても、民法第九五条に基づく錯誤の主張をすることはできないものとする。(27)

この中間試案第四六は、我妻の第一類型に対応するものであり、試案の概要においても、「このようなルールは、判例・学説によって概ね認められているが、条文からはそのことが必ずしも読み取ることができないので、ルールの明確化を図るものである(28)」、と説明されている。

その後の審議においても、この規定につき、確定効（不可争効）により錯誤主張が排斥されることを明確にするという意味で有意義であるとの意見が有力に主張されていた。(29)

だが、この規定は、錯誤主張が許されない場合を示すものではあっても、それが許されるための要件を積極的かつ具体的に記述するものではない。それゆえ、この規定の意義や判断基準の明確さに疑問を呈するパブリックコメントの存在などから、(30)その立法化が見送られたことは、やむを得なかったというべきであろう。

(五)　小括

(1)　さて、これまでの考察により、私見の定式の第一項は、内容的には我妻説およびそれを受容した判例通説に等しいことが明らかになった。また、私見の定式は、判例通説を一歩進めて、錯誤が認められる場合の要件を積極的かつ具体的に記述するものでもある。そして、判例通説に反する有力説の見解が支持しえないものだとすれば、私見の定式は、理論的にも妥当なものといえよう。

なお、債権法改正は明文規定を設けなかったが、和解の錯誤に関する判例通説の立場を変更しようとするものではなく、かつ、錯誤に関する民第九五条の基本的な判断枠組みも維持されたから、私見の定式は、第一項、第二項ともに新民法の下でも用いうるものと考えられる（もちろん、錯誤の効果は取消しである）。

（2）　最後に、和解の錯誤につき多くの下級審判決がみられる二つの領域、すなわち商品先物取引と継続的金銭消費貸借の事例においても、私見の定式は有効であることを確認して終わりたい。

①　商品先物取引に関する裁判例の要旨は、次の通りである。

すなわち、顧客が、商品取引員に対する不法行為に基づく損害賠償請求権の存在を知らずに、取引終了後の損失につき和解を行った場合には、もし損害賠償請求権の存在を知っていれば和解を行わなかったといえるときは、和解は要素の錯誤により無効である、と。[31]

ここでは、不法行為に基づく損害賠償請求権の存否が和解における「重要な事項」であり、これに関する顧客の「一方的錯誤」と、錯誤と意思表示の間の「主観的因果関係」が存在すれば、和解の錯誤が認められるのである。

②　次に、継続的金銭消費貸借の事例では、次のような判決が下されている。

すなわち、借主が、利息制限法所定の制限利率による引直計算をした場合の残債務の額や、過払金返還請求権の存在を知らずに、借入金債務につき和解を行った場合には、もし引直計算の結果を知っていれば和解を行わなかったといえるときは、和解は要素の錯誤により無効である、と。[32]

ここでも、引直計算をした場合の残債務の額や過払金返還請求権の存否が和解における「重要な事項」であり、[33]その点についての借主の「一方的錯誤」、そして、錯誤と意思表示の間の「主観的因果関係」の存在により、和解の錯誤が認められるのである。

八　交通事故における示談と錯誤

（一）　ところで、和解の錯誤が問題とされるもう一つの重要な事例として、交通事故における示談と錯誤がある。すなわち、交通事故の被害者が、傷害を軽微なものと信じて示談を行ったのに、実際の傷害は著しく重大なものであったとき、被害者は錯誤による示談の無効を主張できるかという問題である。[34] 左では、この問題につき若干の検討を加えてみたい。

(1) 示談と錯誤に関する下級審判決は枚挙に遑がないが[35]、リーディングケースの一つである東京地判昭和四〇年一月二七日判時三九六号一〇頁は、次のように述べている。

すなわち、本件示談契約は、被害者（原告）と加害者（被告）の「代理人相互間において、原告の傷害が二、三ケ月の休養によつて容易に全治する程度の軽微なものであることを前提とし、その点につき何らの争いもなく締結されたものであるのに、事実はこれに反し、原告の傷害が著しく重大なものであつたのであるから、原告の代理人である訴外福満の意思表示には、その重要な部分に錯誤があつたものということができる」、と。

右の判旨が我妻の第二類型と対応することは明らかであり、こうした判断枠組みは、その後の多くの裁判例によっても踏襲されている。[36]

だが、この判断枠組みは、錯誤が認められる一例を示すものでしかなく、一般原則を提示するものではない。それゆえ、錯誤の成否に関する判断基準は、私見の定式の第一項を用いて、次のように規範的に記述し直すことが望ましい。

(2) すなわち、「傷害の程度が争いの対象となっていない場合において、被害者が、傷害の程度を正しく認識していれば示談を行わなかったと認められるときは、示談は要素の錯誤により無効である」、と。

(3) つまり、これによって、傷害の程度が「重要な事項」であり、そこに確定効（不可争効）の及ばないことが要求されること、そして、被害者の「一方的錯誤」、錯誤と意思表示の間の「主観的因果関係」の存在により、示談の錯誤の認められることが示されているのである。実際、右に引用した諸判決のなかには、こうした定式に沿う判断を行っているものもある。[37]

(二)　さて、示談と錯誤に関しては、示談の効力、とりわけ請求放棄条項の効力を制限するために如何なる理論を用いるべきかという問題も重要である。すなわち、裁判例のなかには、錯誤以外にも、公序良俗(38)、例文解釈(39)、解除条件(40)、制限的解釈(41)などの理論を用いるものがある。こうした理論の有用性や錯誤との関係をいかに解すべきか(42)。

(1)　この点につき、まず、公序良俗は、示談を暴利行為とみる理論であるため、原則として、当事者の一方の窮迫、軽率、無経験に乗じて示談が締結されたことが要件とされる（本節二（三））。それゆえ、適用可能な事例は比較的限られており、その汎用性は低いといわざるを得ない(43)。

(2)　次に、例文解釈は、請求放棄条項を例文にすぎないとみるものであるが、当事者が用いた文言を軽視する解釈方法であり、和解における文理解釈原則と正面から抵触する。それゆえ、基本的には避けるべきであろう(44)。

(3)　さらに、解除条件は、予想外の損害発生を示談の解除条件とみる契約解釈であるが、技巧的にすぎるほか(45)、当事者が予期していなかった事態の変化を解除条件と解するものであり、不自然な擬制であるといわざるを得ない(46)。

(4)　これに対して、制限的解釈は、請求放棄条項の効力を被害者が予想していた範囲に限定するという解釈方法であり、最判昭和四三年三月一五日民集二二巻三号五八七頁も採用するように、一つの有力な理論構成である。

(三)　それでは、錯誤と制限的解釈という二つの手法の関係をどう解すべきか。

当然のことながら、およそ契約解釈という作業は、理論的には、錯誤の判断に先行する。契約解釈により一定内容の契約が成立したと認められることが、錯誤の成否を判断する前提となるからである。このとき、和解における文理解釈原則を強調すれば、原則として文言通りの契約の成立が認められることになるから、傷害の程度の誤認は、基本的には錯誤の問題として処理すべきこととなろう。

だが、少なくとも当事者の一方が自らの権利の存在を正確に認識することなく、清算条項（請求放棄条項）に同意した場合には、文理解釈は必ずしも当事者意思の尊重につながらない（第九節三（二）参照）。このことを強調すれば、錯誤よりも制限的解釈の重要性が強調されるべきこととなろう。

(四)　しかしながら、さらに進んで考えると、錯誤の判断においても、制限的解釈においても、実際に行う作業は類似していることに気がつく。なぜならば、いずれの場合においても、示談により請求権を放棄した当事者（被害者）が、示談の当時、傷害の程度を正確に認識していたかが問題となるからである。

そして、錯誤の効果として、清算条項の一部無効という処理が是認されるとすれば[47]、錯誤と制限的解釈は、結論においても差がないことになろう。

確かに、錯誤においては、制限的解釈とは異なり、動機の表示や錯誤者の重過失が別個に問題となりうる。だが、たとえ傷害の程度に関する認識を和解の動機であると解したとしても、交通事故の示談においては、傷害の程度は示談の内容として定型的に取り込まれている事項だと考えられるから、動機の表示要件を厳密に解する必要はないだろう（本節七（二）（1）④参照[48]）。

また、交通事故の際には、病院等での診察を受けることが常であるから、医師の見抜けなかった症状を被害者が認識できなかったとしても、これをもって錯誤者に重大な過失ありということはできないだろう[49]。

そうだとすれば、錯誤と制限的解釈は、要件および効果とも大きな差異はなく、基本的には代替可能な理論というべきである[50]。

(五)　ただし、錯誤者以外の第三者が示談の効力を争う場合、たとえば、被害者に保険金を給付して被害者の加害者に対する損害賠償請求権を代位取得した者が、被害者加害者間の示談の効力を争うような場合には、錯誤者（被害者）に錯誤を主張する意思のない限り、原則として第三者は錯誤を主張しえないから[51]、例外的に、制限的解釈のみが有用だというべきである[52]。

九　計算の錯誤

(一)　旧民法

旧民法は、フランス民法とは異なり、計算の錯誤を和解の箇所では規定せず、錯誤および訴権の時効との関係で、それぞれ左の一箇条を置いている。ボアソナードが、計算の錯誤は和解の特則ではなく、合意の一般原則として規律すべきという立場を採用したからである。(53)

旧民財第三一〇条四項

　算数、氏名、証書ノ日附又ハ場所ノ錯誤ニ付テハ第五百五十九条ノ規定ニ従フ

旧民財第五五九条

　算数、氏名、日附又ハ場所ノ錯誤ノ改正ヲ目的トスル訴権ハ時効ニ罹ルコト無シ但此訴権ノ附属スル権利ノ時効ヲ妨ケス

右の第五五九条は、仏民原始規定第二〇五八条と同じく、計算の錯誤の効果を無効ではなく訂正としている。だが、和解が計算書に関して行われた場合の規定はなく、ボアソナード草案の注釈や『民法正義』においても、この点に関する議論はみられない。(54)

(二)　明治民法

錯誤の箇所を担当した富井政章は、計算の錯誤は意思表示の効力に影響を及ぼさず（要素の錯誤ではないという

趣旨か）、また、証拠保全のために訂正を求めることができるのは当然であるとして、旧民財第三一〇条四項を削除した(55)。さらに、旧民財第五五九条も当然のことを定めた規定であるとして削除されている(56)。そして、和解の箇所でも、計算の錯誤に関する規定は設けられなかった。

従って、明治民法には、計算の錯誤に関する規定は存在しない。

(三) 私見

だが、仏民原始規定第二〇五八条および梅がその解釈として述べていたこと、すなわち、和解における計算の錯誤は訂正されるべきだが、和解が計算書に関して行われた場合には、もはや訂正は許されないという規律は（第二章第一〇節七（一）（三））、その内容自体の合理性から、現在の我が国においても採用しうるものであると思われる。

なお、管見の限り、和解と計算の錯誤が問題とされた裁判例は公刊されていない。

注 第一〇節七～九

（1） 大判大正三年一二月一五日民録二〇輯一一〇一頁、大判大正七年一〇月三日民録二四輯一八五二頁。我妻栄『新訂 民法総則（民法講義Ⅰ）』（岩波書店、昭和四〇年）三〇〇頁、山本敬三『民法講義Ⅰ 総則』二〇八頁、四宮和夫、能見善久『民法総則（第九版）』（弘文堂、平成三〇年）二五五頁以下。

なお、債権法改正後の民第九五条も、こうした判断枠組みを維持している（潮見佳男『民法（債権関係）改正法の概要』七頁以下、筒井健夫、村松秀樹編著『一問一答 民法（債権関係）改正』一九頁、四宮和夫、能見善久『民法総則』二五六頁）。

（2） ただし、何をもって動機が表示されていたと解するかについては議論がある。この問題に関する近時の論考として、森田修「錯誤：要件論の基本構造を中心に（その一）（その二）」法教四二八号六六頁、四二九号七二頁（平成二八年）、山本敬三「「動機の錯誤」に関する判例法の理解と改正民法の解釈——保証に関する判例法を手がかりとして」論叢一八二巻一—三号（平成二九年）三八頁、中谷崇「動機錯誤における判例法理と学説の相克」深谷格、西内祐介編『大改正時代の民法学』（成文堂、平成二九年）四五頁などがある。

（3）本文で指示した箇所（およびその注）で引用される商品先物取引や交通事故に関する裁判例は、大阪高判平成二四年一月一九日先物取引裁判例集六八号三〇頁（商品先物取引）および名古屋地一宮支判平成二〇年一二月一六日判時二〇四一号一一四頁（交通事故）の二つを除き、錯誤が動機の錯誤であるか否かを問題としていない。

また、同所引用の継続的金銭消費貸借に関する裁判例には、動機の錯誤か否かを問題としないもの（宮崎簡判平成二二年六月三〇日消費者法ニュース八九号七三頁、玉島簡判平成二三年八月一九日消費者法ニュース九一号七五頁、東京高判平成二六年三月一九日消費者法ニュース一〇〇号三六一頁、東京地立川支判平成二六年六月一七日消費者法ニュース一〇一号二四九頁、京都地判平成二八年二月三日消費者法ニュース一〇七号三〇九頁、大阪高判平成二九年一二月一五日消費者法ニュース一一五号二四〇頁）の他に、特に理由を付すことなく動機は（黙示的に）表示されていたと判示するもの（三次簡判平成二三年四月二五日消費者法ニュース八九号七一頁、伊万里簡判平成二三年四月二八日消費者法ニュース九〇号八四頁、五所川原簡判平成二三年一二月二一日消費者法ニュース九二号一四〇頁、大阪地堺支判平成二四年二月一五日金法一九六〇号一三八頁、松山地判平成二四年三月二一日金法一九七三号一二四頁、神戸地判平成二四年七月三一日消費者法ニュース九三号七三頁、山口地岩国支判平成二五年九月九日消費者法ニュース九八号二四三頁、福岡高宮崎支判平成二六年一月三一日消費者法ニュース九九号二六五頁、福岡高判平成二六年九月三〇日消費者法ニュース一〇二号二八二頁、福岡高判平成二九年八月二四日消費者法ニュース一一五号二三〇頁）や、和解契約の内容に照らし、動機は黙示的に表示されていたとするもの（宮崎地判平成二七年九月一八日消費者法ニュース一〇六号二四九頁）が目に付く。

（4）山本敬三「「動機の錯誤」に関する判例法の理解と改正民法の解釈」一〇六頁は、保証契約の錯誤に関する判例分析を通じて、動機の錯誤が契約の定型的な内容にあたる事項に関するものであるときは、動機の表示という要件は自ずから満たされることになるという。このような理解は、保証に限らず、和解の錯誤にも基本的に妥当するものと考えられる。

（5）ちなみに、ドイツ民法は、通常の錯誤の効果を取消しとしながら（独民第一一九条）、和解の基礎事情の錯誤については、その効果を無効と規定している（同第七七九条、後掲注（8））。

このように、通常の錯誤と和解の基礎事情の錯誤の効果が異なるのは、ドイツ民法が、「表示錯誤の法的保護、動機錯誤の原則的な法的無顧慮」（磯村哲『錯誤論考——歴史と論理』（有斐閣、平成九年）一頁［初出、昭和三九年］）という基本的な枠組みから出発しつつ、和解の基礎事情の錯誤については、動機の錯誤でありながらこれを顧慮するという価値判断を採用したため、和解の基礎事情の錯誤を錯誤外の理論（第一草案はWindscheidの前提論、第二草案および現行法は条件理論）を用いて処理したことに由来する。

Vgl. *Motive zu dem Entwurfe eines Bürgerlichen Gesetzbuches für das Deutsche Reich*, Bd. 2, Berlin und Leipzig 1888 (NDr. 1983),

S. 654 f.; *Protokolle der Kommission für die zweite Lesung des Entwurfs des Bürgerlichen Gesetzbuchs*, Bd. 2, Berlin 1898 (NDr. 1983), S. 524; 磯村・同書五六頁以下［初出、昭和四〇年］。

（6） 我妻栄「和解と錯誤との関係について」法協五六巻四号（昭和一三年）七二六頁［同『民法研究Ⅵ 債権各論』（有斐閣、昭和四四年）所収］。

（7） 我妻栄「和解と錯誤との関係について」七三〇頁以下。

（8） § 779 BGB:

Ein Vertrag, durch den der Streit oder die Ungewissheit der Parteien über ein Rechtsverhältnis im Wege gegenseitigen Nachgebens beseitigt wird (Vergleich), ist unwirksam, wenn der nach dem Inhalt des Vertrags als feststehend zugrunde gelegte Sachverhalt der Wirklichkeit nicht entspricht und der Streit oder die Ungewissheit bei Kenntnis der Sachlage nicht entstanden sein würde.

Der Ungewissheit über ein Rechtsverhältnis steht es gleich, wenn die Verwirklichung eines Anspruchs unsicher ist.

法律関係についての当事者間の争いや不確実さを互譲によって除去する契約（和解）は、その契約の内容上確定したものとして基礎に置かれた事情が現実に合致せず、かつ、その事態を知っていたら争いや不確実さが生じなかったであろう場合には、無効とする。

請求権の実現が確実ではないときも、法律関係が不確実であるものとする。

（9） 我妻栄「和解と錯誤との関係について」七三二頁。

（10） 大判大正六年九月一八日民録二三輯一三四二頁「民法第六百九十六条ノ規定ハ当事者カ和解ニ依リテ止ムルコトヲ約シタル争ノ目的タル権利ニ付キ錯誤アリタル場合ニ限リ適用アルニ止マリ斯ル争ノ目的ト為ラサリシ事項ニシテ和解ノ要素ヲ為スモノニ付キ錯誤アリタル場合ニ適用ナキコト明文上疑ナク従テ此場合ニハ総則タル民法第九十五条ノ規定ノ適用アル筋合ナルヲ以テ……」。

（11） 我妻栄「和解と錯誤との関係について」七三三頁、七四二頁以下。

（12） 竹中悟人「和解」六六六頁も、こうした「分類が理念形にとどまるものであることは我妻によっても意識されている」、という。

（13） 前掲注（1）参照。

（14） 和解と錯誤に関する判例学説の状況につき、高森八四郎「和解と錯誤」同『示談と損害賠償』（関西大学出版部、平成七年）二八頁［初出、昭和五三年］、藤村和夫「和解と錯誤」半田正夫編集代表『現代判例民法学の課題（森泉章教授還暦記念論集）』（法学書院、昭和六三年）六四六頁、神田英明「和解契約の拘束力」法律論叢六六巻一・二号（平成五年）八一頁、竹中悟人「和解」六六〇頁以下など参照。

また、裁判例の紹介として、東京弁護士会親和全期会訴訟技術研究会編『和解無効の研究――判例分析を中心に』（商事法務研究会、平成三年）三一頁以下、小林一俊『錯誤の判例総合解説』（信山社、平成一七年）九七頁以下などがある。

(15) 川井健「判批」法協七三巻五号（昭和三一年）六四〇頁。

(16) もっとも、三淵乾太郎「判解」最判解民事篇昭和三三年度（昭和三四年）一六三頁は、本件が第二類型に該当することは明らかだと述べている。他方、我妻栄『債権各論 中巻二』八八二頁、曽野裕夫「判批」窪田充見、森田宏樹編『民法判例百選Ⅱ 債権 第八版（別冊ジュリ二三八号）』（有斐閣、平成三〇年）一五四頁、中田裕康『契約法』五九九頁は、本件を第三類型の事案だという。

(17) 倉田卓次「判解」最判解民事篇昭和三六年度（昭和三七年）一八七頁、中田裕康『契約法』五九八頁以下。

(18) 中島恒「判解」最判解民事篇昭和三八年度（昭和三九年）九一頁、山本敬三『民法講義Ⅳ-1 契約』八〇六頁注一一二。

(19) 来栖三郎『契約法』七三〇頁、星野英一『民法概論Ⅳ 契約』三四〇頁以下、広中俊雄『債権各論講義』三二四頁以下、山本敬三『民法講義Ⅳ-1 契約』八〇六頁以下、平井宜雄『債権各論Ⅰ 上』五二頁以下、内田貴『民法Ⅱ 債権各論』三一八頁以下、潮見佳男『基本講義 債権各論Ⅰ 契約法・事務管理・不当利得』二九八頁以下、中田裕康『契約法』五九八頁以下。

(20) 村上淳一「和解と錯誤――学説史的研究」契約法大系刊行委員会編『契約法大系Ⅴ 特殊の契約（一）』（有斐閣、昭和三八年）一九一頁。

(21) 村上淳一「和解と錯誤」二〇二頁（「共通錯誤の一種である和解の基礎に関する錯誤」）。

(22) 三宅正男『契約法（各論）下巻』一二四五頁以下。

(23) 三宅正男『契約法（各論）下巻』一二四八頁、一二四九頁注二。

(24) 加藤雅信『新民法大系Ⅰ 民法総則（第二版）』（有斐閣、平成一七年）二六一頁以下。

(25) 加藤雅信『新民法大系Ⅳ 契約法』五一〇頁以下。

(26) なお、加藤雅信『新民法大系Ⅳ 契約法』五〇七頁以下は、和解に三層的法律行為論をあてはめる予備的作業として、我妻の第二類型に関する分析を行っている。

(27) 商事法務編『民法（債権関係）の改正に関する中間試案の補足説明』五四三頁。

(28) 商事法務編『民法（債権関係）の改正に関する中間試案の補足説明』五四三頁。

(29) 「法制審議会民法（債権関係）部会 第八五回会議 議事録」三二四頁［山本敬三］。

(30) 「「民法（債権関係）の改正に関する中間試案」に対して寄せられた意見の概要（各論五）（民法（債権関係）部会資料 七一―六）」商事法務編『民法（債権関係）部会資料集 第三集〈第三巻〉――第八〇回会議 議事録と部会資料』（商事法務、平成二九

年）一〇五六頁以下、「法制審議会民法（債権関係）部会 第八五回会議 議事録」三二三頁［忍岡真理恵］、「民法（債権関係）の改正に関する要綱案のたたき台（九）（民法（債権関係）部会資料 七五A）」商事法務編『民法（債権関係）部会資料集 第三集〈第四巻〉――第八一回～第八五回会議 議事録と部会資料』（商事法務、平成二九年）五九一頁。

(31) 東京地判平成七年一二月五日判時一五八〇号一二〇頁、名古屋地判平成一五年八月二七日先物取引裁判例集三五号一九一頁、福岡高判平成一九年四月二六日先物取引裁判例集四八号二六五頁、大阪高判平成二四年一月一九日先物取引裁判例集六八号三〇頁。

(32) 宮崎簡判平成二二年六月三〇日消費者法ニュース八九号七三頁、三次簡判平成二三年四月二五日消費者法ニュース八九号七一頁、伊万里簡判平成二三年四月二八日消費者法ニュース九〇号八四頁、玉島簡判平成二三年八月一九日消費者法ニュース九一号七五頁、五所川原簡判平成二三年一二月二一日消費者法ニュース九二号一四〇頁、大阪地堺支判平成二四年二月一五日金法一九六〇号一三八頁、松山地判平成二四年三月二一日金法一九七三号一二四頁、神戸地判平成二四年七月三一日消費者法ニュース九三号七三頁、小林簡判平成二五年五月二八日消費者法ニュース九七号三一五頁、さいたま地判平成二五年六月二八日消費者法ニュース九七号三一三頁、山口地岩国支判平成二五年九月九日消費者法ニュース九八号二四三頁、福岡高宮崎支判平成二六年一月三一日消費者法ニュース九九号二六五頁、東京高判平成二六年三月一九日消費者法ニュース一〇〇号三六一頁、大阪高判平成二六年三月二八日消費者法ニュース一〇〇号三五一頁、東京地立川支判平成二六年六月一七日消費者法ニュース一〇一号二四九頁、福岡高判平成二六年九月三〇日消費者法ニュース一〇二号二八二頁、東京高判平成二七年二月二五日消費者法ニュース一〇四号三六四頁、東京地判平成二七年二月二六日消費者法ニュース一〇五号二四二頁、宮崎地判平成二七年九月一八日消費者法ニュース一〇六号二四九頁、京都地判平成二八年二月三日消費者法ニュース一〇七号三〇九頁、大阪地判平成二八年三月二日消費者法ニュース一〇八号二九三頁、小林簡判平成二八年一〇月二五日消費者法ニュース一一〇号二五七頁、福岡高判平成二九年八月二四日消費者法ニュース一一五号二三〇頁、大阪高判平成二九年一二月一五日消費者法ニュース一一五号二四〇頁。

過払金返還請求訴訟における和解と錯誤を論じるものに、澤野芳夫、三浦隆志、武田美和子、佐藤重憲「過払金返還請求訴訟における実務的問題」二五頁以下、瀧康暢「過払金・残された論点と最近の裁判例（一六）」消費者法ニュース一〇七号（平成二八年）一〇一頁、七戸克彦「債務整理と和解（二）――名古屋高金沢支判平二七・一一・二五、最一小判平二九・七・二四の背景事情」市民と法一一〇号（平成三〇年）二八頁、平林美紀「過払金返還請求権と和解契約――「和解と錯誤」論をめぐって」加藤新太郎ほか編『二一世紀民事法学の挑戦 下巻（加藤雅信先生古稀記念）』（信山社、平成三〇年）一九五頁、永井洋士「和解契約を反故にする方法とその考慮要素――過払金返還請求訴訟を題材にして」青山法務研究論集一五号（平成三〇年）五三頁などがある。

(33)　なお、「重要な事項」であるというためには、引直計算の結果と和解内容の間に大きな乖離が存することを要するという裁判例もある（三次簡判平成二三年四月二五日消費者法ニュース八九号七一頁、伊万里簡判平成二三年四月二八日消費者法ニュース九〇号八四頁、五所川原簡判平成二三年一二月二一日消費者法ニュース九二号一四〇頁、松山地判平成二四年三月二一日金法一九七三号一二四頁、福岡高宮崎支判平成二六年一月三一日消費者法ニュース九九号二六五頁など）。

(34)　先行研究として、高森八四郎「損害賠償と示談の拘束力」同『示談と損害賠償』（関西大学出版部、平成七年）五九頁［初出、昭和五一年］が挙げられる。

(35)　さしあたり、東京地判昭和四〇年一月二七日判時三九六号一〇頁、横浜地判昭和四〇年八月一三日判タ一八一号一二七頁、和歌山地判昭和四三年一一月四日交民一巻四号一二六八頁、大阪地判昭和四三年一二月一九日交民一巻四号一四九四頁、大阪地判昭和四四年三月二四日交民二巻二号三六四頁、神戸地判昭和四四年八月七日交民二巻四号一〇八六頁、東京地判昭和四四年九月二九日判時五八一号六一頁、前橋地判昭和四四年一〇月二九日交民二巻五号一五二四頁、仙台地古川支判昭和四四年一一月一三日交民二巻六号一六四六頁、水戸地判昭和四六年六月二八日交民四巻三号九六八頁、名古屋地半田支判昭和四六年一二月八日交民四巻六号一七六七頁、東京地判昭和五〇年四月二四日交民八巻二号五三七頁、水戸地判昭和五一年五月一二日交民九巻三号六八二頁、名古屋地一宮支判平成二〇年一二月一六日判時二〇四一号一一四頁。

(36)　横浜地判昭和四〇年八月一三日判タ一八一号一二七頁、大阪地判昭和四三年一二月一九日交民一巻四号一四九四頁、大阪地判昭和四四年三月二四日交民二巻二号三六四頁、前橋地判昭和四四年一〇月二九日交民二巻五号一五二四頁、仙台地古川支判昭和四四年一一月一三日交民二巻六号一六四六頁など。

(37)　水戸地判昭和四六年六月二八日交民四巻三号九六八頁。

(38)　金沢地判昭和五一年七月一六日判時八二四号四〇頁、大阪地判昭和五三年一一月三〇日判時九二九号九九頁。

(39)　東京高判昭和四五年九月一七日判時六〇七号四七頁、大阪地判昭和四六年一〇月六日判タ二七二号三五六頁。

(40)　大阪高判昭和三九年一二月二一日判時四〇〇号一六頁、大阪地判昭和四三年八月二九日交民一巻三号九七九頁。

(41)　最判昭和四三年三月一五日民集二二巻三号五八七頁、福島地判昭和三九年五月一五日下民一五巻五号一〇九六頁、東京地判平成二五年五月二九日交民四六巻三号六八二頁、京都地判平成二六年八月二九日交民四七巻四号一〇八五頁。

(42)　この問題については、楠本安雄「示談成立後における損害の増大について」司法研修所報三四号（昭和四一年）三七頁、植林弘「交通事故における示談契約の問題点——近時の判例を中心として」法学雑誌（大阪市立大学）一三巻二・三・四号（昭和四二年）二六二頁、加茂紀久男「示談と事情変更」判タ二六八号（昭和四六年）一八二頁、高森八四郎「損害賠償と示談の拘束力」六五頁以下、川井健ほか編『注解交通損害賠償法　第二巻（新版）』（青林書院、平成八年）二〇八頁以下［田邨正義］、山口

斉昭「示談後の損害の拡大」飯村敏明編『現代裁判法大系（六）交通事故』（新日本法規出版、平成一〇年）四三一頁、塩崎勤「示談の拘束力と事情変更」同編『交通損害賠償の諸問題』（判例タイムズ社、平成一一年）四七七頁［初出、昭和六二年］、高島由美子「判批（名古屋地一宮支判平成二〇年一二月一六日）」倉田卓次、後藤勇編『平成二一年度主要民事判例解説（別冊判タ二九号）』（判例タイムズ社、平成二二年）三二頁など参照。

(43) 示談が被害者の窮迫、軽率、無経験に乗じて行われたものではないため、公序良俗に反しないとされた東京地判昭和四九年一〇月一四日交民七巻五号一四〇八頁、東京地判昭和六三年五月一二日交民二一巻三号四八一頁参照。

(44) 例文解釈に対しては、その他、請求放棄条項は交通事故における示談の本質的なものと関係しているから、「裁判所がこれを一片の例文として法的効力を否定したのでは、加害者側はもはや容易に示談に応じなくなり、著しく安定を害するおそれがある」（楠本安雄「示談成立後における損害の増大について」五三頁）、という批判も存する。

(45) 山下末人「判批（東京地判昭和四〇年一月二七日）」加藤一郎ほか編『交通事故判例百選（別冊ジュリ一八号）』（有斐閣、昭和四三年）一三五頁。

(46) 藪重夫「判批（最判昭和四三年三月一五日）」民商五九巻五号（昭和四四年）八〇〇頁、塩崎勤「示談の拘束力と事情変更」四八四頁。

(47) 錯誤による清算条項の一部無効を認めた裁判例として、名古屋地一宮支判平成二〇年一二月一六日判時二〇四一号一一四頁がある。

なお、和解の不可分性は当事者の意思にその根拠を有するものであるから（第二章第一〇節一（二）、本章節一（三）（1）参照）、和解の一部無効を認めることが当事者意思に適すると考えられる場合には、不可分性に例外を認めても背理ではない。

(48) なお、塩崎勤「示談の拘束力と事情変更」四九四頁も、傷害の程度に関する錯誤が動機の錯誤だとしても、「その動機が和解の際黙示的に相手方に表示されあるいは相手方に当然のこととして承認、予見されていたとして要素の錯誤の中に取り入れ、民法九五条の適用によって解決するというような解釈もできなくはない」、という。

(49) 大阪地判昭和四四年三月二四日交民二巻二号三六四頁、仙台地古川支判昭和四四年一一月一三日交民二巻六号一六四六頁参照。

(50) 結論同旨、川井健ほか編『注解交通損害賠償法　第二巻』二〇九頁以下［田邨正義］。

なお、過払金返還請求訴訟における和解の錯誤と制限的解釈の関係についても、同様に解すべきであろう（第九節三（二）（8）、本節七（五）（2）②参照）。ただし、平林美紀「和解契約の解釈と錯誤無効（東京高判平二六・一〇・三〇）」九八頁は、動機の表示や重過失を問題とする必要がない点で、制限的解釈の方が思考経済に資するという。

(51) 最判昭和四〇年九月一〇日民集一九巻六号一五一二頁、最判昭和四五年三月二六日民集二四巻三号一五一頁（傍論）。

（52）最判昭和四三年三月一五日民集二二巻三号五八七頁は、まさにこのような事案であり、これが制限的解釈の採用された大きな理由だったと思われる（瀬戸正二「判解」最判解民事篇昭和四三年度上（昭和四六年）一五〇頁参照）。

（53）Boissonade, *Projet*, t. 2, n° 697; t. 3, n° 375, 10°.

（54）Cf. Boissonade, *Projet*, t. 2, n°s 70 et 697; t. 3, n° 375, 10°; 井上正一『民法正義　財産編第二部　巻之一』一一五頁以下、同『民法正義　財産編第二部　巻之二』四二三頁以下。

（55）『法典調査会　民法主査会議事速記録』六四八頁。

（56）『法典調査会　民法議事速記録　一』一二三九頁［梅謙次郎］。

第四章　結　論

本書は、これまで一九世紀フランスの和解論（第二章）と我が国の和解論（第三章）を、梅の和解論を中心に論じてきた。この章では、まず総括として、第三章の検討を通じて明らかとなった主要な点を九つの命題としてまとめておきたい。次いで、さまざまな文脈で論じてきた裁判所の許可を要する和解につき、その概念を整理しながら若干の検討を加え、もって本書の結びとしたい。

第一節　総括

第一、「争い」および「互譲」は和解の要素であり、これらの概念を曖昧にしたり、無用のものと考えるべきではない（第三章第一節三）。

第二、和解は常に双務契約である（第二節二（三））。

第三、和解の両当事者には係争物の処分能力、代理人または財産管理人には処分権限が必要である（第四節一（二）、五）。

第四、告訴権、賭博債務、法律上の将来の扶養請求権、無償行為（遺贈や贈与）による終身定期金債権は、和解の目的物とならない（第五節一（七）、四（三）、七（二）（1）②、（2）③）。

第五、民第六九六条と確定効は峻別されるべきである（第七節三（三）（2））。確定効の内容としては不可争効のみが認められ、その根拠は、「たとえ真実と違っていても」という合意に求められる（同節四）。

民第六九六条は、和解の効力が確認的か移転的かは一義的に定まるものではなく、後に明らかとなった本権の所在によって決せられるという梅の独自説の明文化である（同節二（二）（1）（2））。そして、同条は、和解は民第一九二条にいう取引行為か、登記を要する行為か、和解に不動産取得税が課されるか等の問題を解決するために必要とされる規定である（同節五）。

第六、追奪担保責任および瑕疵担保責任は、係争物については否定されるが、和解のために供与された物については肯定される（同節七（二）（3））。

第七、和解の効力は相対効が原則であるが、連帯債務、連帯債権、不可分債権債務、保証などの場合には、一定の例外が認められる（第八節）。

第八、和解の解釈は、文理解釈を原則とすべきである（第九節）。

第九、和解の錯誤に関しては、次のような一般原則を定立するべきである。

第一項　争いの対象として互譲により確定された事項以外の重要な事項につき、当事者の双方または一方が錯誤に陥っていた場合、その点についての錯誤がなければ、表意者はそのような意思表示をしなかったと認められるときは、和解は要素の錯誤により無効である（取り消しうる）。

第二項　和解の意思表示に動機の錯誤があるときは、その動機が相手方に表示されていたときに限り、前項と同様とする（第一〇節七（二）（3））。

第二節　裁判所の許可を要する和解

さて、第三章においては、裁判所の許可という和解の成立要件を、さまざまな箇所において、異なる文脈で論じてきた。だが、この要件については、本書のこれまでの記述のみならず、従来の和解論においても、まとまった形で論じられたことはなかった。それゆえ、本節では、裁判所の許可を要する和解につき、その概念を整理しながら若干の検討を行うこととしたい。

一　裁判所の許可が必要とされる根拠

ところで、裁判所の許可が必要とされる根拠にはさまざまなものが存したが、これらは大きく形式的根拠と実質的根拠に分けることができる。そして、それぞれの根拠ごとに、裁判所の許可を要する和解を分類、整理することができる。

（一）　形式的根拠

まず、形式的根拠としては、法律の規定、解釈論、立法論を挙げることができる。

⑴　法律の規定

法定成年後見人による居住用不動産についての和解（民第八五九条の三。第三章第四節五（一）（2））、保佐人、補助人による和解（民第八七六条の四第一項、民第八七六条の九第一項。同節五（二）（2）①）、保佐人、補助人による居住用不動産についての和解（民第八七六条の五第二項および第八七六条の一〇第一項による第八五九条の三の準用。同節五（二）（２）②）、破産管財人による一〇〇万円を超える価額の目的物についての和解（破第七八条二項一一号、三項一号。同節五（五）（４））。

（２）解釈論

法定成年後見人、保佐人、補助人による不動産および重要な動産についての和解（第四節五（一）（３）、（二）（３））、不在者の財産管理人による和解（同節五（六）（３）（４））、行政訴訟における和解（第五節五（三）（四））。

（３）立法論

未成年後見人による不動産および重要な動産についての和解（第四節二（一）（５））、元未成年者と後見人間の後見の計算に関する和解（同節三（一）（４））、親権者による不動産、重要な動産および不法行為に基づく損害賠償請求権についての和解（子が胎児の場合を含む（同節五（三）（５）））、破産管財人による和解（目的物の価額を問わず（同節五（五）（５）））、限定承認者による和解（同節五（七）（４）①）、任意成年後見人による居住用不動産についての和解（同節五（九）（４）②）。

（二）実質的根拠

また、右に挙げた和解は、その実質的根拠を基準として、次のように分類することもできる。

（１）法律による行政の原理

行政訴訟における和解。

すなわち、受訴裁判所が、法律による行政の原理に照らして、司法権に基づき和解の許否を判断するものである。

(2) 清算手続の公正の確保

破産管財人および限定承認者による和解。

すなわち、破産事件を管轄する地方裁判所（破第五条）において、当該破産事件を担当する裁判体たる裁判所（破第七五条一項）が、破産手続の公正さを確保するために、破産管財人を監督して和解の許否を判断するものである。

家事事件を管轄する家庭裁判所（裁所第三一条の三第一項一号）が、限定承認者を監督する場合も同様である。

(3) 本人の利益の保護

親権者、未成年後見人、（法定および任意の）成年後見人、保佐人、補助人、不在者の財産管理人による和解。

すなわち、家事事件を管轄する家庭裁判所が、本人の利益を保護するために、親権者等の代理人または財産管理人を監督して、和解の許否を判断するものである。

なお、元未成年者と後見人間の後見の計算に関する和解も、この類型に含めて考えることができる。

二　裁判所以外の第三者による和解の許可

それでは、裁判所以外の第三者が、和解を許可することは可能であるか。右の実質的根拠に照らせば、次のようにいうことができよう。

（一）まず、法律による行政の原理が根拠とされる（1）の場合には、裁判所が、法律による行政の原理を守るため、司法による行政のコントロールの一貫として和解を審査し、これを許可している。つまり、司法権の行使の一貫として、和解の許否を判断するものである。いうまでもなく、司法権は裁判所が行使すべきものであるから（憲第七六条一項）、この場合には、裁判所以外の第三者が和解を許可することはできない。

(二) 他方、清算手続の公正の確保が根拠とされる（2）の場合には、裁判所が、手続的正義の観点から、監督権を行使している。

また、本人の利益の保護が根拠とされる（3）の場合にも、裁判所は、後見的見地から、同じく監督権を行使している。

確かに、これら二つの監督権の背後にある思想は同一ではない。しかし、いずれの場合においても、裁判所が、司法権に基づかず、監督権行使の一貫として和解の許否を判断するという点においては共通している。それゆえ、この（2）と（3）の場合においては、必ずしも裁判所のみに和解の許可権限を帰属させる必要はないといえよう。

(三) 実際、裁判所以外の第三者による監督権の行使は、これまでにもいくつかの例によって認められてきた。たとえば、旧破産法は、破産管財人に対する監督権を、債権者の利益代表者たる監査委員に行使させていた（旧破第一九七条。第四節五（五）（3））。

また、民法は、古くから、後見人を監督するものとして後見監督人という機関を認めてきた（旧民人事第一六九条、現民第八四九条）。そして、近時は、成年後見監督人として、被後見人の親族のみならず、弁護士、司法書士、社会福祉士等の専門職や、社会福祉協議会、成年後見センターといった法人が選任される例も増えてきている。

それゆえ、一例として、親権者が、交通事故の被害者たる子のために、加害者と示談を行う場合には（同節五(三)（5）①参照）、家庭裁判所ではなく、交通事故紛争処理センターや日弁連交通事故相談センターが和解内容を審査して、これを許可することも考えられよう。

(四) このように、裁判所が司法権に基づかずに監督権を行使する場合には、裁判所以外の第三者が和解の許否を判断するという制度設計も十分に可能だと思われる。

もっとも、具体的にどのような場合に、どのような者に和解の許可権限を与えるのか、そして、その際、裁判所が右の許可権者と並ぶ、あるいは、さらに上位の監督権を有すべきかなど、制度の詳細についてはなお検討を要する課題が多く残されている。

だが、これらの問題は、裁判所の監督権の意義と限界を、国家や社会の役割との関係において考察した後に、初めて解決されうるものであろう。それゆえ、本書とは別途に検討されるべき課題であり、第三者の許可という和解の成立要件も、右の視角から新たに論じられるべきものだといえる。今後を期したい。

主要参考文献一覧

フランス語文献

ACCARIAS, Calixte, *Étude sur la transaction en droit romain et en droit français*, Paris 1863. [Accarias, *Transaction*].

AUBRY, Charles, et RAU, Charles-Frédéric, *Cours de droit civil français d'après la méthode de Zachariae*, 4e éd., 8 vol., Paris 1869–1879. [Aubry et Rau].

BAUDRY-LACANTINERIE, Gabriel, *Précis de droit civil: contenant dans une première partie l'exposé des principes, et dans une deuxième les questions de détail et les controverses*, 3 vol., Paris 1882–1884. [Baudry-Lacantinerie].

BOISSONADE, Gustave Émile, *Projet de Code de procédure criminelle pour l'Empire du Japon, accompagné d'un commentaire*, Tokio 1882. [Boissonade, *Projet de Code de procédure criminelle*].

BOISSONADE, Gustave Émile, *Projet de Code civil pour l'Empire du Japon, accompagné d'un commentaire*, 2e éd., 5 vol., Tokio 1882–1889. [Boissonade, *Projet*].（なお、本書は第二版と総称されるが、"DEUXIÈME ÉDITION" という表記があるのは、第一巻と第二巻のみ）

COLMET DE SANTERRE, Édouard, *Cours analytique de Code civil par A.-M. Demante, continué depuis l'article 980 par E. Colmet de Santerre*, t. 4–9, Paris 1858–1884. [Colmet de Santerre].

DALLOZ, Désiré, et DALLOZ, Armand, *Répertoire méthodique et alphabétique de législation, de doctrine et de jurisprudence*, nouv. éd., 47 vol., Paris 1845–1870. [Dalloz, *Répertoire*].

DELVINCOURT, Claude-Étienne, *Cours de Code civil*, 5e éd., 3 vol., Dijon et Paris 1834. [Delvincourt].

DEMANTE, Antoine Marie, *Cours analytique de Code civil*, t. 1–3, Paris 1849–1855. [Demante].

DEMOLOMBE, Charles, *Cours de code Napoléon*, 31 vol., Paris 1854–1882. [Demolombe].

DOMAT, Jean, *Les Loix civiles dans leur ordre naturel*, 2e éd., t. 1, Paris 1697, liv. I, tit. XIII, Des Transactions, pp. 433–440. [Domat].

DUMOULIN, Charles, *Commentariorum in consuetudines parisienses, recognita et locupletata*, tit. 1, *De Feudis*, in: *Franciae et Germaniae celeberrimi jurisconsulti, et in supremo parisiorum senatu antiqui advocati: omnia quae extant opera*, tom. 1, nouv. éd., Paris 1681, pp. 1–665.

DURANTON, Alexandre, *Cours de droit français suivant le Code civil*, 4e éd., 22 vol., Paris 1844. [Duranton].

DUVERGIER, Jean-Baptiste, *Collection complète des lois, décrets, ordonnances, règlemens et avis du Conseil d'État*, 2e éd., 37 vol., Paris 1834–1845.

FENET, Pierre-Antoine, *Recueil complet des travaux préparatoires du Code civil*, 15 vol., Paris 1836. [Fenet].

GARRAUD, René, *Précis de droit criminel*, 4e éd., Paris 1892. [Garraud].

GARSONNET, Eugène, *Précis de procédure civile*, Paris 1885. [Garsonnet, *Précis*].

HÉLIE, Faustin, *Traité de l'instruction criminelle, ou Théorie du Code d'instruction criminelle*, 2e éd., 8 vol., Paris 1866–1867. [Hélie].

LAURENT, François, *Principes de droit civil*, 4e éd., 33 vol., Bruxelles et Paris 1887. [Laurent].

LOCRÉ, Jean-Guillaume, *La législation civile, commerciale et criminelle de la France, ou commentaire et complément des Codes français*, 31 vol., Paris 1827–1832. [Locré].

LYON-CAEN, Charles et RENAULT, Louis, *Précis de droit commercial*, 2 vol., Paris 1884–1885. [Lyon-Caen et Renault, *Précis*].

LYON-CAEN, Charles et RENAULT, Louis, *Traité de droit commercial*, 2e éd., 8 vol., Paris 1889–1899.

MARBEAU, Jean-Baptiste-Firmin, *Traité des transactions, d'après les principes du Code civil*, Paris 1832. [Marbeau, *Transactions*].

MARCADÉ, Victor-Napoléon, *Cours élémentaire de droit civil français*, t. 1–5, 4e éd., Paris 1850; t. 6, 5e éd., Paris 1852. [Marcadé].

MASSÉ, Gabriel, et VERGÉ, Charles-Henri, *Le droit civil français par K. S. Zachariae; traduit de l'allemand sur la 5e édition, annoté et rétabli suivant l'ordre du Code Napoléon*, 5 vol., Paris 1854–1860. [Massé et Vergé sur *Zachariae*].

MERLIN, Philippe-Antoine, *Répertoire universel et raisonné de jurisprudence*, 5e éd., t. 17, Paris 1828. [Merlin, *Répertoire*].

MERLIN, Philippe-Antoine, *Recueil alphabétique des questions de droit*, 4e éd., t. 16, Bruxelles 1830.

MOURLON, Frédéric, *Traité théorique et pratique de la transcription et des innovations introduites par la loi du 23 mars 1855 en matière hypothécaire*, t. 1, Paris 1862.

MOURLON, Frédéric, *Répétitions écrites sur le Code civil contenant l'exposé des principes généraux, leurs motifs et la solution des questions théoriques*, 11e éd., 3 vol., Paris 1880–1883. [Mourlon, *Répétitions écrites*].

ODIER, Pierre, *Traité du contrat de mariage, ou du Régime des biens entre époux*, 3 vol., Paris 1847.

ORTOLAN, Joseph-Louis-*Elzéar, Éléments de droit pénal*, 4e éd., 2 vol., Paris 1875. [Ortolan].

OUMÉ, Kendjirô, *De la Transaction*, thèse pour le doctorat (Faculté de Droit de Lyon), Paris 1889（復刻版、信山社出版、平成一四年）. [Oumé, *Transaction*].

PARDESSUS, Jean-Marie, *Cours de droit commercial*, 3e éd., 5 vol., Paris 1825–1826. [Pardessus].

PHILIPPE, Émile, *Des Transactions et du droit d'enregistrement dans ses rapports avec les transactions*, thèse pour le doctorat (Faculté de Droit de Paris), Paris 1853.

PONT, Paul, *Commentaire-traité des petits contrats*, 2e éd., 2 vol., Paris 1877–1878. [Pont, I et II].

PONT, Paul, *Commentaire-traité des sociétés civiles et commerciales*, t. 1, 2e éd., Paris 1884; t. 2, Paris 1880. [Pont, *Sociétés*, t. 1 et t. 2].

POCQUET DE LIVONNIÈRE, Claude, *Traité des fiefs*, Paris 1729.

POTHIER, Robert Joseph, *Traité du contrat de vente*, in: *Oeuvres complètes de Pothier*, nouv. éd., par Saint-Albin Berville, t. 3, Paris 1821. [Pothier, t. 3, *Traité du contrat de vente*].

POTHIER, Robert Joseph, *Traité des successions*, in: *Oeuvres complètes de Pothier*, nouv. éd., par Saint-Albin Berville, t. 21, Paris 1821.

Recueil général des anciennes lois françaises, depuis l'an 420 jusqu'à la Révolution de 1789, 29 vol., Paris 1821–1833. [*Recueil général des anciennes lois françaises*].

RODIÈRE, Aimé, et PONT, Paul, *Traité du contrat de mariage et des droits respectifs des époux relativement à leurs biens*, 2e éd., 3 vol., Paris 1865–1869. [Rodière et Pont].

SOURDAT, Auguste, *Traité général de la responsabilité ou de l'action en dommages-intérêts en dehors des contrats*, 3e éd., 2 vol., Paris 1876.

TESSIER, Honoré, *Traité de la dot, suivant le régime dotal établi par le Code civil, et conférence, sur cette matière, du nouveau droit avec l'ancien*, 2 vol., Paris et Bordeaux 1835. [Tessier].

TIRAQUEAU, André, *De retraict lignagier*, in: *De utroque retractu, municipali et conventionali*, Lugdunum 1560, pp. 1–621.

TOULLIER, Charles-Bonaventure-Marie, *Le droit civil français, suivant l'ordre du Code*, 4e éd., 13 vol., Paris 1824–1828. [Toullier].

TRÉBUTIEN, Eugène, *Cours élémentaire de droit criminel*, 2 vol., Paris 1854.

TROPLONG, Raymond-Théodore, Le droit civil expliqué, 3e éd., t. 4: *Du Contrat de Mariage et des droits respectifs des époux*, t. 4, Paris 1857. [Troplong, t. 4, *Contrat de Mariage*].

TROPLONG, Raymond-Théodore, *Le droit civil expliqué suivant l'ordre des articles du code*, t. 13: *Du Contrat de Société civil et commerciale*, t. 2, Paris 1843. [Troplong, t. 13, *Contrat de Société*].

TROPLONG, Raymond-Théodore, *Le droit civil expliqué suivant l'ordre des articles du code*, t. 17: *Du Cautionnement et des Transactions*,

Paris 1846. [Troplong, t. 17, *Cautionnement*], [Troplong, t. 17, *Transactions*].
VILLENEUVE, Jean Esprit Marie Pierre Lemoine de, et CARETTE, Antoine-Auguste, *Recueil général des lois et des arrêts*, 1re série, 1791-1830, 10 vol., Paris 1840-1843.

ドイツ語文献

Motive zu dem Entwurfe eines Bürgerlichen Gesetzbuches für das Deutsche Reich, 5 Bde, Berlin und Leipzig 1888 (NDr. 1983).
Protokolle der Kommission für die zweite Lesung des Entwurfs des Bürgerlichen Gesetzbuchs, 7 Bde, Berlin 1897-1899 (NDr. 1983).
ROESLER, Carl Friedlich Hermann, *Entwurf eines Handels-gesetzbuches für Japan mit Commentar*, 3 Bde, Tokio 1884（復刻版、新青出版、平成八年）. [Roesler, *Entwurf*].

日本語文献

阿部泰隆「行政訴訟特に税務訴訟における和解に関する管見」自研八九巻一一号（平成二五年）三頁。

新井誠、赤沼康弘、大貫正男編『成年後見制度――法の理論と実務（第二版）』（有斐閣、平成二六年）。

有地亨「夫婦財産制に関する一考察」法政研究三二巻二―六号（下巻）（昭和四一年）六六九頁。

淡路剛久『連帯債務の研究』（弘文堂、昭和五〇年）。

池田恒男「フランス抵当権改革前史――共通慣習法における土地の交換価値把握の過程と形態について（一）」社会科学研究三〇巻五号（昭和五四年）一頁。

石井昇「行政上の和解契約の許容性」甲南法学三〇巻三・四号（平成二年）五五五頁。

石井良助編『明治文化史 第二巻 法制（新装版）』（原書房、昭和五五年）。

石川明『訴訟上の和解の研究』（慶應義塾大学法学研究会、昭和四一年）。

石川明『民事調停と訴訟上の和解』（一粒社、昭和五四年）。

石田穣『民法Ｖ（契約法）』（青林書院、昭和五七年）。

石田穣『民法総則』（信山社、平成二六年）。

磯部四郎『刑事訴訟法 完』（東京専門学校、明治二九年?）。

磯部四郎、井上正一『民法草案獲得編第二部理由書』石井良助編『明治文化資料叢書 第三巻法律篇 下』（風間書房、昭和三五年）九頁。

伊藤眞『破産法・民事再生法（第三版）』（有斐閣、平成二六年）。

稲本洋之助『フランスの家族法』（東京大学出版会、昭和六〇年）。

井上正一『刑事訴訟法義解 上巻』（明法堂、博聞社、明治二三年）。

位野木益雄ほか「行政事件訴訟の審理をめぐる実務上の諸問題 研究会三」判タ一六九号（昭和四〇年）二三頁。

今村和郎、亀山貞義、宮城浩蔵、井上正一、熊野敏三、岸本辰雄『民法正義 財産編第一部 巻之一、財産編第一部 巻之二（上下）、財産編第二部 巻之一、財産編第二部 巻之二、財産取得編 巻之一、財産取得編 巻之二、財産取得編 巻之三、債権担保編 第一巻、債権担保編 巻之二、証拠編、人事編 巻之一（上下）、人事編 巻之二（上下）』（新法註釈会、発行年不詳）。

入江俊郎、古井喜實『逐條市制町村制提義』（良書普及会、昭和一二年）。

岩松三郎、兼子一編『法律実務講座 民事訴訟編 第三巻 第一審手続（二）』（有斐閣、昭和三四年）。

上北武男「訴訟代理権の範囲」小山昇、中野貞一郎、松浦馨、竹下守夫編『演習 民事訴訟法』（青林書院、昭和六二年）二三〇頁。

植林弘「交通事故における示談契約の問題点――近時の判例を中心として」法学雑誌（大阪市立大学）一三巻二・三・四号（昭和四二年）二六二頁。

内田貴『民法II 債権各論（第三版）』（東京大学出版会、平成二三年）。

梅謙次郎「和解ノ効果」法協七九号（明治二三年）七〇七頁。

梅謙次郎『日本民法和解論 完』（攻法会、明治二四年？［復刻版、新青出版、平成一三年］）。

梅謙次郎『民法債権担保編（対人担保）』（和仏法律学校、明治二九年？）。

梅謙次郎「和解ノ要素ヲ論ス」法協一六巻一一号八九五頁、一六巻一二号九五三頁（明治三一年）。

梅謙次郎『破産法案概説』（法学協会、明治三六年［復刻版、宗文館書店、平成三年］）。

梅謙次郎『民法要義 巻之一（訂正増補第三三版）、巻之二（訂正増補改版第三一版）、巻之三（訂正増補第三三版）、巻之四（第二二版）、巻之五（第二一版）』（有斐閣書房、明治四四～大正二年［復刻版、有斐閣、昭和五九年］）。

梅謙次郎博士顕彰記念誌編集委員会編『わが民法の父梅謙次郎博士顕彰碑建立の記録』（梅謙次郎博士顕彰記念誌編集委員会、平成四年）。

「梅博士遺事録 第二三回」新聞八八七号（大正二年）二二頁（筆者不詳）。

梅文書研究会編『法政大学図書館所蔵梅謙次郎文書目録』（法政大学ボアソナード記念現代法研究所、平成一二年）。

江戸恵子「加藤恒忠と梅謙次郎――司法省法学校の周辺から」松山大学法学部松大GP推進委員会編『シンポジウム『民法典論争資料集』（復刻増補版）の現代的意義』（松山大学、平成二六年）一五六頁。

江藤价泰「フランス民法典における和解概念の成立」同『フランス民事訴訟法研究――当事者主義的民事訴訟法の一断面』（日本評論

社、昭和六三年）一五七頁［初出、昭和四二年］。

大石忠生、三上雅通「訴訟上の和解の規整をめぐる若干の問題――実務の対応の観点から」新堂幸司編集代表『講座民事訴訟 四 審理』（弘文堂、昭和六〇年）三一一頁。

大久保泰甫「岐路となった若き日の二つのでき事――司法省法学校首席卒業とフランス留学決定」法時七〇巻七号（平成一〇年）四五頁。

大久保泰甫、高橋良彰『ボワソナード民法典の編纂』（雄松堂出版、平成一一年）。

大中有信「梅法学の基点」新青通信七号（平成一三年）一頁（梅謙次郎『日本民法和解論 完』（新青出版、平成一三年）栞）。

大村敦志『公序良俗と契約正義』（有斐閣、平成七年）。

岡孝「梅謙次郎と現代」法セミ四三五号（平成三年）七四頁。

岡孝「明治民法と梅謙次郎――帰国一〇〇年を機にその業績を振り返る」法学志林八八巻四号（平成三年）三頁。

岡孝「梅謙次郎――和仏法律学校の支柱」法政大学大学史資料委員会編『法律学の夜明けと法政大学』（法政大学、平成四年）三一五頁。

岡孝「民法起草とドイツ民法第二草案の影響」法時七〇巻七号（平成一〇年）五三頁。

岡孝「民法典編纂についての梅謙次郎の考え」法時八二巻一〇号（平成二二年）四二頁。

岡孝「民法典論争と梅謙次郎」松山大学法学部松大ＧＰ推進委員会編『シンポジウム『民法典論争資料集』（復刻増補版）の現代的意義』（松山大学、平成二六年）五〇頁。

岡孝、江戸恵子「梅謙次郎著書及び論文目録――その書誌学的研究」法学志林八二巻三・四号（昭和六〇年）一三七頁。

岡垣学『人事訴訟手続法』（第一法規出版、昭和五六年）。

岡松参太郎『注釈民法理由 上巻、中巻、下巻』（有斐閣書房、明治二九、三〇年）。

沖野眞已「契約の解釈に関する一考察――フランス法を手がかりとして（一）～（三）」法協一〇九巻二号二四五頁、一〇九巻四号四九五頁、一〇九巻八号一二六五頁（平成四年）。

小野木常「起訴前の和解の原点」窪田隼人編『法と権利 三 末川先生追悼論集（民商七八巻臨時増刊号（三））』（有斐閣、昭和五三年）一八頁。

於保不二雄『債権総論（新版）』（有斐閣、昭和四七年）。

垣内秀介「訴訟上の和解と訴訟代理権の範囲」青山善充ほか編『民事訴訟法理論の新たな構築 上巻（新堂幸司先生古稀祝賀）』（有斐閣、平成一三年）四一七頁。

垣内秀介「裁判官による和解勧試の法的規律（三）」法協一二二巻七号（平成一七年）一一三七頁。

片山直也「『最近判例批評』を読む」法時七〇巻七号（平成一〇年）二三頁。

加藤新太郎『弁護士役割論（新版）』（弘文堂、平成一二年）。

加藤雅信『新民法大系Ⅰ 民法総則（第二版）』（有斐閣、平成一七年）。

加藤雅信『新民法大系Ⅳ 契約法』（有斐閣、平成一九年）。

金山直樹「装置としての法典と法学――梅謙次郎という神話」法時七〇巻七号（平成一〇年）六頁。

兼子一原著、松浦馨ほか著『条解民事訴訟法（第二版）』（弘文堂、平成二三年）。

金子宏『租税法（第二二版）』（弘文堂、平成二九年）。

川井健ほか編『注解交通損害賠償法 第二巻（新版）』（青林書院、平成八年）。

川島武宜、川井健編『新版 注釈民法（七） 物権（二）』（有斐閣、平成一九年）。

神田英明「和解契約の拘束力」法律論叢六六巻一・二号（平成五年）八一頁。

菊井維大、村松俊夫『全訂民事訴訟法（一）（補訂版）』（日本評論社、平成五年）。

北村一郎「契約の解釈に対するフランス破毀院のコントロオル（二）」法協九四巻一号（昭和五二年）六九頁。

楠本安雄「示談成立後における損害の増大について」司法研修所報三四号（昭和四一年）三七頁。

熊野敏三『民法草案人事編理由書 上巻』石井良助編『明治文化資料叢書 第三巻法律篇 上』（風間書房、昭和三四年）一一頁。

熊野敏三、光妙寺三郎、黒田綱彦、高野眞遜『民法草案人事編理由書 下巻』石井良助編『明治文化資料叢書 第三巻法律篇 上』（風間書房、昭和三四年）一五九頁。

来栖三郎『契約法』（有斐閣、昭和四九年）。

『元老院会議部書類 議定上奏 明治二三年八月ヨリ一〇月廃院迄』（国立公文書館アジア歴史資料センター レファレンスコード A07090113400）第七〇〇号（明治二三年）「民法人事編」。

交告尚史「行政訴訟における和解」高木光、宇賀克也編『行政法の争点』（有斐閣、平成二六年）一二二頁。

児玉寛「胎児の権利能力・未認知の子の損害賠償請求」星野英一、平井宜雄編『民法判例百選Ⅰ 総則・物権 第四版（別冊ジュリ一三六号）』（有斐閣、平成八年）一二頁。

小林昭彦、原司『平成一一年民法一部改正法等の解説』（法曹会、平成一四年）。

小林一俊『錯誤の判例総合解説』（信山社、平成一七年）。

小林秀之、田村陽子「訴訟代理人の和解代理権限の制限」判タ九八七号（平成一一年）三七頁。

最高裁判所事務総局編『民法改正に関する国会関係資料（家庭裁判資料第三四号）』（最高裁判所事務総局、昭和二八年）。

佐野智也『立法沿革研究の新段階――明治民法情報基盤の構築』（信山社、平成二八年）。

澤野芳夫、三浦隆志、武田美和子、佐藤重憲「過払金返還請求訴訟における実務的問題」判タ一三三八号（平成二三年）一五頁。

塩崎勤「示談の拘束力と事情変更」同編『交通損害賠償の諸問題』（判例タイムズ社、平成一一年）四七七頁［初出、昭和六二年］。

塩野宏『行政法II　行政救済法（第五版補訂版）』（有斐閣、平成二五年）。

潮見佳男『債権総論II（第三版）――債権保全・回収・保証・帰属変更』（信山社出版、平成一七年）。

潮見佳男『新債権総論II』（信山社出版、平成二九年）。

潮見佳男『基本講義　債権各論I　契約法・事務管理・不当利得（第三版）』（新世社、平成二九年）。

潮見佳男『民法（債権関係）改正法の概要』（金融財政事情研究会、平成二九年）。

志田鉀太郎『日本商法典の編纂と其改正』（明治大学出版部、昭和八年［復刻版、新青出版、平成七年］）。

七戸克彦「外国法学説の影響」法時七〇巻七号（平成一〇年）一三頁。

七戸克彦「現行民法典を創った人びと（三）　起草委員――穂積陳重・富井政章・梅謙次郎」法セ六五五号（平成二一年）六六頁。

七戸克彦「債務整理と和解（二）――名古屋高金沢支判平二七・一一・二五、最一小判平二九・七・二四の背景事情」市民と法一一〇号（平成三〇年）二八頁。

品川孝次『契約法　下巻』（青林書院、平成一〇年）。

篠原弘志「和解」鈴木禄彌編『新版　注釈民法（一七）　債権（八）（補訂版）』（有斐閣、平成一三年）二二三頁。

四宮和夫、能見善久『民法総則（第九版）』（弘文堂、平成三〇年）。

商事法務編『民法（債権関係）の改正に関する中間試案の補足説明』（商事法務、平成二五年）。

新堂幸司『新民事訴訟法（第五版）』（弘文堂、平成二三年）。

末川博『債権各論　第二部』（岩波書店、昭和一六年）。

末弘厳太郎『債権各論』（有斐閣、大正七年）。

鈴木禄彌編『新版　注釈民法（一七）　債権（八）（補訂版）』（有斐閣、平成一三年）。

瀬川信久「梅・富井の民法解釈方法論と法思想」北大法学論集四一巻五・六号（平成三年）二四三九頁。

『全国民事慣例類集　司法省蔵版』（法務大臣官房司法法制調査部監修、商事法務研究会、平成元年）。

高田晴仁「商法学者・梅謙次郎――日本商法学の出発点」法時七〇巻七号（平成一〇年）三八頁。

高田裕成ほか編『注釈民事訴訟法　第四巻　第一審の訴訟手続（二）』（有斐閣、平成二九年）。

高梨公之「和解――その基礎と内容」契約法大系刊行委員会編『契約法大系Ⅴ 特殊の契約（二）』（有斐閣、昭和三八年）二〇五頁。

高橋裕「明治中期の法律雑誌と大阪攻法会――梅謙次郎「日本民法和解論」に導かれて」法と政治六二巻一号Ⅱ（平成二三年）七八四頁。

高橋宏志『重点講義民事訴訟法 上、下（第二版補訂版）』（有斐閣、平成二五、二六年）。

高橋良彰「旧民法典中ボアソナード起草部分以外（法例・人事編・取得編後半）の編纂過程」山形大学歴史・地理・人類学論集八号（平成一九年）五六頁。

高森八四郎「損害賠償と示談の拘束力」同『示談と損害賠償』（関西大学出版部、平成七年）五九頁［初出、昭和五一年］。

高森八四郎「和解と錯誤」同『示談と損害賠償』（関西大学出版部、平成七年）二八頁［初出、昭和五三年］。

瀧康暢「過払金・残された論点と最近の裁判例（一六）」消費者法ニュース一〇七号（平成二八年）一〇一頁。

竹中悟人「和解」山本豊編『新注釈民法（一四）債権（七）』（有斐閣、平成三〇年）六四一頁。

竹野竹三郎『破産法原論 上巻（第四版）』（巌松堂書店、大正一五年）。

田中二郎ほか『行政事件訴訟特例法逐条研究』（有斐閣、昭和三二年）。

田中教雄「日本民法九六条（詐欺・強迫）の立法過程――不当な勧誘に対処する手がかりとして」香川法学一三巻四号（平成六年）五一五頁。

谷口知平『日本親族法』（弘文堂書房、昭和一〇年）。

谷口知平、久貴忠彦編『新版 注釈民法（二七）相続（二）（補訂版）』（有斐閣、平成一二年）。

田村耀郎「梅謙次郎博士と和解論」法セミ四三五号（平成三年）七六頁。

田村耀郎「和解の「確定効」――梅「和解論」の今日における意義」島大法学三五巻四号（平成四年）三五頁。

田村耀郎「フランス留学の成果――「和解論」とその意義」法律時報七〇巻七号（平成一〇年）五一頁。

田村耀郎「梅謙次郎『日本民法和解論 完』」加藤雅信ほか編『民法学説百年史』（三省堂、平成一一年）五一七頁。

筒井健夫、村松秀樹編著『一問一答 民法（債権関係）改正』（商事法務、平成三〇年）。

椿寿夫「連帯債務」西村信雄編『注釈民法（一一）債権（二）』（有斐閣、昭和四〇年）四五頁。

手塚豊「明治二三年民法（旧民法）における戸主権――その生成と性格」同『明治民法史の研究（下）手塚豊著作集第八巻』（慶應通信、平成三年）二一五頁［初出、昭和二八、二九年］。

テッヒョー『訴訟法草案 完』（明治一九年）。

東京弁護士会親和全期会訴訟技術研究会編『和解無効の研究――判例分析を中心に』（商事法務研究会、平成三年）。

永井洋士「和解の確定効に関する一試論」青山法務研究論集一四号（平成二九年）二五頁。

永井洋士「和解契約を反故にする方法とその考慮要素――過払金返還請求訴訟を題材にして」青山法務研究論集一五号（平成三〇年）五三頁。

中川善之助『日本親族法――昭和十七年』（日本評論社、昭和一七年）。

中川善之助、泉久雄『相続法（第四版）』（有斐閣、平成一二年）。

中島玉吉『民法釈義 巻之四 親族篇』（金刺芳流堂、昭和一二年）。

中田裕康『債権総論（第三版）』（岩波書店、平成二五年）。

中田裕康『契約法』（有斐閣、平成二九年）。

中村哲「梅謙次郎の法思想」法学志林八九巻二号（平成四年）一頁。

中村哲也「民法第二編親族案」法時七〇巻七号（平成一〇年）三三頁。

西原慎治『射倖契約の法理――リスク移転型契約に関する実証的研究』（新青出版、平成二三年）。

西原慎治「和解と射倖契約論――梅謙次郎博士の所説を起点として」久留米大学法学六八号（平成二五年）一頁。

西村重雄「「自己固有の注意」論の系譜――民法六五九条等のローマ法的沿革」西村重雄、児玉寛編『日本民法典と西欧法伝統――日本民法典百年記念国際シンポジウム』（九州大学出版会、平成一二年）五二七頁。

西村重雄「後見人の担保供与義務――わが国における西欧法継受の一事例」新井誠、山本敬三編『ドイツ法の継受と現代日本法（ゲルハルド・リース教授退官記念論文集）』（日本評論社、平成二一年）九九頁。

日本弁護士連合会調査室編著『条解弁護士法（第四版）』（弘文堂、平成一九年）。

沼正也「終身定期金契約」契約法大系刊行委員会編『契約法大系Ⅴ（特殊の契約一）』（有斐閣、昭和三八年）二三九頁。

野島幹郎「ボアソナードと梅謙次郎博士」法セミ四三五号（平成三年）七八頁。

野島幹郎「梅謙次郎博士・顕彰の辞（一）～（五・完）」ひろば四四巻一号七〇頁、二号六六頁、三号六七頁、四号六一頁、五号五六頁（平成三年）。

野島幹郎「生い立ちと松江」法時七〇巻七号（平成一〇年）四二頁。

野村豊弘「錯誤と瑕疵担保責任について」学習院大学法学部研究年報一一号（昭和五一年）三三頁。

橋本聡「訴訟代理人の和解権限をめぐって」青山善充ほか編『民事訴訟法理論の新たな構築 上巻（新堂幸司先生古稀祝賀）』（有斐閣、平成一三年）五一五頁。

鳩山秀夫『日本債権法各論 上巻、下巻（増訂版）』（岩波書店、大正一三年）。

濱口浩「和解条項中の清算条項の解釈と問題点」判タ八六〇号（平成七年）三〇頁。

林頼三郎『刑事訴訟法要義 各則上巻』（中央大学、大正一三年）。

原島重義、児玉寛「登記がなければ対抗しえない物権変動」舟橋諄一、徳本鎮編『新版 注釈民法（六） 物権（一）』（有斐閣、平成九年）四五九頁。

半田吉信『担保責任の再構成』（三嶺書房、昭和六一年）。

半田吉信『契約法講義（第二版）』（信山社出版、平成一七年）。

東川徳治『博士梅謙次郎』（有斐閣、大正六年）。

平井宜雄『債権各論Ⅰ 上——契約総論』（弘文堂、平成二〇年）。

平林美紀「和解契約の解釈と錯誤無効（東京高判平二六・一〇・三〇）」現代消費者法三一号（平成二八年）八九頁。

平林美紀「過払金返還請求権と和解契約——「和解と錯誤」論をめぐって」加藤新太郎ほか編『二一世紀民事法学の挑戦 下巻（加藤雅信先生古稀記念）』（信山社、平成三〇年）一九五頁。

広中俊雄『債権各論講義（第六版第二刷）』（有斐閣、平成七年）。

深沢利一「起訴前の和解に関する諸問題」鈴木忠一、三ケ月章監修『実務民事訴訟講座 二（判決手続通論Ⅱ）』（日本評論社、昭和四四年）二五一頁。

福島正夫編『明治民法の制定と穂積文書——「法典調査会 穂積陳重博士関係文書」の解説・目録および資料』（有斐閣、昭和三一年）［同編『穂積陳重立法関係文書の研究』（信山社、平成元年）所収］。

福田誠治「一九世紀フランス法における連帯債務と保証（六）（七・完）」北大法学論集五〇巻三号四六九頁、五〇巻四号七二一頁（平成一一年）。

藤村和夫「和解と錯誤」半田正夫編集代表『現代判例民法学の課題（森泉章教授還暦記念論集）』（法学書院、昭和六三年）六四六頁。

舟橋諄一「意思表示の錯誤——民法第九十五条の理論と判例」九州帝国大学法文学部編『十周年記念 法学論文集』（岩波書店、昭和一二年）五九三頁。

「法制審議会民法（債権関係）部会 第一八回会議 議事録」商事法務編『民法（債権関係）部会資料集 第一集〈第五巻〉——第一八回～第二〇回会議 議事録と部会資料』（商事法務、平成二四年）三頁。

「法制審議会民法（債権関係）部会 第五九回会議 議事録」商事法務編『民法（債権関係）部会資料集 第二集〈第八巻〉——第五五回～第五九回会議 議事録と部会資料』（商事法務、平成二六年）二三五頁。

「法制審議会民法（債権関係）部会 第八五回会議 議事録」商事法務編『民法（債権関係）部会資料集 第三集〈第四巻〉——第八一回～

第八五回会議　議事録と部会資料』（商事法務、平成二九年）二六九頁。

法政大学ボアソナード・梅謙次郎 没後一〇〇年企画・出版実行委員会編『ボアソナード・梅謙次郎 没後一〇〇周年記念冊子 上巻、下巻』（法政大学、平成二七年）。

『法典調査会 民法議事速記録 一〜七』（商事法務、昭和五八〜五九年）。

『法典調査会 民法主査会議事速記録』［法務大臣官房司法法制調査部監修『日本近代立法資料叢書 一三』（商事法務、昭和六三年）所収］。

『法典調査会 民法整理会議事速記録』［法務大臣官房司法法制調査部監修『日本近代立法資料叢書 一四』（商事法務、昭和六三年）所収］。

『法典調査会 民法総会議事速記録』［法務大臣官房司法法制調査部監修『日本近代立法資料叢書 一二』（商事法務、昭和六三年）所収］。

『法律取調委員会 民法草案財産取得編再調査案議事筆記 自第一四回至第二五回』［法務大臣官房司法法制調査部監修『日本近代立法資料叢書 一一』（商事法務、昭和六三年）所収］。

『法律取調委員会 民法草案財産編取得編議事筆記 自第四九回至第七一回』［法務大臣官房司法法制調査部監修『日本近代立法資料叢書 九』（商事法務、昭和六二年）所収］。

『法例 民法財産取得編 民法人事編 合本』(http://dl.ndl.go.jp/info:ndljp/pid/1367502)。

『法例 民法人事編 民法財産取得編（続）（第二版）』(http://dl.ndl.go.jp/info:ndljp/pid/1367498)。

星野英一「日本民法学の出発点——民法典の起草者たち」同『民法論集 第五巻』（有斐閣、昭和六一年）一四五頁［初出、昭和五三年］。

星野英一『民法概論Ⅳ 契約（合本新訂第五刷）』（良書普及会、平成六年）。

穂積重遠『親族法』（岩波書店、昭和八年）。

堀野出「任意的訴訟担当者の和解権限」高田裕成ほか編『民事訴訟法の理論（高橋宏志先生古稀祝賀論文集）』（有斐閣、平成三〇年）三七三頁。

前田達明編『史料民法典』（成文堂、平成一六年）。

牧野英一「告訴前における告訴権の抛棄」同『刑法研究 第四巻』（有斐閣、昭和八年）四二一頁［初出、昭和三年］。

松浦馨「裁判上の和解——その概念について」契約法大系刊行委員会編『契約法大系Ⅴ 特殊の契約（一）』（有斐閣、昭和三八年）二一九頁。

松村和徳「訴訟代理人の和解権限の範囲」山形大学法政論叢二二号（平成一三年）一三七頁。

松本博之『人事訴訟法（第三版）』（弘文堂、平成二四年）。

松本博之『民事訴訟法の立法史と解釈学』（信山社、平成二七年）。

松本博之、上野泰男『民事訴訟法（第八版）』（弘文堂、平成二七年）。

南博方「行政訴訟上の和解の法理」法学雑誌（大阪市立大学）一三巻一号（昭和四一年）一頁。

三宅正男『契約法（各論）下巻』（青林書院、昭和六三年）。

民法改正研究会「日本民法改正試案（仮案［平成二一年一月一日案］）」判タ一二八一号（平成二一年）一三五頁［北居功］。

「「民法（債権関係）の改正に関する中間試案」に対して寄せられた意見の概要（各論五）（民法（債権関係）部会資料 七一―六）」商事法務編『民法（債権関係）部会資料集 第三集〈第三巻〉――第八〇回会議 議事録と部会資料』（商事法務、平成二九年）八五五頁。

「民法（債権関係）の改正に関する中間試案のたたき台（五）（概要付き）（民法（債権関係）部会資料 五七）」商事法務編『民法（債権関係）部会資料集 第二集〈第一一巻〉――第六八回～第七一回会議 議事録と部会資料』（商事法務、平成二七年）二二五頁。

「民法（債権関係）の改正に関する要綱案のたたき台（九）（民法（債権関係）部会資料 七五Ａ）」商事法務編『民法（債権関係）部会資料集 第三集〈第四巻〉――第八一回～第八五回会議 議事録と部会資料』（商事法務、平成二九年）五三三頁。

民法（債権法）改正検討委員会編『詳解・債権法改正の基本方針 Ⅰ～Ⅴ』（商事法務、平成二一、二二年）。

『民法第一議案』［法務大臣官房司法法制調査部監修『日本近代立法資料叢書 一三』（商事法務、昭和六三年）所収］。

向井健「梅謙次郎」潮見俊隆、利谷信義編『日本の法学者』（日本評論社、昭和五〇年）七三頁。

村上淳一「和解と錯誤――学説史的研究」契約法大系刊行委員会編『契約法大系Ｖ 特殊の契約（一）』（有斐閣、昭和三八年）一九一頁。

森田修『契約規範の法学的構造』（商事法務、平成二八年）。

森田宏樹「瑕疵担保責任に関する基礎的考察（一）」法協一〇七巻二号（平成二年）一七一頁。

森田宏樹「梅謙次郎」法教一八五号（平成八年）四八頁。

山木戸克己「和解に関する一考察」同『民事訴訟理論の基礎的研究』（有斐閣、昭和三六年）二八九頁［初出、昭和一六年］。

山木戸克己「和解手続の対象――和解手続と契約の公証」同『民事訴訟理論の基礎的研究』（有斐閣、昭和三六年）一五一頁［初出、昭和二七年］。

山本敬三『民法講義Ⅳ-１ 契約』（有斐閣、平成一七年）。

山本敬三『民法講義Ｉ 総則（第三版）』（有斐閣、平成二三年）。

山本敬三「「動機の錯誤」に関する判例法の理解と改正民法の解釈――保証に関する判例法を手がかりとして」論叢一八二巻一―三号（平成二九年）三八頁。

横井大三『捜査――刑訴裁判例ノート（一）』（有斐閣、昭和四六年）。

横田秀雄『債権各論』（清水書店、明治四五年）。

吉井啓子「旧民法講義三部作を読む」法時七〇巻七号（平成一〇年）二九頁。

吉田克己「二人の自然法学者——ボワソナードと梅謙次郎」法時七一巻三号（平成一一年）七四頁。

吉村徳重、小島武司編『注釈民事訴訟法（七）証拠（二）・簡易裁判所手続』（有斐閣、平成七年）。

我妻栄「和解と錯誤との関係について」法協五六巻四号（昭和一三年）七二六頁［同『民法研究VI 債権各論』（有斐閣、昭和四四年）所収］。

我妻栄編『戦後における民法改正の経過』（日本評論社、昭和三一年）。

我妻栄『債権各論 中巻一（民法講義V_2）、中巻二（民法講義V_3）』（岩波書店、昭和三二、三七年）。

我妻栄『親族法』（有斐閣、昭和三六年）。

我妻栄『新訂 債権総論（民法講義IV）（第一〇刷）』（岩波書店、昭和四七年）。

あとがき

今から一三〇年前、梅謙次郎は和解論によってフランス・リヨン大学より博士の学位を授与された。本書は、梅の博士論文を手掛かりに、我が国における和解論の生成と展開を明らかにしようと試みたものである。

私は、学部学生のときに研究者を志して以来、法学の研究は縦軸を遠く、横軸を広くとるべきだと考えてきた。歴史を遠く遡ると同時に、隣接諸科目にも広く目を配ること。民法研究を例にとれば、一方で一九世紀フランス法やドイツ法、さらにはその基礎を成す古代ローマ法にまで遡る法史学の知見を踏まえ、他方で商法や民事訴訟法のみならず、憲法、刑法、刑事訴訟法などを見据えて解釈論を提示することが望ましいと思ってきた。だが、そのような作業は一朝一夕にできるものではなく、大学院に進学してからも、さらには職を得てからも悪戦苦闘する日々が続いた。

そのような折りに出会ったのが、梅の和解論である。梅の和解論を正確に理解するためには、一九世紀フランス法は当然のこと、その前提となるフランス古法やローマ法の知識も必要とされる。もちろん、我が国の和解論は梅の和解論という土台の上に形成されたものである。それにもかかわらず、梅の和解論の全体像を解明した研究は未だ存在しない。それゆえ、我が国の和解論には大きな欠落があるのではないか。和解がさまざまな法分野で論じられるテーマである以上、その欠落を埋めるためには、縦軸を遠く、横軸を広くして和解に取り組む必要があるのではないか。このように考えて、梅の和解論、そして現代日本の和解論と格闘した結果が本書である。もとより、筆者の能力の限界から本書は不完全なものであり、また、思わぬ誤りを冒している箇所があるかも知れない。しかし、それでも学界に何らかの形で寄与しうることを願うのみである。

思えば、これまでに多くの先生方のお世話になった。

児玉寛先生には、大阪市立大学の学部ゼミに入れていただき、民法解釈学と比較法を教わった。研究者を志したのは、先生に憧れてのことであった。先生から教わった学問の楽しさは、今も研究生活の原点である。

西村重雄先生には、九州大学大学院に進学して以来、ローマ法の手ほどきと学問の厳しさを教わった。また、交換留学生、ドイツ学術交流会（DAAD）給費奨学生、アレクサンダー・フォン・フンボルト財団（Alexander von Humboldt-Stiftung）研究員として、三度もドイツ留学の機会を与えて頂いた。先生から受けた学恩は終生忘れることができない。

池田恒男先生には、前任校たる東京都立大学において、大先輩の同僚として社会学的な法の見方、そして学問の難しさを教わった。先生のお陰で法学の深遠さに驚くことができ、いつも謙虚な姿勢で机に向かうことができる。

さらに、フンボルト財団研究員としてドイツに滞在した折りには、受け入れを快諾してくださったGuido Pfeifer教授をはじめ、Felix Maultzsch 教授、Moritz Bälz 教授（いずれもフランクフルト大学法学部）、Françoise Weber 講師（同大学経済学部）に議論の相手となってもらった。

そして、一人ひとりお名前を挙げることはかなわないが、学会、研究会、留学先で御目に掛かりご指導を賜った先生方、抜刷をお送りする度に励ましてくださる先生方、前任校および現任校の同僚諸氏に感謝したい。

なお、本書のもととなったのは二〇一八年に九州大学に提出した学位請求論文である。審査の労をとられた田中教雄、五十君麻里子、七戸克彦の諸先生に感謝の意を表したい。

最後に、九州大学出版会からの出版をお勧めくださった五十川直行先生に御礼申し上げる。また、鋭敏な観察眼と卓抜したセンスをもって編集作業を担当してくださった同会の尾石理恵氏にも感謝したい。これらの方々なくして、本書が完成することはなかったであろう。

二〇一九年一月

遠藤　歩

付記　研究を遂行するにあたっては、アレクサンダー・フォン・フンボルト財団の研究奨学金およびJSPS科研費16K13328の助成を受けた。また、出版に際しては、九州大学法学研究院国際学術交流振興基金の助成を受けた。

事項索引

あ行

か行

さ行

た行

な行

は行

ま行

や行

ら行

わ行

A

B

C

N

P

Q

R

S

T

U

V

判例索引

日　本

明治

大判明治 31 年 5 月 10 日刑録 4 輯 5 巻 17 頁……309
大判明治 37 年 10 月 1 日民録 10 輯 1223 頁……430, 431
大判明治 39 年 6 月 8 日民録 12 輯 937 頁……176
大判明治 40 年 11 月 1 日民録 13 輯 1059 頁……173, 174
大判明治 41 年 1 月 20 日民録 14 輯 9 頁……173, 176, 178
大決明治 43 年 3 月 30 日民録 16 輯 241 頁……254
大判明治 44 年 4 月 12 日民録 17 輯 208 頁……174
大判明治 44 年 12 月 18 日民録 17 輯 835 頁……169

大正

大判大正 3 年 12 月 15 日民録 20 輯 1101 頁……444
大判大正 4 年 10 月 26 日刑録 21 輯 1662 頁……309
大判大正 5 年 5 月 13 日民録 22 輯 948 頁……364
大判大正 5 年 7 月 5 日民録 22 輯 1325 頁……173, 174
大判大正 5 年 9 月 20 日民録 22 輯 1806 頁……176
大判大正 6 年 9 月 18 日民録 23 輯 1342 頁……342, 430, 431, 446
大判大正 6 年 10 月 5 日民録 23 輯 1531 頁……174
大判大正 7 年 1 月 31 日民録 24 輯 23 頁……179
大判大正 7 年 10 月 3 日民録 24 輯 1852 頁……422, 444
大判大正 7 年 10 月 9 日民録 24 輯 1886 頁……169
大判大正 8 年 5 月 12 日民録 25 輯 851 頁……169, 178
大判大正 9 年 7 月 15 日民録 26 輯 983 頁……190
大判大正 10 年 6 月 13 日民録 27 輯 1155 頁……190
大判大正 10 年 12 月 15 日民録 27 輯 2160 頁……359
大判大正 12 年 7 月 14 日民集 2 巻 491 頁……284
大判大正 14 年 4 月 15 日新聞 2413 号 18 頁……398
大判大正 14 年 5 月 9 日新聞 2430 号 12 頁……408
大判大正 15 年 3 月 19 日刑集 5 巻 104 頁……310

昭和

大判昭和 2 年 10 月 27 日新聞 2775 号 14 頁 ……………………………………………………364
大判昭和 2 年 12 月 24 日民集 6 巻 723 頁 ……………………………………………………375
大判昭和 4 年 12 月 16 日刑集 8 巻 662 頁 ……………………………………………………310
大判昭和 5 年 3 月 13 日新聞 3153 号 11 頁……………………………………………342, 430, 431
大判昭和 5 年 4 月 26 日民集 9 巻 427 頁………………………………………………………261
大判昭和 6 年 11 月 13 日民集 10 巻 1022 頁 …………………………………………………326
大判昭和 7 年 9 月 30 日民集 11 巻 1868 頁……………………………………………………353
大判昭和 7 年 10 月 6 日民集 11 巻 2023 頁……………………………………………………240
大判昭和 8 年 2 月 13 日新聞 3520 号 9 頁 ……………………………………………………176
大判昭和 8 年 5 月 17 日新聞 3561 号 10 頁……………………………………………………271
大決昭和 8 年 11 月 24 日大審院裁判例（7）民 267 頁 ………………………………………396
大決昭和 8 年 11 月 29 日大審院裁判例（7）民 273 頁 ………………………………………190
大決昭和 9 年 1 月 23 日大審院裁判例（8）民 4 頁……………………………………………396
大判昭和 9 年 6 月 29 日刑集 13 巻 904 頁 ……………………………………………………310
大判昭和 9 年 7 月 11 日新聞 3725 号 15 頁……………………………………………………174
大判昭和 10 年 2 月 4 日大審院裁判例（9）民 15 頁 …………………………………………422
大判昭和 11 年 7 月 31 日民集 15 巻 1547 頁 …………………………………………………258
大判昭和 12 年 12 月 14 日判決全集 5 輯 2 号 19 頁……………………………………………254
大判昭和 13 年 3 月 30 日民集 17 巻 578 頁……………………………………………………312
大判昭和 13 年 10 月 6 日民集 17 巻 1969 頁 …………………………………………………305
大判昭和 13 年 12 月 7 日民集 17 巻 2285 頁 …………………………………………………190
大判昭和 15 年 6 月 8 日民集 19 巻 975 頁 ……………………………………………………168
大判昭和 15 年 7 月 13 日新聞 4604 号 11 頁 …………………………………………………365
大判昭和 15 年 10 月 8 日法学 10 巻 3 号 324 頁………………………………………364, 396
大判昭和 15 年 10 月 15 日新聞 4637 号 7 頁 …………………………………………………397
大判昭和 17 年 2 月 24 日法学 11 巻 11 号 1187 頁……………………………………………342
大阪高判昭和 24 年 11 月 25 日高民 2 巻 3 号 309 頁 …………………………………………175
東京高判昭和 25 年 3 月 25 日判特 16 号 46 頁 ………………………………………………310
東京高判昭和 25 年 6 月 20 日下民 1 巻 6 号 956 頁……………………………………………326
最判昭和 27 年 2 月 8 日民集 6 巻 2 号 63 頁 …………………………………174, 177, 189
高松高判昭和 27 年 4 月 24 日高刑 5 巻 8 号 1193 頁 …………………………………………310
東京地判昭和 27 年 9 月 19 日判タ 27 号 68 頁 ………………………………………177, 425
最判昭和 28 年 5 月 7 日民集 7 巻 5 号 510 頁…………………………………………………431
名古屋高判昭和 28 年 10 月 7 日高刑 6 巻 11 号 1503 頁………………………………………310
福井家審昭和 29 年 8 月 14 日家月 6 巻 7 号 74 頁……………………………………………327
最判昭和 29 年 11 月 26 日民集 8 巻 11 号 2087 頁……………………………………………428
東京地判昭和 30 年 8 月 16 日下民 6 巻 8 号 1633 頁 …………………………………………175
最判昭和 31 年 3 月 30 日民集 10 巻 3 号 242 頁………………………………………………397
大阪高決昭和 31 年 9 月 26 日家月 8 巻 9 号 48 頁……………………………………………390

東京高判昭和 32 年 4 月 30 日東高時報（民事）8 巻 4 号 64 頁……425
最判昭和 33 年 3 月 6 日民集 12 巻 3 号 414 頁……227
大阪高判昭和 33 年 3 月 13 日判時 153 号 24 頁……290
最判昭和 33 年 6 月 14 日民集 12 巻 9 号 1492 頁……358, 432
東京高判昭和 33 年 10 月 15 日判時 170 号 24 頁……413
名古屋高判昭和 35 年 1 月 29 日高民 13 巻 1 号 72 頁……175
東京高判昭和 35 年 3 月 3 日東高時報（民事）11 巻 3 号 81 頁……175, 177
最判昭和 35 年 12 月 13 日裁判集民 47 号 267 頁……428
長崎地判昭和 36 年 2 月 3 日行集 12 巻 12 号 2505 頁……314
最判昭和 36 年 5 月 26 日民集 15 巻 5 号 1336 頁……342, 413, 433
東京高判昭和 37 年 1 月 30 日東高時報（民事）13 巻 1 号 10 頁……424
最判昭和 37 年 4 月 10 日民集 16 巻 4 号 693 頁……326
最決昭和 37 年 6 月 26 日判時 313 号 22 頁……310
大阪地判昭和 37 年 9 月 13 日判時 319 号 38 頁……289
最判昭和 38 年 2 月 12 日民集 17 巻 1 号 171 頁……342, 433
東京高判昭和 38 年 2 月 19 日東高時報（民事）14 巻 2 号 24 頁……175
最判昭和 38 年 2 月 21 日民集 17 巻 1 号 182 頁……276
最判昭和 38 年 6 月 13 日民集 17 巻 5 号 744 頁……287
水戸地判昭和 39 年 2 月 28 日判時 370 号 22 頁……414
福島地判昭和 39 年 5 月 15 日下民 15 巻 5 号 1096 頁……449
大阪高判昭和 39 年 12 月 21 日判時 400 号 16 頁……449
大阪地判昭和 40 年 1 月 21 日判タ 172 号 149 頁……175
東京地判昭和 40 年 1 月 27 日判時 396 号 10 頁……440, 449
横浜地判昭和 40 年 8 月 13 日判タ 181 号 127 頁……449
最判昭和 40 年 9 月 10 日民集 19 巻 6 号 1512 頁……450
名古屋地決昭和 42 年 1 月 16 日判時 476 号 47 頁……175
最判昭和 42 年 2 月 2 日民集 21 巻 1 号 88 頁……227
最判昭和 42 年 2 月 17 日民集 21 巻 1 号 133 頁……327
東京地判昭和 42 年 3 月 6 日判時 488 号 68 頁……175
東京地判昭和 42 年 3 月 14 日判タ 208 号 181 頁……276
最判昭和 43 年 2 月 15 日民集 22 巻 2 号 184 頁……190
最判昭和 43 年 3 月 15 日民集 22 巻 3 号 587 頁……404, 441, 449, 451
最判昭和 43 年 3 月 29 日判時 517 号 54 頁……402
最判昭和 43 年 7 月 9 日金判 122 号 8 頁……434
札幌高判昭和 43 年 7 月 18 日判時 525 号 58 頁……415
大阪地判昭和 43 年 8 月 29 日交民 1 巻 3 号 979 頁……449
大阪高判昭和 43 年 10 月 28 日家月 21 巻 12 号 155 頁……328
和歌山地判昭和 43 年 11 月 4 日交民 1 巻 4 号 1268 頁……449
最大判昭和 43 年 11 月 13 日民集 22 巻 12 号 2526 頁……310
札幌高決昭和 43 年 12 月 19 日家月 21 巻 4 号 139 頁……327, 390
大阪地判昭和 43 年 12 月 19 日交民 1 巻 4 号 1494 頁……449

大阪地判昭和 44 年 3 月 24 日交民 2 巻 2 号 364 頁……449, 450
勝山簡判昭和 44 年 6 月 26 日判時 579 号 80 頁……414
福岡地決昭和 44 年 7 月 8 日判時 589 号 65 頁……175
最判昭和 44 年 7 月 10 日民集 23 巻 8 号 1450 頁……398
神戸地判昭和 44 年 8 月 7 日交民 2 巻 4 号 1086 頁……449
東京地判昭和 44 年 9 月 29 日判時 581 号 61 頁……449
前橋地判昭和 44 年 10 月 29 日交民 2 巻 5 号 1524 頁……449
仙台地古川支判昭和 44 年 11 月 13 日交民 2 巻 6 号 1646 頁……449, 450
最判昭和 44 年 12 月 18 日民集 23 巻 12 号 2476 頁……243
最判昭和 45 年 3 月 26 日民集 24 巻 3 号 151 頁……450
最判昭和 45 年 4 月 21 日判時 595 号 54 頁……393
山形地判昭和 45 年 8 月 22 日交民 3 巻 4 号 1280 頁……255
東京高判昭和 45 年 9 月 17 日判時 607 号 47 頁……255, 449
最判昭和 46 年 4 月 9 日民集 25 巻 3 号 264 頁……306
最判昭和 46 年 4 月 20 日民集 25 巻 3 号 290 頁……287
国税不服審判所裁決昭和 46 年 4 月 28 日裁決事例集 2 集 31 頁……318
水戸地判昭和 46 年 6 月 28 日交民 4 巻 3 号 968 頁……449
大阪地判昭和 46 年 10 月 6 日判タ 272 号 356 頁……449
東京地判昭和 46 年 11 月 4 日金法 641 号 37 頁……231
名古屋地半田支判昭和 46 年 12 月 8 日交民 4 巻 6 号 1767 頁……449
最判昭和 46 年 12 月 10 日判時 655 号 31 頁……399
最判昭和 47 年 4 月 25 日判時 669 号 60 頁……312
東京地判昭和 47 年 4 月 28 日判時 680 号 56 頁……425
広島高岡山支判昭和 47 年 10 月 2 日判時 687 号 63 頁……290
福岡高判昭和 47 年 12 月 23 日判タ 298 号 384 頁……290
最判昭和 48 年 2 月 16 日民集 27 巻 1 号 99 頁……393
最判昭和 48 年 12 月 11 日判時 731 号 32 頁……400
東京地判昭和 49 年 10 月 14 日交民 7 巻 5 号 1408 頁……450
東京地判昭和 50 年 4 月 24 日交民 8 巻 2 号 537 頁……449
東京地判昭和 50 年 7 月 28 日判時 806 号 60 頁……402
名古屋地判昭和 50 年 9 月 12 日交民 8 巻 5 号 1356 頁……425
東京地判昭和 50 年 9 月 16 日判時 813 号 62 頁……403
水戸地判昭和 51 年 5 月 12 日交民 9 巻 3 号 682 頁……449
札幌高決昭和 51 年 5 月 31 日判タ 336 号 191 頁……390
金沢地判昭和 51 年 7 月 16 日判時 824 号 40 頁……449
大阪地判昭和 53 年 11 月 30 日判時 929 号 99 頁……425, 449
大阪高決昭和 54 年 6 月 18 日家月 32 巻 3 号 94 頁……390
東京地判昭和 55 年 9 月 30 日判タ 435 号 124 頁……289
仙台高決昭和 56 年 8 月 24 日家月 35 巻 2 号 145 頁……390
東京高判昭和 57 年 7 月 19 日判時 1053 号 103 頁……404
最判昭和 58 年 1 月 24 日民集 37 巻 1 号 21 頁……176

東京地判昭和58年12月16日判時1122号125頁……415
大阪高決昭和59年4月23日判タ535号212頁……175
東京高裁昭和59年8月9日判タ539号335頁……403
東京高判昭和60年7月31日判時1177号60頁……404
横浜地判昭和60年9月30日判時1181号150頁……412
東京高判昭和61年1月27日判時1189号60頁……404
福岡地判昭和61年5月6日判タ611号69頁……289
最判昭和61年5月29日金判747号11頁……313
最判昭和61年9月4日判時1215号47頁……312
福岡高判昭和62年3月31日判タ644号228頁……404
東京地判昭和63年5月12日交民21巻3号481頁……450
大阪高判昭和63年7月28日判時1295号66頁……255
東京地判昭和63年9月26日判自59号24頁……364
大阪高判昭和63年10月4日判タ697号241頁……426

平成

最判平成元年9月14日判時1336号93頁……428
東京地判平成元年9月26日判時1354号120頁……175
名古屋地判平成元年9月29日交民22巻5号1128頁……425
東京地判平成2年7月30日金判872号27頁……289
東京地判平成2年10月29日判タ757号232頁……405
名古屋地判平成2年12月26日交民23巻6号1552頁……425
大阪地決平成3年5月14日判時1455号119頁……175
東京地判平成4年11月10日判時1479号32頁……313
最判平成4年12月10日民集46巻9号2727頁……255
最判平成6年11月24日判時1514号82頁……393
東京地判平成7年12月5日判時1580号120頁……448
大阪高判平成8年7月16日民集54巻3号1150頁……289
東京地判平成8年9月26日判時1605号76頁……175
最判平成9年11月11日民集51巻10号4077頁……305
名古屋高金沢支判平成10年2月16日判タ976号231頁……290
最判平成10年9月10日民集52巻6号1494頁……373
東京地判平成11年9月28日判タ1085号232頁……311
最判平成12年3月24日民集54巻3号1126頁……272
東京高判平成12年10月3日判時1759号73頁……409
東京高判平成13年8月27日判時1764号56頁……265
名古屋地判平成14年12月20日税務訴訟資料252号順号9250……400
東京高判平成14年12月26日判時1814号94頁……313
東京高判平成15年1月30日判時1814号44頁……326
名古屋地判平成15年8月27日先物取引裁判例集35号191頁……448
東京地判平成17年2月24日先物取引裁判例集40号113頁……425

東京地判平成 17 年 10 月 21 日判タ 1224 号 263 頁 ……………………………………311
東京地判平成 17 年 11 月 11 日判時 1956 号 105 頁 ……………………………………313
佐世保簡判平成 17 年 12 月 6 日消費者法ニュース 68-2 号 159 頁……………………425
東京高判平成 18 年 9 月 21 日金判 1254 号 35 頁 ………………………………………313
岡山地判平成 18 年 11 月 9 日先物取引裁判例集 46 号 377 頁…………………………313
東京高判平成 18 年 12 月 13 日高民 59 巻 4 号 21 頁 …………………………………418
福岡高判平成 19 年 4 月 26 日先物取引裁判例集 48 号 265 頁…………………………448
仙台地判平成 19 年 9 月 5 日判タ 1273 号 240 頁 ………………………………………313
大阪地判平成 20 年 11 月 13 日先物取引裁判例集 54 号 99 頁…………………………412
名古屋地一宮支判平成 20 年 12 月 16 日判時 2041 号 114 頁 ……………445, 449, 450
最判平成 21 年 9 月 4 日民集 63 巻 7 号 1445 頁…………………………………………310
大阪高判平成 22 年 6 月 17 日判タ 1343 号 144 頁 ………………………………311, 407
宮崎簡判平成 22 年 6 月 30 日消費者法ニュース 89 号 73 頁 ………………445, 448
神戸地伊丹支決平成 22 年 12 月 15 日判時 2107 号 129 頁……………………………231
三次簡判平成 23 年 4 月 25 日消費者法ニュース 89 号 71 頁 ……………445, 448, 449
伊万里簡判平成 23 年 4 月 28 日消費者法ニュース 90 号 84 頁 …………445, 448, 449
玉島簡判平成 23 年 8 月 19 日消費者法ニュース 91 号 75 頁 ………………445, 448
東京高判平成 23 年 9 月 9 日判時 2137 号 47 頁 …………………………………310, 407
五所川原簡判平成 23 年 12 月 21 日消費者法ニュース 92 号 140 頁…………445, 448, 449
大阪高判平成 24 年 1 月 19 日先物取引裁判例集 68 号 30 頁 ………………445, 448
大阪地堺支判平成 24 年 2 月 15 日金法 1960 号 138 頁 ……………………………445, 448
松山地判平成 24 年 3 月 21 日金法 1973 号 124 頁…………………………445, 448, 449
大阪高判平成 24 年 6 月 21 日金法 1960 号 133 頁 ………………………………………403
横浜地判平成 24 年 6 月 26 日消費者法ニュース 93 号 75 頁 ……………………………425
神戸地判平成 24 年 7 月 31 日消費者法ニュース 93 号 73 頁 ………………445, 448
東京地判平成 25 年 1 月 16 日 LEX/DB 25510248……………………………………………425
堺簡判平成 25 年 1 月 23 日消費者法ニュース 95 号 295 頁………………………………425
前橋地判平成 25 年 1 月 25 日判自 371 号 47 頁……………………………………………265
名古屋高判平成 25 年 3 月 15 日判時 2189 号 129 頁 ……………………………………313
小林簡判平成 25 年 5 月 28 日消費者法ニュース 97 号 315 頁…………………………448
東京地判平成 25 年 5 月 29 日交民 46 巻 3 号 682 頁 ……………………………………449
さいたま地判平成 25 年 6 月 28 日消費者法ニュース 97 号 313 頁 ……………………448
山口地岩国支判平成 25 年 9 月 9 日消費者法ニュース 98 号 243 頁………………445, 448
東京地判平成 25 年 12 月 4 日 LEX/DB 25517085…………………………………………333
東京地判平成 26 年 1 月 20 日 LEX/DB 25517446…………………………………………425
福岡高宮崎支判平成 26 年 1 月 31 日消費者法ニュース 99 号 265 頁 ……445, 448, 449
東京高判平成 26 年 3 月 19 日消費者法ニュース 100 号 361 頁 ……………445, 448
大阪高判平成 26 年 3 月 28 日消費者法ニュース 100 号 351 頁 ……………………448
東京地立川支判平成 26 年 6 月 17 日消費者法ニュース 101 号 249 頁……………445, 448
京都地判平成 26 年 8 月 29 日交民 47 巻 4 号 1085 頁……………………………………449
福岡高判平成 26 年 9 月 30 日消費者法ニュース 102 号 282 頁 ……………445, 448

東京高判平成 26 年 10 月 8 日判時 2248 号 40 頁 ……313
最判平成 26 年 10 月 28 日民集 68 巻 8 号 1325 頁……288
福岡家審平成 26 年 12 月 4 日判時 2260 号 92 頁 ……327
東京高判平成 27 年 2 月 25 日消費者法ニュース 104 号 364 頁 ……448
東京地判平成 27 年 2 月 26 日消費者法ニュース 105 号 242 頁 ……448
東京地判平成 27 年 3 月 17 日 LEX/DB 25524986……426
東京地判平成 27 年 3 月 20 日 LEX/DB 25524994……426
東京地判平成 27 年 4 月 14 日 LEX/DB 25525661……426
東京地判平成 27 年 5 月 26 日 LEX/DB 25530153……425
最判平成 27 年 9 月 15 日判時 2281 号 98 頁 ……405
宮崎地判平成 27 年 9 月 18 日消費者法ニュース 106 号 249 頁 ……445, 448
東京高判平成 27 年 10 月 15 日判時 2281 号 105 頁 ……405
京都地判平成 28 年 2 月 3 日消費者法ニュース 107 号 309 頁……445, 448
大阪地判平成 28 年 3 月 2 日消費者法ニュース 108 号 293 頁……448
小林簡判平成 28 年 10 月 25 日消費者法ニュース 110 号 257 頁……448
最判平成 29 年 7 月 24 日民集 71 巻 6 号 969 頁……270
福岡高判平成 29 年 8 月 24 日消費者法ニュース 115 号 230 頁 ……445, 448
大阪高判平成 29 年 12 月 15 日消費者法ニュース 115 号 240 頁……445, 448

フランス

Crim., 22 nov. 1811, S. 1812, 1, 88 ······ 90
Toulouse, 9 janv. 1816, in: Dalloz, Répertoire, t. 42, 1re partie, s.v. Transaction, n° 81, note 1 ······ 95
Civ., 31 mai 1826, D. 1826, 1, 292 ······ 95
Bourges, 16 déc. 1826, in: Dalloz, Répertoire, t. 33, s.v. Obligations, n° 4615, note 2 ······ 39
Civ., 21 nov. 1832, S. 1833, 1, 95 ······ 91
Aix, 29 janv. 1833, S. 1834, 2, 286 ······ 128
Civ., 9 févr. 1836, S. 1836, 1, 88 ······ 91
Aix, 16 juin 1836, S. 1837, 2, 25 ······ 93
Req., 16 nov. 1836, S. 1836, 1, 960 ······ 77, 91
Civ., 12 juin 1838, S. 1838, 1, 695 ······ 83, 93
Grenoble, 18 janv. 1839, in: Dalloz, Répertoire, t. 35, s.v. Paternité et Filiation, n° 633, note 2 ······ 93
Civ., 27 févr. 1839, D. 1839, 1, 200 ······ 93
Req., 22 avril 1840, in: Dalloz, Répertoire, t. 35, s.v. Paternité et Filiation, n° 633, note 2 ······ 93
Rennes, 25 févr. 1841, in: Dalloz, Répertoire, t. 33, s.v. Obligations, n° 4615, note 1 ······ 39
Civ., 3 mai 1841, D. 1841, 1, 225 ······ 74
Civ., 12 août 1846, D. 1846, 1, 296 ······ 94
Ch. réun., 14 nov. 1846, D. 1847, 1, 27 ······ 94
Rouen, 14 juill. 1854, D. 1856, 2, 16 ······ 93
Montpellier, 30 mars 1859, S. 1859, 2, 508 ······ 71
Req., 10 déc. 1861, D. 1862, 1, 123 ······ 128
Req., 26 avril 1864, D. 1864, 1, 308 ······ 72
Paris, 11 juin 1864, S. 1865, 2, 47 ······ 128
Civ., 28 nov. 1864, D. 1865, 1, 105 ······ 32, 37
Marseille, 12 déc. 1864, D. 1867, 5, 347 ······ 71
Ch. réun., 12 déc. 1865, D. 1865, 1, 457 ······ 106, 114
Civ., 11 avril 1866, D. 1866, 1, 151 ······ 107, 114
Paris, 16 juill. 1870, D. 1871, 2, 169 ······ 128
Civ., 24 déc. 1877, D. 1878, 1, 160 ······ 38
Civ., 3 déc. 1878, D. 1879, 1, 419 ······ 147
Civ., 8 janv. 1879, D. 1879, 1, 128 ······ 38
Req., 17 janv. 1882, D. 1882, 1, 333 ······ 93
Amiens, 1er mars 1883, D. 1884, 2, 150 ······ 71, 128
Req., 14 nov. 1883, D. 1884, 1, 201 ······ 90
Req., 19 oct. 1885, D. 1886, 1, 416 ······ 38

著者紹介

遠 藤　　歩（えんどう　あゆむ）

1972 年　長野県に生まれる
1995 年　大阪市立大学法学部卒業
2002 年　九州大学大学院法学研究科博士後期課程単位修得退学
2002 年　東京都立大学法学部助教授
現　在　九州大学大学院法学研究院准教授，九州大学・博士（法学）

和《わ》解《かい》論《ろん》

2019 年 2 月 25 日　初版発行

著　者　遠　藤　　歩

発行者　笹　栗　俊　之

発行所　一般財団法人　九州大学出版会
〒814-0001　福岡市早良区百道浜 3-8-34
九州大学産学官連携イノベーションプラザ 305
電話　092-833-9150
URL　https://kup.or.jp/
印刷・製本／大同印刷㈱

Printed in Japan　ISBN978-4-7985-0246-5